城市经济学十五讲

Urban Economics

陈跃刚　吴　艳 ◎ 主编

图书在版编目(CIP)数据

城市经济学十五讲 / 陈跃刚, 吴艳主编. -- 上海:
上海财经大学出版社, 2025.2. -- ISBN 978-7-5642
-4663-1

Ⅰ.F290

中国国家版本馆 CIP 数据核字第 20252DF940 号

□ 责任编辑 施春杰
□ 封面设计 贺加贝

城市经济学十五讲

陈跃刚 吴 艳 主编

上海财经大学出版社出版发行
(上海市中山北一路 369 号 邮编 200083)
网   址:http://www.sufep.com
电子邮箱:webmaster@sufep.com
全国新华书店经销
上海叶大印务发展有限公司印刷装订
2025 年 2 月第 1 版 2025 年 2 月第 1 次印刷

787mm×1092mm 1/16 19.25 印张(插页:2) 388 千字
定价:76.00 元

前 言
Foreword

从事城市经济学领域的科研和教学工作已有二十余载光阴,在"城市经济学"课程的讲授过程中,参阅大量的相关教材后,总觉得存在一定缺憾。国外的教材,如阿瑟·奥沙利文(Arthur O'Sullivan)的《城市经济学》已出版至第 9 版,虽然理论基础扎实,但是与美国城市的发展实践联系密切,对于中国学生深入学习中国城市的发展实践参考意义不大;国内的教材,常见的有近 10 本,虽然对中国城市列举了大量的发展实践,但是基础知识不扎实,理论体系不深入、不系统。如何做到既涵盖城市经济学的基本理论,又关注中国城市的发展实践,这便成了编写本教材的最初动因,也是这本《城市经济学十五讲》的基本定位。

城市经济学是经济学和地理学的交叉学科。经济学是帮助人们做出选择决策的学科,微观经济学的分析逻辑是在资源稀缺的背景下,家庭选择最优的消费组合(consumption bundle)实现效用最大化,厂商选择最优的产量或价格(optimal quantity or price)实现利润最大化;地理学是研究地球表层空间地理要素或者地理综合体空间分布规律、时间演变过程和区位特征的学科,分析框架是事物如何在空间上进行配置,研究范式从地理学知识描述、格局与过程耦合,向复杂人地系统的模拟和预测转变。城市经济学的研究对象则是将经济学和地理学融合为一体,研究追求效用最大化的家庭和追求利润最大化的厂商如何进行位置和区位的选择。也就是我们挂在嘴边的"location,location,location":选择去哪座城市发展?布局于城市的哪个区位?搬进该区位的哪幢楼宇?

集聚是城市的基本特征,外部性是城市的根本特征。正外部性与负外部性的相互作用决定了家庭和企业集聚的密度(density)。我们制定了一个分析框架,引入家庭、厂商、政府部门、外国部门和投资主体,五个部门的自选择行为最终会实现城市经济的一般均衡。家庭和厂商的选址行为可以实现效用最大化和利润最大化。政府部门的公共品供给行为可以为家庭和厂商提供舒适的自然环境和安全的社会环境。外国部门的消费行为决定了出口型部门的企业数量和就业数量。投资主体是一个虚拟出来的万能主体,解决土地这一生产要素的不可移动性和数量有限性的问题:一是通过市场机制把家庭和厂商的初始禀赋(土地、房屋等不动产)承租起来,向拥有土地、房屋等不动产的家庭和厂商提供相应的市场租金;二是根据家庭和厂商的不同需求,在城市的不同区位建造住宅、商业楼宇、厂房等建筑物供万千家庭和厂商租用,还会根据要素替代性,提供具有不同高度的建筑物;三是为了方便家庭出行,以及厂商的投入品和产出品移动,还会打造一个有效的交通设施系统。

本教材分为五篇内容,首先只考虑家庭和企业的选址行为,其次考虑政府部门的公共品供给行为,接着考虑科学技术(如人工智能)的影响,而外国部门和投资主体都是外生性变量,这样便有了"市场主体选址与城市土地利用模式""集聚经济与城市规模""政府部门公共品供给与外部性""影响选址的三个基本要素:可达性、内部空间与外部环境""人工智能与城市治理"五篇内容。

本教材写作分工如下:第1讲导论(执笔人:陈跃刚、吴艳),第2讲分工专业化、规模经济与城市产生(执笔人:陈跃刚、吴艳、闫如玉),第3讲土地竞价租金曲线与市场主体选址(执笔人:陈跃刚、吴艳、沈孝婷),第4讲城市土地利用模式和单中心城市消亡(执笔人:陈跃刚、吴艳、沈孝婷),第5讲集聚经济与企业集聚出现(执笔人:陈跃刚、吴艳、毛飞宇),第6讲效用曲线与城市规模(执笔人:陈跃刚、吴艳、闫思斯),第7讲劳动力供求曲线与城市增长(执笔人:陈跃刚、吴艳、闫思斯),第8讲地方政府收入与公共品供给(执笔人:陈跃刚、吴艳、韩雨蔚),第9讲邻里外部性与密度(执笔人:陈跃刚、吴艳、沈天骜),第10讲拥堵外部性与速度(执笔人:陈跃刚、吴艳、沈天骜),第11讲城市交通的可达性(执笔人:陈跃刚、吴艳、刘赫楠),第12讲住宅内部的品质差异(执笔人:陈跃刚、吴艳、张静雯),第13讲城市的教育(执笔人:陈跃刚、吴艳、朱雨宁),第14讲城市的犯罪(执笔人:陈跃刚、吴艳、朱雨宁),第15讲数智底座构建与城市治理(执笔人:李参宏、韩平军、陈力、陈跃刚)。

编写教材是我们团队第一次有益的尝试,权衡取舍是少不了的,为了缩减篇幅,我们不得不删减实例与实践的内容,幸运的是身处信息技术高度发达的时代,城市经济相关的实例与实践可以信手拈来,不会给读者带来太大的损失。本教材适用于高等学校具有一些经济学、高等数学基础知识的人文社科各专业的本科生、硕士生、博士生，也适用于高等学校城市规划、交通运输、房地产专业的教师和学生。本教材旨在帮助大家掌握如何将家庭空间布局与企业空间布局有机地结合起来，使之一方面符合生产发展和布局的原理，另一方面又符合城市发展和布局的需要；同时，为市民创造较为舒适的劳动场所和优雅的生活环境。

这本教材能够呈现在读者面前，离不开上海财经大学出版社和编辑老师的支持和帮助，非常感谢他们的鼓励、支持和包容。

上海大学　陈跃刚
上海立信会计金融学院　吴　艳
2025 年 1 月

目 录
Contents

第 1 讲 导论 / 001
  1.1 对城市经济的认知是一个不断深化的过程 / 001
  1.2 城市经济学的研究对象 / 004
  1.3 城市经济学的分析框架 / 009

第一篇 市场主体选址与城市土地利用模式

第 2 讲 分工专业化、规模经济与城市产生 / 015
  2.1 庭院生产模型 / 015
  2.2 贸易型城市 / 017
  2.3 工业型城市 / 019
  2.4 工业城市体系 / 021
  2.5 加工型城市体系 / 022
  2.6 交通枢纽型城市 / 027
  2.7 孵化创新型城市 / 030

第 3 讲 土地竞价租金曲线与市场主体选址 / 034
  3.1 土地竞价租金函数 / 035
  3.2 农业的土地竞价租金 / 035
  3.3 土地竞价租金曲线与加工型厂商选址 / 036
  3.4 土地竞价租金曲线与信息型厂商选址 / 038
  3.5 土地竞价租金曲线与家庭住宅选址 / 047
  3.6 市场主体的土地竞价租金曲线与全局的土地利用模式 / 055

第 4 讲 城市土地利用模式和单中心城市消亡 / 060
  4.1 单中心城市的兴起 / 061

4.2 单中心城市的消亡 / 070
4.3 现代城市的土地利用模式 / 081

第二篇　集聚经济与城市规模

第5讲　集聚经济与企业集聚出现 / 091
5.1 集聚的原因 / 092
5.2 集聚经济 / 095
5.3 地方化经济的主导力量 / 097
5.4 城市化经济的主导力量 / 107
5.5 城市化经济的其他好处 / 109

第6讲　效用曲线与城市规模 / 113
6.1 效用与城市规模 / 113
6.2 城市系统 / 116
6.3 专业化城市与多样化城市 / 118
6.4 城市规模的差异 / 120
6.5 城市规模分布 / 122
6.6 城市层级系统 / 125

第7讲　劳动力供求曲线与城市增长 / 130
7.1 城市经济增长 / 130
7.2 技术进步与城市经济增长 / 131
7.3 人力资本提升与城市经济增长 / 133
7.4 城市就业增长（城市人口增加）/ 134
7.5 就业增长与下降 / 142
7.6 公共政策与均衡就业 / 143
7.7 预测总就业规模的变化量 / 146
7.8 谁从就业增长中获益 / 147
7.9 城市增长的区域背景 / 148

第三篇　政府部门公共品供给与外部性

第8讲　地方政府收入与公共品供给 / 157
8.1 不动产税 / 158

- 8.2　不动产税理论推演 / 158
- 8.3　不动产税的实例与实践 / 162
- 8.4　地方公共产品 / 166
- 8.5　管理自然垄断行业 / 173
- 8.6　处理外部性 / 175

第 9 讲　邻里外部性与密度 / 178
- 9.1　地方公共产品的分类 / 178
- 9.2　邻里的外部性 / 181
- 9.3　邻里选择 / 182
- 9.4　邻里选择：教育与犯罪的作用 / 187
- 9.5　土地利用与分区 / 189
- 9.6　无分区城市 / 194
- 9.7　住宅与租金 / 194
- 9.8　增长控制：城市增长边界 / 196
- 9.9　其他增长控制政策 / 200

第 10 讲　拥堵外部性与速度 / 203
- 10.1　外部性 / 203
- 10.2　汽车的正外部性 / 204
- 10.3　汽车的负外部性 / 205
- 10.4　拥堵的外部性 / 206
- 10.5　拥堵税 / 209
- 10.6　拥堵税的实证分析 / 211
- 10.7　拥堵税的替代方案 / 214
- 10.8　道路容量决策 / 216
- 10.9　汽车与空气污染 / 218
- 10.10　机动车交通事故 / 221

第四篇　影响选址的三个基本要素：可达性、内部空间与外部环境

第 11 讲　城市交通的可达性 / 227
- 11.1　汽车连通城市 / 227
- 11.2　通勤与公共交通客流量 / 233
- 11.3　出行成本和模式选择 / 234

11.4 有效客流量 / 236
11.5 交通系统设计 / 240

第 12 讲 住宅内部的品质差异 / 244

12.1 住宅差异性 / 244
12.2 价格空间变化 / 244
12.3 特征价格 / 245
12.4 住宅耐久性 / 246
12.5 搬迁成本 / 249
12.6 过滤模型 / 250
12.7 价格空间变化 / 253
12.8 住宅的价格弹性 / 254
12.9 城市住房成本 / 254

第 13 讲 城市的教育 / 256

13.1 教育支出和教育成绩 / 256
13.2 教育生产函数 / 257

第 14 讲 城市的犯罪 / 266

14.1 犯罪事实 / 266
14.2 理性的犯罪 / 268
14.3 犯罪的均衡数量 / 272
14.4 合法的机会与教育 / 275
14.5 犯罪率高吗 / 277
14.6 监狱的作用 / 280

第五篇　人工智能与城市治理

第 15 讲 数智底座构建与城市治理 / 285

15.1 城市数智底座概述 / 285
15.2 城市数智底座构建 / 288
15.3 城市数智底座在城市治理中的应用 / 291

第1讲

导　论

城市的历史几乎与文明的历史一样悠久,城市一直是财富与权力、创新与颓废、梦想与挫折的中心。在过去的一个世纪,许多国家经历了迅速的城市化进程,因此,现在世界大部分人口居住在城市中。然而,城市是人类文明创造中最为复杂的产物之一,在许多方面是最不为人所知的。从20世纪50年代末开始,随着世界各地城市问题的爆发,这一点变得非常明显。从那时起,许多不同领域的科学家开始致力于开发一个更好地理解城市的方法。尤其是在经济学方面,这些城市问题推动了一个新领域的诞生,即城市经济学。

城市是一个众多因素复杂地结合在一起的有机整体,它会带来正面的影响,也会带来负面的影响。城市推动了创新、消费、生产和贸易等方面的发展,但同时也创造了噪声、污染、拥挤、拥堵等方面的问题。在第1讲中,主要介绍城市经济学的认知过程、研究对象、分析框架。

1.1　对城市经济的认知是一个不断深化的过程

城市与乡村是空间的两种对立形态。城市以集聚为分布特征,而乡村以分散为分布特征,两种形态有机地统一于地理空间之中。如果出一道判断题:地球上是先出现城市,还是先出现乡村?尽管我知道这是一道没有标准答案的题目,但是我会毫不犹豫地选择先出现城市。如果让我提供理由,我就会告诉您,只有集聚在一起的小伙伴们齐心协力与大自然作斗争,才有可能存活下来。人类只有集聚在一起,才有可能赶走侵略者,才有可能获得充足食物,才有可能产生各种奇思妙想,制造出各式各样的生产工具。

城市是有生命的。仔细阅读用文字记载的历史资料,脑海中就会浮现出很多熟悉的城市,这些城市均经历了生命周期的产生、成长、成熟、衰退四个阶段。一个城市的兴起总是伴随着其他城市的衰亡而发生,大多数是交通在其中发挥着至关重要的作用。在现代文明中,欣欣向荣的城市总是伴随着充满活力的市场出现。城市生命周期的阶段更替是一个残酷的过程,类似于大自然的优胜劣汰。

对于城市的研究,除了空间和时间两个维度之外,还离不开第三个维度——人的认知。人的认知总是受到时代的局限,不免存在系统性偏差。在城市经济模型中,常常会讨论均衡与最优两种状态,我常常将此比喻成康德的"头顶的星空和心中的道德律"。"头顶的星空"是城市空间结构的均衡状态,是数以亿计的个体行为过去表现的结果,随着实证研究的深入,发现不同城市区域的空间结构具有很强的规律性,许多研究者对这些规律做出解释,并为进一步的研究提出可检验的假设条件。"心中的道德律"是城市空间结构的最优状态,采用规范研究,可以不断识别最有效率的城市空间结构和规模。研究者的真正责任不只是停留在解释城市经济现象,深化对客观规律的认知,而是不断改善它,努力实现最有效率的最优状态。因此,最优问题远远比均衡问题重要。

下面从空间的内生性、城市的异质性、模型的多样性三个角度来简要阐释人们对城市经济的认知过程。

1.1.1 空间成为主流经济学模型的内生性变量

李嘉图(Ricardo)的比较利益学说解释了具有不同比较优势的地区之间产生分工和交换的原因,但是这也导致空间因素长期被排斥在主流经济学模型之外。霍特林(Hotelling)的空间区位竞争模型引入了厂商的空间区位竞争,但是市场需求总量是既定不变的,对市场争夺的结果只是市场地域分割的变化,并没有把市场需求及其分布当作厂商空间决策的内生性变量加以考虑。直到克鲁格曼(Krugman)的新经济地理学说,从规模报酬递增和外部经济的视角解释了先天条件相似的国家或地区之间产生地域分工和贸易的经济学机制,空间才作为内生性变量纳入主流经济学模型;在不完全竞争的市场结构下,生产要素在空间上是可以自由流动的,商品的贸易存在运输成本,市场需求及其分布是内生的,是随着厂商区位选择和劳动力流动而变化的;新经济地理旨在揭示均质空间里不完全竞争市场条件下厂商区位选择的经济学机制,侧重于解释人类活动对厂商区位选择的作用机制,这些因素的作用归纳为向心力(或称集聚力)和离心力(或称分散力)。为此,克鲁格曼还列出了向心力和离心力的理论菜单(menu),供后人不断补充,其中关联效应、厚市场、知识溢出和其他正向的外部性作为向心力,不可移动的生产要素、土地租金/运输成本、拥堵和其他负向的外部性作为离心力。

1.1.2 城市具有异质性特征

一方面,人口和财富的空间分布呈现出不均匀的特征。经济活动并非局限于一小块区域或者均质平原,相反,经济活动在不同的区位、区域、国家的分布各不相同,因而产出等高线会随着时间和空间而发生变化。随着基础设施网络的快速发展、运输成本的持续下降,以及近年来通信成本几乎接近于零,就近原则不再是必须遵循的准则。这从某种程度上表明经济活动正进入"零距离"的时代。看起来似乎区位、区域差异会逐渐淡化,但是,现实世界展现出不一样的场景。尽管邻近自然资源的重要性在大幅度下降,企业和家庭有了更大的自由来选择他们想去的城市、想去的城区、想去的楼宇。然而,正是因为运输成本、通信成本的大幅度降低,为进一步集聚创造了条件。看到的现实场景是,企业和家庭从农村集聚到城市、从小城市集聚到大城市、从城市的外围集聚到城市的中心城区,这也孕育出具有更高生产率的大城市。

另一方面,在城市尺度上,经济活动的规模和内容是高度多样化的。一些城市可能会专业化某个或某几个产业,表现出地方化经济特征,属于专业化城市(specialized city),如与信息技术相互关联的企业组成的产业区,如加州硅谷;与汽车制造相互关联的企业组成的城市,如湖北十堰市。也有一些城市是高度多样化的,可能会容纳许多直接不相关的产业,表现出城市化经济特征,属于多样化城市(diverse city),如上海市、纽约市。进一步而言,在城区、街道、楼宇等更小尺度上,集聚也总是伴随而来。中央商务区(CBD)分布在中心城区,相似的企业毗邻于同一条街道,关联的企业扎堆在同一幢信息型楼宇。而边缘城市(edge city)、次中心(subcenter)的涌现也加速了单中心城市的消亡,诸如上海出现多中心结构,涌现出小陆家嘴金融服务业生态圈、北外滩航运服务业生态圈、虹桥经开区贸易型服务业生态圈,以及流量型经济企业在武康路——安福路历史文化风貌区集聚、在线新经济企业扎堆于娄山关路与茅台路交叉路口的金虹桥国际商务中心。

1.1.3 不同的模型用于研究不同尺度的城市经济问题

在不同空间尺度上,家庭、厂商、政府部门、外国部门、投资主体五类市场主体的作用力特性和系统平衡点是不一样的,空间邻近的相互作用机制各不相同,这引致不同距离尺度上集聚经济作用的类型是不一样的。不管在什么尺度上,经济集聚总是伴随着空间差异的出现,这些空间差异往往是各种政治、法律、社会、宗教、种族冲突的根源。当然,不同的模型之间也存在一些共通之处。

一是城市经济模型仍然需要重视运输成本。随着运输成本、通信成本大幅度下降,不能得出运输成本对区位选择影响变小的结论。恰恰相反,运输成本降低使得企业和家庭对区位的细微差异变得更加敏感,不同区位之间的细微差异会对经济活动的空间分布产生重要的影响。同时,企业和家庭的运输成本被赋予更加广泛的含义,企业的运输成本反映所有的贸易和物流的障碍,包括运输成本(transport costs)、时间成本(time costs)、因距离相隔造成的商业活动的交易成本(transaction costs)、关税和非关税成本(tariff and non-tariff costs)等;而家庭的运输成本则包括工作和非工作目的通勤成本、时间成本,以及公共服务、税收和环境舒适性等。

二是空间因素作为内生性变量纳入城市经济模型。在传统的经济理论中,规模报酬递增是企业内部问题。由于企业内部的土地、机器、设备、厂房等固定投入的不可分割性,大批量生产模式可以让企业获得规模经济的好处。但是在城市经济学中,人类活动的区位可以看作是邻近性与拥挤效应之间相互作用的结果。进一步而言,城市经济活动的空间结构是在不完全竞争市场结构下,消费者互动、企业互动、消费者与企业互动所产生吸引和排斥的作用力平衡之下形成的;企业和家庭的区位选择就是在规模报酬递增与交通成本之间进行权衡取舍的。一方面是对消费和生产多样性的偏好会引致非价格互动的技术外部性(technological externalities)和市场相互作用的金钱外部性(pecuniary externalities);另一方面是城市的交通流、信息流因瓶颈产生堵塞的拥堵外部性(congestion externalities),城市的外部环境因密度过高导致舒适性下降的拥挤外部性(crowding externalities)。

三是地方政府的作用在城市经济模型中不可小觑。当市场能对资源进行有效配置时,就需要政府失灵;当公共品、自然垄断、外部性和不完全信息导致市场失灵时,就需要有为的政府。在市场经济中,政府主要承担三种职能,即稳定性、收入再分配、资源配置。地方政府通过提供地方公共品、管理自然垄断、内部化外部成本来配置资源。蒂布特模型(Tiebout model)可以帮助理解家庭的流动,即"用脚投票",可以阻止多数决策原则所导致的无效率。家庭可以将社区之间的竞争,作为实现当地公共品有效供给的工具,就像企业之间为有效提供商品而展开的竞争一样。如果假设家庭可以在社区之间无成本地流动,那么每个家庭都会选择最符合自己偏好的社区;如果每个社区都通过提供一揽子公共品来争夺家庭,那么社区之间的这种竞争和家庭的"用脚投票"就会实现当地公共品的有效供给。

1.2　城市经济学的研究对象

本节在追溯城市经济学的诞生之后,试图回答以下问题:城市经济学研究什么?什么是城市?为什么存在城市?工业革命如何加速城市化进程?

1.2.1　城市经济学的诞生

在过去近百年的时间里,许多国家经历了迅速的城市化进程,现在世界大部分人口居住在城市,在 2022 年末,中国常住人口城镇化率为 65.22%,美国城市人口占总人口的比重为 82.3%;中国的上海、北京、广州、深圳四座一线城市的常住人口数分别为 2 470 万、2 180 万、1 870 万、1 760 万,而美国的纽约、洛杉矶、芝加哥三大都市区(metropolitan area)的人口数分别为 1 910 万、1 280 万、950 万。

城市是人类文明创造中最为复杂的产物之一。一方面,城市推动了创新、消费、生产和贸易的发展,提高了人们的生活水平;另一方面,城市也存在噪声、污染、拥挤、拥堵等负面问题。从20世纪50年代开始，随着世界各地城市问题的爆发，许多不同领域的科学家开始致力于开发一个更好的理解城市的方法。尤其是在经济学方面，这些城市问题推动了一个新的学科诞生，即城市经济学。

1.2.2 城市经济学的研究对象

城市经济学属于经济学和地理学的交叉学科。

经济学是帮助人们做出选择决策的学科；微观经济学分析逻辑是在资源稀缺的背景下，家庭选择最优的消费组合（consumption bundle）实现效用最大化，企业选择最优的产量或价格（optimal quantity or price）实现利润最大化。地理学是研究地球表层空间地理要素或者地理综合体空间分布规律、时间演变过程和区位特征的学科；分析框架是事物如何在空间上进行配置；研究范式从地理学知识描述、格局与过程耦合，向复杂人地系统的模拟和预测转变。

城市经济学的研究对象是将经济学和地理学融合为一体，研究追求效用最大化的家庭和追求利润最大化的企业如何进行位置或区位的选择。具体而言，城市经济学就是解决家庭和企业的选址问题，也就是我们挂在嘴边的"location, location, location"：选择去哪座城市？布局于城市的哪个区位？搬进哪幢楼宇？同时，城市经济学还可以识别无效率的区位选择，检验可供选择的公共政策，做出提高效率的经济决策，实现最有效率的最优状态。

1.2.3 城市内涵的科学界定

城市是在相对较小的土地面积里，居住了大量人口或者布局了大量企业的地理区域。

城市的基本特征是集聚，换句话说，城市区域的人口密度、企业密度要高于周边其他区域。这个定义从密度（density）出发，把人口密度、企业密度作为重要的识别手段，适用于从小城镇到大城市等不同规模等级的城市地理空间。当然，在不同的地理空间尺度，各种作用力特性和系统平衡点是不一样的，空间邻近的因果关系作用机制存在分异，遵循的客观经济规律也是不同的。

需要注意的是，在大量文献中，对中国大陆的城市研究，大部分将地级以上的城市作为地理空间尺度，其实可以简化地看作是地理栅格数据的处理方式之一。简而言之，336个地级以上城市，即316个地级行政区、16个副省级城市、4个直辖市，只是行政区域的空间划分而已，并不是真正经济意义上的城市。同理，在阅读外文文献时，对城市的地理空间也需要仔细核实一下。只有做好国际比较研究，才能发现有益的经验证据和实践启示。

外部性是城市经济的根本特征。城市是一个人口密集的区域，人口集中引致了各种技术外部性，外部性包括有益的正外部性和有害的负外部性。正外部性包括分享中间投入品、劳动力储备、劳动力技能匹配、知识溢出等带来地方化经济和城市化经济。这种集聚经济导致了企业、人口的集聚。

负外部性是由家庭之间、厂商之间、家庭与厂商之间的互动引起的,主要有两类负外部性:一类是邻里外部性,它是由密度(density)太高而引起的;另一类是拥堵外部性,它是由速度(speed)太慢而导致的。这种集聚不经济导致了反城市化出现。

邻里外部性是由于住所太靠近所致的,包括拥挤外部性和种族外部性。随着街区内家庭、厂商密度的增加,环境质量会随之下降,一部分是由噪声、垃圾、犯罪等造成的,另一部分是由街区内开放空间和绿地面积的减少造成的。由家庭、厂商集聚造成的负面效应,称为拥挤外部性。此外,一个城市并非只有一个种族或者民族,如果一些群体对另一些群体有偏见,那么他们将认为另一些群体在该街区的存在会给其带来负面影响,比如,一些白人会对在黑人社区附近居住有偏见。这种由不同种族间偏见造成的外部性称为种族外部性。

拥堵外部性是由于道路上花费时间太长而引起的。与它们不同的是,交通拥堵代表了完全不同的外部性,城市道路上的每一辆汽车都增加了拥堵,因而增加了其他所有人的交通时间。交通拥堵外部性有可能导致市场失灵,比如,当城市道路出现交通拥堵时,如果不要求司机对因他们造成的拥堵对其他人进行补偿,则每个家庭的通勤成本都不包括交通拥堵造成的外部成本。在此情况下,由于家庭支付的地租反映了通勤成本的差异,因此,地租处于被扭曲的状态。可见,土地市场的竞争均衡并不是社会有效的。

1.2.4 城市存在的三个条件

城市之所以存在,是因为人类文明创造出生产和交换系统,为人类改造自然奠定物质基础。土地(land)作为一种不可移动的生产要素,在拥挤的城市中用于除种植粮食之外的其他产品或者服务的生产。在城市中生活的人们,之所以可以从事与种植粮食完全无关的生产活动,必须满足以下三个条件:

一是存在农业生产过剩劳动人口,一部分劳动人口种植的粮食就能养活所有的农村居民和城市居民;

二是存在交换的市场,城市居民生产的产品或者服务可以在市场上交换到农村居民种植的粮食;

三是存在高效的运输系统,农村居民种植的粮食可以与城市居民生产的产品或者服务便利地交换。

1.2.5 工业革命与城市化

发生在19世纪的工业革命,推动了加工型企业和交通运输业的创新,此时家庭作坊和小作坊的生产模式开始消失,城市内产品的生产逐渐转移到大型工厂里。与早期贸易型城市形成的鲜明对比的是,工业城市的工人主要从事产品生产,而不仅仅是分配其他区域生产的产品。与此同时,越来越多的居民、企业向工业城市集聚,加速了城市化进程。

(1)加工型企业创新

大约在1800年,伊利·惠特尼(Eli Whitney)发明了加工型企业零部件互换系统,它是工业革命最重要的发明之一。在传统的手工生产模式下,一个产品的各个零部件通常被分开生产,其精确度很低。众多专业技能的工匠不得不共同生产这些零部件,并且还必须使这些零部件相互配套。在惠特尼加工型企业零部件互换系统下,机器作为精确生产的工具,使得工人可以对每一个零部件进行大批量生产。这些同质的零部件之间可以互换,因此,非技术工人经过短暂的培训后,就可以装配这些零部件。手工生产被标准化的生产替代后,巨大的规模经济开始出现,并促进加工型企业和工业城市的发展。惠特尼还将这套系统应用于步枪的生产中。为向即将就任的美国总统杰斐逊(Jefferson)和其他政府官员证明,零部件互换系统也同样适用于没有技能的工人,他随机选取一些零部件,并让这些官员自己组装步枪。这样他获得生产1万支步枪的合同,并在康涅狄格州(Connecticut)的纽黑文(New Haven)靠近河流的地方建造了一座工厂,这条河可以为工厂提供生产动力。他的零部件互换系统就是著名的美国加工型企业体系,也成为大规模生产的标准体系。

新的加工型企业体系的出现推动了工业城市的发展。随着铁质的机器取代木质的机器,大量新的机器被开发出来,以满足大工厂生产产品的需要。从此,技术工匠的手工生产被机器生产取代,这些机器生产系统由可互换的零部件、专业工人和蒸汽动力机器组成。大规模生产降低了产品的制造成本,并引致生产和就业不断向大工业城市集中。

(2)运输业创新

城市间运输业的创新推动了工业化和城市化。在18世纪,泥泞的道路为收费公路所取代,多条运河的开凿建设,提高了内陆区域水陆交通网络的密集度。轮船被发明并被广泛应用后,人们可以在主要河流上进行双向旅行。铁路交通系统的建设,进一步提高了运输速度,扩大了运输系统覆盖的范围。所有这些创新都降低了产品的相对价格,并推动了生产和就业不断向大型工业城市集聚。

(3)农业革新

城市存在的三个前提条件之一是,存在农业剩余来供养城市居民。

工业革命过程中产生了众多的革新活动,它们极大地促进了农业生产率的提高。农民用机器取代了人力和简单的耕作工具。机器种植法的引入大大提高了农民的人均产出。农业生产率的提高使一部分农民成为剩余劳动者,于是这部分人开始向城市的工业和商业企业转移。1800—1900年,城市居民占总人口的比重从6%上升到35%,这意味着数量更少的农业人口要养活数量更多的城市人口。

首先从农业种植谈起。19世纪初期,犁通常是木质的,易碎并且使用起来很笨拙。1830年前后,这种效率不高的木质犁被铁制成的犁所取代,这些铁制的犁是由匹兹堡(Pittsburgh)和伍斯特(Worcester)的工厂制造的。1840年前后,John Deere引入了钢制犁。这种犁比较轻,更坚硬,而且容易操作。后来的革新允许公民自己调整深度和犁刀片的角度,进一步提高了农民的生产率。

再看看农业收割方面的变化。1831年,McCormick将早期革新的技术应用于马拉的农作物收割机,这大幅度提高了农作物收割的生产效率,而这部分劳动是农业生产中劳动力密集的部分。使用马拉的收割机时,2个人收割的谷物数量相当于8个人利用传统收割方法收割的谷物数量。

其他领域的革新也促进了农业生产率的提高。农业科学的发展直接推动了栽培、种植、收割和加工领域的技术革新。运输业的技术革新活动降低了农作物的运输成本,使得每个农民都可以服务于一个更广阔的市场。农业生产率的提升,反过来降低了农业劳动者的规模。从19世纪到20世纪,美国农业人口占总人口的比重,从超过90%下降到低于3%的水平。

(4)能源技术与区位决策

在工业革命期间,工业城市的区位模式反映了能源技术的变化。

早期的工厂用水车蓄水,通过水流的快速运动,使水产生机械运动。机械力通过皮带和齿轮来传送。在新英格兰,纺织企业沿着偏僻的河流修建工厂,用水车推动纺织机器。当时有很多以水车为动力的城市,如Lowell、Lawrence、Holyoke、Lewiston。

在19世纪后半叶,更高效率的蒸汽机能够产生适于传输的能量。该机器应用了John McNaught于1845年发明的一种混合发动机(使用两次蒸汽,在压力递减的情况下驱动活塞)。蒸汽机可以在任何一个地点使用,唯一对它起到约束作用的是燃料煤的可获得性。那些燃料消耗量大的加工型企业通常集聚在宾夕法尼亚州的煤矿附近。其他的企业则在适于通航的河道及易于煤炭运输和卸载的区域选址。在新英格兰,纺织企业开始从偏僻的区域迁移到适于通航的河道附近。这样,纺织品生产主要集中于新英格兰南部海岸的富尔里弗—新贝德福德地区(Fall River-New Bedford)。铁路发展起来以后,煤炭使用者有了另外一种运输选择,并引导企业沿着巨大的铁路网络发展。总之,蒸汽机的出现,扩展了企业的选址范围。

电能的发展同样改变了企业的选址模式。19世纪60年代,发电机开始出现,电动机车在1888年也被开发出来。从此企业开始把皮带和齿轮传送系统替换为由一个主要蒸汽机和多个小电动机组成的系统,这些小电动机为各自独立的机器提供动力。最早使用电能的企业位于尼亚加拉瀑布(Niagara Falls)的一个水力发电厂附近。电力传输技术的发展,使得距离水力发电厂几百英里的企业也可以使用电能。同时,煤炭发电工厂也得到了发展,1900—1920年,电动机在工厂中使用的比重从2%上升到33%。

电力的发展使企业选址更加自由。企业可以不靠近河流而利用水力发电厂的电能,同时也不需要运输大量的燃料给企业。总而言之,电力的发展降低了能源产地在企业选址中的重要性,使企业在选址时,更加重视与其他生产要素产地和消费者的距离及其易达性,这进一步推动了生产和就业不断向大型工业城市集聚。

1.3 城市经济学的分析框架

现在来制定一个城市经济学的分析框架。这里会涉及家庭、厂商、政府部门、外国部门、投资主体的行为,五个部门相互作用的自选择行为最终会实现城市经济的一般均衡。

1.3.1 家庭的选址行为

家庭选址的最优法则是在实现效用最大化前提条件下,选择去哪座城市工作,在城市的哪个区位安家。在不同城市,不同的人口规模、不同的创新能力、不同的人力资本水平、不同的自然禀赋、不同地方政府的治理效能等决定各个城市拥有不同的效用水平。在同一城市,各个社区不仅供给公共产品的数量和质量不同,而且拥有不一样的邻里外部性和拥堵外部性。交通可达性、外部环境水平(自然环境、社会环境)、住宅内部品质是家庭区位选址的三类重要影响因素。

1.3.2 厂商的选址行为

厂商选址的最优法则是在实现利润最大化前提条件下,选择迁移至哪座城市,在城市的哪个区位布局。由于企业集聚可以获得分享中间投入品、劳动力池、劳动力技能的匹配、知识溢出等好处,企业扎堆的空间现象变得越来越普遍,大城市还可以为双职工家庭提供工作机会、学习机会、社会交往机会。由于投入品、产出品存在差异,加工型企业的选址偏好依据投入品的运输成本和产出品的配送成本所决定的总运输成本最小化来确定最优区位;信息型企业的选址偏好依据为交换信息而进行移动的成本最小化来确定最优区位。

1.3.3 政府部门的公共品供给行为

公共品包括舒适的自然环境和安全的社会环境。舒适的自然环境离不开优美的自然景观、清新的空气、干净的水,这一切虽然受到自然禀赋的影响,但是与人的活动也是息息相关的。安全的社会环境除了优质学校、犯罪率低之外,还有建筑密度不能过高、种族不应歧视,否则容易产生拥挤的负外部性和种族的负外部性,道路不能过于狭窄,否则容易产生拥堵的负外部性。地方政府使用边际分析法中社会边际成本等于社会边际收益来确定公共品的供给数量和质量,而家庭根据各个社区的不同公共品供给水平,"用脚投票"来选择去哪个社区安家。公共品供给所需要投入的成本不能超过地方政府收入,否则地方政府提供不出来。家庭的"用脚投票"迫使地方政府不断提高效能,在负担得起的条件下,为当地社区居民供给尽可能多的公共品。

1.3.4 外国部门的消费行为

外国部门的消费为城市提供一个巨大的产品输出市场,为了简化分析的需要,往往不去考虑国界所带来的复杂性,常常把它简化成其他城市居民的消费,并且作为一个外生变量。这样,可以把城市内部的厂商部门直接划分成出口型部门和本地型部门:出口型部门生产的产品输出到其他城市(外国部门),供其他城市居民使用;本地型部门生产的产品在本座城市销售,供本地居民使用。因此,一个城市的就业规模等于产品输出部门的就业量(出口型就业)和为本地服务部门的就业量(本地型就业)之和。

1.3.5 投资主体的行为

由于土地这一生产要素的不可移动性和数量有限性,加上土地上的建筑物和其他城市基础设施是所有人类产品中最耐用的,为了简化分析需要,虚拟了一个万能的投资主体。一方面,投资主体通过市场机制把家庭和厂商的初始禀赋(土地、房屋等不动产)承租起来,向拥有土地、房屋等不动产的家庭和厂商提供相应的市场租金。另一方面,投资主体根据家庭和厂商的不同需求,在城市的不同区位建造住宅、商业楼宇、厂房等建筑物供万千家庭和厂商租用,还会根据要素替代性,不同的建筑物具有不同的高度;同时,投资主体为了方便家庭出行,及厂商的投入品和产出品移动,还会打造一个有效的交通设施系统供全城的居民、企业使用。这样,可以突破经典静态理论的限制,将城市土地利用理论与资本理论相结合,在动态的框架下直接处理城市扩张和更新等空间问题。

参考文献

[1] Masahisa Fujita. Urban Economic Theory: Land Use and City Size[M]. Cambridge University Press, 1989.

[2] Masahisa Fujita, Paul R. Krugman, Anthony J. Venables. The Spatial Economy: Cities, Regions, and International Trade [M]. MIT (Massachusetts Institute of Technology) Press, 1999.

[3] Masahisa Fujita, Jacques-Francois Thisse. Economics of Agglomeration: Cities, Industrial Location, and Regional Growth (2nd edition)[M]. Cambridge University Press, 2012.

[4] Arthur O'Sullivan. Urban Economics (9th edition)[M]. McGraw-Hill Education Press, 2019.

[5] Dixit A K, Stiglitz J E. Monopolistic Competition and Optimum Product Diversity[J]. American Economic Review, 1977, 67(3): 297—308.

[6] Chen Yuegang, Du Xinglong, Wu Yan. The Impact of Rail Transit on Road Traffic Conges-

tion from the Perspective of Network Platform Evidence from Shanghai,China[J]. Transformation in Business & Economics,2020,19(3):637—658.

[7] 陈跃刚,吴艳.新型城镇化进程中产业空间布局[M].上海财经大学出版社,2020.

[8] 吴艳,陈跃刚.我国大都市知识服务业空间布局研究[M].上海财经大学出版社,2016.

[9] 陈跃刚.网络广告品行为供应链研究[M].复旦大学出版社,2010.

[10] 陈跃刚,王旭健,吴艳.集聚经济视角下上海市高质量发展演化研究[J].城市发展研究,2022,29(12):101—111.

第一篇

市场主体选址与城市土地利用模式

在第一篇中,将政府部门公共品供给行为、外国部门消费行为、投资主体行为作为外生性变量,仅仅考虑家庭、厂商两个市场私人部门的选址行为,主要分析万千个市场主体如何相互作用,引致城市产生、城市土地租金形成、城市土地利用模式。

第2讲从庭院生产模型(backyard production model)出发,逐步放松假定,承认生产过程中存在比较优势,从而引致分工与专业化,加上交易过程受规模经济影响,这引致了贸易型城市的产生;如果再加上生产过程受规模经济影响,这又会引致工业型城市的产生,市场范围内消费者分割会促进工业城市体系的出现;如果把投入品(原材料)的运输成本考虑进来,原材料的运输成本与制成品配送成本之和得到总运输成本,在总运输成本最小化主导下资源导向型城市、市场导向型城市便产生了,生产受规模经济影响,加上市场范围内的制成品消费者分割或者原材料供给者分割,这引致了加工型城市体系的出现;如果考虑多元投入品或者多个制成品市场,可以用中间区位法则解释大城市扩张和交通枢纽型城市的产生;伴随着人口、企业集聚,城市有利于知识溢出以及不同创新者之间知识与思想的交流,这引致了孵化创新型城市的出现。

第3讲介绍竞价租金函数,根据市场法则,土地通常转让给出价最高的竞标者(市场主体);在农业生产中,由于土地肥力不同,引致土地的租金不同,地租也从绝对地租走向级差地租;由于加工型厂商、信息型厂商、家庭部门的输入投入品(input)、输出制成品(output)的属性不同,以及要素间有不存在替代、存在替代两种情形,加工型厂商、信息型厂商、家庭部门对城市不同区位的土地意愿支付(willing to pay)的价格也会不一样,这会形成不同形状、不同位置的土地的竞价租金曲线,据此可以预测全局的城市土地利用模式。

第4讲介绍集中型交通网络系统设计使单中心城市得以出现,市内交通工具、建筑技术和城际货物运输技术的创新促进了单中心城市的发展;采用土地竞价租金曲线分析信息型厂商、加工型厂商、家庭部门的选址行为引致了圈层结构的单中心土地利用模式,分别将收入、有轨电车作为内生性变量,揭示土地市场、劳动力市场互动形成的一般均衡单中心土地利用模式,运用序贯博弈分析投资主体进行的建筑高度锦标赛;随着交通工具和信息设施不断发展,加工型厂商、信息型厂商和人口不断分散化,单中心城市逐渐被多中心城市取代;厂商主要分布在城市中心(CBD)、城郊次中心和"其他任何区域",家庭部门主要分布在靠近就业区的地方,厂商在城市内的广泛分布使得大部分家庭在远离城市中心的区域工作和生活,这样的土地利用模式便是现代的多中心城市模式。

第2讲

分工专业化、规模经济与城市产生

城市区域被定义为在相对较小的面积里居住了大量人口的地理区域。它的主要特征在于空间的密集性、经济上的非农业性和构成上的多元性。城市的产生,必定在生产或消费方面具有超过运输成本增加的技术优势。一般而言,这种技术优势包括但不仅限于资源和运输优势、不可分割和规模经济、外部性和非价格互动、对消费和生产多样性的偏好。

第2讲以庭院模型为基础,逐步放松假定条件,探讨贸易型城市、工业型城市、城市体系、资源导向型城市、市场导向型城市、加工型城市体系、交通枢纽城市、孵化创新型城市是如何产生的。

在2.1和2.2中,从庭院生产模型(backyard production model)出发,逐步放松假定,承认生产过程中存在比较优势,从而引致分工与专业化,如果加上交易过程受规模经济影响,这引致了贸易型城市的产生。

在2.3和2.4中,如果再加上生产过程受规模经济影响,这又会引致工业型城市的产生,市场范围内消费者分割会促进工业型城市体系的出现。

在2.5中,如果把投入品(原材料)的运输成本考虑进来,原材料的运输成本与制成品配送成本之和得到总运输成本,在总运输成本最小化主导下,资源导向型城市、市场导向型城市便产生了;生产受规模经济影响,加上市场范围内的制成品消费者分割或者原材料供给者分割,这引致了加工型城市体系的出现。

在2.6中,如果考虑多元投入品或者多个制成品市场,可以用中间区位法则解释大城市扩张和交通枢纽型城市的产生。

在2.7中,伴随着人口、企业的集聚,城市有利于知识溢出以及不同创新者之间知识与思想的交流,这引致了孵化创新型城市的出现。

2.1 庭院生产模型

先从一个庭院生产模型出发,这是一种自给自足的小农生产模式,结论是不会产生集聚现象,也就是不会引致城市出现,然后逐步放松假定条件,得到不同类型城市的产生。

为了避免产品种类增加分析的困难,假设土地的资源禀赋相同,即在没有城市存在的区域,仅仅生产和消费两种产品:农业制成品——面条;工业制成品——丝绸。在此过程中,投入的生产要素为工人和土地,土地产出的产品为小麦和蚕蛹,工人产出的产品为面条和丝绸。

接下来,对庭院生产模型进行一个简单的介绍。庭院生产模型的3个假设:

假设1:相同的生产率。土地和工人在生产不同产品时具有相同的生产率。所有的土地在生产农业产品时,具有相同的生产率,即每块土地产出的小麦和蚕蛹的数量相同;所有的工人在生产工业产品时,也具有相同的生产率,即生产面条和丝绸的生产率相同。

假设2:交易的规模收益不变。无论双方交易量是多少,单位产品的交易成本(包括交通成本)都是固定的,成本不随交易量的增大而减少,即单位产品交易的边际成本都相同。

假设3:生产的规模收益不变。无论生产主体的规模大小,每个工人每小时生产出的面条和丝绸的数目都是固定的,不随规模增大而增多。

在假设1的条件下,由于不存在比较优势,专业化与分工不能带来额外的收益;在假设2的条件下,家庭间交换产品只会产生成本,不会带来收益;在假设3的条件下,所有的生产者都获得零利润。这些假设条件基本上排除了交易行为发生的可能,同时也排除了为了方便交易出现集聚的可能,每个家庭都实现自给自足。总之,这些假设导致每个家庭都将生产自己消费的所有产品,使自己保持一种自给自足的生产模式。

同时,由于人类个体不需要交易行为,因此人口不需要集聚,处于均匀分布状态。假设人口在一些区域进行集聚,那么他们对这些地方的土地的需求就会提升,而需求的增加就会导致竞争的加剧,进而提升土地的价格。此时,在这个区域生活就会具有更高的生活成本,而成本的提升并不能带来生产率的提高,即没有任何收益的提升。因此,居住在这里的居民就会纷纷离开这里,而随着人口的离开,土地价格又会降低到正常水平,重新实现人口的均匀分布。这种达成区位均衡的过程如图2—1所示。

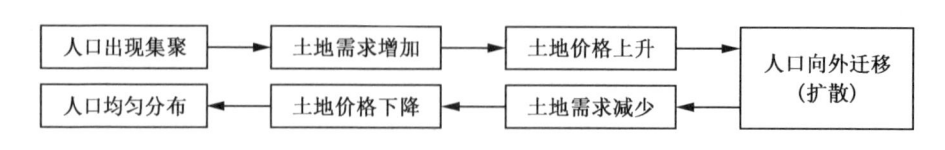

图2—1 区位均衡过程

在达到区位均衡后,由于所有的土地均匀地分布人口,所以具有相同的价格。所有区域都具有相同的吸引力,因此区位均衡要求所有区域的土地价格都相同。

2.2 贸易型城市

放松假设1和假设2,即区域之间存在比较优势和交易受规模经济的影响,分工和专业化就会引致交易的可能,这样作用的结果就会引致贸易型城市的产生。

在庭院生产模型中,做出了3个严格的假设,得出了城市不会产生的结论。首先,放松假设1中所有的生产要素,即土地和工人对两种产品都具有相同生产率。由于南方气候宜人,日照多、温差大,土地肥力高,劳动力密集适合集约化经营,因而在生产小麦和蚕蛹时具有较高的生产率。同时,由于南方工人技能更为熟练,在生产面条和丝绸时也具有较高的劳动生产率。南北两个区域每个工人1小时生产面条和丝绸的数量如表2—1所示。从表2—1中可知,在南方区域,每个工人1小时能生产9匹丝绸或3份面条;在北方区域,每个工人1小时能生产2匹丝绸或2份面条。南方工人生产面条的效率是北方区域工人的3/2倍,生产丝绸的效率是北方区域工人的9/2倍。因此,在面条和丝绸的生产中,南方区域具有绝对优势。

表2—1　　　　　　　　　　南方与北方的比较优势

	南方		北方	
	面条	丝绸	面条	丝绸
每小时产出	3	9	2	2
机会成本	3匹丝绸	1/3份面条	1匹丝绸	1份面条

2.2.1 比较优势与贸易

尽管南方区域在面条和丝绸的生产中具有绝对的优势,但生产面条即代表放弃丝绸的生产,而所放弃丝绸的价格即称作机会成本。如果一个区域在某种产品的生产上有较低的机会成本,那么该区域就具有生产这一产品的比较优势。

如表2—1所示,在丝绸的生产中,南方工人想要生产1匹丝绸就要放弃1/3份面条的生产,这就是南方区域生产丝绸的机会成本。对北方工人来说,生产1匹丝绸必须放弃1份面条,这是北方区域生产丝绸的机会成本。在丝绸的生产上,南方比北方区域具有较低的机会成本(1/3<1),南方区域在丝绸的生产上具有比较优势。同理,在面条的生产上,北方区域具有较低的机会成本(1<3),北方区域在面条的生产中具有比较优势。因为南方和北方区域在丝绸、面条两种产品的生产上分别具有比较优势,分工与专业化和贸易将出现。南方区域将专业化从事丝绸的生产,北方区域将专业化从事面条的生产,这两个区域之间也会进行丝绸、面条的产品交换。

在比较优势的驱使下,分工与专业化生产和贸易逐渐出现。在初始状态,两个区域都生产面条和丝绸,处于自给自足的生产模式,每个家庭都消费他们自己生产的面条和丝绸。然后,南方区域的一个家庭将生产面条的时间转向生产丝绸,转换生产时间为 1 个小时,而北方区域的一个家庭将生产丝绸的时间转向生产面条,转换生产时间为 2 小时;面条与丝绸的交换比率为 1∶2(值得注意的是,面条与丝绸的交换比率必须小于 1∶1,大于 1∶3)。南方区域和北方区域的家庭收益状况如表 2—2 所示。表 2—2 中第 1 行反映了产出的变化:南方家庭产出—3 份面条、+9 匹丝绸;北方家庭产出+4 份面条、—4 匹丝绸;第 2 行、第 3 行反映了北方家庭用 3 份面条与南方家庭交换 6 匹丝绸,交换后南方家庭获得了 3 匹丝绸的额外收益,北方家庭获得了 1 份面条和 2 匹丝绸的额外收益。在分工与专业化生产和交换之后,每个家庭除了获得了与以前一样数量的面条、丝绸,还获得了额外的丝绸、面条。

表 2—2　　　　　　　　分工与专业化生产和交换获取的额外收益

	南方		北方	
	面条	丝绸	面条	丝绸
专业化生产引致产出的变化	−3	+9	+4	−4
用 6 匹丝绸换取 3 份面条	+3	−6	−3	+6
从交换中获取的额外利益	0	+3	+1	+2

2.2.2　交易成本

比起传统的自给自足,分工与专业化生产和贸易的产生带来了额外收益,但是交易也具有相应的交易成本。交易的过程需要时间,主要是交通运输的时间,在这段时间中也可以从事生产活动。因此,交易成本主要是时间的机会成本,等于在该时间内所能生产的产品数量。

在南方家庭中,1 小时可以生产 9 匹丝绸,因此,6.7 分钟就是 1 匹丝绸的机会成本。在正式的交易中,交易的净收益等于额外的总收益减去交易时间的机会成本。假如南方、北方的交易时间为 13.4 分钟(2 匹丝绸),那么净收益是额外的总收益(5 匹丝绸和 1 份面条)减去交易时间的机会成本(2 匹丝绸),等于 3 匹丝绸和 1 份面条。因此,交易是否有效与交易时间有关,当交易时间过长,使交易的净收益小于零时,交易不再具有意义。北方家庭具有较低的生产率,并具有较低的机会成本,因此北方家庭的交易成本也相应较低。

2.2.3　交换中的规模经济

在交易中,如果南方和北方区域直接进行产品的交换,不需要中介机构,这不能推动城市的形成。如果放弃庭院生产模型中的假设 2,即交易中存在规模经济,那么就有商业企业的出现,通过规模化交易获取收益。

交易中主要的成本是运输成本。家庭之间的交易可能只是通过小汽车、小货车进行运输,单次运输的产品数量较少,平摊到每个产品的交易成本比较高。而商业企业可以购买大型机器设备,如大卡车、货轮等,在南方与北方区域之间运输产品,它们可以装载更多的产品,降低单位产品的运输成本。同时,商业企业雇佣专门从事运输业务的工人,他们的生产率也要高于那些从事面条和丝绸生产者的劳动生产率。总而言之,让专业的人干专业的事,可以大大降低交易成本。

众多商业企业的出现会推动城市的发展。商业企业需要从客户处获取产品,再运输到目的地,因此他们会选址于能更有效地收集和分配大型货物的区域,如十字路口、河流的汇合处或者港口附近。

大量企业和工人的集聚会引致这些土地的价格上涨,土地价格的上涨将使人们更加注重土地的集约利用,建设占地面积较小的住宅,这引致了高密度人口集聚的贸易型城市产生。

2.3 工业型城市

接下来,部分地放松假设3——生产的规模收益不变。在面条的生产中规模收益不变,即假设3不变;而在丝绸的生产中受规模经济的影响,即放松假设3。在丝绸的生产中,除了使用机器设备外,允许工人进行分工与专业化生产,节约了中转时间,提高了每个工人的产出,降低了平均成本。在家庭的生产中,每小时可以生产2份面条或者2匹丝绸,而在工厂生产具有更高的生产效率,假设每小时可以生产9匹丝绸,工厂的生产效率是家庭的4.5倍。

2.3.1 调整产品价格与劳动工资实现区位均衡

假设在不同区域内工人是可以流动的,那么城市工人的劳动生产率与农村工人的生产效率是一致的。可以继续分析产品价格和工资是如何被决定的?

首先,分析工资是如何被决定的。尽管在农村区域和城市区域工作的工人具有相同的生产效率,但城市区域更为密集,需求高导致城市区域的生活成本上升。因此,城市区域工人的工资必须高于农村区域,以覆盖高出的生活成本。例如,农村区域的工资是每小时1份面条(即3/3份面条),而城市区域的生活成本高33%,那么城市区域的工资就是每小时4/3份面条,这才能保证他们的劳动收入相同。

其次,区位均衡是如何确定丝绸价格的呢?丝绸的价格必须要高于丝绸的总成本,包括人工成本、原料成本和机器成本等。人工成本之外的成本被称为不可分割要素的成本。在表2—3中,每小时劳动成本是4/3份面条,它以工资的形式发给工人;每小时不可分割要素的投入成本为5/3份面条。将这两个成本相加,即可得到每小时总生产成本为9/3份面条(即3份面条)。城市工人每小时可以生产9匹丝绸,而每小时的总成本是3份面条,由此可知生产1匹丝绸的成本是1/3份面条。竞争导致零经济利润,每匹丝绸的价格必须等于 1/3 份面条。

表 2—3　　　　　　　　　　　　　丝绸企业的成本

每小时的劳动成本	4/3 份面条
每小时不可分割要素投入的成本	5/3 份面条
每小时的总成本	3 份面条(4/3+5/3=3)
生产每匹丝绸的成本	1/3 份面条(3/9=1/3)

家庭生产 1 匹丝绸的成本为 1 份面条,而生产企业凭借规模收益,将成本下降为 1/3 份面条,因此在价格竞争中企业将获得优势。

2.3.2　工业城市的市场范围

企业在生产出丝绸后,消费者还需要将其运回,因此消费者的消费成本包含了产品价格和运输成本。而随着距离的增加,运输成本也会随之升高,这代表着企业具有一定的覆盖范围,超出这个范围时,与家庭作坊相比,企业不再具有价格优势,无法再进行销售。

图 2—2 给出了企业生产丝绸的净价格和丝绸企业的市场范围。图 2—2 中点 f 对应的价格,是消费者所在区位正好与企业所在的区位相交时的价格,它具有最低的运输成本,因此价格最低。而随着距离的增加,丝绸的价格也会变高。

假设消费者购买丝绸,在运输过程中,每往返 1 公里需要 1/12 小时。而在 1 小时内,一个农村家庭能生产 2 份面条,因此,所耗费 1/12 小时的交通成本,意味着放弃 2/12 份面条的生产。以距离企业 2 公里的点 g 处的消费者为例,丝绸的价格为净价格(1/3 份面条)加上 2/12 份面条的运输成本,即 6/12 份面条。

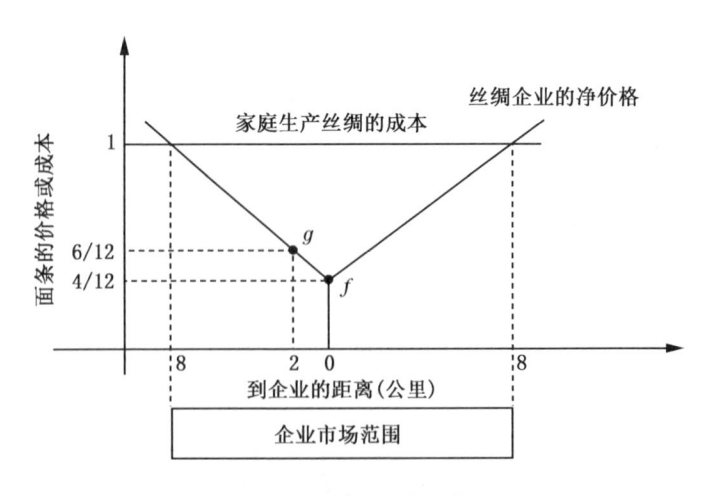

图 2—2　企业的市场范围

企业生产丝绸的销售价格低于家庭生产丝绸的成本(1份面条)的所有区域,都是丝绸企业的市场范围。在图2-2中,可以看出8公里范围内均是丝绸企业的市场范围。而在8公里以外的区域,家庭生产具有更低的成本,因此所有家庭都将自己生产丝绸和面条,即开始采取自给自足的生产模式。

工业企业的建立,也会带动城市的发展。丝绸企业在生产中需要雇佣大量工人,而这些工人为了节约交通成本,会选择在企业附近的区域居住。随着居住人数的增加、土地需求的上升,土地的价格会上涨。价格的上涨会使人们更加集约利用土地,在土地上建造高密度的住房以提高居住量。

随着企业周围区域人口密度不断提高,一个高密度人口集聚的工业城市便开始出现了。

2.4 工业城市体系

在2.3节分析的是单个的企业形成的工业型城市,在本小节分析多个企业分割市场范围内消费者,促进工业城市体系的形成。

假设在一个区域最初只存在1个丝绸企业,由于存在经济利润,如果没有进入壁垒,那么就会有新的企业进入丝绸市场,这个区域的竞争会越来越激烈,直至经济利润等于零,每个企业对其所在的周边区域都具有区域性垄断。

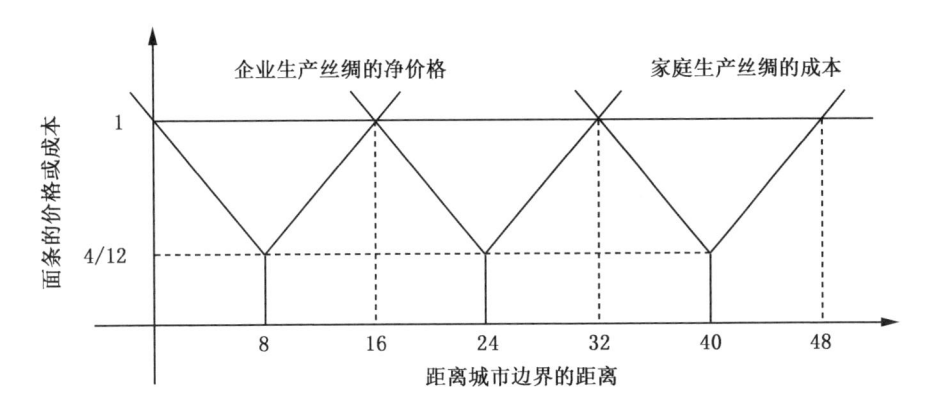

图2-3 工业城市体系

图2-3描述了在一个具有3个丝绸企业的区域,每个企业覆盖相应的市场范围,最终达到了区域的均衡状态。由于随着运输距离的增加,成本也会随之增加,导致企业在竞争中失去优势。因此,在均衡状态下存在3个丝绸企业,每个企业的市场范围为16公里,每个企业的市场范围都位于其他企业的市场范围内。随着3个丝绸企业周围区域人口密度不断提高,工业城市体系便开始出现了。

对于工人也延续2.3节的专业化分工,即城市工人和农村工人。城市工人在城市里生产丝绸（获得的工资用面条表示），另一部分工人在农村区域生产面条（通过出售面条来获得企业生产的丝绸）。对农村工人而言，他们主要生产面条，而获得丝绸的方式主要取决于距离城市的远近。农村生产1匹丝绸的成本为1份面条，而工业城市生产1匹丝绸的成本为1/3份面条。当距离较近，即运输成本小于2/3份面条时，农村工人会选择去城市购买；当距离较远时，即运输成本大于2/3份面条时，则会选择自己生产。

由此可以看出，距离城市近的农村区域，具有较低的运输成本和较高的生活成本。城市土地价格会进行调整，距离城市近的土地需要支付较高的价格，以此来弥补丝绸的较低价格。通过土地价格调整，可以完全抵消各区域由运输距离差异导致的交通成本。

因此，通过价格调整，企业和工人生活实现了区位均衡，每个企业获得零经济利润，城市工人与农村工人的生活也无差异性。对企业而言，每个企业都是零经济利润，不会再有新的企业进入或者退出，实现了区位均衡。每匹丝绸价格为1/3份面条，可以抵消丝绸生产的总成本，包括城市工人的工资和不可分割要素的投入成本。对工人来说，选择城市或者农村的区位是无差异性的，城市工人的工资高出的那部分，被高于农村区域的生活成本抵消掉了。

随着工业企业周围区域人口密度不断提高，一个高密度人口集聚的工业城市体系便开始出现了。

2.5 加工型城市体系

在2.3和2.4的讨论中没有考虑原材料的运输成本，企业的生产需要原材料，在加工成制成品后，还需要将其运输到市场所在地。本节将采用运输导向型模型分析资源导向型企业、市场导向型企业的区位选择，引致了资源导向型城市、市场导向型城市的产生；运输导向型企业必须符合规模经济，为了分割市场范围的消费者或原材料供给者，可以推动加工型城市体系的发展。

运输导向型企业的选址是如何实现运输成本最小化，即原材料采购运输成本（原材料从产地运送到生产企业的运输成本）和制成品配送运输成本（制成品从生产企业配送到市场的运输成本）的总和最小化的？运输成本是决定企业区位选择的关键变量。

运输导向型模型有4个假设：

假设1：单一的可转移的制成品。企业生产的产品单一，且数量固定，该产品需要从生产企业运送到消费市场。

假设2：单一的可移动的投入品。企业可以使用多种投入品，但仅一种投入品需要从原材料产地运送到生产产品的企业。其他所有的投入品是在任何地点都可以得到的,这意味着企业可以在任何地点以相同的价格取得其他投入品。

假设3:固定生产要素的比例。企业在生产固定数量的产品时,每种投入品的需求量也是固定的。换句话说,企业是用单一的"配方"去生产产品,忽略投入品价格,这里不存在要素替代情形。

假设4:固定价格。企业规模如此小,以至于它不能影响投入品价格或者它生产的制产品价格。

在这四个假设下,企业通过总运输成本最小化来实现利润最大化。

在加工过程中,制成品类型分为增重型和重量流失型。运输成本由制成品的类型来决定;同时,运输成本与运输品的种类、品类、所需温度(如冷链运输可控制温度)等因素有关。

企业的区位选址至关重要。当采购运输成本占主导时,企业会倾向于选择距离投入品产地较近的区位;当配送运输成本占主导时,企业则倾向于选择距离制成品消费市场较近的区位。

2.5.1 资源导向型城市

资源导向型企业指的是投入品运输成本远远高于制成品运输成本的企业。资源导向型企业选择靠近投入品产地的原因是,制成品为重量流失型或者投入品的运输要求高。

(1)重量流失型加工企业

表2—4描述了一个生产家具的企业的运输特性。该类型的企业生产3吨木椅,需要10吨木材,因为在木椅的生产中,切割木材会产生许多废料。该企业的生产行为具有重量流失特征,它的制成品要远轻于投入品。

由表2—4可知,投入品木材的每公里运输成本为100元(10×10),而制成品木椅的每公里运输成本为60元(3×20),投入品的运输成本远远高于制成品木椅的运输成本,故而选择距离投入品产地较近的区位。

表2—4　　　　　　　　　　资源导向型企业的运输成本

	投入品(木材)	制成品(木椅)
重量(吨)	10	3
运费(每吨每公里的成本)(元)	10	20
运输成本(重量乘以运费率)(元)	100	60

图2—4描述了该企业的运输成本。x代表从原材料产地(森林)到生产点(工厂)的距离。企业的投入品运输成本等于投入品单位运输距离的成本(投入品重量$w_i \times$单位距离的运输成本t_i)乘以森林到工厂的距离(x)。制成品运输成本的计算方法与之类似。用x_M代表森林与市场之间的固定距离(在本例中是10公里),企业的制成

品配送运输成本等于制成品单位运输距离的成本(制成品重量 w_0 × 单位距离的运输成本 t_0)乘以从工厂到市场的距离(x_M-x)。

总运输成本等于投入品运输成本与制成品配送成本之和,如图 2—4 所示。当企业选址在原料产地(森林)时,总运输成本最小,这是因为投入品每公里的运输成本(100 元)要多于制成品每公里运输成本(60 元)。

除了木制品加工企业之外,像榨油企业、制糖企业、矿石加工企业等均属于重量流失型加工企业。

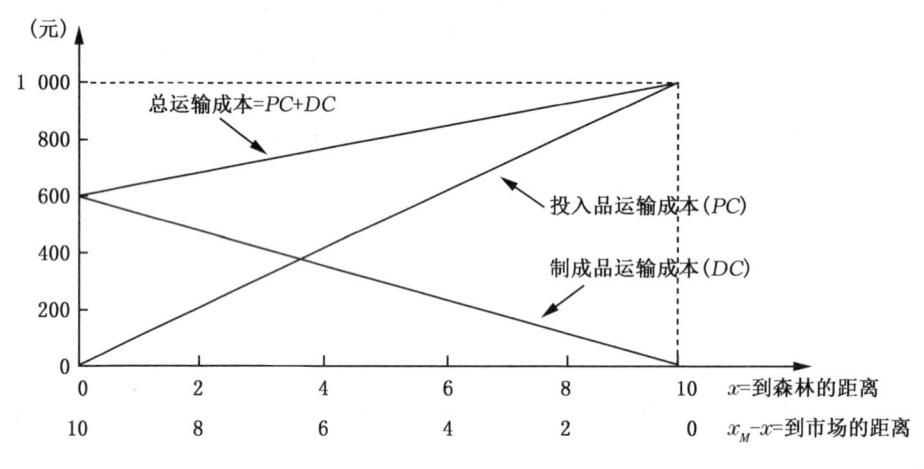

图 2—4 在投入资源方面具有重量流失特征的企业

随着资源导向型企业周围区域人口密度不断提高,一个高密度人口集聚的资源导向型城市便出现了。

(2)投入品的运输要求高

一些企业之所以属于资源导向型企业,是因为它们的投入品的运输费用较高。一般来说,如果投入品是大件的、容易腐烂、易碎的或者危险的物品,那么该投入品的运输费用都将很高。

当投入品是易腐烂的,通常会选择资源导向型区位。例如,生产水果罐头的投入品是水果,在运输过程中需要冷藏卡车,而冷链运输的成本较高,制成品罐头只需要普通卡车运输,运输成本较低。像这一类型的工厂,还有牛奶加工厂。因此,水果罐头厂主要选址于靠近果园农场的位置。在中国,奶制品加工厂通常位于内蒙古草原、东北等靠近牛奶原产地的区位,来减少总运输成本。

2.5.2 市场导向型城市

市场导向型企业通常为制成品运输成本远远大于投入品运输成本的企业。市场导向型企业选择距离制成品消费市场较近的区位,原因是制成品为重量获取型产品或者制成品的运输要求高。

(1) 重量获取型加工企业

在生产过程中,制成品重量远大于投入品重量的产品称作重量获取型产品,而这会导致制成品的运输成本增加,在总运输成本中占主要比重,因而企业会选择靠近市场的区位来降低成本。

表 2—5 描述了一个啤酒企业在运输方面的一些特性。假设啤酒企业需要使用 1 吨小麦和 3 吨水(一个在任何地点都可以获得的投入品),生产 4 吨啤酒。

由表 2—5 中可知,运输制成品每公里需要耗费 40 元,而运输投入品每公里需要耗费 10 元。因此,企业选址每靠近市场 1 公里,单位生产(4 吨啤酒为 1 单位)的运输成本就下降 30 元。

表 2—5　　　　　　　　　市场导向型企业的运输成本

	投入品(小麦)	制成品(啤酒)
重量(吨)	1	4
运费(每吨每公里的成本)(元)	10	10
运输成本(重量乘以运费率)(元)	10	40

由图 2—5 可知,啤酒企业在市场所在的区位上选址,运输成本实现最小化。企业选址越远离市场,其制成品的运输成本将上升,而采购品的运输成本则会相应地下降。具体来说,上述区位的变化将制成品的运输成本提高 40 元,而采购运输成本仅降低 10 元,净损失是 30 元。

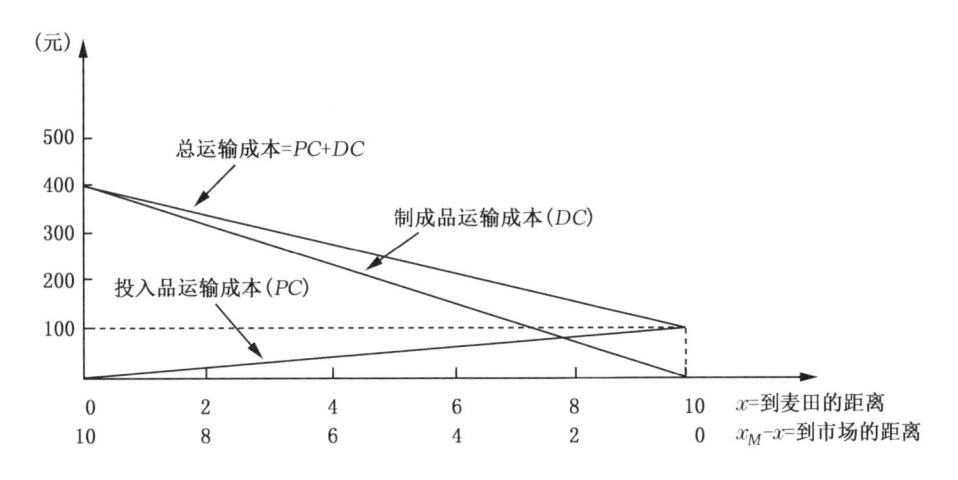

图 2—5　在制成品方面具有重量获取特征的企业

对该企业的经营活动来说,在投入品产地与市场之间的竞争中,市场最终会取得胜利。这是因为向市场方向运送制成品的物理重量更重。总运输成本在市场所在的区位上达到最低,是因为制成品的运输货币数量(40 元)超过了投入品的运输货币数量(10 元)。这意味着重量获取型企业将选择距离制成品消费市场较近的区位。

随着市场导向型企业周围区域人口密度不断提高,一个高密度人口集聚的市场导向型城市便出现了。

(2)制成品的运输要求高

还有一类产品由于其制成品的运输要求高,导致制成品的运输成本高于投入品的运输成本,继而转化为市场导向型区位选址问题。

一是制成品易腐烂,对新鲜度要求高。这一类的产品有面包、蛋糕、鲜花、熟食等,它们的保鲜时间较短,易腐烂,因而要选择靠近消费者的区位。

二是制成品体积大。如在轿车装配企业中,投入品是各类的汽车零件,而制成品汽车的体积大,只能使用卡车等方式进行运输,每吨的运输成本要远高于组成部件的运输成本,促使该类型的企业在靠近市场的区位上选址。

三是运输危险大。如烟花爆竹,具有易燃易爆的特性,如果在运输过程中发生问题,会造成极其严重的事故。因此,这类企业将选址于其产品的市场附近,从而避免了长距离运输带来的危险。

总而言之,当企业的产品属于大件的、容易腐烂的、易碎的和危险的物品时,市场所在的区位将在区位竞争中获胜,这不是因为制成品过重,而是因为它的运输费用过于高昂。

2.5.3 加工型城市体系

运输导向型企业必须符合规模经济,为了分割制成品市场范围的消费者,或者分割原材料市场范围的供应者,可以推动加工型城市体系的发展。

下面以油菜榨油企业为例,讨论加工型城市体系的形成。

油菜榨油的生产必须符合规模经济。榨油企业在工厂生产中可以通过机器的替换、流水线的生产和专业化的分工,使平均加工成本随着生产数量的提高而下降。

油菜加工企业的原材料市场范围是由农民获得的净价格决定的。这个净价格等于加工企业支付给农民的价格减去油菜从农田运到加工企业的运输成本。

在图2—6中,水平轴代表到城市边界线的距离。考虑加工工厂位于城市边界线40公里的情形。在 f 点,距离加工企业为0公里,如果加工者支付的价格为40元,农民从加工者手中获得的净价格就是40元;在 g 点,距离加工企业为20公里,需要支付5元运输成本,净价格将下降到35元(40元-5元)。随着距离的增加,农民售卖油菜的净价格下降,在对比之下,每个榨油企业会获得自己的原材料市场范围。由图2—6可知,市场范围为80公里,一个加工型城市将在80公里的范围内发展。

图2—6描绘了一个包括3个加工工厂的区域均衡,每个工厂的原材料市场范围都是80公里。每个工厂是80公里市场范围内所种植油菜的唯一购买者,因此它具有区域买方垄断性(与此相反的是卖方垄断性)。如果该产业没有进入壁垒,新的企业将不断地进入这个产业,直到各个企业获得零经济利润才停止进入。

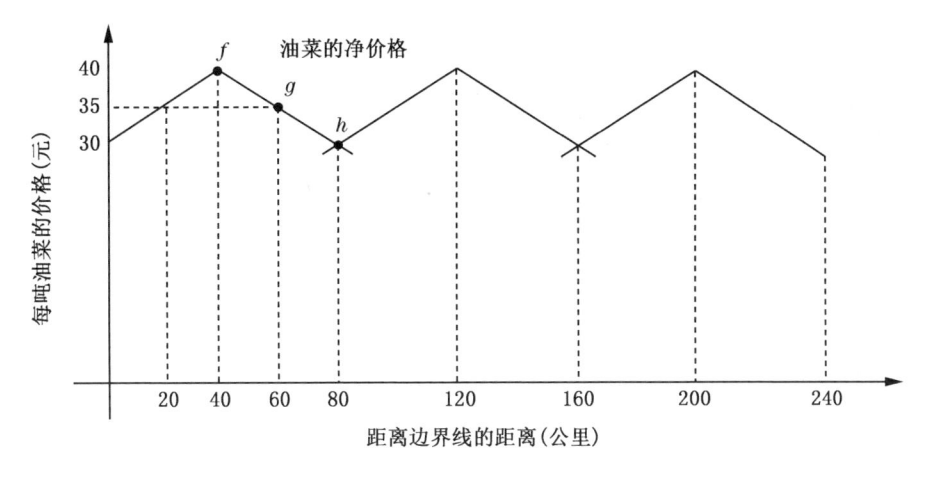

图 2—6　加工型城市体系

油菜榨油企业的区位选址推动了加工型城市体系的发展。油菜榨油企业有大量的工人，而在企业附近居住的工人可以节省交通成本，这会引致在工厂附近形成相对较高的人口密度。在油菜榨油产业中，要素投入品——油菜的运输成本相对较高，每个企业都是本区域油菜的买方垄断者，所有的农户都将种植的油菜卖给距离自己最近的榨油工厂。

随着运输费用导向型企业周围区域人口密度不断提高，一个高密度人口集聚的加工型城市体系便开始出现了。

生产受规模经济影响，为了分割原材料市场范围的供应者，运输费用导向型的企业区位选择带动了加工型城市体系的发展。皮革城在制革厂的附近发展起来，而钢铁城在钢铁厂的附近发展起来。在中国东北具有大量的钢铁资源，大量钢铁厂在东北选址，带动东北发展成加工型城市体系。大量木材加工厂选址在森林附近，就逐渐演变为木材加工型城市体系；大量矿石加工厂选址于矿山附近，促进了采矿型城市体系的发展。

2.6　交通枢纽型城市

在 2.4 分析的市场导向型企业和资源导向型企业的区位选址，都做出了单一投入品和单一市场的假设，得出的结论都比较极端。在现实生活中，企业的运输更为复杂，包含多元投入品和多个制成品市场，在本小节应用中间区位法则来解释大城市扩张和交通枢纽型城市的产生。

2.6.1　中间区位法则

中间区位选址的目的是使总运输距离最小化，而且这种选址方法将目标市场分成两个相等的部分，每个方向都包含目标市场一半的制成品市场消费者，或者原材料市场供应者。

以一家面条店铺为例，张三在一个公路口（交通枢纽）从事面条的经营，假设他只提供一种品类的面条，价格是固定的。同时，他为面条提供免费的配送服务，自身配送的成本随距离的增加而线性增加。

为了便于分析，做出以下3个假设：

假设1：面条具有多元的投入品，如劳动力、面粉、鸡蛋、青菜、葱等，但这些投入都是可以任意获取的（在所有的区位上，以相同的价格获取所需要的投入），因此投入品的运输成本为0。

假设2：面条价格是固定的，公路沿线的每位消费者每天都会购买一份面条。

假设3：张三在配送面条时，要为面条支付每公里1元的运输成本，且每份面条都需要单独地配送。

对总运输成本而言，投入品运输成本已经为0，因此最小化运输成本即为最小化面条（制成品）运输成本。面条的运输成本只与配送距离有关，因此张三的目标具体为如何选址使公路沿线的所有消费者的总运输距离最短。

图2—7描述了公路沿线消费者分布的情况。公路上总共有23个消费者，从西（左端）向东（右端）看，点W有2个消费者，在点X（距离点W有1公里）有8个消费者，在点Y有3个消费者，在点S有0个消费者，在点Z有10个消费者。

	W	X	Y	S		Z
到W的距离	0	1	2	3		9
消费者的数量	2	8	3	0		10

图 2—7　中间区位法则

通过分析，总配送距离在中间区位（Y）达到最小化，该点被定义为分隔点。点Y将目标区域分成两个相等的部分。

张三将面条店选址在点Y，可以使总运输距离最小化，同时该点还处于中间区位。当店铺离开中间区位向着一方移动时，一定会导致一方运输距离的减少，而另一方运输距离的增加。假设张三最初选址在点Y，然后选址向东移动1公里，变化到点S。该区位变化降低了张三运送面条给位于东边的消费者（在点Z）距离，缩减幅度为10公里，但是提高了位于西边的消费者（在点W、X和Y）的运输距离，提高的幅度为13公里，这导致他运送面条的总距离增加了3公里。一般来说，任何向着远离中间区位方向的移动，都将增加为消费者配送面条的距离，因此总运输距离也会相应地增加。

在中间区位法则中，有一个值得注意的是区位决策与消费者间的距离是不相关的。如果点Z的消费者距离点W，从10公里变为90公里，中间区位仍然是点Y，总运输距离在点Y处仍然达到最小化。

2.6.2 大城市扩张

中间区位法则可以为大城市扩张提供另外一种解释。假设在图2-7中,点W、X、Y、Z区位代表的均是城市,消费者数量变化为以百万为单位的城市人口数量。由图2-7可知,W城市的人口规模是200万,X城市的人口规模800万,Y城市的人口规模300万,Z城市的人口规模1 000万。

假设在水平线的另一端Z城市的人口增长至2 000万,也就是在点Z包含了中间区位。由于Z城市具有的人口多,为了实现运输成本最小化,企业将选择迁入这个大城市,进而为这个城市提供了大量的岗位和便捷的资源,这个大城市将继续增长。可以发现,大城市的劳动力需求不断增加将进一步促进大城市扩张。

2.6.3 交通枢纽城市的产生

中间区位法则还可以解释为什么工业企业要选址在中转点。在企业的运输过程中,经常会使用不同的运输方式来多式联运,而中转点则指商品运输方式发生改变的点。在港口,商品的运输方式从卡车变成轮船;在火车站,商品的运输方式从卡车变成火车。

图2-8描述了饲料厂的区位选择。饲料厂的主要投入品为玉米、麦麸,而玉米、麦麸的产地位于A和B两个位置,从A和B两个位置采摘玉米、加工麦麸进行处理后,再通过港口销售到海外市场M。从A和B到港口P,采用的运输方式为卡车运输,从港口到达海外市场,采用的运输方式为轮船运输。制成品(饲料)具有重量增加的特征,单位投入品(玉米、麦麸)的运输成本(在点A至点P,在点B至点P)均为每吨20元,但单位制成品(由玉米、麦麸生产出来的饲料)的运输成本(在点P至点M)则为每吨10元。

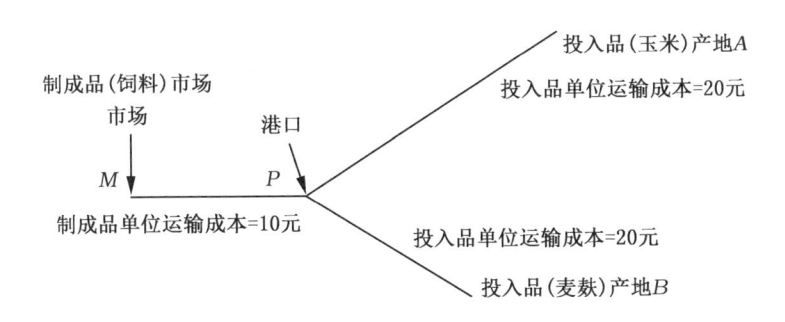

图2-8 中间区位法则与交通枢纽型城市产生

接下来,将比较不同区位的总运输成本,来寻找实现最小的总运输成本的最佳区位。将区位决策的备择方案分为港口处(P)、偏向投入品(A或者B)、偏向市场(M)这三种。

企业将在港口(P)处选址,因为它是一个中间运输区位。

从港口(P)向投入品产地(A或者B)每移动1公里,将使得单位制成品的运输成本提高10元,同时来自两个产地A和B的单位投入品的运输成本将会相互抵消。从港口(P)向市场(M)每移动1公里,将使单位投入品运输成本提高20元,但仅会使单位制成品的运输成本降低10元。

企业选址移向投入品产地A。从点P向点A每移动1公里,玉米、麦麸两种投入品的运输成本将相互抵消:从A运输玉米的成本降低10元,从B运输麦麸的成本上升10元。同时,运输制成品(饲料)的成本将提高20元。同理,同样分析也适用于企业选址移向投入品产地B。因此,港口(点P)要优于点A或者点B之中的任何一个区位。

企业选址移向制成品市场(点M)。由于玉米的目标市场是海外市场,企业无法在港口(点P)和市场(点M)之间选址,但是可以选址于市场(点M)附近。从点P移向点M,将降低单位制成品的运输成本,降低幅度为10元,但会提高单位投入品的运输成本,提高幅度为20元。因此,港口(点P)的区位要优于市场(点M)的区位。

随着企业周围区域人口密度不断提高,一个高密度人口集聚的交通枢纽城市便开始出现了。

港口的兴衰变化,见证了城市的发展演化,如上海港、宁波舟山港、唐山港、青岛港、大连港等,这些城市的发展得益于加工型企业在这里选址。如上海曾经只是一个小渔村,但是得益于长江入海口的重要地理位置,上海迅速发展,作为首批沿海开放城市,集装箱吞吐量连续多年位居全球第一。建设于1899年的大连港,位于辽东半岛南端的大连湾内,直接与太平洋连接,而在中国东北区域拥有大量的矿产资源、森林资源等,大量的加工企业选址于大连港,通过大连港转运至海外市场,这引致交通枢纽城市大连的不断扩展。

2.7 孵化创新型城市

城市促进了知识溢出以及不同创新者之间知识与思想的交流,并因此成为创新的中心。现阶段,科技创新和知识溢出主要还是集中在城市之内。城市是一个良好的经济系统,各种类型的要素集中度较高,同时优化配置资源的能力较强,人才流通较为频繁,信息沟通较为便利,有利于知识溢出。

城市的存在有利于显性知识的传播和扩散,同时城市也为隐性知识的溢出提供了物质场所和交流的条件。城市中人才集聚度很高,众多企业和员工在城市中形成了一个社会沟通网络,在此网络中,很多信息的传递是非正式的,这种非正式的交流有利于隐性知识的溢出,可以说城市是显性知识和隐性知识溢出的天然场所。

在城市里,凭借大规模的受教育人才,极强的知识溢出效应,大量的新技术、新产品的专利被注册。同时,城市规模和就业密度越大,人均专利的数量就越多。这是因为越是规模大的城市,劳动力的教育水平即拥有大学以上学历的劳动者所占比例就越高,这有助于提高专利注册强度(每万人拥有授权专利数量)。

接下来,为了描述知识溢出在城市发展中的作用,使用模型展开分析,先要做出以下3个假设:

假设1:所分析的城市是一个不存在交易和生产规模经济的区域。这意味着该区域不会出现贸易型城市或者工业型城市。这代表着工人只有通过创新——将产生的新思想售卖给其他区域来获得更高的收入,否则只能获得自给自足的工资。

假设2:模型中的创新行为受参与人数的影响。创新是由受教育人才的合作来推动的,当参与的人越多,创新活动的水平越高,人们对创新的支付就越高。

假设3:创新的收益随着工人数量的增加而提高,但收益增长率呈现下降的趋势。随着城市中工人数量的激增,对土地的竞争程度也会剧烈上升,进而提高土地价格,最终提高了该区域的生活成本。

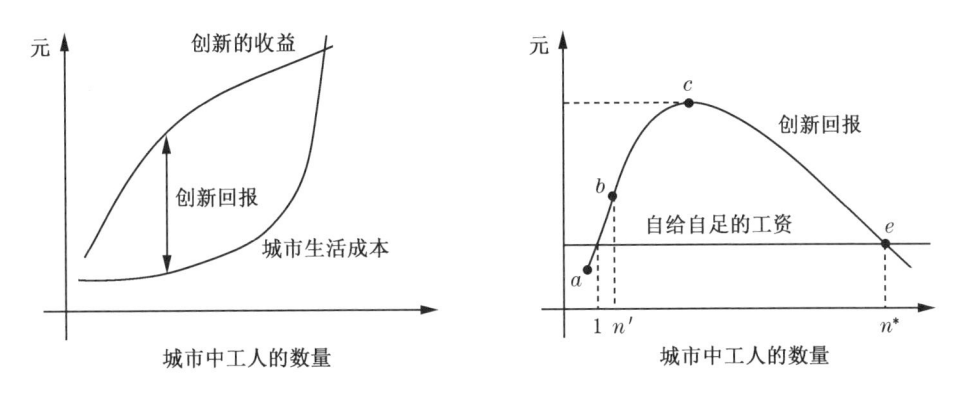

图 2—9 孵化创新型城市产生

图 2—9 描述了随着工人数量的增多,创新的回报(创新收益减去生活成本)先增加(创新收益>城市生活成本),而当工人数量继续增加时,创新回报持续下降(创新收益<城市生活成本)。

由在图 2—9 可知,在 a 点,单独的个人创新回报低于自给自足的工资;在 c 点,城市工人数量适中时,创新回报达到最高;最终,在 e 点,工人的数量为 n^* 时,创新达到了均衡状态。

在图 2—9 中,水平线表示自给自足的工资水平。在这个没有规模经济的区域内,工人只有两种选择,要么选择自给自足的工资,要么选择在一个孵化创新型城市与其他工人一起工作。在上述例子中,自给自足的工资超过了单独创新的回报(一个工人的创新回报),最终创新达到了均衡状态。

在初始阶段点 a,所有的工人都是自给自足的类型,这是一个均衡,因为单独创新的收益要低于自给自足的工资。这意味着每一个工人不再有创新的动力,因为单独的创新所带来收益的损失小于自给自足的工资,这最终会导致人口均匀分布,没有城市的存在。但是,点 a 所达成的均衡是不稳定均衡。假设由一个领导者领导了一小群工人组成一个创新群体,在这个群体中有 n' 个工人,位于图 2—9 中的点 b。现在对于创新群体中的工人,创新回报超过了自给自足的工资,因此他们每个人收益都高于创新小组外的普通工人。那么其他工人将由于利益的吸引,持续进入这个创新小组,直到在点 e 获得 n^* 个工人时又重新回到均衡状态:创新回报等于自给自足的工资。此时,在点 e 不会有工人再有加入创新小组的动力。创新小组内有 n^* 个工人,该城市也成为孵化创新型城市(nursery city)。该城市生产的创新产品将被销售到外国部门(其他城市),由此获得的收入将用于本座城市工人的消费品支出。

孵化创新型城市的发展主要受工人受教育水平影响。如果一个区域拥有众多教育程度较高的劳动力,那么"山脊状"的回报曲线将变得更高和更宽,因此孵化创新型城市的人口规模也将相对较大。相反,如果一个区域的劳动力受教育程度较低,其"山脊状"的回报曲线将更低和更窄,因此形成一个小型的孵化创新型城市,或者根本不产生创新。

孵化创新型城市主要被分为文化创新、工业创新、服务创新和科技创新这四类创新城市。一是文化创新型城市,偏重于文化产业发展的突破,即依托经济繁荣发达和较强的人力、物力、财力支撑,大力推进文化创新,这一类城市通常为一国的首都或重要城市。二是工业创新型城市。这类城市以工业创新作为突破口,即依托地处大都市周边,工业基础比较扎实,工业领域的人才、技术等优势比较突出的支撑,大力推进工业技术创新,形成以工业产业创新带动城市发展创新的格局。三是服务创新型城市。这类城市把现代服务业作为创新型城市的主攻方向,通过不断创新城市的服务,增强城市服务功能,着力发展服务型经济,不断满足本地城市居民各种需要,不断为全球经济发展提供各种跨国服务,同时推动城市经济社会发展与世界经济发展的融合。四是科技创新型城市。这类城市主要凸显科技集成和科技创新。科技创新型城市一般依托国际一流的大学和研究机构,形成雄厚的科技实力、较强的创新能力与明显的科技产业优势。

在最近的几十年里,随着信息技术的发展,创新的传播范围迅速扩张,一个好的创新能发挥作用的空间范围从一个区域转变为全球,能够带来巨大的回报,这彰显出创新的重要性。

参考文献

[1] Arthur O'Sullivan. Urban Economics (9th edition) [M]. McGraw-Hill Education Press, 2019.

[2] Masahisa Fujita. Urban Economic Theory: Land Use and City Size [M]. Cambridge University Press, 1989.

[3] Masahisa Fujita, Paul R. Krugman, Anthony J. Venables. The Spatial Economy: Cities, Regions, and International Trade [M]. MIT (Massachusetts Institute of Technology) Press, 1999.

[4] Masahisa Fujita, Jacques-Francois Thisse. Economics of Agglomeration: Cities, Industrial Location, and Regional Growth (2nd edition)[M]. Cambridge University Press, 2012.

[5] 陈跃刚,王旭健,吴艳.集聚经济视角下上海市高质量发展演化研究[J].城市发展研究,2022,29(12):101－111.

[6] 陈跃刚,张弛.知识溢出对长江经济带电子信息产业集聚的影响研究[J].贵州社会科学,2020(2):136－145.

[7] 陈跃刚,张弛,吴艳.长江三角洲城市群多维邻近性与知识溢出效应[J].城市发展研究,2018,25(12):34－44.

[8] 陈跃刚,吴艳.培育数字经济集聚,促进中国式高质量发展[N].中国经营报,2023－5－22.

[9] 何雄浪,王舒然.产业集聚、知识溢出与中国区域经济增长[J].云南财经大学学报,2021,37(9):15－30.

[10] 刘修岩,王峤.空间发展模式、知识溢出与城市创新绩效[J].财贸经济,2023,44(8):142－158.

[11] 杨蕾,陈先哲.从"中心—边缘"到创新网络:知识溢出视野下的粤港澳大湾区高等教育集群发展[J].现代大学教育,2022,38(5):91－99.

[12] 张天华,陈博潮,雷佳祺.经济集聚与资源配置效率:多样化还是专业化[J].产业经济研究,2019(5):51－64.

[13] 赵伟,朱超.集聚类型、城市创新能力与高质量发展[J].社会科学战线,2022(5):73－82.

第3讲

土地竞价租金曲线与市场主体选址

第3讲、第4讲将进行城市土地利用模式分析,这部分内容构成城市经济学核心的土地利用理论,其实质上是对冯·杜能(von Thunen,1826)农业土地利用理论的复兴。Alonso(1964)成功地将冯·杜能关于竞价租金曲线的主要概念推广到城市领域,推动了城市经济学理论的飞速发展。

根据输入投入品(input)、输出制成品(output)的属性不同,把厂商进一步划分为加工型厂商、信息型厂商两种类型。家庭部门、加工型厂商、信息型厂商因为其本身的特点和关注点的不同,向城市不同区位的土地意愿支付的租金存在差异。将外国部门消费行为、投资主体行为、政府部门公共品供给行为作为外生性变量,仅仅考虑万千个家庭与厂商的选址决策如何决定城市土地利用模式。

为了抽象分析的需要,一要虚拟一个万能的投资主体,二要存在一个巨大消费能力的外国部门。一方面,投资主体通过市场机制把家庭和厂商的初始禀赋(土地、房屋等不动产)承租起来,向拥有土地、房屋等不动产的家庭和厂商提供相应的市场租金。另一方面,投资主体根据家庭和厂商的不同需求,在城市的不同区位建造住宅、商业楼宇、厂房等建筑物供万千家庭和厂商租用,还会根据要素替代性,不同的建筑物具有不同的高度。此外,外国部门的消费为城市提供一个巨大的产品输出市场,往往不去考虑国界所带来的复杂性,把它简化成其他城市居民的消费,并且常常作为一个外生性变量。

在第3讲中,介绍竞价租金函数,根据市场法则,土地通常转让给出价最高的竞标者(市场主体);在农业生产中,由于土地肥力不同,引致土地的租金不同,地租也从绝对地租走向级差地租;由于加工型厂商、信息型厂商的输入投入品、输出制成品的属性不同,以及要素间有不存在替代、存在替代两种情形,加工型厂商、信息型厂商对城市不同区位的土地意愿支付(willing to pay)的价格也会不一样,这会形成不同形状、不同位置的土地竞价租金曲线;家庭住宅价格由交通可达性、住宅内部差异与外部环境舒适性三个基本要素决定,考虑在不存在消费者替代、存在消费者替代情形时,可以得到不同形状、不同位置的家庭住宅价格曲线,在要素间不存在替代、要素间存在替代两种情形下,根据家庭住宅价格曲线可以得到家庭部门的土地竞价租金曲线(家庭部门对城市不同区位的土地意愿支付的价格),据此可以预测全局的城市土地利用模式。

3.1 土地竞价租金函数

假定每个区位的单位土地价格 P(即土地资产价格)和土地租金 R 固定不变。因此,假设土地可以用于与城市建设相关的目的而不需要额外的成本,那么土地价格与土地租金相关的一个简单恒等式(竞价租金函数)为:

$$P = \int_0^\infty e^{-\gamma\tau} R d\tau = \frac{R}{\gamma}$$

其中,γ 表示贴现率(或利率),这一假设对所有市场参与者都是相同的。

根据竞价租金函数,可以把土地价格转换成租金,也就是市场主体对城市不同区位土地的意愿支付的价格。根据市场法则,土地通常转让给出价最高的竞标者,因此,一旦知道每个市场主体意愿支付的土地价格,就可以预测土地的用途。

3.2 农业的土地竞价租金

在城市经济学中,土地租金是指土地的实际使用者需要定期向土地的所有者所支付的费用。例如,耕地承包商将一块空闲土地用于农业种植,为此他将支付每个月 10 000 元的费用作为土地租金,同样地,企业将土地用于工厂建造,或是开发商将土地用于居民住宅建造,都将支付定期的土地租金。相应地,土地所有者在这个工程中获得租金收益,其所获得的土地收益总和成为土地的市场价值。讨论的土地价格即指土地租金,是指土地使用者向土地所有者定期支付的租金。土地租金在理解上类似于很多其他经济变量,例如银行存款或贷款利息、家庭收入等,都是以定期的形式来支付的。

对于土地租金的理解将以农业土地租金为引展开。特定地块的土地租金通常由使用该地块能够获得利润的能力来决定。当一块土地能够为使用者带来更大的使用利益,它的价格通常会更高,反之亦然。英国古典经济学家大卫·李嘉图(David Ricardo)赞同这样一个观点,即农业土地价格受到土地肥沃程度的影响。

在农业土地租金模型中,假设农村区域可用作种植谷物的耕地有两种类型:低肥力土地和高肥力土地。低肥力土地每亩可以生产 3 单位谷物,而高肥力土地每亩可以生产 5 单位谷物,如表 3—1 所示。谷物市场的平均价格是每单位 100 元,耕地承包商向土地所有者承包土地,对于进入谷物市场将不会受到任何限制。此时,低肥力土地每亩土地的总收入为 300 元,而高肥力土地每亩土地的总收入将达到 500 元。其中,耕地承包商所投入的非土地成本包括资本、劳动力和肥料,两种类型土地所承担的非土地成本是一样的,即为 200 元。

表 3—1　　　　　　　　　土地肥力和农业土地竞价租金

	谷物价格	谷物产出数量	总收入	非土地成本	土地的WTP值	土地的竞价租金
低肥力	100 元	3	300 元	200 元	100 元	100 元
高肥力	100 元	5	500 元	200 元	300 元	300 元

在支付土地租金之前,耕地承包商的利润等于总收入减去非土地成本,则低肥力土地的承包商获得利润为 100 元,这将是承包商种植每亩低肥力土地所意愿支付的最大意愿支付值(WTP)。而高肥力土地的承包商以同样的成本种植一亩,他的产出数量比低肥力土地承包商多了 2 单位谷物,肥力更高的土地为他带来了额外的 200 元收入,而他所获得利润将为 300 元,那么他所意愿支付的最大意愿支付值(WTP)也将是 300 元。

正如所假设的,耕地承包商进入谷物种植市场没有任何约束,同时也假设承包商都拥有相同的生产技术和非土地成本投入。因此,耕地承包商为了竞争得到土地的使用权,他们会不断抬高土地价格来获得竞争优势,直到经济利润缩小到 0 才会停止。种植高肥力耕地的承包商所获得利润为 300 元,他最大的意愿支付价格为每亩 300 元,这是他所出的竞标价格。如果有承包商意愿支付的价格比 300 元低,那么他就会发现总有其他的承包商意愿比他付出更高的价格,因此他将失去竞争优势并且将不能获得这块土地的使用权。这就是剩余原理:由于耕地承包商之间存在竞争,他们将不断抬高价格直至利润为 0,而这些由于被抬高而剩余的部分将归土地所有者,也就是说,土地所有者获得的剩余部分等于总收入减去非土地成本。低肥力土地的竞争也是一样,但由于低肥力土地的承包商的意愿支付价格较低,所以低肥力土地的租金也就较低。

3.3　土地竞价租金曲线与加工型厂商选址

不同于农村的耕地,人们在城市的土地意愿支付价格取决于土地的可获得性,而不是土地的肥力。

假设一座城市主要的加工型企业都是以出口为主的自行车装配厂商,它们要利用土地建造工厂,然后利用劳动力和进口的零部件(例如车轮、车座和车架等)组装自行车,并向其他城市运输制成品(自行车)。在该类型企业的运转过程中,进口的零部件和装配完成的自行车都需要用卡车通过高速公路来实现在该城市内部和其他城市之间的运输。

假设自行车的价格由国际市场决定,不会因为某一城市的产量变化、城市之间的供需而产生变化。相较于农业土地的承包商,加工型企业主要支付额外的运输费用。

因此，加工型企业的总利润将等于总收入减去非土地生产成本和运输成本。根据剩余价值原理可以知道，自行车制造企业对城市不同区位土地的竞标价格将等于企业的总利润。在这里讨论单位土地的竞价租金，每亩土地的竞价租金等于企业总的意愿支付值除以工厂所占用的土地规模（用亩表示），即：

$$每亩土地竞价租金 = \frac{总收入 - 非土地生产成本 - 运输成本}{土地规模}$$

由于加工型企业的产出与土地区位无关，假设每个企业的总产出均相同，为5个单位，单位产出价格为400元，因此企业的总收入就是2 000元。而企业投入的非土地生产成本（如资本、劳动）为1 000元，如表3－2所示。在高速公路附近的企业没有运输成本，那么企业的总利润，也就是企业的意愿支付值为1 000元。如果企业占据2亩土地，那么它对每亩土地的意愿支付值将是500元。

加工型企业土地租金曲线为负斜率，运输成本导致竞价租金下降。企业的竞价租金将随着到高速公路距离的增加而减少。假设单位运输成本，也就是每公里的单位制成品的运输成本为20元，企业每天产出5个单位。因此，距离高速公路1公里的企业，每天需要支付100元的运输成本；距离高速公路2公里的企业，每天需要支付200元的运输成本，以此类推，距离高速公路越远，运输成本越高。根据上述计算得到表3－2最后一列所示的竞价租金，距离高速公路1公里位置的土地，企业的竞价租金为450元；距离高速公路2公里位置的土地，企业的竞价租金为400元，以此类推，运输成本越高，土地的竞价租金越低。

表3－2　　　　运输成本和加工型厂商的土地竞价租金

距离	总收入（元）	非土地成本（元）	运输成本（元）	土地的WTP值（元）	土地规模（亩）	竞价租金（元/亩）
0	2 000	1 000	0	1 000	2	500
1	2 000	1 000	100	900	2	450
2	2 000	1 000	200	800	2	400
3	2 000	1 000	300	700	2	350

由此可以得出，加工型企业的土地竞价租金曲线具有负斜率，它表明企业距离高速公路越远，它需要支付的运输成本就越高，如图3－1所示。竞价租金曲线斜率（$\Delta R/\Delta x$）是由单位土地面积的运输成本决定的，表示每增加1单位距离所引起的土地竞价租金的变化量。

$$\frac{\Delta R}{\Delta x} = -\frac{单位运输成本 \times 产出单位}{土地规模} = -\frac{20 \times 5}{2} = -50(元/亩)$$

竞争导致零经济利润。对加工型企业而言，运输成本随着到高速公路距离的增加而增加，而土地的竞价租金随之下降，最终任何一个区位的土地租金都会因为竞争而使企业的经济利润等于零。到高速公路的距离每增加1公里，单位产品的运输成本也

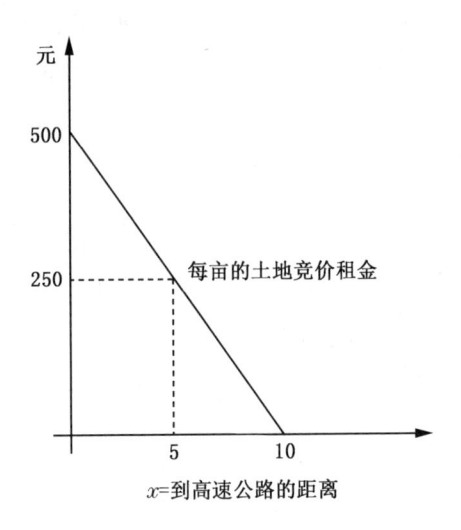

图 3—1　加工型厂商的土地竞价租金曲线

将增加 20 元,由于企业的总产出为 5 单位,可以得出企业每增加 1 公里的总运输成本为 100 元。这个数字再除以企业所占据的土地规模,在假设中是 2 亩,得出竞价租金曲线的斜率为 −50 元/亩。这也就是说,每当企业到高速公路的距离增加 1 公里,每亩土地产出的总运输成本增加 50 元,而土地竞价租金下降 50 元。

企业位于不同区位的土地将面临不同运输成本,同时企业之间也承担着不同的土地租金。在这种情况下,运输成本差异正好抵消了土地竞价租金的差异,使得不同区位上的企业所获得的效用水平没有差异,企业的经济利润均为零。

3.4　土地竞价租金曲线与信息型厂商选址

除了加工型企业以外,城市的另一类企业为信息型厂商。信息型厂商提供的服务是非常多样的,但它们有着共同的投入和产出:信息。信息型企业的经营活动需要不断地采集、处理和分配相关信息,甚至要求人们通过面对面接触来进行信息交换。这类重视信息输入和输出的企业,包括会计师事务所、银行、金融咨询公司、设计服务公司、企业总部和职能部门等。与加工型企业不同的是,为了获得信息,高技术的信息类企业面临着较高的信息传输和交换成本。因此,信息型企业受到向城市中心集聚的激励,目的是获得及时的、低成本的信息交换优势。

3.4.1　信息型厂商为交换信息进行移动

企业员工通过移动获得信息交换。假设在中央商务区(CBD)共有 7 个企业,在图 3—2 中将这些企业在水平位置上的间隔以方格表示。进一步假设每个企业的员工必须移动到其他企业,才能获取其他企业的信息或交换彼此的信息,员工往返每个企业产生的通勤里程相互独立,暂不考虑单次前往多个企业的情形。换言之,每次通勤的两个企业分别为里程的起点和终点,往返的里程为路程相同、方向相反的移动。

在图3-2中,A到G之间的每个企业都以方格相互区隔,以D企业为中心均匀分布在CBD的两侧。

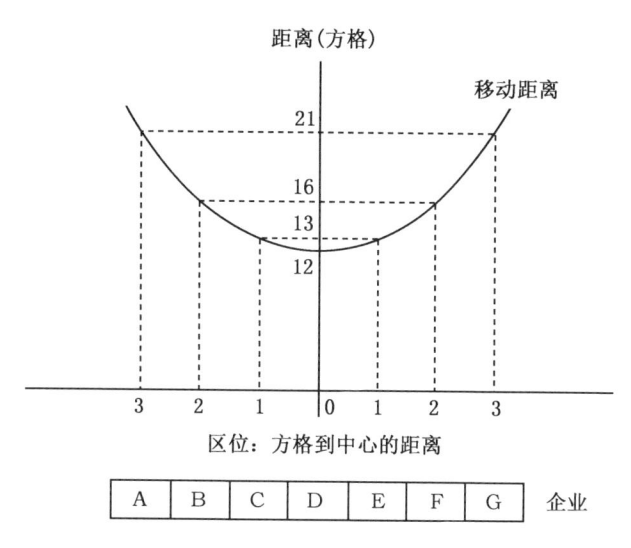

图3-2 信息型厂商为交换信息而移动的距离

由表3-3可知,D企业向东移动1个方格可以到达E企业,移动2个方格可以到达F企业,移动3个方格可以到达G企业,因此D企业向东分别单程移动到每个企业需要经过6个方格(1+2+3=6)。同理,当D企业向西移动到C企业、B企业和A企业时,向东所经过的总路程也是6个方格。因此,D企业到达范围内任何一个企业的总移动距离是12个方格,考虑往返的话,也就是24个方格,这是D企业向东和向西移动往返的距离总和。

表3-3　　　　　　CBD范围内信息型厂商的移动距离

企业	区位	移动距离(向西)	移动距离(向东)	总移动距离
D	0	6=1+2+3	6=1+2+3	12×2=24
E	1	10=1+2+3+4	3=1+2	13×2=26
F	2	15=1+2+3+4+5	1	16×2=32
G	3	21=1+2+3+4+5+6	0	21×2=42

当企业的区位向CBD边缘移动时,企业员工通勤的总移动距离将增加。对中心以东(右边)第一个方格位置的E企业来说,它相比中心位置上的D企业,向西(左边)单向移动的距离会更远,分别前往D、C、B和A企业时需要移动10个方格(1+2+3+4=10),而向东移动的距离则相比D企业更短,经过F和G企业总共需要移动3个

方格(1+2=3)。因此，E企业的单向移动距离总和为13个方格，往返移动的距离总和就是26个方格。以此类推，F企业的移动距离总和为32个方格，G企业的移动距离总和为42个方格，中心以西的企业C、B和A企业分别与中心对称的区位上的企业面临同样的移动距离。

CBD中心是该范围内的中间位置，根据企业移动的目的地，该区域被分成了中心以东(右边)和中心以西(左边)两个均等的部分。如图3—2所示，位于CBD中心地带的D企业面临的移动距离总和为最短，而随着企业距离CBD中心的距离增加，企业为交换信息而移动的距离也在增加。

中心地带的企业的移动距离最短。根据中间区位法则(the Principle of Median Location)可知，中间区位可使总的移动距离最小化。以D企业为例，假设D企业现在交换至E企业的位置，也就意味着D企业向中心移动了1个方格的位置，那么D企业将距离A、B、C企业更远，而距离F、G企业却更近了。现在D企业移动其他企业的单向移动距离将增加1个方格，从12个方格(6+6=12)增加到13个方格(10+3=13)，往返移动距离则将增加2个方格，从24个方格增加到26个方格。

从图3—2和表3—3可知，当企业的位置远离中心区位时，企业移动的总距离将以递增的速度增加。每当企业位置向外围增加1个方格时，企业的往返总移动距离从24增加到26、32、42，其增量分别从增加2个方格到8个方格、18个方格，移动距离增加的速度也在不断增加，斜率在不断增加。这是因为企业向中心以东的外围迁移时，距离西面的企业越来越远，距离东面的企业越来越近，而事实上，西面的企业数量更多，东面的企业数量却更少。例如，假设E企业现在迁移到F企业的位置，那么它与4个企业(A、B、C、D)的距离都更远了，而仅与1个企业(G)的距离更近了，西面距离变化的增加量会超过东面距离变化的减少量。

还可以考虑一下极端的情况，当F企业交换到G企业得到换位置时，F企业与其他5个企业的距离都更远了，而它本身已经是范围内最东面的企业，也就意味着没有距离更近的企业。因此，当一个企业向中心外围的方向迁移时，造成的移动距离的变化一定是增加的，而位于中间区位就会实现总移动距离最小化。

3.4.2 要素间不存在替代性时信息型厂商选址

假设每个信息型企业占用的土地规模相同，且土地上的建筑物规模也相同，每个企业都有一座占地1/4亩的4层建筑物，称这种情况为要素间不存在替代性。企业每天生产的价值为5 100元，它的生产成本(如建筑物资本成本)为1 000元，其他成本(如劳动力、设备和其他投入品)为1 500元。利用剩余原理，企业的经济利润为0的时候，土地租金计算如下：

$$每亩土地租金 = \frac{总收入-资本成本-其他生产成本-移动成本}{土地规模}$$

同理前面讨论的农业土地和加工型厂商土地价格，计算公式中的分子代表企业的意愿支付值,分母代表土地规模。那么此时,影响企业之间所支付的土地价格的因素只剩下土地区位引致的移动成本差异。

假设中心区位企业的移动成本为100元,土地竞价租金等于(5 100－1 000－1 500－100)÷0.25=10 000元/亩;从中心区位向外1个方格距离的移动成本为460元,土地竞价租金等于(5 100－1 000－1 500－460)÷0.25=8 560元/亩;从中心区位向外5个方格距离的移动成本为2 100元,土地竞价租金等于(5 100－1 000－1 500－2 100)÷0.25=2 000元/亩,以此类推。

根据可以看到与CBD中心地带不同距离的土地竞价租金。当企业距离中心地带的区位越来越远时,企业的总体移动成本将会增加,从而导致企业意愿支付的土地价格越来越低,即土地竞价租金下降。

表3—4　　　　　要素间不存在替代性时信息型厂商的土地竞价租金

距离（方格）	建筑高度（层）	总收入（元）	建筑物资本成本（元）	非土地成本（元）	移动成本（元）	土地的WTP（元）	生产场地（亩）	竞价租金（元/亩）
0	4	5 100	1 000	1 500	100	2 500	0.25	10 000
1	4	5 100	1 000	1 500	460	2140	0.25	8 560
2	4	5 100	1 000	1 500	900	1 700	0.25	6 800
5	4	5 100	1 000	1 500	2 100	500	0.25	2 000

由此可以得出信息型企业的竞价租金曲线斜率为负。这是由于企业距离中心区位越远,支付的移动成本就越高,竞价租金曲线如图3—3所示。

由图3—3可知曲线呈凹性,这是由于企业所在区位从中心地带向外的移动成本呈递增上升趋势,相应地,土地租金呈递增下降的趋势。已经假设过,中心区位的企业移动成本为100元,土地竞价租金为每亩10 000元;第1个方格位置的企业移动成本为460元,竞价租金为每亩8 560元;第2个方格位置的企业移动成本为900元,竞价租金为每亩6 800元。也就是说,假设企业从中心区位迁移到1个方格位置(由D迁移到E)时,移动成本上升360元,导致竞价租金下降1 440元;企业从1个方格位置迁移到2个方格位置(由E迁移到F)时,企业的移动成本上升440元,移动成本以增速上涨,导致竞价租金下降1 760元,以增速下降。

随着到中心区位的距离增加,企业为交换信息而付出的成本增加,且该移动成本增加得越来越快,土地竞价租金随之下降得也越来越快,从而形成了凹性、负斜率的竞价租金曲线。

土地竞价租金曲线的斜率($\Delta R/\Delta x$)由单位土地面积的单位移动成本所决定。对信息型企业而言,员工为交换和获取信息将面临很高的移动通勤成本,而不同区位上呈差异化的移动成本可以被土地租金价格的差异所抵消,最终能够实现所有区位的企业利润均为零。

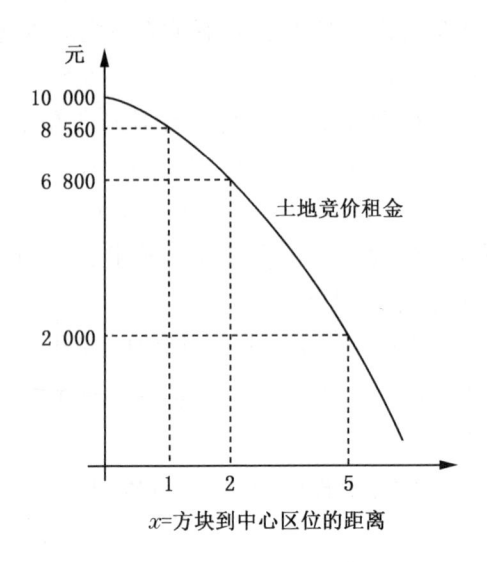

图 3—3 要素间不存在替代性时信息型厂商的土地竞价租金曲线

图 3—3 描述了要素间不存在替代性的情形，也就是信息型企业的办公楼宇都是标准化的，即相同的占地面积（1/4 亩）和相同的楼层高度（4 层），而实际生活中，中心地段的信息型企业的办公楼宇往往占据很小的土地面积且修建高度非常高。

3.4.3 要素间存在替代性时信息型厂商选址

现实生活中，信息型企业的办公楼宇需要权衡占地面积影响的土地成本和建筑物高度影响的资本成本，在这两点考虑的基础上对建筑物的高度做出决策。也就是说，考虑资本要素替代土地要素时，信息型厂商依据新的竞价租金曲线来决策企业选址。

假设信息型企业最终选择是办公楼宇的面积相等，即信息型企业在建筑物选择产出相等的产量，由此形成一条信息型企业等产量曲线（isoquant）。表 3—5 给出了信息型企业办公楼宇的三个方案：在较小面积的土地上修建高层建筑（在 1/25 亩的土地上修建 25 层的建筑）、在中等面积的土地上修建中等高度建筑（在 1/4 亩的土地上修建 4 层的建筑）、在较大面积的土地上修建低层建筑（在 1 亩的土地上修建 1 层的建筑）。在每个方案，信息型企业建造的楼宇办公面积是等产量的，都是 1 亩。

表 3—5　　信息型厂商等产量下的占地规模、建筑物高度和资本成本

	高层建筑	中等高度建筑	低层建筑
土地面积（亩）	0.04	0.25	1
建筑高度（层数）	25	4	1
资本成本（元）	2 500	1 000	500

那么信息型企业办公楼宇的高度差异将会怎样影响企业的资本投入？如表 3—5

所示,高层建筑物显然需要更高的资本成本,这些额外成本将被用于高层建筑物的承重加固措施以及电梯等运输设备上。在模型中,假设 25 层的高层建筑所需要支付的资本成本将比单层的低层建筑高出 5 倍(2 500 元÷500 元=5)。

图 3-4 描述了信息型企业办公楼宇等产量曲线,等产量曲线上每个点表示固定数量产出的不同投入品的组合。在上述例子中,用于描述能够形成固定办公面积(1 亩)的土地成本投入和资本投入的组合。由于建筑高度越高,所需要的投入用于提高承重和运输的资本成本就越高,因此信息型企业办公楼宇的等产量曲线的斜率为负。等产量线上 p、q、r 点为对表 3-5 的信息型企业办公楼宇的 3 个等产量方案描述。p 点表示建造高层建筑的混合投入点,q 点表示建造中等高层建筑物的混合投入点,r 点表示建造低层建筑物的混合投入点。

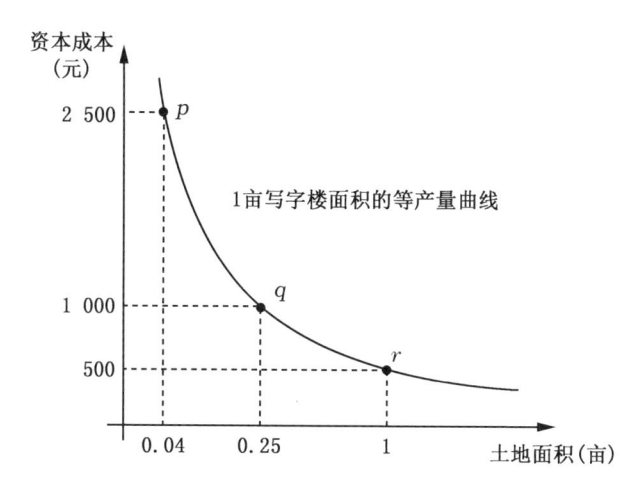

图 3-4　信息型厂商办公楼宇的等产量曲线

当要素间存在替代性时,信息型企业可以选择上述的建筑物占地规模和高度,等产量曲线是企业所有建筑类型的可能选择的集合。在产量相等的情况下,建筑总成本等于土地成本加上资本成本,企业的目标是最小化建筑成本,那么等产量曲线上的哪个点可以带来最小建筑成本呢?

信息型企业为了达到信息交换的目的且减少移动成本,因此对中心区位的土地租金有更大的支付意愿,而建筑物的资本价格在任何区位上都是相同的。企业的建筑成本等于土地成本与资本成本之和。表 3-6 描述了建筑总成本在不同土地租金情况下的变化,并将解释为什么高层建筑物往往靠近市中心。

表 3-6　不同租金水平信息型厂商等产量下的占地规模、建筑物高度和建筑总成本

	高层建筑	中等高度建筑	低层建筑
土地(亩)	0.04	0.25	1
资本成本(元)	2 500	1 000	500

续表

	高层建筑	中等高度建筑	低层建筑
租金＝400元时的建筑成本			
土地成本（元）	16	100	400
建筑总成本（元）	2 516	1 100	900
租金＝2 000元时的建筑成本			
土地成本（元）	80	500	2 000
建筑总成本（元）	2 580	1 500	2 500
租金＝16 000元时的建筑成本			
土地成本（元）	640	4 000	16 000
建筑总成本（元）	3 140	5 000	16 500

当土地价格较低（租金＝400元）时，修建低层建筑（等产量曲线上的 r 点）的建筑成本最低，为900元。当土地价格很便宜时，信息型企业办公楼宇将不会开发高层建筑，这是因为建造高层建筑所产生的较高资本成本将远大于增加土地面积带来的较低土地成本，出于建筑成本最小化的目标，企业会选择总建筑成本更低的建造低层建筑的空间布局。

当土地价格处于中等水平（租金＝2 000元）时，企业修建中等高度建筑（等产量曲线上的 q 点）的成本最低，为1 500元。相比建造低层建筑，中等高度建筑将有利于企业减少土地面积的使用，从而减少土地成本，但同时会增加建筑的资本成本，而资本成本的增加量（1 000－500＝500元）小于土地成本减少量（2 000－500＝1 500元）。如果建造高层建筑，那么企业的土地成本将会减少到80元，而企业的建筑资本成本将会增加到2 500元，此时资本成本的增加量（2 500－1 000＝1 500元）大于土地成本减少量（500－80＝420元），建筑总成本会变得更高。因此，当土地价格在中等水平时，建造中等高度建筑的总建筑成本是最低的。

当土地价格非常昂贵（租金＝16 000元）时，选择建造高层建筑可以减少土地的面积。此时，土地成本为640元，尽管高层建筑的资本成本最高为2 500元，但修建高层建筑所节省的土地成本（4 000－640＝3 360元）大于增加的额外资本成本（2 500－1 000＝1 500元），因此建造高层建筑仍然是土地价格昂贵时最优的成本决策。当土地价格上涨时，信息型企业选择以建造高层建筑的形式，用资本要素替代土地要素，这个过程被称为"投入品替代性"或"要素替代性"。之前讨论过，由于企业员工交换信息的移动距离差异，位于中心区位的土地价格会更高。因此，在中心区位，企业更偏向于建造高层建筑，以资本要素替代土地要素，这就引致了高层建筑物往往更靠近市中心的现象。

表3—7描述了要素间存在替代性时，距离中心（CBD）不同区位信息型企业的土

地竞价租金情况。

例如,距离中心区位1个方格位置处,土地价格昂贵,正如表3—6所讨论的,信息型企业建造高层办公楼宇实现建筑总成本最小化,建筑高度为25层时,每亩土地的竞价租金为(5 100－2 500－1 500－460)÷0.04＝640÷0.04＝16 000元。以此类推,距离中心区位2个方格位置处,土地价格较昂贵,建筑高度为4层时,每亩土地的竞价租金为(5 100－1 000－1 500－900)÷0.25＝1 700÷0.25＝6 800元。距离中心区位5个方格位置处,土地价格较便宜,建筑高度为1层时,每亩土地的竞价租金为(5 100－500－1 500－2 100)÷0.5＝1 000÷0.5＝2 000元。

表 3—7　　　　　要素间存在替代性时信息型厂商的土地竞价租金

距离 (方格)	建筑高度 (层)	总收入 (元)	建筑物 资本成本 (元)	非土地 成本 (元)	移动 成本 (元)	土地的 WTP (元)	生产场地 (亩)	竞价租金 (元/亩)
1	25	5 100	2 500	1 500	460	640	0.04	16 000
2	4	5 100	1 000	1 500	900	1 700	0.25	6 800
5	1	5 100	500	1 500	2 100	1 000	0.5	2 000

图3—5描述了要素间存在替代性时的信息型企业办公楼宇竞价租金曲线的特征。回想图3—3中,当要素间不存在替代性时,竞价租金曲线呈现凹性,这是因为企业距离中心越远,移动成本上升速度越快,竞价租金的减少越快。而当要素存在替代性时,土地租金价格曲线则呈凸性,凸性的曲线意味着在存在要素替代的情况下,企业在越靠近中心区位处建设越高楼层的信息型企业办公楼宇(c点与a点相比),利用资本成本代替土地成本,将会以递增速度减少建筑总成本,从而提高土地竞价租金。

当要素间存在替代性时,信息型企业竞价租金曲线的斜率大于不存在要素替代时的斜率。这一特征的合理性表现在,随着距离城市中心区位越来越近,土地价格成增速上涨,因此企业会尽可能减少信息型企业办公楼宇占用的土地面积以降低土地成本,为确保信息型企业办公楼宇能够满足等产量的需求,在中心区位的昂贵土地上修建高层建筑将是企业的最优选择,这也就引致越靠近城市中心,要素替代带来的建筑成本减少越显著,因此,土地在到中心区位距离越小时,竞价租金曲线的斜率越大。

同理,当信息型企业远离市中心时,土地竞价租金不断下降,其下降幅度小于移动成本的增加幅度。此时要素替代表现为以土地成本替代资本成本,即企业将建造更低楼层的建筑以节省建筑总成本,在要素替代效应作用下,土地竞价租金的下降额会低于移动成本的增加额。换句话说,存在要素替代性时的土地竞价租金曲线斜率为负,原因在于移动成本随着离中心距离减小而降低,建筑总成本因要素替代性而降低。

要素替代能够降低建筑成本,所以信息型企业意愿进行要素替代,提高企业支付土地租金的能力。由图3—5可知,要素替代性使凹性的竞价租金曲线转变为凸性曲线,这意味着越靠近市中心,土地价格将以增速上升。而土地价格的增速上涨又进一

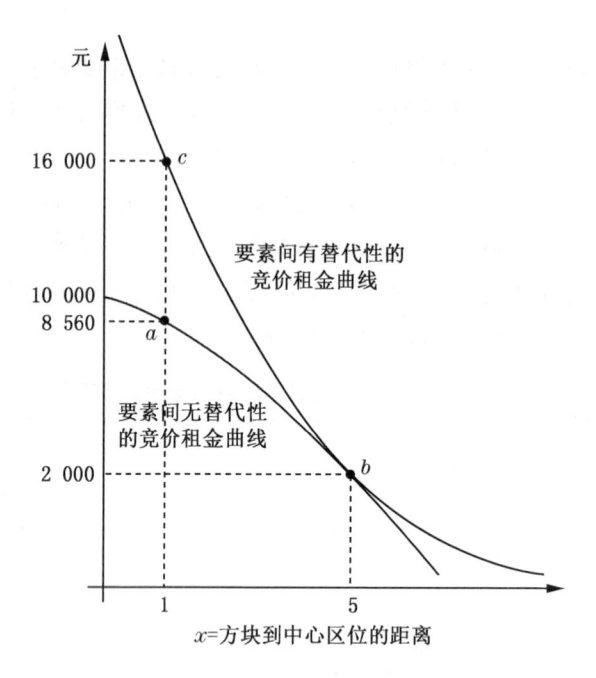

图 3—5　要素间存在代替性时信息型厂商的土地竞价租金曲线

步激励企业实施更多的要素替代,最终引致城市中心出现越来越多的高层建筑。

3.4.4　全要素投入模型与信息型厂商选址

在 3.4.3 中解释了等产量曲线的要素替代效应,在 3.4.4 将一起考虑等产量曲线、等成本曲线,引入全要素投入模型,进一步分析一般情形下要素间存在替代性与土地竞价租金的关系。

等产量曲线使信息型企业在不同的土地和资本投入组合的情况下获得相同的办公面积,企业的目标是在等产量曲线上找到建筑总成本最小的点,从而实现利润最大化。等成本曲线反映了信息型企业在要素投入总成本固定不变的条件下,不同要素之间的成本组合。等成本曲线的斜率取决于两种投入要素的价格比例,等成本曲线计算公式如下:

等成本 R(常数)＝资本单位价格 P_1×资本数量＋土地单位价格 P_2×土地数量

由于等成本曲线上的要素投入总成本是固定不变的,意味着企业改变所利用的资本数量和土地数量时,两者产生的成本价格变化额总是相互抵消。

资本单位价格 P_1×Δ资本数量＋土地单位价格 P_2×Δ土地数量＝0

将上述公式整理,可以得到等成本曲线的斜率:

$$等成本曲线的斜率 = \frac{\Delta 资本数量}{\Delta 土地数量} = -\frac{P_2}{P_1}$$

等产量曲线与等成本曲线相切时的点,是等产量线上建筑总成本最小的点。在产出数量固定时,资本对土地的投入要素的价格比例边际技术替代率(MRTS)等于每单位土地的变化量所引起的资本的变化量的比例,即两种投入要素的产出均衡(production trade-off;Δ资本数量/Δ土地数量),也就等于市场均衡(market trade-off;$-P_2/P_1$)。

图 3-6 描述了信息型企业的等成本曲线,较高的等成本曲线(位于右上方)意味着更高的预算,企业将有更多可用金钱用于信息型企业的要素投入。结合等产量曲线和等成本曲线,企业的最终目标是通过调整和挑选等产量的要素投入组合,使投入成本位于最低的等成本曲线上,即固定产量下实现投入成本最小化。这种投入组合在图 3-6 中表示为 m 点(等产量曲线和等成本曲线的相切点)。

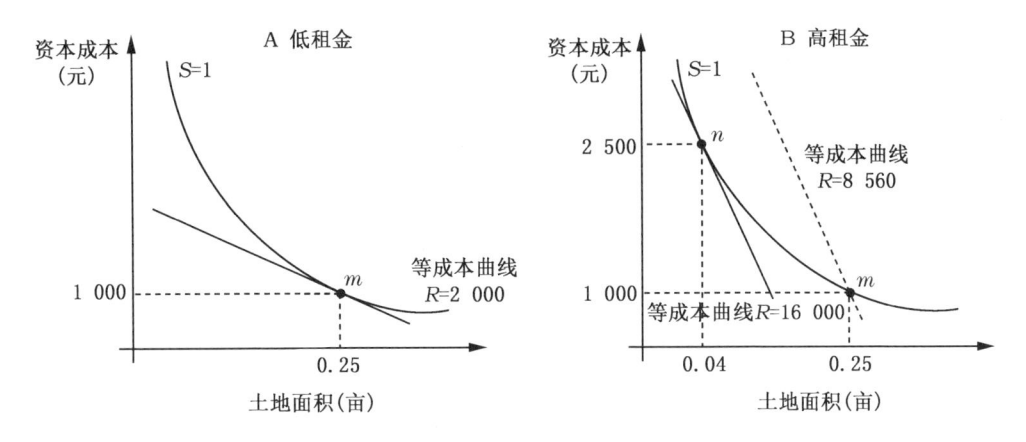

图 3-6　全要素投入模型与信息型厂商土地竞价租金

在图 3-6 的 A 图中,当土地租金较低(2 000 元)时,等成本曲线与等产量曲线相切于 m 点,为该固定产量下的最小成本点,该点的投入组合为土地面积 0.25 亩、资本成本 1 000 元,成本 $R=2\ 000$ 元。

在图 3-6 的 B 图中,当土地租金较高(8 560 元)时,企业在 m 点的投入组合不再是最低成本(土地面积 0.25 亩、资本成本 1 000 元、$R=8\ 560$ 元),在要素替代作用下,企业在 n 点处达到新的最低成本点(土地面积 0.04 亩、资本成本 2 500 元、$R=16\ 000$ 元)。

虽然 m 点是可以选择的投入组合,但是显然 m 点所在的等成本曲线不与等产量曲线相切,m 点并不是最低成本,因此企业不会选择它。此时,等成本曲线的 MRTS 值低于投入要素价格比率,因此企业将用资本成本代替土地成本,要素替代促进了土地竞价租金,而较高的土地价格可以产生更陡峭的成本曲线,也产生了新的两条曲线相切点,也就是最低成本点 n 点。

3.5　土地竞价租金曲线与家庭住宅选址

分析加工型厂商、信息型厂商根据土地竞价租金曲线来进行选址决策之后,下面将分析家庭部门根据土地竞价租金曲线来进行家庭住宅的选址。

竞价租金反映的是家庭部门对不同区位的土地意愿支付的价格,该价格取决于居民作为住宅的消费者所愿意支付的价格,即家庭住宅价格。家庭部门(居民消费者)意愿支付的住宅价格由交通可达性、住宅内部差异与外部环境舒适性三个基本要素决定。交通可达性可用通勤的时间成本、金钱成本等变量来测度;住宅内部差异可用住房面积、住宅质量等变量来测度;外部环境舒适性可用公共服务、自然环境、邻里特征等变量来测度。其中,通勤的金钱成本(以下简称通勤成本)是住宅价格模型推演中所关注的关键要素。

为简化住宅价格模型,提出以下 5 个假设:

假设 1:通勤成本具有严格的货币性(strictly monetary),用 m 元/公里表示通勤的时间成本和金钱成本。

假设 2:每个家庭都有一个成员要通勤到就业地点,即前往加工型企业(工业园区)或信息型企业(CBD)就业。

假设 3:非通勤性质的活动可以忽略不计。

假设 4:所有区位上的公共服务、税率等相同,即社会环境等价。

假设 5:所有区位的舒适特征(如空气质量、景观、气候等)都相同,即自然环境等价。

在 3.5.1、3.5.2 中分别分析不存在消费者替代、存在消费者替代下的家庭住宅价格模型;在 3.5.3 将依次放松这些假设,进一步探讨三个基本要素与住宅价格之间的关系;在 3.5.4 中,总收入扣除非土地投入的成本,就是家庭部门的竞价租金(对不同区位的土地意愿支付的价格),根据住宅价格曲线就可以得到家庭部门竞价租金曲线,并分别考虑不存在要素替代、存在要素替代两种情形。

3.5.1 不存在消费者替代时家庭住宅价格曲线

先分析不存在消费者替代时的家庭住宅价格曲线。假设家庭消费住宅时不考虑需求法则,不论住宅价格高低,每个家庭的住宅都是 100 平方米的标准住宅。

假设每个家庭的月收入中有 8 000 元用于住宅和交通,该支出对于每个家庭都是相等且固定的。对于任何区位,每月的通勤成本为 600 元/公里,每个家庭仅 1 人需要就业通勤,也就是说,对企业 1 公里处的家庭而言,每月产生的就业通勤成本为 600 元,以此类推。

住宅价格是家庭每月需要支付的房屋租金,以每平方米为计算单位,如果一个家庭住宅为 100 平方米的标准住宅,每月支付费用 6 000 元,那么该住宅的价格被认为是 6 000÷100=60 元/平方米。

图 3—7 描述了均衡状态下的住宅竞价租金曲线。当不存在消费者替代时,住宅价格曲线为负斜率的线性曲线,这是因为距离越远,家庭通勤到就业区的成本上升,导

致可用于支付住宅的价格下降。曲线上 a 点表示对于靠近就业区(距离为 0)的标准住宅,家庭的通勤成本为 0,因此家庭的 8 000 元将全部用于住宅成本,而标准住宅每平方米的价格就等于 8 000÷100＝80 元/平方米;c 点则意味着在距离就业区 5 公里处,家庭的通勤成本为 3 000 元,用于住宅的成本为 8 000－3 000＝5 000 元,那么家庭支付住宅的价格为 5 000÷100＝50 元/平方米;d 点则意味着在距离就业区 10 公里处,家庭的通勤成本为 6 000 元,用于住宅的成本为 8 000－6 000＝2 000 元,那么家庭支付住宅的价格为 2 000÷100＝20 元/平方米;以此类推。

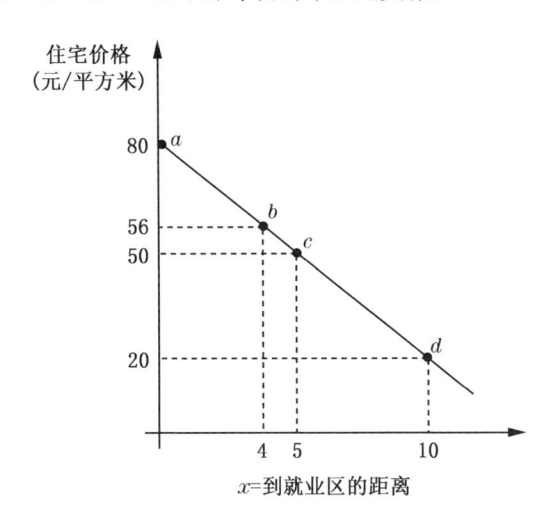

图 3－7 不存在消费者替代时家庭住宅价格曲线

家庭住宅价格曲线为负斜率。先假设住宅价格为水平的曲线,那么所有区位上的住宅价格都是相等的,假设该价格为 50 元/平方米,家庭将支付 5 000 元用于标准住宅,而剩下的 3 000 元将用于通勤成本,此时对一个家庭来说,住宅距离就业区越近能节省的通勤成本越多,由于各区位住宅价格一致,家庭必然会选择离就业区更近的住宅。其他家庭也会有相同的考虑,当所有家庭都倾向于向靠近就业区迁移时,就业区附近的住宅价格会随之上涨,同时偏远区位的住宅价格由于鲜有家庭选择而下降,从而推动住宅价格曲线的斜率回到负斜率。

当远离就业区时,住宅价格下降,住宅价格的减少量等于通勤成本的增加量,最终所有区位上的家庭获得的效用相同,呈线性曲线。可以用下面公式表示:

住宅价格变化量×住宅面积＋距离变化量×单位通勤成本＝$\Delta P \times h + \Delta x \times t = 0$

通过式子变形得到:

$$均衡住宅价格曲线斜率 = \frac{\Delta P}{\Delta x} = -\frac{t}{h}$$

由图 3－7 可知,假设家庭从 $x=10$ 的位置迁移到 $x=5$ 的位置,住宅单位价格增加 30 元,家庭用于支付住宅的总成本增加 3 000 元,而通勤成本的下降额刚好是 3 000 元(10×600－5×600＝3 000 元),给家庭带来的效用相同,满足上面公式。

3.5.2 存在消费者替代时家庭住宅价格曲线

接着分析存在消费者替代时的家庭住宅价格曲线。现实情况是,家庭消费住宅时会考虑需求法则,随着住宅价格上升,每个家庭住宅需求的面积下降。

在 3.5.1 中的家庭住宅价格曲线反映的住宅价格没有考虑居民住宅需求法则,所有家庭不论价格高低都拥有固定的住宅面积。而现实的情况是,家庭住宅消费往往遵循需求法则,当住宅价格较高时,家庭选择面积较小的住宅,反之则反是。在 3.5.1 中,通勤成本和住宅成本的变化可以相互抵消,使家庭获得相同的效用。家庭可以用减少的通勤成本的支出来租住更高租金的住宅。但是,家庭是否一定意愿将交通剩余的金钱完全用于住宅消费呢?住宅价格较高时,消费者的住宅消费数量将下降,这也就意味着当住宅价格上涨,即使固定预算(8 000 元)仍有剩余,消费者也会减少住宅消费数量,宁愿将原本应该用于通勤和住宅的这部分金钱节省下来,用于其他商品的消费,如美食消费等。

利用消费者选择模型解释,随着住宅价格上升时,家庭消费的住宅面积将减少,也就是替代效应、收入效用导致正常商品(normal goods)的价格与数量呈现反向关系。消费者选择模型主要描述了在收入和其他商品价格一定时,消费者的选择目标是获取最大化的效用,模型中的消费者预算束是指一定预算下可以购买的两种商品组合。图 3—8 中描绘的消费者预算束是家庭住宅和其他商品的消费组合。

在图 3—8 中,假设一个距离就业区 10 公里处的家庭,该家庭每月收入 20 000 元,通勤成本是 6 000 元(600 元/公里·月×10 公里=6 000 元/月),该区位的住宅价格为 20 元/平方米·月。那么除必要的通勤成本外,该家庭每月有 14 000 元可用于消费住宅或其他商品。A 点表示住宅消费量为 0 时,该家庭可以将 14 000 元全部用于其他商品(总收入 20 000 元—通勤成本 6 000 元=14 000 元);t 点表示当家庭消费 100 平方米住宅时,有 12 000 元可用于其他商品(20 000—6 000—100×20=12 000 元)。预算线的限制使消费者需要在住宅与其他商品之间进行权衡,预算线的斜率可用其他商品的消费量增加导致住宅面积的消费量下降来表示。

消费者偏好可以用无差异曲线表示,每条无差异曲线都代表着带来相同效用的不同产品组合。边际替代率(MRS)是指消费者为消费更多住宅面积而意愿放弃的其他商品的消费量,MRS 等于无差异曲线的斜率。例如,当斜率为 50 时,表示该家庭增加 1 平方米的住宅消费量,而意愿放弃 50 元去购买其他商品,即 MRS=50。

为了达到效用最大化,消费者必须在其预算内选择最高无差异曲线,因此消费者预算线与无差异曲线的切点(t 点)将是效用最大点。

效用最大化法则:边际替代率=商品的价格比率。

换言之,当商品间的价格比率(市场的权衡)等于边际替代率(消费者自己的权衡),消费者的效用达到最高。

图 3—8 中的 A 图,在区位 $x=10$ 公里时,预算线与无差异曲线相切于 t 点,MRS 等于价格比率 $\left(P=\dfrac{P_1}{P_2}=20\right)$,此时消费者的效用最大。

图 3—8 中的 B 图,当区位 $x=5$ 公里时,通勤成本下降了 3 000 元,而住宅价格则更大幅度地提高,此时两线的交点(p 点)仍然可支付,但不再是切点,也意味着不是效用最大点。区位为 5 公里的住宅价格与其他商品的价格比率为 50,而 MRS 为 20,因此,该家庭将会改变住宅与其他商品的消费组合以获得更高的效用。住宅消费量将增加还是下降呢? 在价格比率为 50 时,该家庭将放弃 50 单位其他商品的消费来获得 1 平方米住宅,但是目前该家庭仅意愿放弃 20 单位其他商品,所以该家庭当前消费的住宅面积过大,将降低住宅的消费量。最终通过改变消费组合,该家庭将减少住宅消费量至 q 点的组合,q 点是新的效用最大点,此时家庭增加 1 平方米的住宅消费量,意愿放弃 50 单位其他商品,MRS=50。

同样地,从图 3—8 中可以看出,当住宅价格上涨时,家庭消费的住宅面积下降,但始终位于同一条无差异曲线上,意味着居民在不同区位上获得的效用相同。与居住在距离就业区 10 公里处的家庭(住宅消费 100 平方米,其他商品消费 12 000 元)相比,在 5 公里处的家庭消费较小的住宅面积,但是消费更多的其他商品(住宅消费 30 平方米,其他商品消费 15 500 元),带来的效用相同(U_1)。

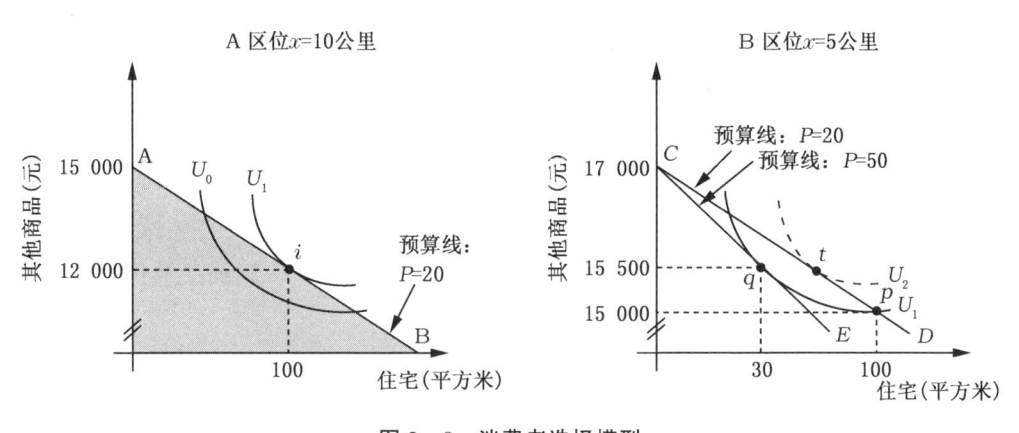

图 3—8 消费者选择模型

消费者替代性会加大住宅价格曲线的斜率,用变量 $h(x)$ 替换上面公式中固定不变的 h,斜率表达式为:

$$\dfrac{\Delta P}{\Delta x}=-\dfrac{t}{h(x)}$$

图 3—9 描绘了消费者替代性与住宅价格之间的关系,消费者替代性使住宅价格曲线呈凸性,当住宅价格随距离减小而上涨,导致住宅消费量 $h(x)$ 下降,住宅价格曲线斜率增加。例如,在距离就业区 5 公里的区位上,住宅消费量是 30 平方米,那么它的斜率为负的单位通勤成本(600)除以住宅面积(30)等于—20。

$$\frac{\Delta P}{\Delta x}=-\frac{t}{h(x)}=-\frac{600}{30}=-20$$

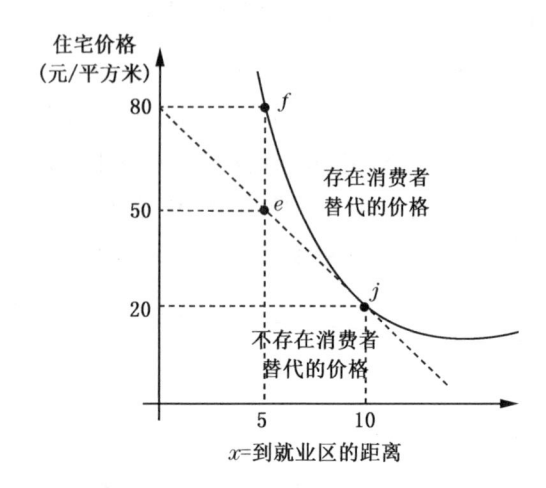

图 3—9　存在消费者替代时家庭住宅价格曲线

3.5.3　放松其他假设时家庭住宅价格曲线

在 3.5.3 中,分别放松假设后,讨论家庭住宅价格曲线和土地竞价租金曲线的形状、位置的变化。

(1) 放松假设 1(通勤成本具有严格的货币性)

前面的住宅价格模型没有考虑通勤的时间成本,实际上通勤时间也是家庭选择住宅的重要因素,通勤时间通常是以牺牲工作或休闲时间为代价的,也是一项机会成本。通勤时间带来的机会成本越高,家庭就更希望选择距离就业区近的住宅,因而住宅价格曲线就越陡峭。可以用通勤时间成本与通勤金钱成本一起来刻画住宅价格曲线斜率,如下面表达式所示:

$$\frac{\Delta P}{\Delta x}=-\frac{t}{h(x)+h(time)}$$

(2) 放松假设 2(每个家庭都有一个成员要通勤到就业地点)

前面的住宅价格模型假设每个家庭只有一人通勤就业,而事实上大多数家庭都是双职工家庭,也必须考虑存在两个通勤者时的情形。如果家庭的双职工在相同的地点工作,那么他们的通勤成本是单人的 2 倍,将住宅迁移向就业区也能帮助该家庭节省 2 倍成本,住宅价格曲线也会变得更陡峭。如果家庭的双职工在不同区域工作时,那么需要进一步研究住宅区位迁移对通勤成本带来的影响,住宅价格曲线可能会变得更陡峭,也可能更平坦,甚至可能变成正斜率。

(3) 放松假设 3(非通勤性质的活动可以忽略不计)

前面的住宅价格模型忽略了非工作目的的移动成本,实际上,例如购物、娱乐等活动也会带来通勤成本。当这些活动的目的地集中于某一方向上时,家庭住宅往该方向迁移会显著减少通勤成本,反之则增加通勤成本;若非工作通勤地点在城市里均匀分布,则影响不显著。总之,非工作通勤带来的成本也将影响住宅的区位选择,可能引致住宅价格曲线斜率增加或减少。

(4) 放松假设4(所有区位上的公共服务、税率等相同)、假设5(所有区位的舒适特征都相同)

前面的住宅价格模型假设了城市内所有区位的环境舒适度、公共服务、税收等条件相同,即自然环境等价、社会环境等价。

在现实生活中,家庭住宅位置很大程度会根据学区(school district)、医院等公共服务机构来选择。例如,有适龄学生的家庭更愿意选择教学质量较高的学区,家庭间的竞争提升了高质量学区附近的住宅价格;老年人家庭更愿意选择医疗机构附近的住宅;相同的逻辑可以应用于税率、公共服务质量存在差异的情形。

环境舒适度也是一个影响住宅选择的因素,包括环境污染情况(距离污染企业的距离)、自然景观设施(绿地、公园等)。城市内靠近污染企业的住宅价格会相对较低,因为其附近的环境舒适度低,引致住宅价格曲线变得更平缓;拥有更好的景观或者更邻近公园的社区,家庭间的竞争引致住宅价格会相对较高,使住宅价格曲线斜率也变得更陡峭。

3.5.4 土地竞价租金曲线与家庭部门选址

根据住宅价格曲线,可以推导出家庭部门的土地竞价租金曲线,它反映了家庭部门对不同区位土地的意愿支付价格。此时,需要虚拟一个投资主体。一方面,投资主体通过市场机制把家庭的初始禀赋(土地、房屋等不动产)承租起来,向拥有土地、房屋等不动产的家庭提供相应的市场租金;另一方面,投资主体根据家庭的不同需求,在城市的不同区位建造住宅供万千家庭和厂商租用,还会根据要素替代性,不同的住宅具有不同的高度。

(1) 要素间不存在替代性时家庭部门选址

假设建设住宅投入固定比例的要素,投资主体投入1亩土地和K元资本,建成一套面积为Q平方米的独立住宅,或者被均分成q个单元的独立空间(每个独立空间的面积为Q/q平方米)。例如,一座1 000平方米的建筑,可以被分为10套单位面积100平方米的独立房屋。

在图3—10中,根据到就业区距离的差异,不同区位住宅的土地竞价租金不同。投资主体的总收入为每亩土地上的住宅产量(Q)乘以住宅的价格($P(x)$)。在相同面积或产量(Q)的情况下,随着离就业区的距离增加,由于价格($P(x)$)下降,导致投资主体的总收入不断减少。

投资主体的总收入($P(x) \times Q$)曲线形状与住宅价格曲线形状一样,也是具有负斜率的凸性曲线。这是因为住宅价格曲线($P(x)$)是具有负斜率的凸性曲线,面积或产量(Q)是固定不变的。

同样遵循剩余原理,竞价租金引致每个区位上的经济利润为0。家庭部门竞价租金曲线与投资主体的总收入曲线形状一样,也是具有负斜率的凸性曲线。投资主体的总收入($P(x)×Q$)扣除非土地投入成本(K)之后的差距,即为家庭部门对城市不同区位的土地意愿支付的价格。

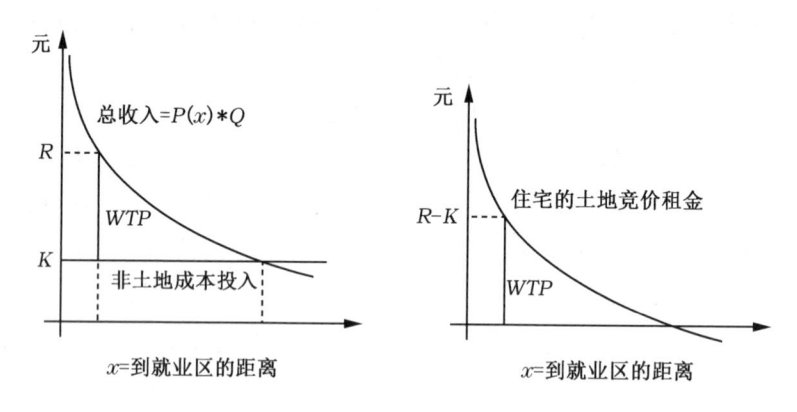

图 3-10 不存在要素替代时家庭部门的土地竞价租金曲线

(2)要素间存在替代性时家庭部门选址

如果家庭住宅的各投入要素之间存在替代性,那么家庭部门的土地竞价租金曲线会产生怎样的变化呢?

土地价格的上涨将促使投资主体用资本要素替代土地要素,也就是建造高层建筑可以节约土地。当靠近就业区时,土地价格呈上涨趋势,投资主体一定会在面积较小的地块上建造高层建筑。

$$竞价租金 = WTP/土地面积 = [P(x) \times Q(x) - K(x)]/土地面积$$

要素间替代引发的成本节约被融入土地竞价租金曲线中。距离城市中心或者就业区越近,土地竞价租金上涨得就越快。换句话说,要素替代使得住宅竞价租金曲线的凸性变得更加明显。

(3)住宅密度

由于消费者替代性和要素替代性,当住宅价格上涨时,家庭消费住宅面积减小;当土地租金上升时,资本要素替代土地要素,家庭住宅的楼层也会增加,两者叠加在一起,与城市郊区相比,城市中心的人口密度普遍较大。

在表 3-8 中,城市中心的每个家庭住宅面积为 100 平方米,假设每个家庭住宅有 10 层楼,高层建筑使每个家庭平均占用土地面积仅有 10 平方米;城市郊区的每个家庭住宅面积为 400 平方米,假设每个家庭住宅有 2 层楼,一半土地面积用于绿化,一半土地面积用于建造 2 层建筑,家庭占用土地面积达到 400 平方米。城市中心的人口密度是城市郊区的 40 倍(400÷10=40)。因此,城市中心的人口密度远高于城市郊区。

表 3—8　　　　　　　　　　城市郊区与城市中心的人口密度

	住宅面积（平方米）	每平方米住宅占土地面积	每个家庭占土地面积
城市郊区	400	1	400
城市中心	100	0.1	10

3.6 市场主体的土地竞价租金曲线与全局的土地利用模式

在分析各类市场主体（加工型厂商、信息型厂商、家庭部门）的土地竞价租金曲线之后，接着分析城市全局的土地利用模式。

均衡土地利用模式是由不同土地使用者的竞价租金曲线共同决定的。对于每一区位的土地，在均衡市场状态下，将被分配给出价最高的竞标者。将加工型厂商、信息型厂商和家庭部门作为三方竞争部门，分析城市土地的最基本利用模式。

为了分析需要，做出以下 4 点假设：

假设 1：城市交通系统的特征。城市交通系统由环形高速公路和经过城市中心的城市间高速公路组成。

假设 2：存在一个巨大消费能力的外国部门。加工型厂商出口自己的制成品，这些制成品被装载在卡车上，利用城市间高速公路运往外国部门（即供其他城市居民消费）。

假设 3：信息型厂商需要在城市中心（CBD）交换信息。

假设 4：信息型企业的工人去信息型企业集聚区工作，加工型企业的工人去加工型企业集聚区工作，他们都乘坐公交车出行。

(1) 土地竞价租金曲线与信息型厂商、加工型厂商选址

加工型厂商依赖卡车和高速公路进行制成品的运输，信息型厂商在城市中心（CBD）交换信息需要依赖交通，在加工型企业、信息型企业工作的工人同样需要乘坐公共交通工具通勤上班。

图 3—11 描述了信息型厂商的土地竞价租金曲线的平面图，土地竞价租金在城市中心达到最高值。

图 3—12 描述了加工型厂商的土地竞价租金曲线，在城间高速公路和环形公路附近，土地竞价租金达到最高值。

图 3—13 描述了信息型厂商、加工型厂商的土地竞价租金曲线特征。在城市中心，信息型厂商的竞价租金要高于加工型厂商；当远离城市中心时，信息型企业的竞价租金迅速下降，加工型厂商的出价要高于信息型厂商，加工型厂商在高速公路附近选址。在城市中心的高速公路处，加工型厂商与信息型厂商的竞价租金的锥体相遇；在

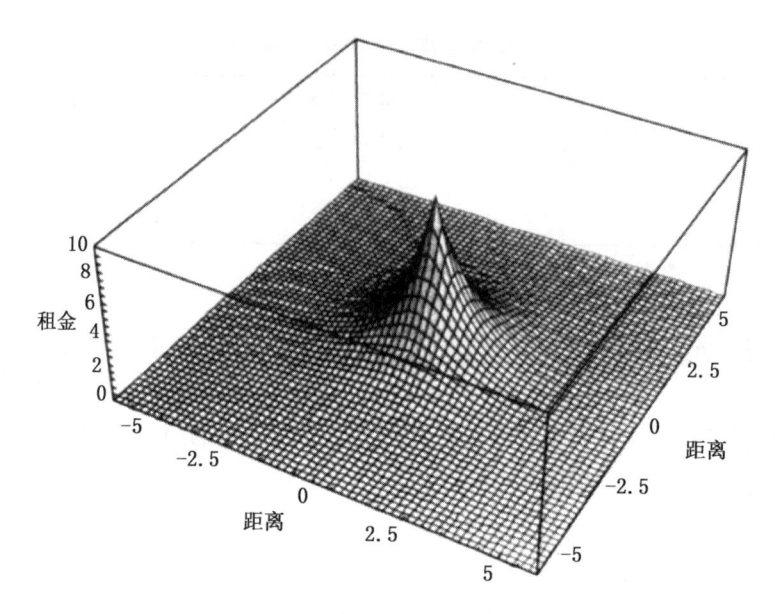

图 3—11　土地竞价租金与信息型厂商选址

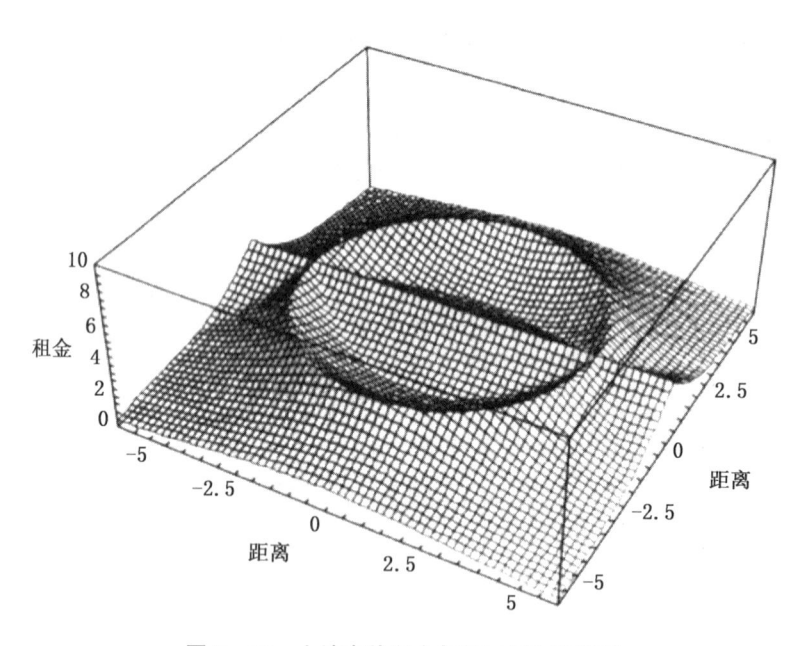

图 3—12　土地竞价租金与加工型厂商选址

环形公路附近,由于离城市中心较远,对信息型厂商的吸引力远低于对加工型厂商的吸引力。对工人家庭而言,为了减少通勤成本,工人家庭都意愿在就业区附近居住,在城市经济学简化模型中,三个就业区(城市中心(CBD)商圈、高速公路附近的工业园区和环形公路附近的工业园区)的周围区域将被区分出中央商务区(CBD)、家庭居住区、工业园区。

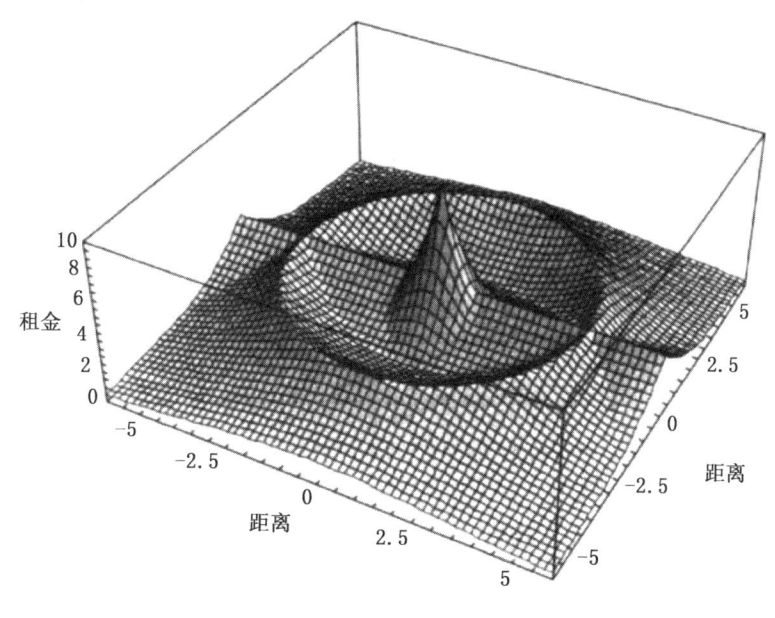

图 3—13　土地竞价租金与厂商选址

(2)市场主体的土地竞价租金与全局的城市土地利用模式

图 3—14 是城市土地竞价租金曲线的二维图,描述了不同分区的空间范围和各个市场主体的竞价租金。信息型厂商的土地竞价租金曲线在城市中心最高,城市中心(CBD)周围的第 1 条家庭部门的土地竞价租金曲线代表信息型企业工人的家庭意愿支付价格。距离城市中心的 x_4 处为环形高速公路,加工型厂商的土地竞价租金在此处最高,加工型厂商周围的两条土地竞价租金曲线均为加工型企业工人家庭的土地竞价租金曲线,分别向城市内部和外围方向上移动。

信息型厂商、加工型厂商和家庭部门之间对城市不同区位的土地而展开竞争,最终的均衡土地利用模式由厂商、家庭部门的土地竞价租金共同决定。由图 3—14 可知,信息型厂商对城市中心(CBD)的出价高于其他市场主体,主要分布于城市中心(0)到 x_1 范围内,信息型企业工人的家庭主要居住在 x_1 到 x_2 之间的区域,信息型厂商和信息型企业工人家庭的竞价租金曲线的交点,是商务区和住宅区的分界线;信息型企业工人的家庭与加工型企业工人的家庭之间的分界线,是这两类劳动者竞价租金曲线的交点,在 x_2 到 x_3 范围内,开始有加工型企业的工人家庭居住,而另一部分加工型企业工人的家庭居住在 x_5 和 x_6 之间的区域;加工型企业工人家庭的居住地点是围绕着加工型厂商的,加工型厂商在 x_3 和 x_5 之间的区域集聚,这部分范围被称为工业园区;在 x_6 之外的区域是农业用地,供农业部门及农民家庭使用。

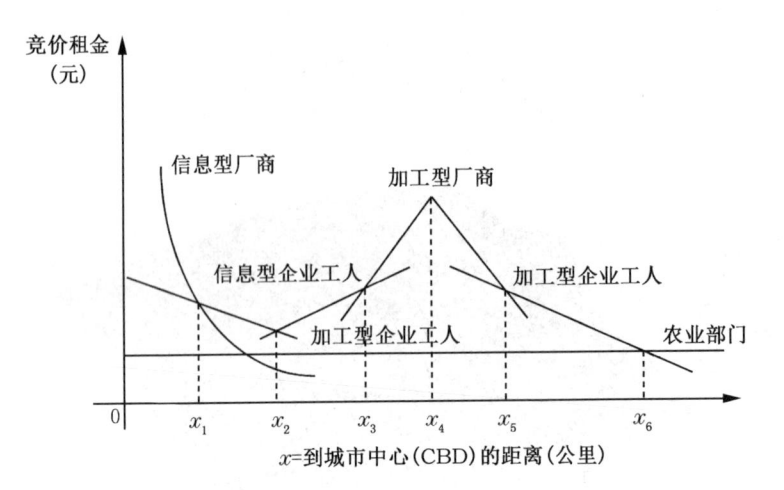

图 3—14 市场主体的土地竞价租金与全局的城市土地利用模式

参考文献

[1] Arthur O'Sullivan. Urban Economics (9th edition) [M]. McGraw-Hill Education Press, 2019.

[2] Masahisa Fujita. Urban Economic Theory: Land Use and City Size [M]. Cambridge University Press, 1989.

[3] Masahisa Fujita, Paul R. Krugman, Anthony J. Venables. The Spatial Economy: Cities, Regions, and International Trade [M]. MIT (Massachusetts Institute of Technology) Press, 1999.

[4] Masahisa Fujita, Jacques-Francois Thisse. Economics of Agglomeration: Cities, Industrial Location, and Regional Growth (2nd edition) [M]. Cambridge University Press, 2012.

[5] Alonso W. Location and Land Use [M]. Cambridge, MA: Harvard University, 1964.

[6] von Thunen J H. Der Isolirte Staat in Beziehung auf Landwirtschaft und National Ekonomie [M]. Hamburg: Perthes, 1826.

[7] Chen Yuegang, Wu Yan, Chen Lijun, Guo Longfei. The Spatial Distribution of Finance Industry Ecosystem in Shanghai Little Lujiazui [J]. Transformations in Business & Economics, 2018, 17(3): 305—327.

[8] 熊金武. 从土地单一税到地价税——兼论近代经济思想史领域内的欧洲中心论 [J]. 复旦学报(社会科学版), 2020, 62(1): 144—155.

[9] 陈跃刚, 邓肇隆, 吴艳. 上海市南京西路企业的空间分布特征 [J]. 城市问题, 2017(3): 87—95.

[10] 陈跃刚, 郭龙飞, 吴艳. 上海北外滩航运服务集聚区企业空间分布研究 [J]. 城市发展研究, 2016, 23(6): 137—141.

[11] 陈跃刚, 陈李君. 上海小陆家嘴企业分布的空间特征 [J]. 城市问题, 2015(2): 87—94.

[12] 陈跃刚, 邓肇隆. 北京中央商务区企业分布的空间特征——以北京中央商务区 16 栋楼宇

为例[J].城市问题,2014(7):87—93.

[13] 陈跃刚,吴艳.上海市金融服务业空间分布研究[J].城市问题,2010(12):39—44.

[14] 吴艳,陈跃刚.我国知识服务业发展评价的实证研究[J].科技管理研究,2010,30(23):54—58.

第 4 讲

城市土地利用模式和单中心城市消亡

现代城市与 100 年前城市的土地利用模式有很大的不同。19 世纪的集中型交通网络系统设计,使就业主要集中在城市中心附近;加工型企业一般集聚在火车站和港口附近,这样可以节约投入品和产出品在城市之间的运输成本;信息型企业通常集聚于城市中心(CBD),这样可以方便交换信息;家庭居民既可以生活在城市中心附近,步行到工作地点,也可以从城市郊区乘坐有轨电车到城市中心工作,这样的城市土地利用模式便是典型的单中心城市。

进入 21 世纪,小汽车走进千家万户,城市道路四通八达,公共交通网络日益完善,信息基础设施全城覆盖,这引致家庭部门、信息型厂商、加工型厂商布局选址更加自由,围绕着城市中心的圈层结构不再是唯一的城市土地利用模式。信息型厂商可以不在城市中心附近,而利用信息网络也可以轻松完成信息交换;加工型厂商也出现内部部门分离现象,加工制造等生产环节为了节约运输成本需要靠近交通枢纽,而企业总部、研发设计、职能部门等控制型环节为了方便信息交换需要靠近城市中心、城郊次中心;家庭部门可以靠近就业区居住,也可以在远离城市中心的区域生活,这样的城市土地利用便是现代的多中心模式。

总而言之,交通工具和信息设施的发展降低了城市中心在市场主体选址中的重要性,使家庭、厂商在选址时,更加重视与其他要素和消费者的距离及其易达性,注重知识溢出以及不同创新者之间知识与思想的交流,这进一步推动了厂商、家庭不断向大型城市集聚。

在第 4 讲中,介绍集中型交通网络系统设计使单中心城市得以出现,市内交通工具、建筑技术和城际货物运输技术的创新促进了单中心城市的发展;采用土地竞价租金曲线分析信息型厂商、加工型厂商、家庭部门的选址行为引致了圈层结构的单中心土地利用模式,分别将收入、有轨电车作为内生性变量,揭示土地市场、劳动力市场互动形成的一般均衡单中心土地利用模式,运用序贯博弈分析投资主体进行的建筑高度锦标赛;随着交通工具和信息设施不断发展,加工型厂商、信息型厂商和人口不断分散化,单中心城市逐渐被多中心城市取代;厂商主要分布在城市中心(CBD)、城郊次中心和"其他任何区域",家庭部门主要分布在靠近就业区的地方,厂商在城市内的广泛分布使得大部分家庭在远离城市中心的区域工作和生活,这样的土地利用模式便是现代的多中心城市模式。

4.1 单中心城市的兴起

4.1.1 单中心城市的出现

单中心城市(monocentric city)是指一个城市的就业高度集中在城市中心(CBD)。19世纪的城市交通系统在设计上使大量的就业岗位集中于城市中心,城市内部的集中型交通网络系统(hub-and-spoke traffic system)从网络中心向外辐射,沿着这个辐射路径,城市交通系统可以把工人和购物者从城市郊区输送到城市中心。

19世纪的工业革命促进了生产和能源创新,扩大了生产规模。企业开始使用不可分割的要素投入和专业化劳动进行大规模生产。为了追求集聚经济效应,企业通常选址于城市中心,在工业革命影响下城市间运输工具的发展,使得企业同样支持城市间的业务拓展。企业利用各自的比较优势进行分工专业化生产和交换,使交换双方都能获得好处,同时促进了贸易增长和大规模贸易型城市的发展。

在城市的土地利用模式上,加工型企业选址于城市中心的出口节点,通常是铁路(火车站)、水路(码头)运输网络节点,将其生产的制成品出口供外国部门消费,即供应给其他城市使用。加工型企业工人既可以生活在加工型企业集聚区(工业园区)附近,步行到工作地点,也可以依赖辐射状的公共交通系统,从城市郊区乘坐电车、地铁等公共交通工具,通勤到加工型企业集聚区(工业园区)工作。信息型企业为了追求集聚经济,选址于城市中心(CBD),以方便交换信息。城市中心能让信息型企业工人集中地进行信息交换,甚至是面对面的交流。信息型企业工人既可以生活在城市中心(CBD)附近,步行到工作地点,也可以依赖辐射状的公共交通系统,从城市郊区乘坐有轨电车到城市中心(CBD)工作。

4.1.2 单中心城市的发展

单中心城市的发展主要依靠以下3个方面的技术创新:市内交通工具、建筑技术和城际货物运输技术。

(1)市内交通工具

市内交通工具的技术创新不断提高城市通行速度(speed),城市半径从2英里的步行城市发展到半径超过50英里的汽车城市。

步行城市(walking city)时期,城市的最大半径仅为2英里。17世纪20年代以前,除少数家庭拥有马车以外,大多城市居民的出行以步行为主。

出行方式革新(公共马车、缆车、电车、地铁)减少出行成本,能够提升出行速度,也能够扩大城市半径至 50 英里以上。

自 17 世纪 20 年代初期开始,公共马车(omnibus,1827 年)逐渐出现在居民的生活中。公共马车最早在纽约出现,马车不再像以前那样仅为富贵家庭所有,而是以公共服务的形式运行,类似于现代公交车的功能。中国在 19 世纪 70 年代出现了畜力车和人力车(又称黄包车)。在上海租界内,随着外国侨民的增多,出现了双轮或四轮西式马车,主要为官绅富商等所用。在公共马车之后,旧金山最先出现了缆车(cable cars,1873 年),随后逐渐向其他城市拓展。电车(electric trolley)最早出现在 1886 年,芝加哥在 1895 年修建了一条电动机车线,通过车载电动机与架空的电线相连接,以达到运输乘客的目的。1890 年,世界第一条地铁(subway)在伦敦开始运行,用电力牵引代替蒸汽动力。波士顿修建了美国第一条地铁,全长 1.5 英里,使用的是有轨电车。随后纽约(1904 年)和费城(1907 年)也修建了地铁系统。

1965 年 7 月 1 日,北京地铁作为中国第一条地铁线路正式开工,并于 1969 年 10 月 1 日完工运营。20 世纪 80 年代末 90 年代初期,上海地铁 1 号线、北京地铁复八线、广州地铁 1 号线的建设标志着我国真正意义上开始了以交通为目的的城市轨道交通建设。截至 2022 年 12 月 31 日,我国已有 31 个省(自治区、直辖市)和新疆生产建设兵团共 53 个城市开通运营城市轨道交通线路 290 条,运营里程 9 584 公里,车站 5 609 座。时至今日,我国城市轨道交通迅速发展,目前的运营里程和在建里程均居世界第一。城市交通数百年来的不断创新,为工人和居民提供了便利的通勤方式,大大降低了出行成本,也减少了企业的运输和信息获取成本,促进了城市规模的不断扩大。

(2)建筑技术

建筑的技术创新不断提升城市中心的密度(density),建筑高度从几层楼房发展到数十层、上百层的摩天大厦。

一方面,建筑材料革新(木制材料、石制材料、钢制材料)减少建筑物成本,能够增加建筑物的高度,也能够提升建筑物的稳定性。

19 世纪早期,城市建筑使用木质结构,3 层高度的建筑需要由柱形、长方形各种木材搭建,木材宽度都要达到 16 英寸宽,材料成本非常高,且工人需要经过高难度技术培训。1832 年以后,轻木质框架结构(balloon-frame)的引进使建筑物建造的难度有所降低,轻木质结构对工人的技术要求下降,也能节省建筑材料。第 1 座轻木质框架结构的建筑物是芝加哥的一个仓库,而后随着机器制造的钉子出现后材料价格降低,轻木质框架结构建筑技术得到推广,极大减少了城市建筑物成本,促进了单中心城市的发展。相较于木质结构,石制的建筑物能够增加建筑高度,也能够提升建筑稳定性。1848 年,纽约的一座 5 层建筑用铸铁材料取代了石质墙体,随后又转向钢制材料,从而提供了比铸铁材料更为坚固、更有弹性和更适于使用的建筑材料,标志着信息型企业建筑从石制结构向钢制结构的转变。世界上第一座摩天大楼修建于1885年,它是一座11层的钢框架建筑,属于家庭保险公司。

另一方面,电梯的出现,不仅降低建筑物内垂直的运输成本,也改变建筑物内不同楼层的价格。

1854年,Elisha Otis验证了蒸汽动力升降机的安全性,直到1857年,奥蒂斯升降机(Otis elevator)开始在5层建筑物上使用,极大限度地降低了建筑内垂直运输的成本。后来,当蒸汽发动机被电动机取代后,电梯的应用范围进一步扩展,在世界第一座摩天大楼内,电梯以每分钟500英尺的速度搭乘人们上升或者下降。电梯出现以前,较高楼层面临极高的垂直运输成本,因此企业的意愿支付值会低于较低楼层。而电梯有效地降低了垂直运输成本,在区位均衡状态下,高楼层的信息型企业无论位于哪一个楼层,都将获得无差异的效用,也改变了信息型企业的价格曲线,高楼层甚至因为位置更引人瞩目而获得大幅升值。

(3)城际货物运输技术

城际货物的运输技术创新不断降低城市之间货物的运输成本,投入品或产出品的市场范围从本地化发展到全球化。

大部分企业的投入品或产出品依赖铁路或水路体系。例如,每个城市通常有自己具有相对优势的产品,在城际合作交换产品的过程中就会面临运输问题。城市内的交通方式(马车、汽车等)将完工产品运输到城市港口或铁路车站等市内交通节点。而城际的铁路、水路运输面临着较小的单位运输成本。

1876年,中国建成第一条运营铁路——吴淞铁路,标志着中国铁路的开端,铁路的建成大幅提高了运输速度,降低了城市间的长距离运输成本,促进单中心城市的范围扩大。经过一百多年的发展,中国铁路发展已经成为世界之最,根据国家铁路联盟的数据统计,截至2024年12月底,中国高铁线路总里程达48 000公里,位居世界第一,是排名第二的西班牙高铁里程(3 660公里)的13倍。

水路航运方面,英国海运业在19世纪30年代完成工业革命后走向繁荣,20世纪开始,美国东海岸的纽约港和欧洲门户港(鹿特丹、汉堡、奥斯陆、比雷埃夫斯等)崛起,国际航运业的发展促进了城市之间,甚至国家和大洲之间的贸易行为,货物运输成本比从前大大降低,促进了城市间商品交换和城市规模的扩大。20世纪末,亚洲港口(香港、新加坡、上海等)开始快速崛起,目前中国港口吞吐量和集装箱装卸量已经连续多年位居世界第一。

4.1.3 单中心城市的土地利用模式

为了分析需要,做出以下3点假设:

假设1:加工型企业使用马车将产品从工厂运送到火车站或者港口等市内交通输

出节点,以实现向其他城市的运输。

假设2:信息型企业为降低交换信息的成本而选址在城市中心(CBD)。

假设3:工人乘坐有轨电车从家庭住宅通勤到位于城市中心的就业地点。

(1)土地竞价租金曲线与单中心城市土地利用模式

信息型企业选址于城市中心(CBD),加工型企业选址于出口交通枢纽地,家庭选址于邻近信息型企业和加工型企业的区域。图4—1描述了单中心城市的土地利用模式,城市中心附近的信息型企业的土地竞价租金要高于加工型企业的土地竞价租金。

由图4—1可知,信息型企业集聚区位于以 x_1 为半径的区域内;从该区域向外移动,加工型企业的出价要高于其他企业,该区域的范围在 x_1 至 x_2 之间;在 x_2 至 x_3 之间的区域内,家庭的土地竞价租金最高,该区域为家庭住宅聚集区。

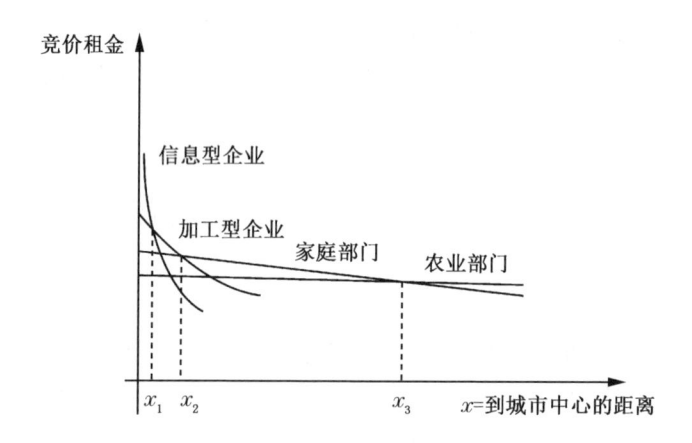

图4—1 土地竞价租金与单中心城市土地利用模式

在单中心城市,加工型企业、信息型企业都是以CBD为导向的。信息型企业有较高的运输成本,是因为信息型企业工人为了获取信息,需要承担很高的通勤成本。加工型企业只用马匹和车夫运送产品至火车站或者港口等市内交通输出节点,以供外国部门(其他城市居民)消费。如果一个信息型企业同一个加工型企业交换区位,由于信息型企业工人需要面对面交流,通勤成本较大幅度提高;加工型企业用马匹运送产品至火车站或者港口,运输成本则较小幅度下降,其结果是,总运输成本将会提高。在市场配置下,将城市中心的土地分配给出价最高且能实现土地的最优使用的土地需求者,即信息型企业,这样可以节约运输成本。

在单中心城市,就业向城市中心集中,没有分散到整个城市区域。加工型企业选址于城市中心的原因是,工人乘坐有轨电车的通勤成本要低于用马车运送货物的运输成本,也就是,从城市郊区运送工人到城市中心的企业工作所需要的通勤成本,要低于从城市郊区向城市中心运送货物的运输成本。同理,可以分析信息型企业选址于城市中心的原因。企业迁移到城市郊区,为交换信息发生的工人通勤成本将会大大提高,而工人工资则会小幅下降。

(2)家庭部门收入类型与单中心城市的土地利用模式

在美国,家庭部门的土地利用模式出现了这样一种奇怪的现象,富裕家庭倾向于到城市郊区居住,穷人家庭则倾向于在城市中心居住。这种土地利用模式令人疑惑的是,由于城市中心的土地价格较高,而穷人占据着昂贵的土地。

传统的收入分隔理论(the traditional theory of income segregation)表明,城市中心为穷人在通勤成本与住宅成本之间进行最优替换(the best trade-off)提供了机会,而城市郊区则为富人在通勤成本与住宅成本之间进行最优替换提供了机会。假设一个家庭从城市中心向城市郊区迁移,向外迁移产生的额外收益主要来自更低的住宅成本,而额外成本主要来源于更高的通勤成本。

图4-2中,A图、B图分别描述了低收入和高收入两种类型的家庭对住宅区位的选择。假设边际成本不随距离发生变化,每公里的通勤成本固定,因此边际成本曲线为一条水平线,而高收入家庭由于通勤时间的机会成本更高导致边际成本更高(200元),低收入家庭则为100元。边际收益曲线的斜率为负,因为住宅价格曲线呈凸性,从城市中心向城市郊区移动时,住宅价格以递减的速度下降。假设高收入家庭对住宅的消费量是低收入家庭的4倍,高收入家庭为200平方米,而低收入家庭为50平方米。由于高收入家庭消费了更多的住宅面积,并且住宅价格曲线呈凸性,因而其边际收益曲线位置比低收入家庭要高,且形状更加陡峭。

在图4-2中,A图的L点表示低收入家庭向外移动2公里产生的边际收益是100元,如果继续向更远的区域迁移所产生的额外成本是100元,而额外收益低于100元。因此,低收入家庭在靠近城市中心的区域居住将会获得更高的福利。与此不同的是,高收入家庭消费住宅数量相对较多,这意味着在距离城市中心10公里之内,向外迁移的边际收益高于边际成本(H点左侧)。家庭选址的结果是,低收入家庭在城市中心居住,因为他们住宅消费数量相对较小,向外迁移(2公里之外)过程中获得的额外收益弥补不了额外的成本;高收入家庭在城市郊区居住,因为他们的住宅消费数量相对较多,向外迁移(10公里之内)过程中获得的额外收益超过支付的额外成本。

从图4-2中A图可以知道,收入差异导致区位分隔,这是基于住宅消费增长快于收入增长的假设得出的。高收入家庭的住宅消费量(200平方米)是低收入家庭(50平方米)的4倍,而通勤成本仅(200元)是低收入家庭(100元)的2倍。也就是说,收入差异形成了区位分隔,即住宅需求的收入弹性大于通勤成本的收入弹性时,高收入家庭倾向于在城市郊区居住,而低收入家庭则选择在城市中心居住。

在图4-2中B图描绘了住宅需求收入弹性等于通勤成本的收入弹性时,边际收益曲线间的差距与边际成本曲线间的差距相等。高收入家庭的住宅消费量是200平方米,低收入家庭为100平方米;高收入家庭的通勤成本是200元,低收入家庭为100元;高收入家庭均是低收入家庭的2倍,则收益曲线与成本曲线间的差距相等,最终两个家庭都选择在距离城市中心10公里处居住。这说明了收入分隔并不能完全用通勤成本与住宅成本间相互替换来解释。

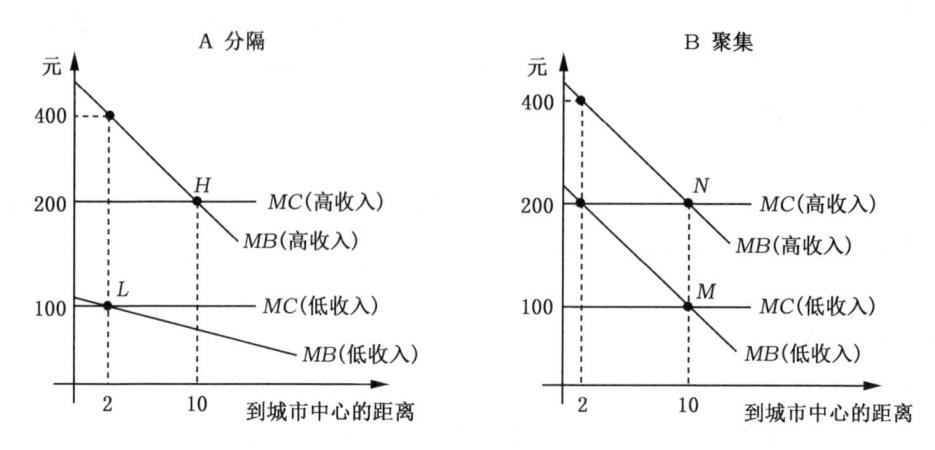

图 4—2 家庭部门收入类型与单中心城市的土地利用模式

当然还存在其他因素影响富人家庭选址于城市郊区。一是城市郊区的新住宅。假如高收入家庭偏好居住能源使用效率更高、功能更先进的新住宅,他们将被吸引到城市郊区居住,因为城市郊区大多为新建住宅,而城市中心以旧住宅为主。二是城市中心的犯罪率高。高收入家庭对犯罪和其他城市问题相对比较敏感,城市中心的犯罪率高于城市郊区,因此他们更愿意居住到城市问题较少的郊区。三是城市郊区的分区制。城市郊区的地方政府使用分区制来排除低收入家庭,这一部分详细内容将在第9讲中介绍。

在欧洲,家庭部门的土地利用模式出现了与美国相反的现象,高收入家庭大多集聚在城市中心,巴黎就是一个很典型的欧洲城市。在巴黎,城市中心附近的家庭平均收入要高于城市郊区周边的家庭平均收入。Brucker 等(1996)通过对比法国巴黎和美国底特律发现,巴黎有大量的文化休闲场所,如博物馆、餐厅、公园等,使得巴黎的城市中心比城市郊区更有吸引力,因为人们对文化休闲活动的需求随收入增加而迅速提高,从而推动了富人向更邻近就业和文化场所的城市中心迁移;而底特律市中心没有很浓厚的文化氛围,则富人更多地被郊区低廉的住宅价格所吸引。

(3)考虑公共交通影响的单中心城市土地利用模式

单中心城市模型还可以用来揭示城市劳动力市场与土地市场之间的互动关系。为了分析需要,先做出以下3个假设:

假设1:城市的规模很小且是开放的,居民的效用水平是由全国的效用水平决定的,不随城市的变化而发生改变。也就是说,城市居民的效用水平是固定的,但是城市人口是变化的。

假设2:不存在消费者替代或要素间替代,因此所有住宅区的人口密度相同,所有商业区的就业密度也相同。

假设3:城市由宽度1公里的矩形地块组成。也就是说,长度是由模型内生决定的,而宽度是固定不变的。

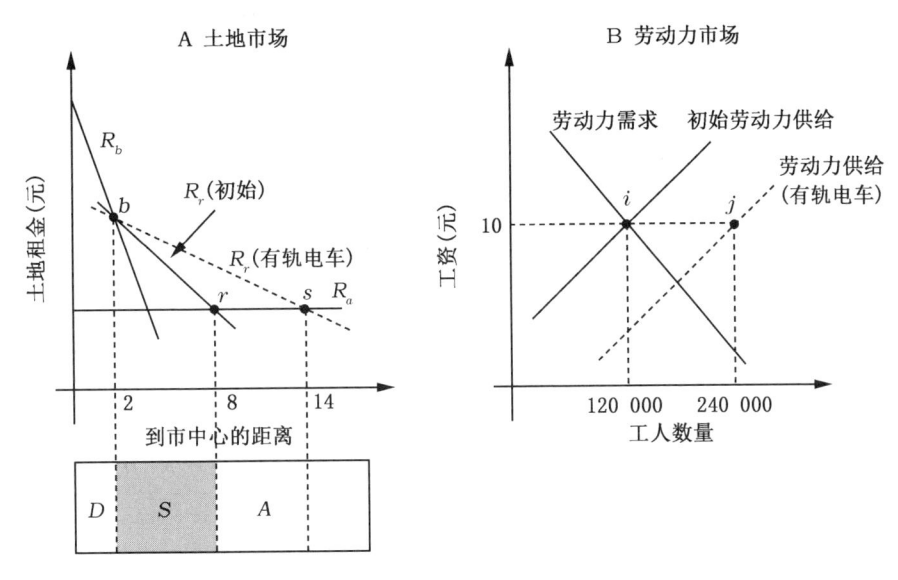

图 4－3 土地市场、劳动力市场与有轨电车之间的互动

在图 4－3 中,A 图描绘了城市土地市场与有轨电车之间的关系,厂商竞价租金曲线与住宅竞价租金曲线相交于 b 点,形成 2 公里长度的 CBD 地带。该城市劳动力总需求等于 CBD 土地面积乘以就业密度,为 120 000 人(2 平方公里×60 000 人/平方公里=120 000 人)。住宅竞价租金曲线与农业竞价租金曲线相交于 r 点,形成 6 公里长度的住宅区。该城市劳动力总供给等于住宅区土地面积乘以住宅密度,为 120 000 人(6 平方公里×20 000 人/公里=120 000 人)。

在图 4－3 中,B 图描述了城市劳动力市场与有轨电车之间的关系。该市场中劳动力需求曲线的斜率为负,劳动力供给曲线的斜率为正。需求曲线的斜率是负的,这是因为工资的上涨提高了企业的生产成本,继而企业能够支付给土地的竞价租金降低了,带动着土地消费量的降低,这将导致商业区面积减少,劳动力需求数量下降。供给曲线的斜率是正的,这是因为工资的上涨提高住宅土地的竞价租金,进而扩大劳动力供给(即家庭部门)的范围。需求曲线与供给曲线的初始均衡为 i 点,此时工人的工资是 10 元,劳动力需求数量(来自商业区)等于劳动力供给数量(来自居住区)。

接下来,将有轨电车引入单中心城市分析它对土地市场、劳动力市场的影响。有轨电车的普及降低了工人前往就业区的通勤成本,使家庭的土地竞价租金曲线在向外移动的过程中变得更加平坦。

由图 4－3 中 A 图可知,家庭住宅区向外拓展的同时范围也增大,也扩大了劳动力供给规模。由图 4－3 中 B 图可知,劳动力供给曲线向右平移,出现劳动力的过度供给(excess supply)。与此同时,劳动力的过度供给会降低城市的平均工资,工人的工资下降又会导致家庭的土地竞价租金曲线向下移动,工人的工资下降还会降低厂商的生产成本,厂商的土地竞价租金曲线向上移动。

图4—4描述了土地市场和劳动力市场经过变动后达到的新的均衡状态(f点),在A图中,土地市场的c点表明商业区扩大到3公里范围内,此时的劳动力需求为180 000人(3平方公里×60 000人/平方公里＝180 000人),t点表明家庭住宅将位于9公里长度的范围,劳动力供给为180 000人(9平方公里×20 000人/公里＝180 000人)。与初始的均衡相比,有轨电车促进了劳动力供给的增加,使厂商的土地竞价租金曲线向上移动,而家庭的土地竞价租金曲线向下移动,并且变得更加平坦。在新的边界3公里的区位上,低工资产生的负向影响超过了低通勤成本产生的正向影响,因此土地租金将下降;而在更远的区位上,工资以相同的幅度下降,但是会节约更多的通勤成本,因此土地租金将上升。在商业区,有轨电车提高了土地租金,这是因为它促进了劳动力供给的增加,降低了工资和厂商的生产成本。在B图中,新均衡可以用点f来表示:工资为7元(从10元下降到7元),城市工人总数为180 000人[从120 000人增加到180 000人;(12−3)×2＝18万人]。

如果放松就业密度和居住密度均为固定的的假设。有轨电车将会提高就业密度和家庭居住密度。有轨电车的影响是提高土地租金,家庭为了节约土地,将居住在更小的地块上,厂商为了节约生产用地,将在更小的地块上修建更高的厂房,最终就业密度和居住密度都提高了。

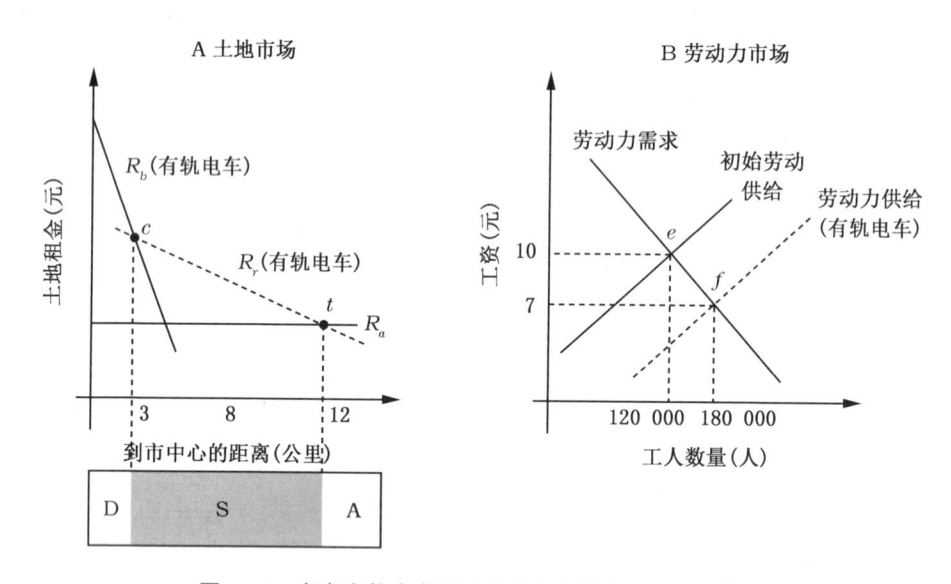

图4—4 考虑有轨电车影响的单中心城市土地利用模式

4.1.4 城市建筑高度

当土地价格较高时,企业用资本替代价格相对较高的土地,引致建筑物高度变得越来越高。但仅仅是较高的土地价格,能够充分解释现代城市中出现的摩天大楼吗?

有研究结果暗示,出现摩天大楼的原因不只是土地价格问题,更是各家投资主体为了建造一个城市最高建筑而展开竞争的产物(Helsley and Strange,2008),而这种情况下出现的摩天大楼通常会降低效率和利润。

当城市中只有一家投资主体时,修建写字楼选择的建筑高度将由边际原理来决定,也就是说,当投资主体获得的边际收益(从额外增加一个楼层获得的租金收入)等于其支付的边际成本(额外增加一个楼层的建筑成本)时,楼层高度将会是企业选择修建的写字楼高度。图4—5中投资主体的边际收益曲线具有负斜率,这是因为高层建筑需要更多的空间用于安装垂直运输的电梯,减少了可用于出租的空间。随着建筑物高度的增加,总租金(收益)以递减的速度增长。图4—5中投资主体的边际成本曲线具有正斜率,这是因为高层建筑需要采取额外的加固措施,使地基能够支撑更大的重量,随着建筑物高度增加,总建筑成本将以递增的速度提高。

由图4—5可知,投资主体的最大化利润发生在 a 点,此时建筑物高度的边际收益等于边际成本,利润用 b 点表示,即建造50层建筑,并获得最大利润9 000元。不同建筑物高度下的企业利润可以用边际收益曲线与边际成本曲线之间的面积表示。当建筑物高度比最大利润点的高度更高时,由于增加一个楼层的边际收益开始低于边际成本,会导致利润越来越低。

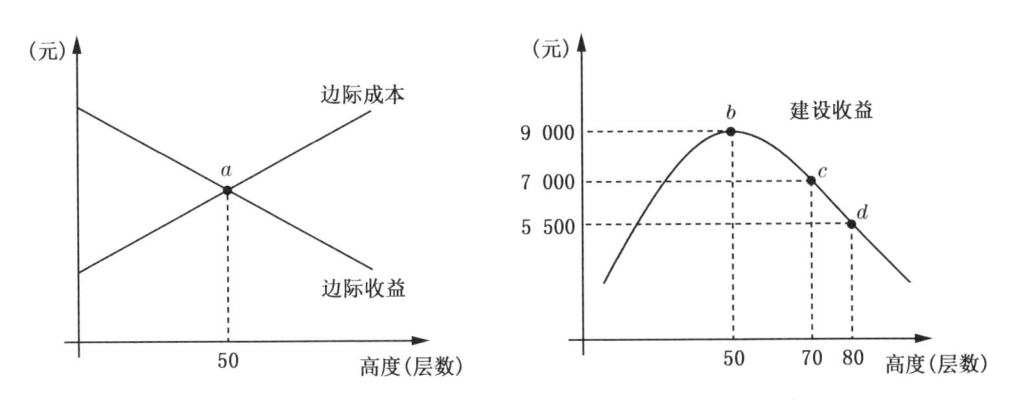

图4—5 城市建筑高度的边际收益、边际成本与利润曲线

现在,假设城市中出现了第二家投资主体,它与第一家投资主体拥有的建筑技术、建设成本和潜在的租金收入都相同。由于投资主体的最高建筑对于潜在投资者具有信号作用,能够帮助投资主体获得广告价值,这促进了投资主体将更多的资源投向高层建筑,进行最高建筑物的竞争。

假设两家企业进行序贯博弈,第一家投资主体首先进行建筑开发,第二家投资主体随后也进行类似的开发。第一家投资主体决定建筑物的高度之前必定会预期第二家投资主体的反应,假设第一家投资主体预估第二家投资主体将建造50层的大楼,则第一家投资主体自身建造的大楼至少为51层,如此才能获得最高大楼带来的奖励和利益。问题是第二家投资主体也想获得该奖励(如广告价值),并且具有同样的思路,如果第一家投资主体建造51层的大楼,第二家投资主体将选择建造52层的大楼,从而使自己赢得该竞争。第一家投资主体了解到这些信息后,它将建造53层的大楼,如此以往,最终两家投资主体的建筑究竟会多高呢?

为了避免博弈持续进行下去,第一家投资主体必须决定一个能够阻止第二家投资主体建造更高楼层的高度,而这个最高高度将由最高建筑物的奖励和成本权衡得到。假设建造更高的建筑物获得的奖励,如广告价值是2 000元,因此,第二家投资主体意愿对额外的建筑高度付出的最大成本也是2 000元。假设第一家投资主体选择建造69层,意味着第二家投资主体不得不建造70层才能赢得最高建筑物的奖励。

由图4—5中右图可知,建造70层获得的利润是7 000元,要比建造50层获得的利润低2 000元。此时,第二家投资主体在下列选择中将获得无差异利润:一是退出竞争,选择建造50层的大楼,它将获得9 000元的利润。二是建造70层的大楼并赢得竞争,得到7 000元利润和2 000元奖励。但是,如果第一家投资主体选择建造70层,第二家投资主体必定要退出,否则他为赢得2 000元的奖励而牺牲的利润将超过奖励本身。所以,对第一家投资主体来说,阻止第二家投资主体继续建造高楼的上限高度就是70层,如果第一家投资主体选择建造至少70层的策略,它将一定会赢得该竞争。

最高建筑物竞争的最终结果是,获胜者建造70层的建筑,失败者建造50层的建筑,这两个高层建筑物的高度存在很大的差距。现实世界中正是这样,美国最大的20个城市中,最高建筑与第二高建筑之间的差距大约为27%,这暗示着最高建筑的竞争实际上是无效率的,因为这对于两家投资主体的总利润都是不利的。当第一家投资主体选择70层建筑物,第二家投资主体选择50层建筑物时,两个企业的总利润是18 000元(16 000元的利润加上2 000元的最高建筑物奖励)。

实际上,第一家投资主体只要建造51层就能够成为最高建筑,若两家投资主体的建筑楼层高度是51层和50层,他们的总利润会变成第二家投资主体9 000元利润(50层高)加上第一家投资主体略低于9 000的利润(51层高),再加上2 000元最高建筑的奖励,也就是说,两家企业的总利润将大于原先的18 000元而略小于20 000元。

因此,两家投资主体为了获得最高建筑奖励而产生的竞争实际上降低了建筑的总利润,投资主体之间非合作博弈的得益会小于合作博弈的得益。

4.2 单中心城市的消亡

设想一下,当城市人口越来越多,现有的城市规模难以提供足够的住房或就业时,城市究竟是建造更高的建筑物向"上"发展,还是占据更多的土地向"外围"发展呢?现实情况是,随着交通工具和信息设施不断发展,加工型厂商、信息型厂商和人口不断分散化,单中心城市逐渐被多中心城市取代。

4.2.1 厂商与人口的分散化

(1)加工型企业的郊区化

在美国,1948年城市中心的加工型企业工人所占比重为2/3,而这个比例在2 000年就已经下降至不到一半(49.03%),加工型企业呈现了明显的郊区化趋势。

大约在1910年发展起来的卡车,在加工型企业郊区化的过程中起到了很大的促进作用。卡车运输取代了早期的马车运输,为运输提供了很大的方便,也降低了大约一半的运输成本。

加工型企业迁往郊区主要源于工人移动成本和产品运输成本的权衡。在卡车出现以前,企业用马车把制成品运到火车站和港口的成本较高,因此企业选址要靠近交通节点以减少成本,而工人通勤到就业区的成本是相对较低的,因此企业优先考虑了如何减少成本更高的货物运输。

分析城市内运输技术的创新对加工型企业区位选择的影响。

图4-6描述了企业用马车运输产品到港口的单位成本为每天每公里60元。企业职工生活在城市郊区,每天通过公共交通通勤上班,工人对工资的要求,随着通勤距离的增加而提高。在城市郊区,工人每天的劳动成本为200元,而在城市中心劳动成本提高到500元。企业的总成本等于产品运输成本加上工人劳动成本,因此在城市中心(c点)时企业的总成本为500元(总成本=运输成本+劳动成本=0+500=500元),而在距离城市中心10公里远的城市郊区(s点)时企业的总成本为800元(总成本=运输成本+劳动成本=60×10+200=800元)。企业每从城市中心向郊区移动1公里,劳动成本将降低30元(300÷10=30元/公里),但运输成本要提高60元(600÷10=60元/公里),因此总成本将提高30元(60-30=30元)。当企业从市中心向外移动10公里到达郊区时,企业的总成本会从500元提高到800元,城市中心的总成本是最低的。

图4-7描述了用卡车替代马车运输而产生的影响,企业运输成本从每公里60元降到每公里10元,运输成本曲线斜率变小。而工人依旧需要从城郊通勤到企业就业,劳动成本曲线没有变化。每从城市中心区域(c点)向郊区移动1公里,劳动成本将降低30元,但是运输成本仅增加了10元,因此总成本降低了20元(30-10=20元)。从城市中心向外移动10公里到达城市郊区时,总成本将从500元(总成本=运输成本+劳动成本=0+500=500元)降低到300元(总成本=运输成本+劳动成本=10×10+200=300元),在城市郊区(s点)总成本达到最小。卡车的使用允许企业在不需要支付更高的运输成本的情况下,以较低的工资雇佣郊区的工人。因此,许多加工型企业迁移到城市郊区。

1930年以后,加工型企业开始将卡车用于城市间的运输。卡车性能的改进使它更适用于长距离运输,另外,城市间公路系统的拓展为在城市间使用卡车进行运输提

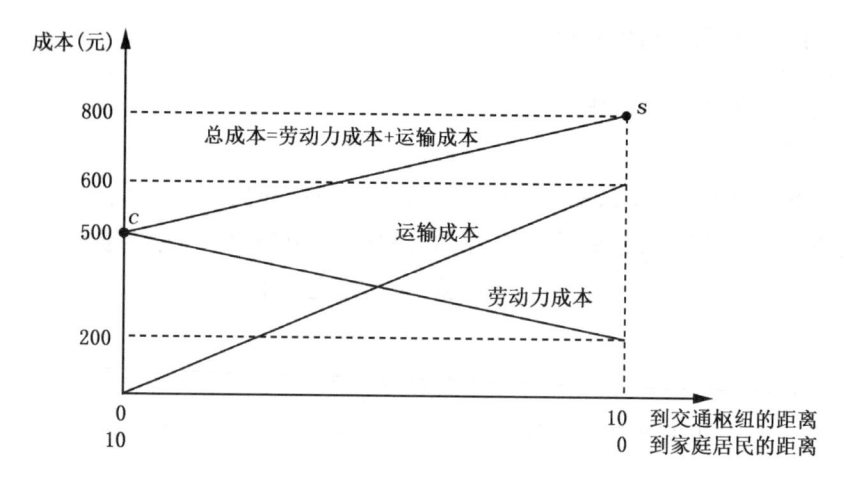

图 4—6　马车运输对加工型企业区位选择的影响

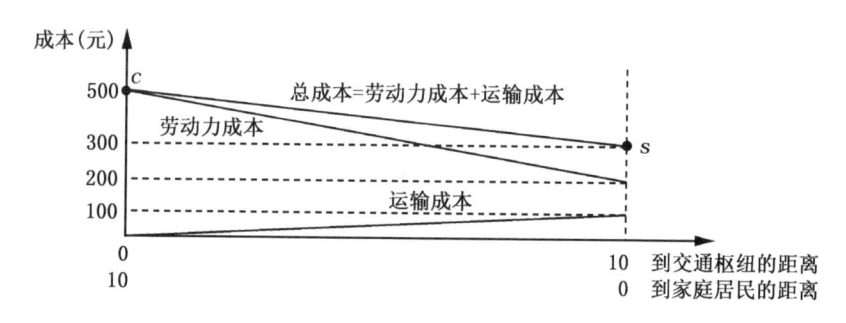

图 4—7　用卡车替代马车运输产生的影响

供了更加便利的条件。卡车与火车、轮船在城际运输上出现竞争。加工型企业的运输以火车和轮船转向以卡车为主,同时,企业不再依靠城市中心的铁路和港口,而是转向靠近高速公路的区域,直到现代城市的加工型企业依旧集聚于交通枢纽和环城公路附近。

小汽车也是促进加工型企业郊区化的一个因素。城市公共交通(例如有轨电车等)是加工型企业工人通勤前往就业区的传统方式,而当城市发展到以小汽车为主要出行方式之后,企业常常选址于交通枢纽和环形公路附近,方便通过驾驶小汽车来上班的工人。因此,企业会有更多的选择余地,甚至可以把企业迁往城市郊区。

此外,其他两个因素也同样促进了加工型企业的郊区化。第一,19 世纪传统的多层厂房向现代的单层厂房的转变,提高了城郊区域的吸引力,因为那里的土地价格更低。第二,航空运输的重要性在提升,促进了企业向城市郊区的飞机场附近集聚,对一些企业来说,城郊飞机场已经取代了港口而成为新的集聚地点。

(2)信息型企业分散化

在第 3 讲中,讨论信息型企业竞价租金曲线时,假设信息型企业由于交换信息、面对面交流的需要通常选址于城市中心(CBD)区域。事实上也是如此,20世纪70年代初期以前,CBD内聚集了大多数信息型企业,城市郊区也有一些办公活动(office activity),但它们大多数是后勤工作,而不是信息交换。对大部分办公活动来说,城市中心(CBD)低信息交换成本的区位优势要远超过区位带来的高工资、高租金等不利因素。

然而,随着通信技术和互联网的发展,已经有很多办公活动转向CBD以外的区域。先进的电子传输技术支持企业工人在无需面对面的情况下,就可以快速、便捷地交换各种信息。企业在城郊区域同样可以利用先进的信息技术达到信息交换的目的,工人移动成本对信息型企业而言不再是首先需要考虑的问题。例如,企业的会计可以在城市郊区的写字楼里办公,通过信息技术将电子财务报告在线传送给财务总监,而财务总监也同样可以利用电子财务信息与其他企业进行交流。

在2019年至今的疫情和后疫情时期,互联网技术和软件的发展更是解决了特殊时期员工不能前往公司的固定办公区域的问题,支持员工居家进行远程办公、参与线上会议。这一新兴工作模式带来极大程度的便利性,即使在当前的后疫情时期,在线办公在部分企业仍旧被保留。

因此,随着通信设施和网络技术的发展,伴随着工人移动成本问题的解决,促进了信息型企业向城郊区域转移,出现信息型企业分散化趋势。

(3) 人口分散化

城市人口密度是用都市区总人口除以城市土地利用面积,这里的城市土地包括住宅区、工业区、商业区、道路、学校和城市公园。

人口密度梯是指随着距离城市中心(CBD)增加,人口密度下降的比例,通常用于判断人口的郊区化程度。可以使用人口密度梯度来讨论人口的分散化。梯度较小意味着人口呈非集中化状态分布;反之,梯度较大意味着人口分布集中。

Mills(1972)发现,美国城市人口密度梯度在过去120年里明显降低。1880年,巴尔的摩、密尔沃基、费城、罗切斯特四个城市的平均梯度为1.22,其中88%的人口居住在距离市中心3英里的范围内;而1948年该梯度值降低到0.50,3英里范围内的人口下降到了44%;到1963年,该梯度值降低到0.31,3英里范围内的人口仅占24%。

在世界范围内,城市人口的分散化趋势普遍存在(Anas et al.,1998)。从1801年到1961年,伦敦的人口密度梯度从1.26下降至0.34,意味着在距离市中心3英里范围内居住的人口的比例从88%降低到28%;在差不多时期,巴黎的人口密度梯度从1817年的2.35降到1946年的0.34。全球不同区域的城市人口都已经开始从城市中心向外围区域转移。

促进城市人口分散化的因素是什么呢?

一个影响因素是人口收入的增长。家庭居民日益增加的收入带动了对住宅需求的上升,换言之,家庭居民开始希望拥有面积更大的住宅。由城市郊区的住宅价格较低,城市郊区的住宅区对家庭居民有强大的吸引力,能够支付更大面积的住宅;而另一方面,收入的增长提高了通勤的机会成本,就业区附近的住宅的吸引力也进一步提高。因此,学术研究中对于高收入到底能否促使人们到离城市中心更远的区域居住这个问题仍然没有一个统一的答案,但是有一个很明确的事实,那就是收入的增加促进了郊区化(suburbanization)的发展(Anas et al.,1998)。

另一个影响因素是交通成本的降低。交通工具从最初的公共马车到今天随处可见的汽车,运输工具的技术创新极大限度地降低了通勤的金钱和时间成本,也进一步降低了在远离城市中心区域居住的生活成本,从而促进了郊区化。另外,就业岗位的郊区化与人口的分散化之间的相互推动也是不可忽略的因素,就业机会随着工人转向了城市郊区,同时工人又随着就业岗位移居到了城市郊区。

除了人口收入增长和交通成本的降低促进城市人口分散化,其他因素包括:一是住宅的新旧程度。中心城区多为旧建筑,住宅功能的退化促进家庭向城郊迁移,而城郊由于发展起步晚等原因,大部分住宅都是新建住宅。二是财政税收力度。许多城市的中心区域税率较高,促使家庭向低税率的郊区转移,而郊区化引致城市中心的人口减少,又加剧了市中心的财政税收力度问题。三是犯罪率。中心城区的犯罪率往往高于郊区,这也促使家庭进行城郊转移。中心城市犯罪率高的问题将在第14讲中具体展开讨论。四是教育质量。城市郊区学校的教育质量高于中心城区的学校,这也是家庭向城郊转移的一个诱因。第13讲的内容也将探讨引致城市中心和城市郊区学校质量差异的原因。

4.2.2 城市蔓延效应

(1)城市蔓延

距离城市中心较远的区域将具有较低的人口密度,它通常被称作为城市蔓延。

经济学家和政策制定者一直就城市蔓延问题维持着激烈的争论。实际上,城市很少向上发展,更多的是向外围发展。1950—1990年间,美国城市化利用的土地数量增长245%,而人口仅增长92%,可以看到,城市扩张的速度明显要快于人口增长的速度。

在城市蔓延的同时,城市人口密度在不断下降。城市密度可以作为度量城市蔓延的一个指标,密度越低说明都市区内需要容纳固定人口的区域越大,城市扩张或者蔓延的速度也就越快。美国城市的密度要低于亚洲、欧洲等地的城市,例如,德国城市密度是美国的4倍,法国法兰克福的密度是美国纽约的3倍,但美国城市和欧洲城市却拥有同等教育收入水平。

表4—1对巴西的巴塞罗那和美国的亚特兰大进行了比较。巴塞罗那的人口密度是亚特兰大的28.5倍(171÷6=28.5),人均土地利用面积分别为58平方米和1 712平方米。亚特兰大相距最远的两个地方距离为138公里,而巴塞罗那仅为37公里。作为高密度的结果,巴塞罗那的居民乘坐公共交通工具和步行方式出行占比50%,而

亚特兰大的居民很少乘坐公共交通或步行出行(4.5%与小于1%)。

表4—1　　　　　　　　亚特兰大和巴塞罗那的人口密度

指标	亚特兰大	巴塞罗那
1990年的人口(百万)	2.5	2.8
平均密度(每公顷土地承载的人数)	6	171
每个人拥有的土地数量(平方米)	1 712	58
两个区位间的最大距离(公里)	138	37
步行所占的份额(%)	少于1	20
乘坐公共交通工具所占的份额(%)	4.5	30

数据来源：Alain Bertaud. The Spatial Organization of Cities：Deliberate Outcome or Unforeseen Consequence？[R]. University of California，Berkeley，Working Paper，2004.

过去几十年间，美国的城市密度正在显著地降低。Fulton等(2001)研究发现，美国不同城市之间的人口密度有着明显的不同，在20个人口密度最高的城市中，纽约的人口密度最高为每公顷40人，圣芭芭拉(Santa Barbara)的人口密度最低为每公顷14人，这20个城市的人口密度中值是每公顷18人。

城市化土地对人口的弹性是城市土地利用的百分比变化对于城市人口的百分比变化的敏感程度，这也是判断城市密度变化的一种方法。表4—2中的数据为1982—1997年美国不同区域的弹性值。美国的城市化土地扩张速度是城市人口增长速度的2.76倍，也就意味着土地对人口弹性为2.76(47%÷17%=2.76)，其中弹性最大的区域是美国东北部区域(39%÷7%=5.57)，其次是中西部区域(32%÷7%=4.57)。以城市为例，1970—1990年之间，芝加哥城市化土地面积增长了46%，而人口仅增长4%，土地对人口弹性为11.5(46%÷4%=11.5)。同期，克里夫兰的城市化土地面积增长了33%，而人口数量实际上却下降了8%，则土地对人口弹性为−4.125[33%÷(−8%)=−4.125]。

表4—2　　　　　　　　城市土地对人口的弹性(1982—1997年)

区域	城市土地增长百分比(%)	城市人口增长百分比(%)	城市土地对城市人口弹性
美国	47	17	2.76
西部	49	32	1.53
南部	60	22	2.73
东北部	39	7	5.57
中西部	32	7	4.57

数据来源：William Fulton，Rolf Pendall，Mai Nguyen and Alicia Harrison. Who Sprawls Most？How Growth Patterns Differ across the U. S[R]. The Brookings Institution Survey Series，2001：1−23.

(2)城市蔓延的原因

影响城市蔓延的主要因素有：一是收入增长。土地与其他商品类似，居民收入越高时，对土地的消费量越大，人口密度就越低。二是低出行成本。出行成本的降低允许工人和购物者在距离就业场所、商店和社交场所较远的地方居住。三是拥挤的外部性。城市的不断发展带来了交通拥堵等城市问题，在交通高峰时期，大量居民使用街道或者公路将降低行车速度，从而产生外部成本，而增加的外部成本又促使人们向距离市中心较远的地方迁移，城郊区域可占用的土地面积更大，一定程度上能避免拥挤问题。因此，高收入促使人们增加土地的需求，而较低的出行成本和城市中心拥挤带来的额外的外部成本又进一步激励人们迁往土地价格相对较低、土地可用面积较大的城市郊区。

文化因素对城市的密度和城市的蔓延也存在一定影响。Bertaud 和 Malpezzi(2003)指出，文化差异可以部分地解释世界各区域的城市密度存在显著差别的原因。例如，家庭居民对住宅空间的偏好存在很大差异，美国都市区内的移民现象促进了城市密度的提高，再次证明了文化与城市密度之间具有相关性(Fulton et al.，2001)。

美国政府的公共政策鼓励城市以低密度的模式发展。

一是拥挤的外部性。在交通高峰时期人们使用的街道或者公路，将降低其他司机的行车速度，从而产生一个外部成本。当前拥挤的城市交通促使人们向距离市中心相对较远的地方迁移，在那里较低的土地价格激励了人们占用大面积的地块。二是抵押补助金。住宅抵押利息可以使人们免于被征收联邦或州的收入税，相当于对住宅提供补贴，从而刺激住宅的消费，也增加了人们对土地的消费量，从而达到降低城市密度的目的。三是城市边缘区基础设施的低定价。在一些都市区，城市边缘地带的基础设施建设成本并不完全由开发商和消费者承担。而许多州以土地开发费的形式，将城市边缘区的开发成本强加给开发商和消费者。四是分区制，许多郊区的市政将郊区土地划分成最小的可利用的地块，实行分区制的一个动机就是要排除低收入家庭，这些家庭的税收贡献远低于他们给市政当局带来的成本。

与美国不同的是，欧洲政府的公共政策推动城市向高密度化发展。

Nivola(1998)指出，欧洲政府的公共政策促进城市密度上升的原因：一是个人较高的交通成本。高税率导致意大利的汽油价格几乎是美国的 4 倍，居住在城郊的高出行成本促使家庭居民向城市中心靠拢。二是政府征收消费税远高于收入税。荷兰的汽车销售税是美国的 9 倍，丹麦的汽车销售税则是美国的 37 倍，欧洲家庭居民更倾向于选择公共交通等方式，并聚集在交通体系较为完善的城市中心。同时，欧洲的交通基础设施投资中，公共交通投资中所占的比重要大于公路投资，英国和法国交通投资中的 40%～60% 都投向了公共交通网络，而美国的比重仅为 17%。三是公共政策支持邻近小商店发展。在欧洲，用电成本很高，修建冷藏库和制冷器将会非常昂贵，欧洲人必须经常到邻近商店去采购商品，大量的小商店使得高密度城市更适于居住；而在美国,较低的用电成本使人们能够接受不那么频繁地到城市郊区的大型购物中心购物。四是农业补贴。欧洲政府提供的大量补贴使得城市边缘区附近只有少数农民,并且对土地出价要高于城市居民。1995年欧盟国家每公顷的农业补贴(791美元)是美国(79美元)的10倍。

然而,大量公共政策在促进或抑制城市蔓延的过程中,可能对城市发展带来扭曲,造成城市土地利用模式因为政策而发生或大或小的变化。大多数政策通常加速了城市蔓延,为了消除这种政策带来的扭曲,一个可选择的方法是采取"反蔓延政策",例如,设定城市增长的边界、征收城市开发税等。在第7讲中,将针对这些相关政策实施带来的利益和其本身造成的成本进行权衡。

(3)城市蔓延的结果

了解了城市蔓延的原因和政策影响之后,将讨论城市蔓延带来的结果。

城市蔓延形成了美国的低密度居住空间。Kahn(2000)发现,城市郊区家庭占用的土地面积(1 167平方米)比城市中心家庭的占用土地面积(739平方米)多出58%,且开车出行频率比城市中心家庭高30%;得益于城郊住宅较新的年限和更高效的能源利用,郊区家庭和市中心家庭消费的能源数量基本相同。

城市密度的下降引致出行里程的增加,但是城市空气质量实际上是在改善的。排放技术的改进降低了每公里的排放量,尽管行车里程增加,空气污染在城市蔓延的过程中似乎并不构成严重问题。1980—1995年期间,洛杉矶每年超过臭氧标准的天数减少了27天。然而,1983—1990年,美国的行车里程每年增加4%,但是燃料的燃烧效率并没有大的改变,导致温室气体排放量在不断增加。

城市蔓延使城市土地数量在大幅度增加,也意味着那些出现城市蔓延的国家丧失了大量农业用地。美国整体的农地面积对人口的弹性是-0.02,也就是说,人口每增加10%,将导致农地面积减少0.2%,这个弹性较小,产生的影响程度较轻。但在伊利诺伊州、印第安纳州、密歇根州、北卡罗来纳州和宾夕法尼亚州等,农业土地对人口的弹性更高,达到了-0.20。城市边缘区农业土地的丧失,意味着在城市土地利用中土地的价值会更高。一旦城市蔓延导致农业用地或者农产品短缺时,农产品价格将上涨,农民对土地的意愿支付价格也会随之提高,他们出价将高于开发商对城市边缘区土地的竞标价格。

城市低密度区域提供公共交通时面临挑战。Bertaud(2004)认为,城市向低密度区域提供公共交通时,会存在因人口密度低导致中转站密度也随之变低的问题。对大多数人而言,可以接受的到达交通站点的最长步行时间大约是10分钟,因此交通站点将为大约800米范围内的家庭居民提供服务。假设公共系统提供中等水平的服务(每小时2辆公交车,两条线路相距0.5英里),这样的公交服务能覆盖人口密度至少为每公顷31人。对美国城市来说,纽约(40人/公顷)和檀香山(Honolulu)(31人/公顷)才能够达到这个人口密度的下限,而对其他城市的郊区而言,公共交通运营收入难以弥补城市公共交通的初始建设成本和日常的运维成本。在第 11 讲中，将探讨公共交通供给和定价的问题。

4.2.3 多中心城市的出现

城市蔓延问题始终是人们的关注焦点。当今世界的城市发展开始呈现出集中型和分散型两种形式并存或交错的格局，但世界范围内大城市的数量仍然在不断增加。

(1) 多中心城市

由于单中心城市模式下将带来大量城市问题的潜在发生，在城市规模增长的同时，城市结构形态也开始发生变化，逐渐走向群体化和区域化，从单中心城市向多中心城市发展。自 20 世纪 80 年代初以来，我国政府实施了"严格控制大城市规模，合理发展中等城市和小城市"的方针，但行政命令并没有完全阻挡大城市的发展和增加，从 1979 年至 1994 年，大城市(50 万~100 万人口)由 27 座增加到 41 座，人口百万以上的特大城市由 13 座增加到 32 座。

多中心城市的空间形态结构相较于单中心城市具有下列优点：一是呈现放射状空间格局，能够有效避免人口和工业企业的过度密集，有利于城市居民生活环境质量的改善，相比单中心的同心圆式格局更适合绿色发展。二是呈现组群式城市空间结构，有利于降低农业人口的转移成本，加快乡村城镇化和城乡一体化进程。三是有利于形成以特大城市为核心的大、中、小城市有机结合的城镇网络结构体系。

(2) 就业次中心(employment subcenters)

城市经济学家对就业次中心的定义是：一是就业密度至少达到每公顷 25 个工人；二是总就业人口不少于 10 000 人。聚集经济促进了企业从一个区域向另一个区域集聚，结果引致次中心的形成。

McMillen 和 McDonald(1998)通过研究芝加哥的就业空间分布，将芝加哥城市按照次就业中心的定义(Giuliano and Small,1991)划分成 20 个次中心，包括 9 个旧工业区、3 个旧卫星城、2 个新兴产业和零售业次中心、3 个服务业和零售业次中心。

Giuliano 和 Small(1991)通过研究洛杉矶的就业空间分布发现，洛杉矶都市区有 28 个次中心，平均就业密度为每公顷 45 人。根据不同的产出产品种类，这些次中心分为 5 种类型：一是混合工业次中心，源于飞机场、港口和码头等交通节点附近的低密度加工型企业集聚区；二是混合型服务业次中心，提供多类型服务，曾经是传统市区或独立中心；三是专业化加工型企业次中心，指传统加工型企业产业区和飞机场附近的新兴航空设备加工型企业产业区；四是服务导向型次中心，包括医疗保健、教育等服务类型；五是专业化娱乐服务次中心，包括电影等娱乐服务类型。

城市次中心的特征主要有：一是在新旧都市区内有数量众多的次中心。二是在大多数都市区，次中心的分散型就业岗位数量要多于集中型就业岗位。许多次中心都有高度专业化的特征，这意味着次中心在地方化经济作用下发展为专业化区域。三是次中心的存在并不能削弱主要中心城市的地位。四是在典型的都市区内,尽管城市中心占总就业人数的比例较小,就业密度仍然会随着到市中心的距离增加而下降。五是次中心的企业与城市中心有着密切联系,靠近城市中心的企业,其附近的土地价格相对较高。六是不同次中心之间的企业也存在相互联系,这意味着次中心有不同的职能,而且它们之间存在互补性。

CBD周边的次中心以及分散的企业之间存在哪些经济关系呢？CBD可以为服务行业提供更多面对面的交流机会,例如广告、会计、法律咨询和投资银行业务。虽然通信技术的发展已经降低了对一些交流模式的需求,但是在交换那些复杂的和隐含的信息以及增进彼此的信任感时,仍需要进行面对面的交流。

(3)边缘城市(edge cities)

Garreau(1991)提出了边缘城市的概念,并将其定义为写字楼和零售业重新集聚的区域。目前,更多的研究集中在写字楼总面积上,写字楼面积常被看作边缘城市的特征,其进入门槛为500万平方英尺(Lang,2003),与写字楼次中心(office subcenter)的定义一致。

表4-3描述了写字楼办公场所在CBD、次中心和其他区域(分散化的)空间分布。对这三个都市区(纽约、芝加哥和波士顿)来说,有一半以上的写字楼都位于CBD。但是在其他都市区,分散分布的份额则超过了CBD所占的份额。根据边缘城市经济的发展状况,把边缘城市与城市次中心区别开来。表4-3的后两列给出了边缘城市数量及其写字楼面积占总建筑面积的比例。

表4-3 城市的写字楼分布

	CBD中写字楼占比(%)	城市次中心中写字楼占比(%)	分散分布的写字楼占比(%)	边缘城市数量(个)	边缘城市内写字楼占比(%)
亚特兰大	24	35	41	2	25
波士顿	57	23	32	4	19
芝加哥	54	20	27	6	20
达拉斯	21	45	35	6	40
丹佛	30	34	36	4	29
底特律	21	40	39	2	40
休斯敦	23	38	39	6	38
洛杉矶	30	33	37	6	25
迈阿密	13	21	66	2	17
纽约	57	13	30	6	6

续表

	CBD中写字楼占比（%）	城市次中心中写字楼占比（%）	分散分布的写字楼占比（%）	边缘城市数量（个）	边缘城市内写字楼占比（%）
费城	34	12	54	2	9
旧金山	34	23	43	4	14
华盛顿	29	40	32	8	27

资料来源：Robert E. Lang. Edgeless Cities[M]. Washington DC：Brookings，2003.

（4）卫星城镇

促进多中心城市发展的主要做法是，基于郊区化的趋势将大城市的发展重点转移到郊区，在大都市区周围建设若干卫星城镇，以达到疏散中心城市的人口和产业的目的。

世界上大多数城市的卫星城镇在经过不断发展之后，已经成为具有综合性功能、就业机会丰富、交通便捷、生活服务设施完备且独立性较强的现代化新城。在卫星城镇的结构方面主要出现了两个变化：一是中心城市的部分职能分散到卫星城；二是卫星城镇形成组团式结构，提高了空间容量。

石忆邵（1999）在研究中提到，上海市从20世纪50年代起就开始注意并且控制城市问题和城市蔓延，因而有计划地开展由近及远的市郊工业区、卫星城镇的发展计划，逐渐形成以母城为中心的组合城市。上海逐步开辟了吴淞、五角场、桃浦、漕河泾、长桥、高桥6个近郊工业区，推进了嘉定、安亭、松江、闵行、吴泾、金山卫、宝山7个远郊卫星城镇的建设。北京市开发建设了燕山、通州镇、黄村、昌平等卫星城，一定程度上帮助缓解了中心城市的人口和城市范围的膨胀问题，带来了一些其他的积极影响。卫星城可以作为大城市的能源基地、原材料生产基地、新兴工业基地，疏解中心城区的部分工业和人口，同时带动区域周围的经济发展。

政府部门采取战略、规划和措施，利用地价、税收、福利等经济杠杆手段，鼓励城市居民和工业企业向城市外围移动，以实现郊区城市化的进一步推进。在1964—1978年期间，英国累计建设了33座卫星城，帮助大都市区分担了部分的产业职能，将外来人口截留在卫星城镇区域，同时带动了大都市区周围的卫星城镇的经济发展。另一个例子是我国的香港地区，由于香港人多地少的特点，政府为了控制特大城市的发展，着力于发展新市镇，而新市镇在香港特大城市人口与经济高度集聚的效益影响下得到有效发展。新老市区建立了良好的产业分工和协作关系，新市镇发展以工业为主导的产业，借以疏散老市区的工业，而老市区则转向第三产业的发展，完成了单中心城市形态向多核心城市形态的转换。

4.3 现代城市的土地利用模式

4.3.1 就业人口的空间分布

为探究典型城市的就业分布情况,可以采取两个维度展开分析:一是将都市区划分为中心(core)和外围(periphery)两个区域,描述就业在两个区域之间的归类;二是先关注就业在整个城市区域的空间配置,再利用较小的地理单元,例如人口普查单元等进行分析。

(1)城市中心与外围的就业人口分布

中心是指都市区范围内一个大的中心自治区,外围是指除都市区中心以外的区域,也被称为城市郊区。外围通常是行政边界,而非经济意义上的外围。城市郊区占地面积通常比都市区更大,而人口却更稀少。

据 U. S. Census 的数据表明,城市中心的就业规模大于城市郊区,而城市中心就业的增长速度却远低于城市郊区。表 4—4 给出了都市区就业在城市中心、外围的就业人口分布。而在 1948 年,城市中心的就业规模大约是城市郊区的 2 倍。

表 4—4 美国城市中心与外围的就业人口情况 单位:百万人

	1980 年	1990 年	2000 年
中心城市内	35.21	46.47	49.03
其他自治区	31.58	43.75	53.75

资料来源:U. S. Census,Journey to Work.

Glaeser 等(2001)指出,在美国 100 个最大的都市区中,大约就有 22% 的就业集中在中心城市周边的 3 英里的区域,65% 的就业集中在中心城市周边 10 英里的区域,中间的就业人口区位(一半的就业靠近中心城市,另一半远离中心城市)是 7 英里的区域,选取的 6 个典型城市的就业人口分布如表 4—5 所示。

表 4—5 城市中心周边 3 英里内和 10 英里内的就业岗位

指标	印第安纳波利斯	波特兰	波士顿	明尼阿波利斯	亚特兰大	洛杉矶
总就业岗位(个)	635 818	762 677	1 152 387	1 294 873	1 604 716	4 680 802
3 英里内的就业岗位(个)	179 893	235 057	459 936	267 798	221 986	382 465
3 英里内的份额(%)	28	31	40	21	14	8
10 英里内的份额(%)	79	76	76	64	43	28

表 4-6 描述了美国 6 个典型城市的就业岗位在不同就业密度范围的分布比例。波士顿高密度区域的就业岗位比例是波特兰的 2 倍以上(37% 与 18%),而波士顿低密度区域的就业岗位比例则远小于波特兰(31% 与 57%)。除波士顿和亚特兰大之外,其余城市高密度区域的就业岗位比例邻近,均在 17%～18%,但是从中等密度、低密度到极低密度区域的就业岗位比例,各个城市存在较大的差异。

表 4-6 不同等级就业密度区的就业分布

指标	波特兰	波士顿	印第安纳波利斯	明尼阿波利斯	亚特兰大	洛杉矶
总就业岗位(个)	762 677	1 152 387	635 818	1 294 873	1 604 716	4 680 802
就业岗位比例(%)						
高密度(D>50)	18	37	18	17	10	17
中等密度(25<D≤50)	8	10	3	12	8	22
低密度(12.5<D≤25)	16	22	14	24	12	28
极低密度(D≤12.5)	57	31	65	47	70	32

由表 4-6 可知,亚特兰大的特点是高密度区域的就业岗位比例相对较小(10%),而低密度区域的就业岗位份额最大(70%)。在印第安纳波利斯和亚特兰大,大约 4/5 的就业位于密度低于每公顷 25 人的区域(密度最低的 2 个)。

(2)集聚经济与就业次中心

集聚经济能够促进企业从一个区域向另一个区域集聚,从而形成次中心。加工型企业聚集可以扩大对同一供应商的养护与维修服务的需求,信息型企业的集聚可以使它们从同一个印刷企业购买到印制精美的小册子。信息型企业的集聚也会促进周边的餐饮、旅店、车辆维护等业务的发展,形成次就业中心。根据经验法则,面积为 250 万平方英尺的写字楼可以支撑一家拥有 250 个客房的旅馆。

大多数都市区内的次中心都有高度专业化的特征,是地方化经济的体现,而次中心的存在并不会削弱主要中心城市的地位,次中心的企业与市中心有紧密联系,不同次中心间的企业也相互联系,这意味着各个次中心有着不同的职能且它们之间存在互补性。

上海北外滩作为上海国际航运中心建设的重要主体功能区之一,大量航运业企业在北外滩集聚,使北外滩形成航运服务行业的就业次中心。陈跃刚等(2016)通过实地走访和调研发现,上海北外滩区块已集聚了 2 000 多家航运服务类企业、14 家航运功能性机构。通过研究发现,北外滩航运服务企业集聚的驱动力主要来自:一是历史因素。北外滩是上海航运业的发祥地,且在各个时期都对航运业起着重要作用。二是政府规划与政策。北外滩的建设有国家在宏观层面的战略规划支持,也有地方政府的具体措施的跟进,在 2012 年,北外滩被确立为航运与金融服务业综合改革试点区。三是品牌效应。北外滩"航运服务集聚区"发展定位的确定带来了税收优惠措施,吸引大批航运、金融企业入驻,最终形成以航运业为主、其他行业为辅的产业生态圈。四是循环累积效应。各种因素的综合作用使北外滩的航运企业获得初始优势,产生溢出效应,进一步吸引各行业企业的集聚。五是完善的基础设施。基础设施建设和商务环境优化使企业的信息、技术传输的成本不断降低,进一步吸引了企业入驻和人才的流入。

(3)写字楼分布与边缘城市

Lang(2003)对美国 13 个大都市区的研究发现,在这些都市区内总共有 81 个写字楼中心。如果把这 13 个大都市区看作一个整体,那么 CBD 内的写字楼面积约占写字楼总面积的 38%,次中心约占 26%,分散区域约占 36%(38%+26%+36%=100%)。这一发现再次证明了城市中心是高就业密度区域。

4.3.2 家庭人口的空间分布

如果把美国都市区看作一个整体,大约有 36% 的人口居住在城市中心,其余 64% 的人口居住在城市郊区。Glaeser 等(2001)报告,美国最大的 100 个都市区中有 20% 的人口居住在城市周边 3 英里范围以内,有 65% 的人口居住在城市中心周边 10 英里以内,中间的家庭居住人口区位(一半居民靠近城市中心,另一半居民远离城市中心)在距离城市中心 8 英里的地方。而就业的中间区位在距离城市中心 7 英里的地方,也就是说,家庭人口分布比就业人口分布更加分散。

图 4-8 描述了世界若干城市的人口密度。人口密度等于都市区人口总数除以城市土地利用面积(包括住宅区、工业区、商业区、道路、学校和城市公园等)。这种测量方法下的人口密度称为组合密度(built-up density),而不是居住密度(residential density)。可以看到,亚洲城市的人口密度普遍比较高,位于最前列,而美国城市(亚特兰大)的人口密度位于图 4-8 中的最末端。纽约是美国人口最密集的都市区,但是它的密度仅为巴黎的 1/2、巴塞罗那的 1/4、孟买的 1/10;洛杉矶的人口密度在美国位居第 2 位,大约仅是纽约的一半。几乎所有列举的欧洲城市的密度都要高于洛杉矶,而且大部分城市的密度也要高于纽约。

由于城市中心以外的区域占据的就业规模不在少数,大量人口面临着在城市中心与城市郊区(外围)之间的通勤问题。

据 U.S. Census 的数据显示,大部分就业与家庭的人口分布在城市郊区,城市中心、城市郊区(外围)的内部是两个最高通勤率的区域,都市区的各类通勤模式的分布如图 4-9 所示。由图 4-9 可知,接近半数(44%)的通勤行为发生在城市郊区内部,城市中心内部的通勤也占据 1/4 以上的比重(29%),从城市郊区向城市中心通勤的比重占 19%,而从城市中心向城市郊区通勤的比重只有 8%,是最少的区域(44%+29%+19%+8%=100%)。

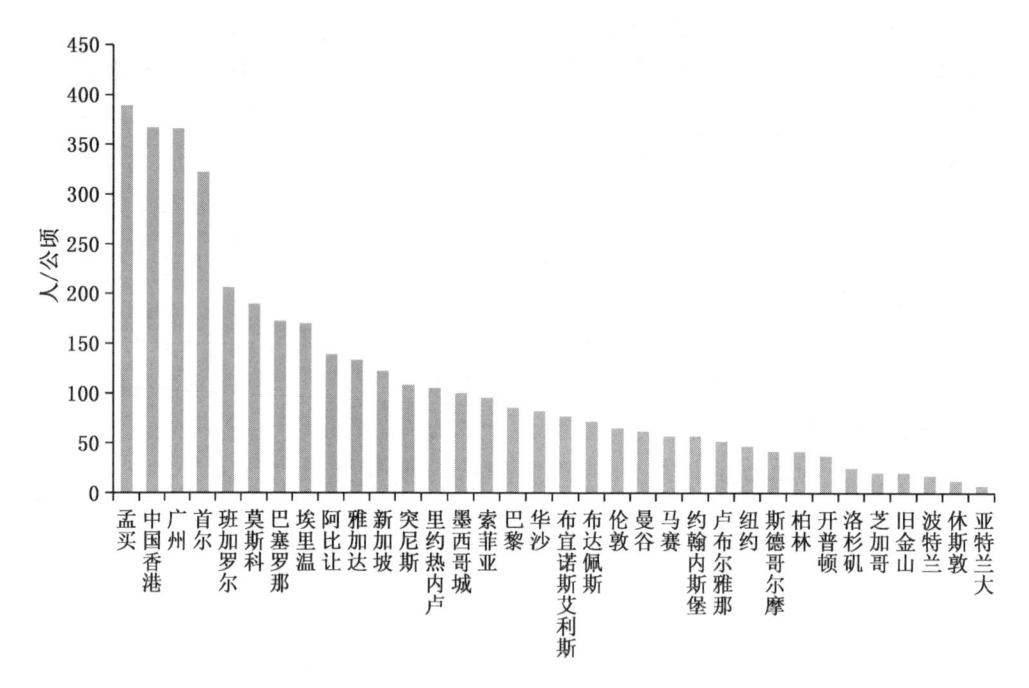

资料来源：Bertaud and Malpezzi. The Spatial Distribution of Population in 48 World Cities: Implications for Economies in Transition[R]. University of Wisconsin, Working Paper, 2003.

图 4—8　世界城市的人口密度

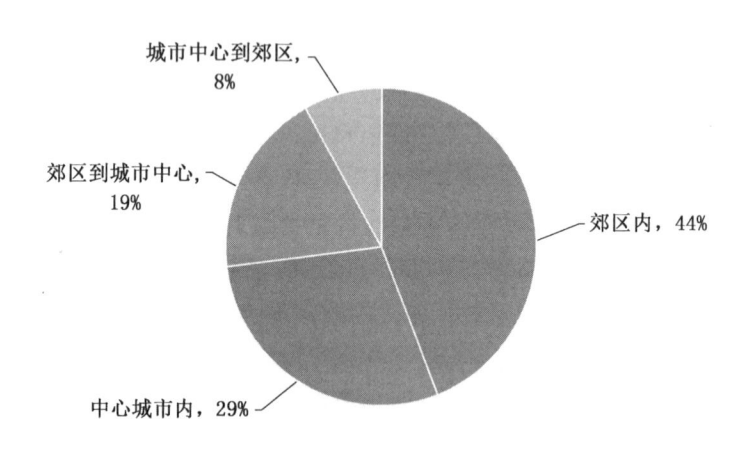

资料来源：U. S. Census, Journey To Work.

图 4—9　都市区的通勤模式（2000 年）

图 4—10 描绘了波士顿地区的家庭居民从布鲁克林（Brooklyn，位于纽约州纽约市，距离波士顿 216 英里）、萨默维尔（Somerville，马萨诸塞州城市，距离波士顿约 3.4 英里）、沃尔瑟姆（Waltham，马萨诸塞州城市，距离波士顿 13 英里）分别向外通勤的人口数量，图 4—10 中柱状的底部圆盘代表一个城郊区域。在图 4—10 的上图中，最高

的柱状体代表由布鲁克林向波士顿方向通勤的人数,占比50%;第二高的柱状体代表在布鲁克林内部通勤的人数,占比19%;较短的柱状体代表布鲁克林向其他自治市通勤的人数。在图4-10的中图中,萨默维尔向波士顿通勤的人数占比30%,萨默维尔内部通勤的人数占比17%,向其他城郊通勤的人数占比22%。在图4-10的下图中,沃尔瑟姆内部通勤的人数占比39%,沃尔瑟姆向波士顿通勤的人数占比16%。

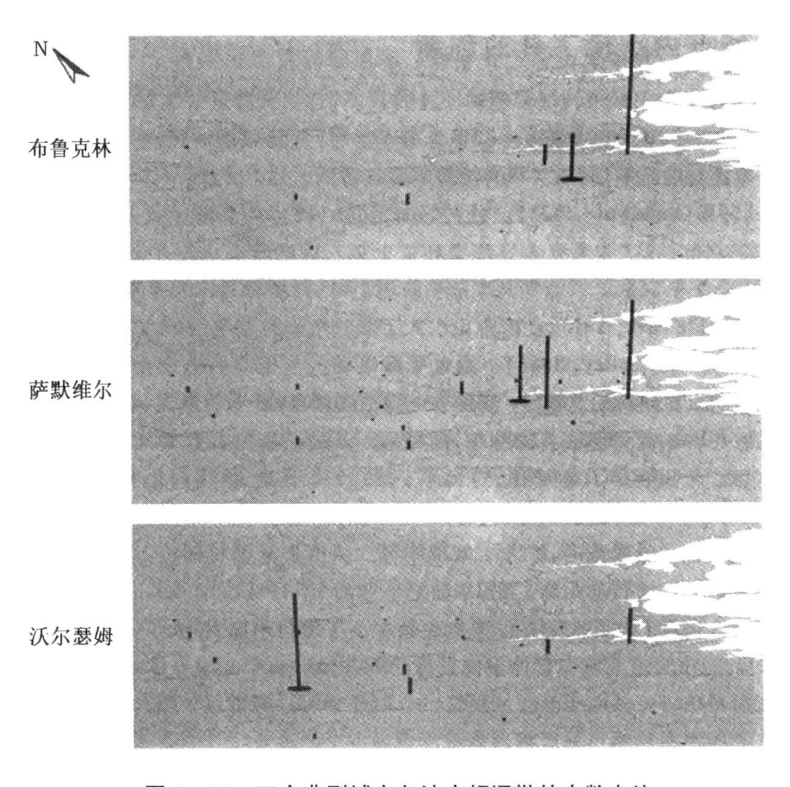

图4-10 三个典型城市向波士顿通勤的人数占比

参考文献

[1] Arthur O'Sullivan. Urban Economics (9th edition) [M]. McGraw-Hill Education Press, 2019.

[2] Masahisa Fujita. Urban Economic Theory: Land Use and City Size [M]. Cambridge University Press, 1989.

[3] Masahisa Fujita, Paul R. Krugman, Anthony J. Venables. The Spatial Economy: Cities, Regions, and International Trade [M]. MIT (Massachusetts Institute of Technology) Press, 1999.

[4] Masahisa Fujita, Jacques-Francois Thisse. Economics of Agglomeration: Cities, Industrial Location, and Regional Growth (2nd edition) [M]. Cambridge University Press, 2012.

[5] Annas A, Richard A, Kenneth A S. Urban Spatial Stucture [J]. Journal of Economic Literature, 1998, 36(3): 1426-1464.

[6] Bartlett R K. The Crisis of America's Cities: Solutions for the Future, Lessons from the Past [M]. Armonk, New York: Sharp, 1998.

[7] Bertaud A. The Spatial Organization of Cities: Deliberate Outcome or Unforeseen Consequence? [J]. Working Paper Series, UC Berkeley: Institute of Urban and Regional Development, 2004:1—32.

[8] Bertaud A, Malpezzi S. The Spatial Distribution of Population in 48 World Cities: Implications for Economies in Transition[J]. Working Paper Series, Center for Urban Land Economics Research, University of Wisconsin, 2003, 32:1—85.

[9] Bradbury K I, Downs A, Small K A. Urban Decline and the Future of American Cities[M]. Washington DC: Brookings Institution, 1982.

[10] Brucker J K, Thisse J F, Zenou Y. Why Is Central Paris Rich and Downtown Detroit Poor? An Amenity-based Theory[J]. European Economic Review, 1996, 43(1):91—107.

[11] Cullen J, Levitt S. Crime, Urban Flight, and the Consequences for Cities[J]. The Review of Economics and Statistics, 1999, 81(2):159—169.

[12] Frey W H. Central City White Flight: Racial and Non-Racial Causes[J]. American Sociological Review, 1979, 44(3):425—488.

[13] Fulton W, Pendall R, Nguyen M, Harrison A. Who Sprawls Most? How Growth Patterns Differ across the U. S. Survey Series [M]. Washington D. C. : The Brookings Institution, 2001.

[14] Garreau J. Edge City: Life on the New Frontier[M]. New York: Doubleday, 1991.

[15] Giullano G, Small K A. Subcenters in the Los Angeles Region[J]. Regional Science and Urban Economics, 1991, 21(2):163—182.

[16] Glaeser E L, Kahn M. Decentralized Employment and the Transformation of the American City[R]. NBER Working Paper NO. 8117, 2001:1—69.

[17] Helsley R, Strange W A. Game Theoretic Analysis of Skyscrapers[J]. Journal of Urban Economics, 2008, 64(1):49—64.

[18] Kahn M. The Environmental Impact of Suburbanization[J]. Journal of Policy Analysis and Management, 2000, 19(4):569—586.

[19] McMillen D P, McDonald J F. Suburban Subcenters and Employment Density in Metropolitan Chicago[J]. Journal of Urban Economics, 1998, 43(2):157—180.

[20] Mills E S. Studies in the Structure of the Urban Economy[M]. Baltimore: Johns Hopkins, 1972.

[21] Nivola P. Fat City: Understanding American Urban Form from Brook Transatlantic Perspective[J]. The Bookings Review, 1998:17—20.

[22] Wheaton W. Income and Urban Residence: An Analysis of Consumer Demand for Location [J]. American Economic Review, 1977, 67(4):620—631.

[23] Alain B. The Spatial Organization of Cities: Deliberate Outcome or Unforeseen Consequence? [J]. Working Paper, University of California, Berkeley, 2004.

[24] William F, Rolf P, Mai N, Alicia H. Who Sprawls Most? How Growth Patterns Differ across the U. S[R]. The Brookings Institution Survey Series, 2001:1—23.

[25] Lang R E. Edgeless Cities：Exploring the Elusive Metropolis[M]. Washington D C：Brookings Institution,2003.

[26] 陈跃刚,吴艳.上海市知识服务业空间分布研究[J].城市问题,2010(8):64-69.

[27] 陈跃刚,郭龙飞,吴艳.上海北外滩航运服务集聚区企业空间分布研究[J].城市发展研究,2016,23(6):137-141.

[28] 陈跃刚,吴艳,高汝熹.上海市都心产业聚集的实证研究[J].科技进步与对策,2009,26(8):37-41.

[29] 陈跃刚.上海市楼宇经济的发展形式及其对策研究[J].商业研究,2009(3):127-129.

[30] 石忆邵.从单中心城市到多中心城市——中国特大城市发展的空间组织模式[J].城市规划汇刊,1999(3):36-39+26-80.

[31] 魏守华,陈扬科,陆思桦.城市蔓延、多中心集聚与生产率[J].中国工业经济,2016(8):58-75.

第二篇

集聚经济与城市规模

第二篇开始考察集聚的外部性如何影响家庭、厂商两个市场私人部门的选址行为,继续将政府部门公共品供给行为、外国部门消费行为、投资主体行为作为外生性变量,分析万千个市场主体如何相互作用,引致企业集聚、城市规模、城市增长。

在第5讲中,探讨集聚的正外部性(集聚经济)及其引致企业集聚的经济力量;界定集聚经济的内涵,以及集聚经济的两种形态,即地方化经济与城市化经济;讨论地方化经济的主导力量,如分享中间投入品、劳动力储备、劳动力技能匹配、知识溢出等;讨论城市化经济的主导力量,如分享中间投入品、劳动力储备、劳动力技能匹配、知识溢出,以及城市化经济引致的集团总部集聚与功能专门化;分析城市规模的其他好处。

在第6讲中,分析集聚的正外部性(集聚经济)与集聚的负外部性(集聚不经济)之间相互作用引致的"倒U型"效用曲线如何决定城市规模,并讨论城市规模相关问题;将进一步探讨聚集经济对劳动生产率和工人工资的提升作用,从而使大城市的工人能够获得更高的收入水平。城市的增长过程中,较高的工资水平在一定程度上能够部分抵消大城市带来的若干负面影响,这些影响包括交通拥堵、高密度人口聚集、拥挤程度增加以及环境污染等问题。为权衡利弊得失,需要解决的关键问题是:城市规模(人口)的增长是如何影响典型工人的效用的呢?

在第7讲中,在讨论城市增长源泉的基础上,分析工具是劳动力市场的需求与供给,探讨城市增长相关问题;在城市经济中,有两种主要形式的增长:经济增长和就业增长。经济增长可以通过城市的平均工资增加或人均收入增加来衡量,它反映了城市整体经济的繁荣程度。而就业增长则指的是城市总就业人数的增加,反映了就业机会的扩大。将探讨不同收入和就业增长的来源,并分析城市总就业增长所带来的影响。其中一个关键问题是:当就业规模扩大时,谁能够从中受益?

第5讲

集聚经济与企业集聚出现

如果两个企业共同竞争一个区域的消费者,那么它们将在相互靠近的位置选址建厂,还是在彼此相距较远的位置选址建厂呢?你可能很自然地想到,这两个企业将把该区域分成两部分,每个企业对自己所在区域的市场具有垄断权。那是在第2讲中城市产生的理论模型所讨论的内容。

在现实世界中,许多企业都有类似的经历。然而,各种竞争性厂商是选择靠近彼此邻近的位置,还是选择远离彼此邻近的位置?答案是厂商必须权衡取舍集聚经济与集聚不经济,也就是厂商的区位选址决策取决于,是聚集的正外部性(集聚经济)占据主导作用,还是集聚的负外部性(集聚不经济)占据主导作用。一旦集聚经济占据主导作用,竞争性厂商选择靠近彼此邻近的位置;反之,一旦集聚不经济占据主导作用,竞争性厂商选择远离彼此邻近的位置。

为此,第5讲将讨论集聚的正外部性,如分享中间投入品、劳动力储备、劳动力技能匹配、知识溢出等带来的地方化经济或城市化经济。在第9、10讲,将讨论聚集的负外部性,如由密度(density)太高而引起的邻里外部性(拥挤外部性或种族外部性),以及由速度(speed)太慢而导致的拥堵外部性。

城市是在相对较小的土地面积里,居住了大量人口或者布局了大量企业的地理区域。一方面,城市的基本特征是集聚,换句话说,城市区域的人口密度、企业密度要高于周边其他区域。另一方面,城市经济的根本特征是外部性。外部性往往导致市场失灵,具有非价格互动特性。在第5讲,探讨集聚的正外部性(集聚经济)及其引致企业集聚的经济力量。在第6讲,分析集聚的正外部性(集聚经济)与集聚的负外部性(集聚不经济)之间相互作用引致的"倒U型"效用曲线如何决定城市规模,并讨论城市规模相关问题。在第7讲,在讨论城市增长源泉的基础上,分析工具是劳动力市场的需求与供给,探讨城市增长相关问题。

在第5讲中,界定集聚经济的内涵,以及集聚经济的两种形态,即地方化经济与城市化经济;讨论地方化经济的主导力量,如分享中间投入品、劳动力储备、劳动力技能匹配、知识溢出等；讨论城市化经济的主导力量，如分享中间投入品、劳动力储备、劳动力技能匹配、知识溢出，以及城市化经济引致的集团总部集聚与功能专门化；分析城市规模的其他好处。

5.1 集聚的原因

假设存在一个单中心城市，随着运输距离的增加，城市总运输成本提高的比例将超过其人口增加的比例，为了使城市存在，必须在生产或消费方面具有超过运输成本提高的技术优势。

这种技术优势的来源主要包括：一是资源和运输优势；二是不可分割性和规模经济；三是外部性和非价格互动；四是对消费和生产多样性的偏好。前三个因素中的任何一个存在都可能形成一座城市。相比之下，仅第四个因素不能产生一座城市，它是一个与前三个因素联合起来促进大城市形成的助推因素。

5.1.1 资源和运输优势

资源禀赋的区域间差异为区域间贸易提供了基础。一个例子是，一个存在经济型煤层的地区，将引致那里的采矿有所发展，为了节约运输成本，大量使用煤炭的行业，如钢铁、化学品等行业的企业，将选址于该地区附近，进一步的是这些基础工业及其工人将吸引相关制造厂商和家庭消费服务供应的厂商。最终，一座城市将围绕着这些基础产业发展起来。

另一个例子是，一个拥有适合小麦生产的肥沃土地的地区，可能开始将小麦出口到其他国家和地区。接下来，该港口将吸引许多与出口相关的企业和制造商。同时，农业生产和农民消费的制成品的供应商往往倾向于落户在港口附近，部分原因在于生产和分配的规模经济，部分原因在于节省了通过港口进口的投入品的运输成本。最终，一个港口城市将在其腹地的围绕下发展起来。

在国际贸易理论文献中，强调生产不同商品的国家之间存在比较优势（即相对优势），这是贸易产生的主要原因（Ricardo, 1817; Takayama, 1972）。需要注意的是，只有当一些生产要素（特别是劳动力）在贸易伙伴间无法流动时，比较利益学说才是有意义的；否则，只有绝对利益才能提供交易的可能。

在城市形成的静态理论的背景下，所有的市场主体（家庭和企业）在一国之内都被认为可以自由移动，区域间贸易的产生更可能是由于土地的非移动性。冯·杜能（von Thunen）的土地利用理论（及其所有扩展）都是基于土地的不动性而产生的比较优势，这是一个有趣的事实。

5.1.2 不可分割性和规模经济

也许城市存在的根本原因在于生产和消费的规模经济，而这主要是由于某些要素

（如人、住所、工厂设备和公共设施）的不可分割性。

人的不可分割性引致劳动力的专业化，并且有些设备只能在较大规模下才能被有效地使用。许多专业人员、设备和生产过程的有效协调需要它们处在相近的位置上，一部分原因与通信设施有关，其他可能原因是为了节省不同生产过程中的交通运输成本。在大规模和邻近位置的情况下，进行一种商品生产将产生较低的平均总成本。另外，如果一家企业在生产时用到了另一家企业的产品，则两家企业可能会发现坐落在彼此附近将是经济的。通过投入产出联系，许多大企业可能会发现相互邻近选址是经济的，而这些企业将引致一座大城市基本部门的产生。

此外，许多公共服务和设施（如学校、医院、公用事业和高速公路）的供给通常展现出规模经济的特征。这是引致城市形成的另一个主要原因。

最后，在许多社会中，工人主要是男性。由于家庭和住所的不可分割性，城市中男性个人的集中也引致潜在的女性劳动力的集中，反过来，这又吸引了许多大量使用（非熟练）女性劳动力的行业，服装业就是一个例子。

Koopmans（1957）讨论了不可分割性与经济规模的关系及其对城市区位问题的影响，Koopmans坚持认为"如果认识不到在人、住所、工厂、设备和运输中存在不可分割性，就无法理解城市区位乃至最小的村庄问题"。

5.1.3 外部性和非价格互动

（技术）外部性是在不通过市场机制的情况下，人类活动影响他人而产生的结果。从城市形成的角度来看，最重要的外部性类别是由许多主体在一座城市内共同消费的（本地）公共品。当地广播和电视节目提高了城市中所有人的效用，城市中的许多文化和社会活动也是如此。各种公共设施（学校、博物馆、警察服务、街道和污水处理设施）提供的服务具有公共品的性质。

如果从广义上定义外部性以包括主体之间所有非价格互动的影响，那么外部性代表了城市的一个主要成因。商业企业位于大城市，主要是因为便于与其他企业和客户交流。许多人也由于社会互动的提升而被吸引到大城市中。

Baumol和Oates（1975）将外部性定义如下："只要某个人（比方说A）的效用或者生产关系包括实际（即非货币）变量，其价值由其他不关心A福利的主体（家庭、厂商、政府）选择，就会出现外部性。"

5.1.4 对消费和生产多样性的偏好

对消费多样性的偏好有助于大城市的形成。举一个简单的例子说明这一点。假设消费者在餐厅用餐时有固定的预算。先假设在城市1中只有一家（中）餐厅。在图5—1中，令X_1代表每年在中餐厅的用餐次数，设点A表示在城市1中消费者在预算约束下所能负担得起的用餐次数，则消费者将达到与无差异曲线AB对应的效用水平。然后假设在城市 2 中有两家餐厅：一家是中餐厅，一家是法餐厅。如果 CD 表示相同的预算线，而 X_1、X_2 分别表示中餐和法餐的年度用餐次数，则同一个消费者将通过在两家餐厅吃饭，在城市 2 中可以达到更高效用水平 $A'B'$。

由图 5-1 可知，预算线 CD 与无差异曲线 AB 相交，意味着在城市 2 中 X_1 的价格并不比城市 1 中该商品的价格高出太多；如果城市 2 中 X_1 的价格与城市 1 中该商品的价格相同（或者更低），则消费者总能在城市 2 中获得更大的效用。

这个例子表明：在其他条件相同时，一个城市的消费品种类越多，消费者的实际收益就越高。

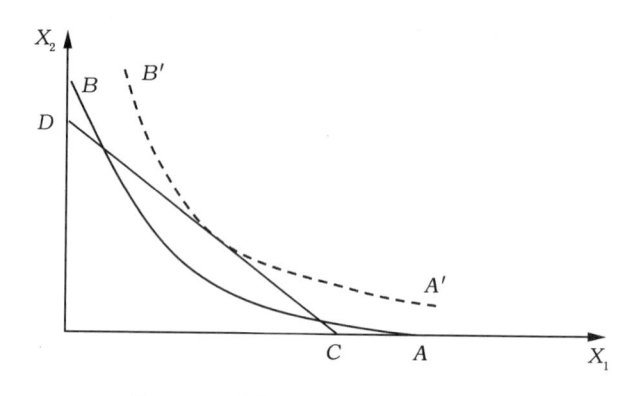

图 5-1　消费和生产中的互补效应

同理，对生产多样性的偏好有助于大城市的形成。在图 5-1 中，如果 X_1 和 X_2 代表企业（或者公共主体）生产商品时使用的中间投入品种类的数量，则可以应用相同的论点并得出结论：在其他条件相同时，一个城市可以用的投入品的种类越多，企业的生产力就越高。

虽然这些互补效应（在消费品间和投入品间）无法单独用来解释城市的存在，但当这一因素与其他因素（特别时不可分割性和规模经济）相结合时，就能解释大城市的形成。如果没有这些商品生产的规模经济（和城市间的运输费用），则每个城市（或每个地点）将生产相同数量的商品。只有存在生产的规模经济时，才能确定一个城市提供的商品的均衡（或最优）数量。

还可以考虑产出品之间的互补效应。例如，如果生产两种商品的生产效率比单独生产每种商品的效率高，那我们就说这两种商品的生产存在联合生产经济。联合生产经济与范围经济的概念密切相关，这一概念由 Goldstein 和 Gronberg(1984) 引入城市经济之中。例如 Goldstein 和 Gronberg 认为，如果在同一地点生产两种商品比在一个单独的地点生产每一种商品更有效，那么这两种商品的生产就存在范围经济。因此，范围经济既包括联合生产经济，也包括中间投入品运输成本（包括通信成本）的节约。

值得注意的是，这些互补效应强调凸性在生产和消费技术（活动的空间集聚）中的作用,而规模经济则强调非凸性在这些技术中的作用。因此,生产和消费技术的凸性(范围经济)和非凸性(规模经济)在城市形成中都起着重要作用。

5.2 集聚经济

5.2.1 集聚经济

集聚经济是由于聚集而带来的正外部性,可以划分为地方化经济与城市化经济两种形态;集聚不经济是由于聚集而带来的负外部性,可以具体为由密度太高而引起的邻里外部性(拥挤外部性和种族外部性),以及由速度太慢而导致的拥堵外部性。

当同一产业的企业在一个地区集聚,就会形成地方化经济;当集聚经济突破产业界限时,就会形成城市化经济。

集聚经济是地方化经济和城市化经济的共同根源,地方化经济促进了专业化城市的发展,而城市化经济促进了多样化城市发展(Duranton and Puga,2001)。由集聚引致的外部性主要有两种类型:一种是马歇尔外部性(Marshall,1890),它与地方化经济有关;另一种是雅格布斯外部性(Jacobs,1969),它与城市化经济有关。某一产业内的企业向同一地区集中被称作地方化经济,它暗示这些企业被地方化到某一特定的产业;当集聚经济突破产业界限时,即不同产业的企业向同一地区集中就被称为城市化经济。

地理位置上的相互邻近可以分享中间投入品、劳动力储备、劳动力匹配效应和知识溢出,Marshall 外部性可以提高劳动生产率,地方化经济促进了专业化城市的发展(Fujita,1988;Helsley and Strange,1990)。横跨多个产业的集聚经济除了促进企业总部集聚和城市功能专门化之外,其引致的差异性和多样化还有利于探索新产品的生产流程、实验不同的生产工艺,Jacobs 外部性有助于孵化创新,城市化经济促进了多样化城市的发展(Duranton and Puga,2001)。简而言之,多样化城市鼓励创新,而专业化城市更容易提高生产效率。

事实上,专业化城市和多样化城市具有互补性,多样化城市和专业化城市在产品生命周期中扮演不同的角色。多样化城市有种类繁多的产品和生产流程,为新思想的创造提供了肥沃的土壤,这些新思想可以用于指导新产品的生产。一旦企业发现了理想的生产流程,其在多样化城市内获得利润就会减少,因此企业开始向专业化城市迁移,在那里地方化经济可以使企业面临较低的生产成本。

5.2.2 地方化经济

企业集聚外部性对行业生产率具有重要的推动作用,即相同行业企业的集聚能够带来知识溢出、劳动力储备、劳动力技能匹配,以及中间投入品共享等外部性收益,进而提升企业的创新效率,这种由于区域专业化分工所产生的外部化经济被称为地方化经济。例如义乌小商品闻名于世界,其通过特色商品的生产和销售,带动了当地的经济发展、提供了就业机会、保护了地方文化遗产,同时也为游客提供了独特的购物和体验选择。

在区位理论和城市经济学文献中,生产的规模经济通常划分为两种类型:企业内部的规模经济和马歇尔(Marshall)的外部经济。其中,马歇尔的外部经济相对于单个企业是外生的,但相对于行业则是内生的。马歇尔外部经济又被称为本地化经济,它代表了由于同一区位同一行业内所有企业的总生产扩张而产生的经济性。

这种生产的规模经济的区分是非必要的,这是由于假定开发者或城市政府控制整个生产活动,从而使得所有外部性内部化。确实,在企业内部规模经济的条件下,会自然地把每个企业都看作城市的开发者,其可以控制城市形成的所有方面。然而,这种工厂城镇或企业城镇模式却不能解释一个由多家大企业形成的城市,因此很少与现代城市的性质相吻合。

相比之下,由于企业和人口的空间集聚,外部经济的概念提供了一个解释规模经济的可行框架,因此在文献中得到了广泛应用。这是因为这些外部经济相对于单个企业是外生的,因此规模报酬递增与完全竞争均衡相适应。尤其是,外部经济的概念经常被用来解释现代经济中许多专业化城市的性质,其中,每个城市都建立在一个基础产业之上,这些基础产业由众多生产相同贸易品(或相似贸易品)的相似企业构成。例如,加利福尼亚的硅谷城专门从事计算机工业生产。与此同时,出于各种原因,生产相同贸易品的企业可能发现集聚是有利的。这些原因包括:对技术分包商和专门服务企业的共享,形成技能型劳动力池,能更好地获得技术和市场信息,以及对包括运输设备在内的公共基础设施的共享。这些集聚经济通常被称为(马歇尔)外部经济,因为它们的产业活动水平在同一个城市扩大的结果,因此超出了单个企业的控制。

5.2.3 城市化经济

由于不同行业企业在空间的集聚,知识和技术在这些企业间溢出,相互获得互补性知识,从而促进企业生产效率的提高和创新的发展,这种由于多样化而产生的外部化经济被称为城市化经济。例如,上海作为全国的经济、金融、贸易和航运中心,形成了金融服务、航运与物流、高端加工型企业等产业的集聚,推动和支撑了上海的发展。

在区位理论和城市经济学文献中,经常提及企业集聚的主要原因之一时可以获得当地专业的生产者服务,例如修理和维修服务、工程和法律支持、运输和通信服务以及金融和广告服务。Fujita建立了产业集聚的垄断竞争模型,该模型着重讨论作为集聚经济起源的各种生产者服务的可获得性。一个城市同时具有一个实物可贸易品产业和一个服务产业,后者为前者提供各种各样的专门服务。该模型的核心思想是,服务产业的规模报酬递增和实物可贸易品产业使用各种中间服务的意愿,是引致城市产业集聚的基础力量。也就是说，一个城市可获得的中间服务的种类越多，其可贸易品产业的生产率就越高。关于中间服务市场的描述源自 Dixit 和 Stigliz(1977) 的张伯伦垄断竞争模型。其中，服务业以垄断竞争为特征，这是由于现实中服务业通常面临相对较小的进入和退出壁垒，并具有很强的竞争力。同时，服务用户（可贸易商品的生产者）具有高度专业化的多样性需求，这使得每个专业供应商在服务方面的供给都与其他供应商不同。

如果从技术经济外部性（即经济个体对其他主体随机的知识溢出）的角度来解释外部经济，那么前面提到的大多数集聚经济来源，在本质上都不能称为"外部"经济。例如，在真实的城市里，没有一家服务业企业会"无意中"为他人提供服务。因此，我们必须把绝大多数集聚经济解释为外部经济收益，即代表通过市场交易获得外部收益。

5.3 地方化经济的主导力量

在讨论地方化经济形成的原因之前，先简单了解一下中国新能源汽车企业集聚。

我国新能源汽车主要形成了以上海为龙头的长三角集群，以广深为龙头的大湾区集群，以北京为龙头的京津冀集群，以成渝西安为龙头的西三角集群。其中，京津冀共聚集 91 家新能源汽车重点企业；长三角共有 424 家新能源汽车重点企业；大湾区共有 119 家新能源汽车重点企业；西三角共有 74 家新能源汽车重点企业。四大新能源汽车集聚地汇集了全国大多数汽车企业，支撑我国新能源汽车行业的发展。

随着新能源汽车的发展，宁德市以宁德时代为代表的电池企业得到快速发展，因此形成了动力电池企业集聚。截至 2022 年，宁德市动力电池企业集聚产值已经高达 2 758 亿元，并入选国家先进加工型企业集群。

那么是什么力量将企业集聚于一个区域呢？主要有五大力量：共享中间投入品、劳动力储备、劳动力技能匹配性、知识溢出、自我强化效应(self-reinforcing)。本节主要探讨地方化经济形成的原因。

5.3.1 共享中间投入品

一部分企业的所在地与其他企业的所在地相互靠近，那么它们就可以分享其他企业所提供的中间投入品(intermediate input)。生产要素一般包括土地、劳动、资本、技术和数据，但是人们通常忽略了中间投入品对企业生存和发展的重要性。中间投入品不仅是一个企业最终生产的产品，同时也是另一个企业的中间投入品。例如，纽扣是纽扣生产企业的最终产品，但它同时也是服装企业的中间投入品。服装企业集聚于纽扣企业的附近，是分享中间投入品的经典案例(Vernon, 1972)。在本小节，将分析共享中间投入品对企业集聚的影响。

接下来以纽扣和服装为例，进一步分析纽扣作为服装中间投入品的作用。

受到时尚潮流的影响,尤其是女装领域,企业必须保持规模适中。由于不同款式的服装需要,中间原材料的需求差异很大。就拿纽扣来说,一家服装企业对不同类型纽扣的需求数量,可能每个月都会发生变化,这种变化不仅仅涉及数量上的改变,更涉及纽扣的类型的变化。比如,在某个月,制衣公司可能需要使用光滑的蓝色正方形纽扣,而在下个月可能需要粗糙的粉红色圆形纽扣。

为了分析需要,建立服装—纽扣模型(the dress-button model),假定纽扣的生产必须服从下面 3 个假设:

假设 1:生产受规模经济的影响。由于纽扣生产者使用不可分割的生产要素投入(土地、资本、技术)、特定的原材料和具有特殊技能的劳动者(专业劳动者),故纽扣的生产成本随着数量的增加而下降。纽扣生产企业的规模经济与每个制衣企业的需求量有很大的相关性,这是因为制衣企业不独立生产纽扣,而是从纽扣生产者那里购买这些中间投入品。

假设 2:面对面交流的时间。用于高级时装的纽扣并非标准化的投入品,其内外特征可能源自公开发布的资料或某个网页,这就需要服装生产者与纽扣生产者之间进行沟通,以共同设计和制造符合新款服装需求的精美纽扣。因此,为了缩短双方之间的交流时间,服装企业必须靠近纽扣供应商。

假设 3:一旦服装生产者从供应商那里购买了纽扣,对服装生产者来说,纽扣的修正成本就产生了。这是因为服装生产者还必须对购买的纽扣进行再加工,以使之与时装款式完全相符。例如,服装生产者不得不修整方形纽扣的边缘,把它变成六边形。

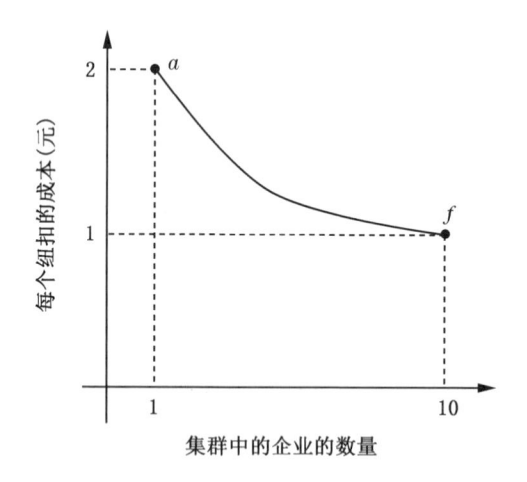

图 5—2　集聚和中间投入品的平均成本

图 5—2 描述了集群中企业的数量与每个纽扣成本之间的关系。当只有 1 家企业时(点 a),纽扣的平均成本为 2 元;当有 10 家企业时(点 f),纽扣的平均成本为 1 元。可以发现,随着集群中企业数量的增加,纽扣的平均成本逐渐下降,这也推动更多制衣企业向同一区域集聚,以分享中间投入品——纽扣企业生产的产品。通过上述分析,

可以得出以下结论：

只有一个制衣企业时，它使用纽扣的成本相对较高；处于集群中的制衣企业使用纽扣的成本一般都较低，其原因有两点：①多个制衣企业形成的制衣企业集群，大大提高了纽扣的需求量，使纽扣生产企业可以进行规模生产，最终降低了纽扣的价格；②在大规模的纽扣需求下，纽扣生产企业可以对多种类型的纽扣进行专业化生产，从而降低了制衣企业的修正成本。在企业集群中，制衣企业可以随意选择方形的、六边形的或者三角形的纽扣。

当然，服装企业的纽扣选择经验同时适用于其他产业。目前，最尖端的技术和产品在不断变化，生产高技术产品的企业必须面对多变的市场需求。那些创新型小企业可以分享中间投入品的供给，例如电子元件。集群出现使企业之间获得面对面交流的机会，有利于它们获得相匹配的零件和新产品的信息。创新型高技术企业还可以分享产品检测企业的服务，它们之间的距离越近，享受检测服务的效率就越高。

总之，中间投入品的共享有利于生产的专业化和规模化。如果中间投入品生产规模报酬递增（单位成本逐渐下降），即使最终产品生产规模报酬不变（最终产品的生产规模对产出的增长没有额外的影响），中间投入品的共享也会引起加总的规模报酬递增（总产出相对于总投入以更快的速度增长），这意味着平均生产率将随着总投入的增加而上升。因此，中间投入品的共享是集聚经济的一个重要来源。

5.3.2 劳动力储备

在智能手机行业，每年都有数十种新产品问世，但仅有少数获得了成功。新产品今年可能会获得成功，但明年可能会面临失败。在市场需求迅速变化的环境中，不成功的企业将解雇工人，而那些成功的企业会在同一时间雇佣这些工人。企业集群的出现，促进了工人从不成功的企业向成功的企业转移，这种现象被称为分享劳动力储备。

劳动力储备（labor pool）发生在企业从繁荣走向衰落的阶段，而不是产业从繁荣走向衰落的阶段。假定在一定时间期限内，某一个产业的总需求是固定的，但是单个企业面对的需求会随市场而改变。例如，某一年的智能手机市场的总需求是固定的，一家智能手机企业的成功，会导致其他相关企业的失败。

在本小节中，将从孤立企业和企业集聚两个角度，建立一个正式的劳动力储备模型。假定在产业层面上，劳动力的总需求是固定的，但是每个企业的劳动力需求每年都在变化；所有企业对劳动力的需求都有两种可能性，即高需求或者低需求——每一种结果都具有相似性。

(1) 孤立企业

下面探讨一下企业集聚以外的孤立企业的情况。在城镇内部，孤立企业不会面临任何劳动力竞争。为了简化所要讨论的问题，假设在某一封闭的区域，劳动力供给完全没有弹性，固定为12个工人，工人的工资将随着对企业产品需求的改变而上涨或者下降。图 5-3 反映了孤立企业的情况,接下来将进一步分析。

当企业产品需求较高($P_1=50\%$)时,企业对劳动力的需求会提高;当企业产品需求较低时,企业对劳动力的需求会下降。当需求较高时,需求曲线与供给曲线相交于 b 点,该点处于高需求均衡状态,此时工人工资为 16 元;当需求较低($P_2=50\%$)时,需求曲线与供给曲线相交于 h 点,该点处于低需求均衡状态,此时工人工资为 4 元。由此可以得出结论,若孤立企业在较高需求和较低需求时雇佣相同数量的工人,需求较低时,企业劳动力需求下降,工人工资也会随之下降。

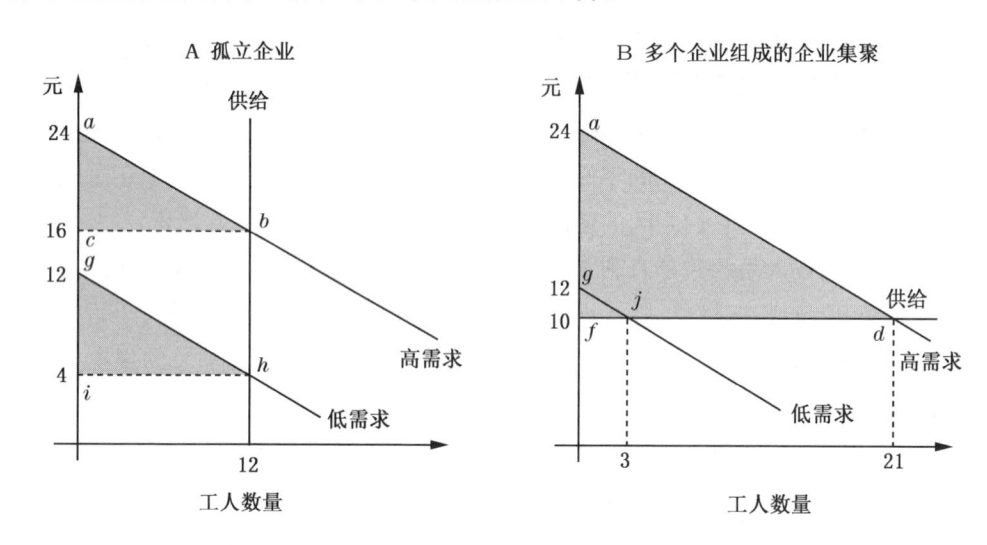

图 5-3　孤立企业的劳动力需求与供给　　图 5-4　企业集聚的劳动力的需求与供给

(2)企业集聚与分享劳动力储备

如果工人可以在封闭区域与企业集聚地之间流动(动态分析),那么在均衡的状态下,这两个区域的工资水平将具有无差异性。

在封闭的区域中,工资水平是不确定的。劳动力需求高时,工资为 16 元;劳动力需求低时,工资为 4 元。这两个结果具有相似性,因此工人的期望工资(各种概率下工人获得的工资总和)为 10 元。为了使两个区域的工资具有无差异性,企业集群内的固定工资必须为 10 元。

期望工资=1/2×16+1/2×4=10 元

图 5-4 描述了企业集群内劳动力需求和工资变化的情况。每个企业都可以按照市场工资雇佣任何数量的工人。1 个典型的企业在劳动力需求较高时,最多可以雇佣 21 个工人(d 点);在劳动力需求较低时,仅会雇佣 3 个工人(j 点)。当企业的产品需求从高到低变化时,它将解雇 18 个工人;而当集群内另一个企业的产品需求从低到高变化时,它将在同一时间重新雇佣这 18 个工人。

通过上述对孤立企业和企业集聚与分享劳动力储备的分析,如果一个企业从封闭区域迁移到企业集群内,第 1 年面临产品的高需求,而第 2 年面临产品的低需求时可能会发生哪些情况呢?

当产品的市场需求高时是好消息,企业从封闭的区域迁移到企业集群内,其付给工人的工资在减少(从 16 元降到 10 元),同时该企业可以雇佣更多的工人(从 12 个工人增加到 21 个工人),集群内的企业由此获得了较高的利润;当产品的市场需求低时是坏消息,企业从的封闭区域迁移到企业集群内,其付给工人的工资在增加(从 4 元增加到 10 元),迁移到企业集群内的企业也由此获得较低的利润。

那么,高需求的好消息与低需求的坏消息,究竟哪一个比较具有支配性呢? 好消息将支配坏消息,主要有以下两方面原因:

一是集群内的企业可以随时对产品的需求变化做出反应。当需求高时,在集群内较低工资(6 元的差距)的驱使下,企业可以雇佣更多的工人(21 个工人)。当市场需求较低时,集群内的企业会减少损失,可以解雇一部分工人(仅剩下 3 个工人)。由于企业根据产品市场需求的状况来改变雇佣工人的数量,因此,好消息与坏消息之间具有很大的相关性。集群的一个企业仍将获得很高的利润。

二是计算企业在封闭区域和集群内的期望利润,可以发现集群内的企业利润较高。劳动力需求曲线描述了劳动者的边际收益,它是边际工人生产的产品价值。企业从雇佣的工人那里获得的利润,等于工人的边际收益减去工资。劳动力需求曲线与水平的工资曲线之间的面积,代表该企业从雇佣的工人那里获得的总利润。

孤立企业:

图 5-3 中三角形 abc,代表需求较高时,封闭区域的孤立企业获得的利润:

$P=48=1/2×12×(24-16)$

图 5-3 中三角形 ghi,代表需求较低时,封闭区域的孤立企业获得的利润:

$P=48=1/2×12×(12-4)$

企业集聚:

图 5-4 中三角形 adf,代表需求较高时,企业集聚时的企业获得的利润:

$P=147=1/2×21×(24-10)$

图 5-4 中三角形 gjf,代表需求较低时,企业集聚时的企业获得的利润:

$P=3=1/2×3×(12-10)$

如果这两种情况发生的概率相等,那么集群内企业的期望利润是 $75=1/2×147+1/2×3$;而在封闭区域内企业的期望利润为 $48=1/2×48+1/2×48$。

总之,劳动力储备(劳动力储备)会推动企业集聚,从而能避免工人因某个企业破产而遭受失业的威胁,同时企业也能够因此获得很多的期望利润,即行业内的各个企业之间彼此竞争,但又彼此从竞争中受益,其中劳动力储备在这一过程中发挥着重要的作用。

5.3.3 劳动力技能匹配

在一个经典的劳动力市场模型中,假设所有工人与企业之间的匹配是完美的,每个企业都能够找到符合其技术需求的合适工人。然而,在实际情况中,事情并非总是如人意。工人的技能并不总是与企业需求完全匹配,当出现这种不匹配时,企业必须承担昂贵的培训成本。正如将要探讨的,现实世界并不是完美无缺的,但一个大城市可以促使工人与企业更好地匹配,从而降低培训成本并提升劳动生产率。接下来将讨论劳动力匹配模型。

Helsley 和 Strange(1990)提出了一个劳动力匹配模型。在这个模型中,对工人和企业做了一些关键的假设。

假设1:工人劳动技能的变化程度。每个工人都有自己的专业技能,他们被描绘在拥有一个圆周的单位圆的不同位置上。在图5-5中,有4个工人,他们的劳动技能被均匀地标注在单位圆上。一个工人在单位圆上的位置可以用他的技能位置与圆圈上的北极点之间的距离来表示。这4个工人的位置分别为(0,2/8,4/8,6/8)。

假设2:企业进入。每个企业进入市场后,开始选择自己要生产的产品及与之相匹配的技术。在图5-5中,一个企业进入后,其对技能的需求 $S=1/8$,第2个进入企业对技能的需求 $S=5/8$。

假设3:培训成本。工人的技能与企业所需要的技能之间的差距,就代表了工人培训成本的高低。

假设4:为争夺技术工人而展开竞争。每个企业都为它们所需要的技术工人提供令人满意的工资,而每个工人都将选择那些能够提供最高净收入的企业,而工人的净收入等于工资减去为弥补技能差距而产生的培训成本。

工人净收入 = 工资 - 培训成本

假设5:生产受规模经济的影响。由于在生产中存在规模经济,故每个企业要雇佣超过1个工人。在规模经济存在的情况下,这个假设条件非常重要。如果每个企业只雇佣1个工人,那么每个工人的技能必然与企业的要求相匹配。为了使讨论的问题简单化,假设规模经济要求每个企业必须雇佣2个工人。

假设6:企业进入市场不受任何约束。因此,企业将不断进入该市场,直到经济利润等于零为止,即竞争产生零经济利润。

在劳动力匹配模型中,进入市场的企业必须选择相关的技术以及与之相匹配的技术工人。根据假设4,每个企业支付的总工资等于所有技术工人(这些工人的技能要与企业的需求完全匹配)生产产品的总价值,工人获得的净工资等于总工资减去培训成本,培训成本等于工人技能差距乘以单位技能培训成本。

净工资 = 总工资 - 技能差距 × 单位培训成本

图5-5描述了包括4个技能类型和2个企业的市场均衡。由图5-5可以发现每个工人与企业技能要求之间的技术差距均为1/8,假设总工资为12元,单位培训成本为24元,则工人的净工资为:

净工资 = 9 = 12 - 1/8 × 24

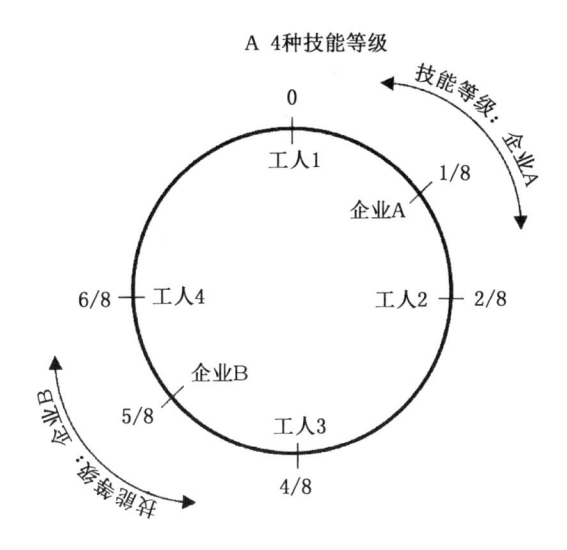

图5-5 四种劳动力技能匹配模型

图5-6反映了工人数量从4人增加到6人后,对技能匹配性造成的影响。发现当工人数量从4人增加到6人时,每个工人与企业技能要求之间的技术差距从1/8缩小到1/12,这也就意味着总的培训成本下降,工人净工资上升,为:

净工资=10=12-1/12×24

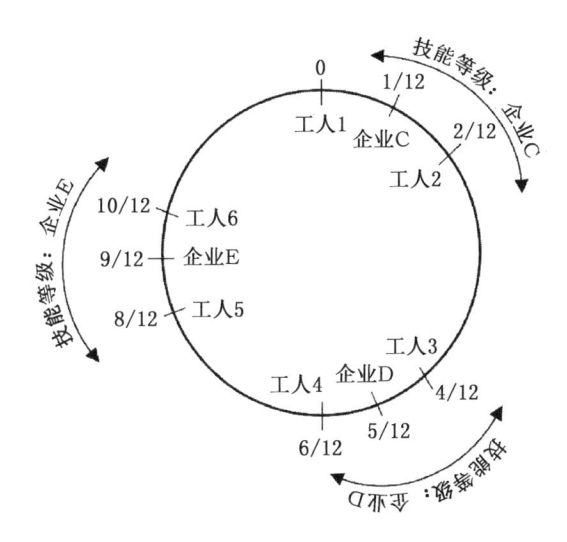

图5-6 六种劳动力技能匹配模型

通过上述分析可以发现,一般的工人数量的增加会降低技能的不匹配性和培训成本,同时提高工人的净工资水平,如表5-1所示。在表5-1中,工人数量增加到12人。

表 5—1　　　　　　　　　工人的数量、技能差距、培训成本和净工资

工人数量	技能差距	培训成本	净工资
4	1/8	24/8＝3	12－3＝9
6	1/12	24/12＝2	12－2＝10
12	1/24	24/24＝1	12－1＝11

那么，劳动力技能匹配性对企业的集聚有哪些影响呢？大量劳动力集聚于同一个区域，在对企业产生强大的吸引力的同时，也使得这些企业为争夺技术工人而展开竞争，其结果是产生了更高的技术匹配性和更高的工人的净工资。较高的净工资又会对工人提供一个激励，使他们更愿意集聚在一个区域，因此，企业与工人之间的吸引力是相互的，企业和工人都可以从更高的技术匹配线上获益。

5.3.4　知识溢出

集聚经济的第四个来源是一个产业内企业间的知识共享，即知识溢出。知识溢出指的是一个企业或组织的创新、技术或知识活动对其周围环境产生的正外部影响，这种影响可能包括技术转移、人员流动、供应链联系等。

正如 Marshall(1920)所解释的，如果一个企业选址于某一个区域，那么它可能会在那里停留很长的时间。这样，产业内的工人之间可以频繁地接触，并从相同技能的互换中获得巨大的利益。贸易的神秘不复存在，它好像在空气中一般，即使是儿童也可以无意识地学到一些贸易之道。做得好的就会得到人们的赞赏，诸如机器设备、工艺程序和组织管理上的发明和改进，会很快得到议论。一个人有了一个新的想法，会很快被其他人采纳并得到建议，进而成为创新的源泉。

大量事实证明，知识溢出促进了企业集聚。Dumais，Ellison 和 Glaeser(2002)指出，知识溢出增加了新企业诞生的数量，对各产业最大的影响是，企业开始注重雇佣大学毕业生。他们的研究结果表明，在思想导向型产业(idea-oriented industries)中，知识溢出效应是决定企业区位的重要因素。Rosenthal 和 Strange(2001)指出，那些最具有创新性的产业往往更倾向于形成企业集聚。他们还指出，知识溢出效应具有极强的区域性，只要距离稍微增加一点儿，这种效应就会逐渐消失。同样的，企业集聚促进知识溢出。在一个产业集聚区，企业之间联系和互动更加频繁，这有助于知识共享和传播，加速了技术发展和创新。

总的来说，知识溢出和企业集聚都是推动产业发展和经济增长的重要机制，它们相互作用，共同促进了创新、竞争力的提升和经济效率的提高。

5.3.5　自我强化效应

自我强化效应是指促使已经发生变化的事物，朝着相同的方向产生额外变化的过

程。自我强化(self-reinforcing)与自我纠正(self-correcting)两股力量同时发挥着作用,类似于向心力与离心力。当存在集聚经济时,自我强化就起主导作用;一旦存在集聚不经济时,自我纠正就起主导作用。

迄今为止,已经分析了企业集聚有显著的正外部效应,这是因为它允许企业利用集聚经济去分享中间投入品。然而,它将产生哪些成本呢?

在本小节,将以电影企业集聚为例,分析企业集聚的成本和收益。当规模经济效应足够强,以至于可以抵消集聚成本时,企业将向该区域集聚,形成企业集聚区,诸多专业化城市也会因此得到发展。

如果电影企业的需求与电影道具生产的规模经济密切相关,它们可以选择舍弃自己的道具部门,而是从道具市场购买这些中间投入品。在企业集聚区,电影制作者可以共享道具市场的资源,从而获得较低的道具供应价格。

图 5-7 描述了电影企业的成本(道具成本、劳动力成本和总成本)是如何随着电影企业集聚区内电影制作者的数量的变化而变化的。道具成本曲线斜率为负,说明道具成本随着电影企业集聚区内相关企业数量的增加而下降,并且道具的平均成本或者价格也随之下降。劳动力成本曲线斜率为正,说明在电影企业集聚区内的企业数量越多,为获得适当的劳动力而展开的竞争也就越激烈,从而提高了电影从业者的工资,最终使电影产业成为劳动力成本较高的产业。U 型曲线代表企业的总成本,即道具成本与劳动力成本之和。该 U 型曲线说明当企业数量从 1 个变为 2 个时,道具成本的节约数量要大于劳动力成本增加的数量。此时市场上存在 2 位电影制作者,它们的总成本也因此达到最低点。超过该点劳动力成本增加的数量比道具成本节约的数量大,从而使得总成本曲线具有正斜率。

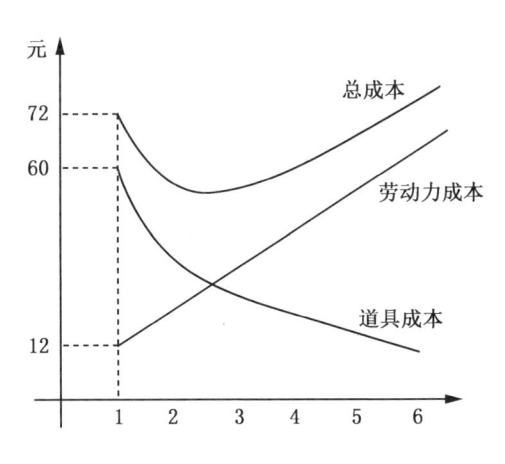

图 5-7 企业集聚与企业成本

图 5-8 描述的是电影企业的利润是如何随着电影企业集聚区内电影制作者的数量的变化而变化的。假定典型的电影制作者的固定收入是 82 元,其利润等于固定收

入减去道具成本和劳动力成本。发现企业利润曲线为倒 U 型,即随着企业集聚区内企业数量的增加,企业利润呈现先增加后下降的趋势。当电影集聚区内有 2 个相关企业,企业利润最大(b 点)。

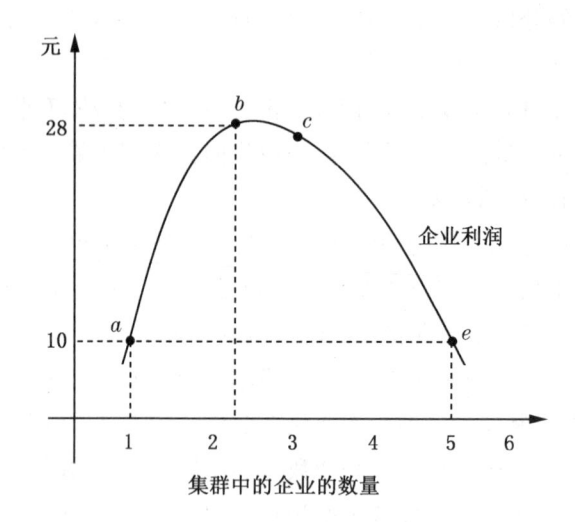

图 5—8　企业集聚与企业利润

图 5—9 描述了电影制作者的利润差是如何随着电影企业集聚区内电影制作者的数量的变化而变化的。利润差等于企业集聚区内的企业利润减去 1 个单独企业的利润。发现利润差是一条倒 U 型曲线,即随着企业集聚区内企业数量的增加,企业利润差呈现先增加后下降的趋势,反映出企业在低道具成本与高劳动力成本之间的权衡。当电影集聚区内有 2 个相关企业,企业利润差最大(B 点)。

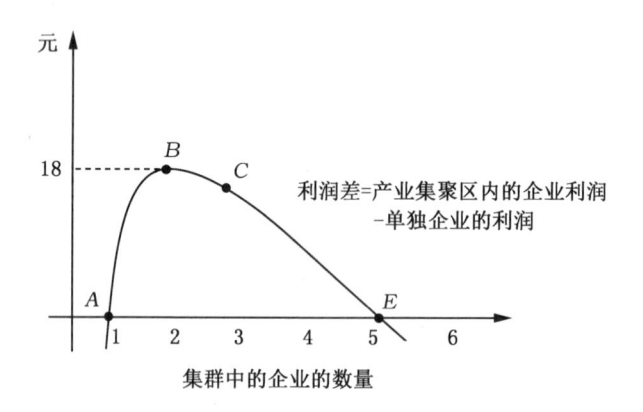

图 5—9　企业集聚与企业利润差

有多少电影制作者将进入这个企业集聚呢?假如电影企业的数量较大,初始时每个电影企业是独立的,它们赚取的利润均为 10 元(图 5—8,点 a)。这种分散制作电影的模式会持续吗?

假设有 1 家独立的电影企业在重新选择区位时,选择靠近另一家企业,从而形成一个包括 2 个企业的企业集聚(偶然事件)。正如图 5-8、图 5-9 所描述的,企业集聚内的每个企业都赚取 28 元的利润(图 5-8,点 b),或者赚取的利润比孤立企业高 18 元(图 5-9,点 B)。为获得这个较高的利润,那些仍然保持孤立的企业将有激励重新选择区位,并选择进入该企业集聚。该企业集聚内的第 3 个企业将获得 26 元的利润,相对于其在孤立状态下获得 10 元的利润,此时的利润差为 16 元。只要进入该企业集聚获取的利润为正,也就是说该企业集聚的区位要优于孤立企业所选择的区位,那么企业将持续进入该企业集聚。在稳定的均衡状态,企业集聚内有 5 个企业(图 5-9,点 E)。在该点上,每个企业赚取 10 元的利润,这与孤立企业赚取的利润相同。

上述分析体现了从分享中间投入品供给而获得的集聚经济,产生了自我强化效应。在这个例子中,电影企业对劳动力的竞争并没有分散和最小化劳动成本,但是通过形成企业集聚实现了规模经济。这个例子还说明了劳动成本上升将导致规模不经济,从而限制了企业集聚的形成。

总之,自我强化与企业集聚之间存在着相互促进的关系。企业集聚可以通过共享资源、提高效率和创新能力,进一步增强自我强化效应。而自我强化则可以通过共享经验和知识,促进企业集聚的形成和发展。这种相互作用有助于推动经济的增长和创造就业机会。

5.4 城市化经济的主导力量

在 5.3 小节,主要分析了产业内部的集聚经济效应,即地方化经济。这些地方化经济形成的是生产同类产品的企业集群。相反,城市化经济——一种被称作横跨多个产业的集聚经济——引起不同产业的企业向同一区域集中。同时,在它的推动下形成了不同类型的大城市(多样化城市),并使之得到发展。

就像前面已经提到的,引致地方化经济形成的四个集聚经济因素,同样也是促进城市化经济形成的主要诱因。本小节主要探讨城市化经济形成的原因。

5.4.1 分享中间投入品、劳动力储备和劳动力技能匹配

首先分享一下要素投入分享的概念。虽然一些中间投入品,例如纽扣,仅被一个特定的产业使用,但其他中间投入品则被不同产业的不同企业使用。例如,大多数企业都需要商务服务,例如银行、会计、建筑维护和保险。类似的,不同产业的企业都需要旅馆和运输服务。另外,企业还分享公共基础设施,例如公路、交通系统、港口和大学。通过分享这些中间投入品,选址于大城市的企业不仅可以选择不同种类的投入品,而且其支付价格也相对较低。

集聚经济的另一个来源是劳动力储备。回想一下,当每一个企业生产的产品和对劳动力的需求都有很大的差别,且该产业的总需求保持稳定时,劳动力储备的存在可以为集聚型企业带来更高的收益。因为同一产业内的企业聚集在某一区域,有利于促进工人从一个企业向另一个企业流动。当不同产业的需求出现变化,也就是一些产业的劳动力需求上升,而另一些产业的劳动力需求下降时,劳动力储备便促进了城市化经济的出现。

再分析一下劳动力技能匹配效应。在这一讲前面的分析中已经讨论过,城市工人总规模的扩大,提高了技术工人的密度,缩小工人的技能与企业技术要求之间的差距,减少了技能不匹配所带来的损失。就是因为一些技术可以应用于多个产业,劳动力技能匹配性的提高可使众多产业都从中受益。例如,许多产业中的企业都需要计算机程序员,而如果一个城市能够培养众多的程序员,以至于他们在城市内的密度非常高,那么这些产业中的企业都将从中受益。

5.4.2 知识溢出

地理上的相互邻近使得人们相互交换知识变得更加容易,这是知识溢出效应的基本特征。在知识溢出效应的影响下,新思想不断出现,不仅促进了新产品的生产,而且还可以创造出生产旧产品的新方法。一些知识溢出效应不仅出现在产业内部,而且经常跨越产业界限。一个生产多种产品的城市就是培育新思想的沃土,这些思想可以用于新产品的设计和生产。

Carlino 和 Hunt(2009)研究了决定专利跨区域影响的因素。在综合考虑专利数量及其重要性(该专利被其他专利引用的次数)之后,他们计算了专利强度相对于下面一些变量的弹性:一是就业密度(每平方英里拥有的就业岗位数量)。其弹性为 0.22,就业密度每提高 10%,专利强度将提高 2.22%。二是就业量。其弹性为 0.52,就业水平每提高 10%,专利强度将提高 5.2%。三是人力资本(受过高等教育的劳动力所占的比例)。其弹性为 1.05,受过高等教育的劳动力所占的比例每提高 10%,专利强度将提高 10.5%。四是公司规模。其弹性为 −1.4,公司平均规模每提高 10%,专利强度将降低 14%。显然,如果人们居住在一个竞争非常激烈的城市,他们将具有很强的创新偏好。

总之,知识溢出通过促进创新、人才吸引、企业集聚、创新生态系统和社交网络的形成,对城市化经济起到关键作用。这使得城市成为经济增长和发展的中心,吸引更多的人才和投资,推动城市繁荣和竞争力提升。

5.4.3 集团总部集聚与功能专门化出现

集团公司一般将总部设在城市内部,以使其能够分享城市化经济效应。企业管理人员执行着不同的任务,诸如制定开拓市场策略、为新工厂选址、组织法律诉讼和引导其他企业完成这些任务。企业集团在法律问题、会计、广告服务方面的支出大约等于他们工资支出的 2/3(Aarland et al.，2003)。

集团企业集聚在一起，还可以分享商业企业提供的服务。例如，由于企业从事的是大规模的生产活动，产品的销售必须依靠恰当的广告策略，因此，集团企业集聚在广告企业附近，可以较低的成本获得更专业化的服务。类似在上海浦东陆家嘴金融中心集聚着大量的专门提供金融和商业服务的企业，这些企业集聚的区域对那些大企业集团也形成了极大的吸引力。

在过去几十年中，城市的专业化功能已经有了根本性的改变。大城市在管理方面的专业化功能已经变得越来越显著，而小城市变得越来越专注于产品的生产。表 5—2 展示了不同人口规模都市区的专业化功能变化情况，主要通过管理工人与生产工人的比率进行衡量。

表 5—2　　　　　　　　　都市区的专业化功能的变化情况

人口	都市区范围内管理工人与生产工人的比率与全国范围内该比值的差距		
	1950 年	1970 年	1990 年
5 000 000～20 000 000	+10.2	+22.1	+39.0
1 500 000～5 000 000	+0.30	+11.0	+25.7
75 000～250 000	−2.1	−7.9	−20.7
67 000～75 000	−4.0	−31.7	−49.5

资料来源：Gilles Duranton and Diego Puga. From Sectoral to Functional Specialization[J]. Journal of Urban Economics，2005(57)：343—370.

由表 5—2 可知，在美国，过去 40 年间城市的专业化职能发生了显著变化。到 1990 年，最大型城市中管理工人与生产工人的比率，要比全国的水平高出 39%，这意味着最大型城市在管理功能上变得更加专业化。另一个极端的例子是，在最小城市中该比率要比全国的水平低将近 50%，表明小城市在生产领域的专业化程度很高。各城市专业化的程度所出现的差异，主要是远距离管理生产设备的成本降低造成的。企业装备更先进的设备后，设在大城市的集团总部可以同时控制多个生产企业，在集聚经济的影响下，这些企业集团获得了较低的生产成本。

5.5　城市化经济的其他好处

到目前为止，讨论了城市化经济的要素投入分享效应、劳动力储备效应、技能匹配效应和知识溢出效应，它们产生了较高的劳动生产率和较低的生产成本。在本小节，还将讨论与大规模经济相关的其他三个有利因素：为家庭提供更多的就业机会、为工人提供更好的学习环境和社会机会。

(1)夫妻双方的就业机会

大多数家庭有两个工人,他们拥有同一固定的居住地。换句话说,每个家庭都面临着两个劳动力供给问题。如果这两个工人的劳动技能与不同产业的需求相匹配,那么这个家庭将被吸引到多个产业混合集聚的区域。因此,双职工家庭劳动力供给进一步推动了不同产业的企业向同一个区域集聚。在解决双职工家庭劳动力供给问题上,城市一直扮演重要的角色。19世纪,采矿企业和金属加工企业(雇佣男性)常常靠近纺织企业(雇佣女性),每个产业都能从其他产业那里获得好处。当前,"实力派夫妇"(被定义为一对大学毕业生)更倾向于在大城市居住,在那里他们双方都可以获得更好的就业机会。

(2) 学习机会

城市规模化的另一个好处就是可以从城市内部获得更多的学习机会。人力资本常被定义为知识和技能,这些知识和技能是工人从正规教育、工作经验和社会交往中获得的。人力资本可以在模仿学习中得到提高,也就是说,观察其他工人,模仿其中劳动生产率最高的工人。大城市为工人提供了众多榜样,吸引工人们不断地去寻找学习机会。

城市中相互学习的事实可以用移居到该城市的工人赚取的工资数据来说明(Glaeser,1999)。城市工人工资较高,说明在该城市中工人具有较高的劳动生产率。但是,当一个工人刚从农村移居到城市中时,他并不能立刻获得较高的工资。而随着他通过学习不断提高自己的劳动生产率,其工资水平也在不断地提高。当工人离开城市时,他的工资水平不会倒退到他来城市之前赚取的工资水平,而且,他在城市中通过学习获得的较高的劳动生产率,将使他在城市以外的区域仍可以赚取较高的工资。换句话说,在城市中通过学习获得的技能,将使其在任何一个区域都可以赚取较高的工资。

(3) 社会交往机会

城市规模化的第三个收益来源于社会交往。事实上,人们喜欢与另外一些人交往,而大城市就为人们提供更多的进行社会交往的机会。

为了从社会维度分析城市,回想一下劳动力匹配模型。假如用社会兴趣替代劳动力技能:人们有不同的业余爱好、交谈话题和社会活动。另外,用于寻找具有相同兴趣的朋友网络的个人,替代那些雇佣具有高匹配性工人的企业。在社会兴趣匹配性模型中,大城市可以产生更高的兴趣匹配性,每个网络(类似于每个企业)都将成为一个社会兴趣的集合点。生活在城市中的居民可以有更多的机会去实现社会兴趣的匹配。

为了描述大城市社会收益的概念,假设你想成立一个读书俱乐部,来讨论你所喜欢的一本书。在一个小镇,你可能是唯一读过这本书的人。但是,在大城市可能有数千人读过这本书,或许不少人都渴望讨论这本名著。通过便捷的网络搜索能够发现,大城市有众多讨论不同话题的读书俱乐部,这进一步支持了大城市可以提供更好的社会匹配机制的观点。

参考文献

[1] Arthur O'Sullivan. Urban Economics (9th edition) [M]. McGraw-Hill Education Press, 2019.

[2] Masahisa Fujita. Urban Economic Theory: Land Use and City Size [M]. Cambridge University Press, 1989.

[3] Masahisa Fujita, Paul R. Krugman, Anthony J. Venables. The Spatial Economy: Cities, Regions, and International Trade [M]. MIT (Massachusetts Institute of Technology) Press, 1999.

[4] Masahisa Fujita, Jacques-Francois Thisse. Economics of Agglomeration: Cities, Industrial Location, and Regional Growth (2nd edition) [M]. Cambridge University Press, 2012.

[5] Ricardo D. The Principles of Political Economy and Taxation [M]. London: John Murray, 1817.

[6] Takayama A. International Trade [M]. New York: Hold, Rinehart & Winston, 1972.

[7] Koopmans P. Three Essays on the State of Economic Science [M]. New York: McGraw-Hill, 1957.

[8] Baumol W J, Oates W E. The Theory of Environment Policy [M]. Englewood Cliffs, NJ: Prentice-Hall, 1975.

[9] Goldstein G S, Gronberg T J. Economies of Scope and Economics of Agglomeration [J]. Journal of Urban Economics, 1987, 17(1): 549—594.

[10] Duranton G, Puga D. Nursery Cities: Urban Diversity, Process Innovation, and the Life Cycle of Products [J]. American Economic Review, 2001, 91(5): 1454—1477.

[11] Marshall A. Principles of Economics [M]. London: The Macmillan Press, 1890.

[12] Jacobs J. The Economy of Cities [M]. New York: Random House, 1969(5): 474—480.

[13] Fujita M. A Monopolistic Competition Model of Spatial Agglomeration: Differentiated Product Approach [J]. Regional Science and Urban Economics, 1988, 18(1): 87—124.

[14] Helsley R W, Strange W C. Matching and Agglomeration Economies in a System of Cities [J]. Regional Science and Urban Economics, 1990, 20(2): 189—212.

[15] Dixit A K, Stiglitz J E. Monopolistic Competition and Optimum Product Diversity [J]. American Economic Review, 1977, 67(3): 297—308.

[16] Vernon R. External Economies [M] // in Readings in Urban Economics, eds. by Edel M, Rothenberg J. New York, Macmillan, 1972.

[17] Helsley R, Strange W. Matching and Agglomeration Economies in a System of Cities [J]. Regional Science and Urban Economics, 1990, 20(2): 189—212.

[18] Dumais G, Ellison G, Glaeser E L. Geographic Concentration as a Dynamic Process [J]. Review of Economics and Statistics, 2002, 84(2): 193—204.

[19] Rosenthal S, Strange W. The Determinants of Agglomeration [J]. Journal of Urban Economics, 2001, 50(2): 191—229

[20] Carlino G A, Hunt R M. What Explains the Quantity and Quality of Local Inventive Activity? [J]. Working Papers 09—12, Federal Reserve Bank of Philadelphia, 2009.

[21] Aarland K, Davis J, Henderson J V, Ono Y. Spatial Organization of Firms: The Decision to

Split Production and Administration[J]. Working Papers 04—03,Center for Economic Studies,U. S. Census Bureau,2004.

[22] Glaeser E. Learning in Cities[J]. Journal of Urban Economics,1999,46(2):254—277.

[23] 陈跃刚,吴艳. 新型城镇化进程中产业空间布局[M]. 上海财经大学出版社,2020.

[24] 陈跃刚,王旭健,吴艳. 集聚经济视角下上海市高质量发展演化研究[J]. 城市发展研究,2022,29(12):101—111.

[25] 陈跃刚,张弛. 知识溢出对长江经济带电子信息产业集聚的影响研究[J]. 贵州社会科学,2020(2):136—145.

[26] 陈跃刚,张弛,吴艳. 长江三角洲城市群多维邻近性与知识溢出效应[J]. 城市发展研究,2018,25(12):34—44.

[27] 陈跃刚,邓肇隆,吴艳. 上海市南京西路企业的空间分布特征[J]. 城市问题,2017(3):87—95.

[28] 陈跃刚,吴艳. 我国知识服务业发展的因子分析[J]. 科学学与科学技术管理,2008(10):168—171+187.

[29] 吴艳,陈跃刚. 全球化与地方化引领都市圈企业集聚发展研究[J]. 江苏商论,2008(7):158—159.

[30] 陈跃刚,吴艳,高汝熹. 广域集群:世界级产业和企业的孵化器[J]. 经济问题探索,2008(7):126—129.

[31] 吴艳,陈跃刚. 国外高层次服务业空间分布的研究综述[J]. 科技进步与对策,2008(6):194—197.

[32] 陈跃刚,吴艳. 都市圈产业组织形式的研究[J]. 安徽农业科学,2008(7):2957—2958.

[33] 吴艳,陈跃刚. 都市圈产业发展政策制定机制研究[J]. 江苏商论,2008(1):148—149.

[34] 高汝熹,吴艳,陈跃刚. 纽约与上海市知识服务业比较研究[J]. 上海管理科学,2007(4):15—19.

[35] 吴艳,高汝熹,陈跃刚. 知识密集型服务业特征及空间布局研究[J]. 经济体制改革,2007(1):162—165.

[36] 甘筱青,陈跃刚,阮陆宁. 我国中部地区物流基础设施平台的发展研究[J]. 江西社会科学,2006(6):22—27.

[37] 陈跃刚,甘筱青. 选好主导产业 大力发展县域经济——以鹰潭市主导产业研究为例[J]. 金融与经济,2005(12):93—94.

[38] 陈跃刚,甘永辉. 我国产业间波及效应的探讨[J]. 南昌大学学报(人文社会科学版),2004(5):58—63.

[39] 苏婧,谢向伟. 集聚经济、绿色技术进步与环境污染[J]. 商业研究,2023(3):91—100.

[40] 鲍丽洁. 产业集聚空间外部性的微观经济学分析[J]. 商业时代,2012(6):121—122.

[41] 李高产. 城市集聚经济微观基础理论综述[J]. 城市问题,2008(5):46—52.

[42] 吴建峰,符育明. 经济集聚中马歇尔外部性的识别——基于中国制造业数据的研究[J]. 经济学(季刊),2012(2):675—690.

[43] 刘岳平,文余源. 劳动力池效应、知识溢出效应对劳动收入份额的影响——基于马歇尔产业集聚理论[J]. 云南财经大学学报,2015(6):3—12.

[44] 包晓雯,唐琦. 面向长三角经济一体化的陆家嘴CBD发展研究[J]. 上海经济研究,2016(12):28—35.

第6讲

效用曲线与城市规模

重庆是中国人口规模最大的城市,截至2021年,其人口超过3 562万,而人口规模最小的城市——海南省三沙市,仅有大约2 500常住人口。正如表6—1所示,大型及特大型城市的数量较少,中等规模的城市数量居多,而小城市的数量最多。

第6讲将探讨推动不同规模城市发展的经济动力,还将分析各城市的经济规模为何存在巨大差异——从专业化城市到多样化城市。

表6—1　　　　　　　　　　　中国城市规模分布(2020年)

人口等级	城市数量
超过1 000万人	7
500万~1 000万人之间	14
100万~500万人之间	84
50万~100万人之间	135
20万~50万人之间	254
20万人以下	189

6.1　效用与城市规模

第5讲详细阐述了集聚经济促使企业集群形成的过程。在第6讲中,将进一步探讨聚集经济对劳动生产率和工人工资的提升作用,从而使大城市的工人能够获得更高的收入水平。城市的增长过程中,较高的工资水平在一定程度上能够部分抵消大城市带来的若干负面影响,这些影响包括交通拥堵、高密度人口聚集、拥挤程度增加以及环境污染等问题。为权衡利弊得失,需要解决的关键问题是:城市规模(人口)的增长是如何影响典型工人的效用的呢?

6.1.1 大城市的成本与收益

将从探讨城市规模与典型工人效用水平之间的关系入手。假设城市的生产在一个孤立的地点进行，工人从住宅区乘交通工具到达这个生产中心。先分析大城市所带来的收益，然后再分析成本。

根据前一讲的讨论，集聚经济使得企业能够共享要素投入、劳动力储备、技能匹配和知识溢出，从而提高了劳动生产率。在一个充分竞争的劳动力市场中，企业之间的竞争确保了工人的工资直接反映其劳动生产率，因此，大城市的工人通常享受较高的工资水平。为了说明工资水平与城市规模之间的关系，提供了表6—2中的简单示例。在表6—2的第二列中，工资随着城市规模的增长以递减的速度增加。这引出了一个假设：聚集经济减缓了城市的增长速度（集聚经济的增长率下降），即劳动生产率随着城市劳动力总人数的增加而提高，但增长速度递减。

表6—2 效用与城市规模

工人总数 （百万）	工资 （元）	劳动收入 （元）	通勤成本 （元）	效用 （元）
1	20	160	15	145
2	25	200	30	170
4	27	216	64	152

为了简化分析，假设人口增长的成本仅体现在通勤时间的增加上。同时，通勤时间的增加会导致休闲时间减少，可以通过计算休闲时间减少所引起的货币损失来衡量。表6—2的第四列数字显示，通勤成本随着城市规模的扩大而增加。当工人数量从100万增加到200万时，他们的通勤成本也翻倍增长，从每天15元增加到30元。继续翻倍增长工人数量将导致通勤成本以高于两倍的速度增加（集聚经济的增长率上升）。

表6—2中的最后一列数字反映了典型工人的效用水平。在此将效用定义为：收入减去由于增加的通勤成本导致的休闲时间价值损失。假设每个工人每天工作8小时，他们的收入就是8小时的工资。当从一个100万人口的城市搬迁到200万人口的城市（由于劳动生产率的提高）时，工资的增加与通勤成本的增加有显著的相关性，因此效用水平从145元提高到170元。在图6—1中，可以用效用曲线从S点到M点的区间来表示这种变化。换句话说，集聚经济效应的影响高于由于通勤成本增加而导致的规模不经济，因此整体效用水平提高。相反，当工人数量从200万增加到400万时，每个人的效用水平都会下降，这是因为集聚经济效应低于由于通勤成本增加而导致的规模不经济。在图6—1中，当工人数量为200万人时，城市的效用水平达到了效用曲线上的170元位置。

170 ─ ─ ─ ─ ─ ─ M
152 ─ ─ ─ ─ ─ ─ ─ ─ ─ ─ ─ ─ H
145 ─ S

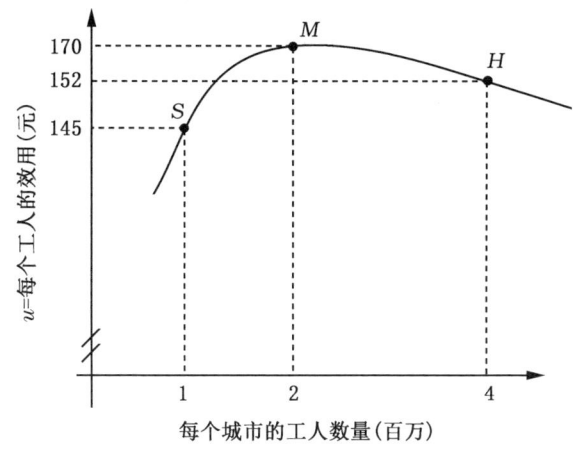

图 6—1　效用与城市规模

（纵轴：u=每个工人的效用（元）；横轴：每个城市的工人数量（百万），标值 1、2、4）

6.1.2　城市内部的区位均衡、土地租金与效用

目前还没有考虑城市内部工人的区位决策所产生的影响。假设一个 200 万人口的城市（可用图 6—1 中的 M 点表示），工人需要在不同的居住地与城市生产中心之间通勤。显然，工人的通勤成本存在较大的差异。

在这种情况下，通过调整住宅土地价格，可以使居住在不同区位上的居民的效用水平具有无差异性。

由于集聚经济和较高的通勤成本，城市规模的扩大会提高工资水平。只要集聚经济效应显著，效用水平就会随着城市规模的扩大而提高。当集聚经济效应低于由通勤成本增加所导致的规模不经济时，效用水平将随着城市规模的扩大而降低。

表 6—3 描述了不同的通勤成本直接引致土地租金的差异。来比较一下有两个工人的情况会发生什么。第一个工人居住在生产中心附近，他没有通勤成本，而第二个工人的通勤成本为 15 元。假设在生产中心居住的工人需要支付 35 元的租金，按照相同的逻辑，居住在距离生产中心 10 公里处的工人仅需支付 10 元的土地租金。由于土地租金的变化可以抵消通勤成本差异所带来的效用损失，因此，在城市中三个居住区居住的工人的效用水平具有无差异性（如表 6—3 中的最后一列所示）。

表 6—3　城市内部的通勤成本、土地租金与效用

通勤距离（公里）	通勤成本（元）	土地租金支出（元）	劳动收入（元）	租金收入（元）	效用（元）
0	0	35	100	20	85
5	15	20	100	20	85
10	25	10	100	20	85

为了简化所讨论的问题,假设工人自己拥有土地,土地租金在所有城市工人之间平均分配。平均土地租金为 20 元(距离城市中心 5 公里处的工人将支付 20 元的租金)。正如表 6-3 中的第 5 列所示,每个工人都可以获得 20 元的土地租金收入。对于每个距离市中心 5 公里的工人来说,他支付的土地租金等于其获得的土地租金收入。但是,居住在城市中心的工人,其土地租金支出要高于土地租金收入,而在距离城市中心 10 公里处居住的工人的情况正好相反。表 6-3 中最后一列数字表明,在城市中不同区位上居住的工人具有相同的效用。可以用下列公式定义工人的效用:

$$效用 = 劳动力收入 + 土地租金收入 - 通勤成本 - 租金支出$$

每个工人赚取的总收入是 120 元(劳动力收入加上租金收入)。为了达到区位均衡,不同的通勤成本正好弥补了土地租金支出上的差异。因此,在不同区域居住的工人将获得相同的效用,即 85 元。

6.2 城市系统

可以用效用曲线来揭示一个区域的劳动力是如何在不同城市间进行分布的。然而,问题是,一个区域是否有大量的小城市或者少量的大城市存在,或者在这两种极端情况之间。现在考虑一下,如果一个区域的劳动力总人数是 600 万人,则他们有三种可能的分配模式:

模式 1:A,B,C,D,E,F 一共 6 个城市,每个城市拥有 100 万劳动力。
模式 2:D,E,F 一共 3 个城市,每个城市拥有 200 万劳动力。
模式 3:E,F 一共 2 个城市,每个城市拥有 300 万劳动力。

6.2.1 城市规模不能极小化

通过图 6-2 来探讨不同分配模式的可行性。首先,考虑 6 个拥有 100 万人口的城市的情况。在图 6-2 中,点 S 表示每个城市中的工人都获得了 59 元的效用。这个配置是否构成一个稳定的均衡状态?此外,工人是否有从一个城市迁移到另一个城市的动力?

为了证明这 6 个城市的分布结果是不稳定的,可以推测一下,如果有部分工人从城市 A 迁移到城市 D,会出现什么情况呢?在这种情况下,城市 D 的就业人数将增加,整体效用曲线将向上移动,工人的效用水平将提高到例如 60 元。与此同时,城市 A 的就业人数将减少,效用曲线将向下移动,工人的效用水平将降低到例如 58 元。换句话说,当工人从城市 A 迁移到城市 D 时,会产生 2 元的效用差异,这将激励更多工人从城市 A 迁移到城市 D。由于效用曲线在邻近点 S 时具有正斜率,劳动力流动过程具有自我强化的特征。随着工人迁移数量的增加,城市间的效用差异也会增加,从而进一步促使劳动力在城市间流动。例如,如果城市 D 的就业人数增加到 120 万,城

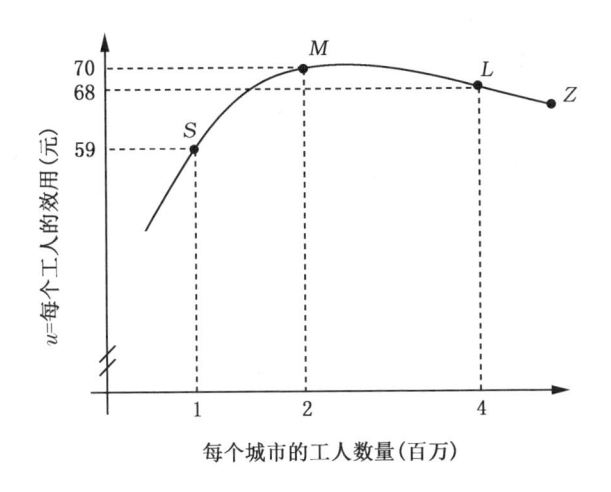

图 6-2 城市规模效用曲线

市 A 的就业人数将减少到 80 万，在城市 D 中工人将获得 61 元的效用，而在城市 A 中工人将获得 57 元的效用。

上述现象将会导致所有的人都将从城市 A 迁移到城市 D，城市 A 将消失。

在拥有 200 万劳动力的城市里，每个工人获得的最大效用水平可以用效用曲线上的 M 点表示。因此，一个拥有 600 万劳动力的区域，其内部的三个城市的效用水平都达到了最大化，其中每个城市都拥有 200 万劳动力。6 个小城市的分配模式（S 点）是不稳定的，因为效用曲线具有正斜率；而两个大城市的分配模式（L 点）是稳定的，因为效用曲线具有负斜率。

自我强化迁移的逻辑同样可以应用于本区域的其他城市。假设城市 A、B 和 C 的规模缩小，最终消失，而城市 D、E 和 F 的规模扩大，最终每个城市的规模都会翻番。在这种情况下，工人的效用水平将位于图 6-2 中的 M 点，该区域内每个城市都将有 200 万就业人口，工人的效用水平将达到 70 元。因此，3 个城市的划分模式是最好的结果，在该划分模式下工人可以获得最高的效用。

6.2.2 城市规模可以极大化

如果仅存在少量的大城市，将会发生什么情况呢？假设该区域有 2 个大城市，每个城市拥有 300 万就业人口。在图 6-2 中，每个城市的起始点可以用 L 点表示。每个城市（E、F）都有 300 万就业人口，工人获得的效用水平为 68 元。对本区域所有的工人而言，该效用水平要比最高的效用水平低。那么，两个城市的划分结果是一个稳定的均衡吗？

为了解释该城市的发展模式是一个稳定的均衡，可以考虑一下工人从城市 E 向城市 F 迁移将产生的影响。在此情况下，城市 F 的就业人口会不断增加，城市效用水平沿着效用曲线斜率为负的部分向下移动（从 L 点移向 Z 点），达到一个较低的效用水平。同时,城市 E 的就业人口将减少,该城市的效用水平将沿着效用曲线向上移动,达到一个较高的效用水平。换句话说,工人的流动导致 2 元的效用差距,但是在相对较小的城市,其效用水平要更高一些,而在较大的城市则相反。

在这种情况下,工人的迁移行为将发挥自我调整的作用,而非自我强化的作用,从而产生相反的结果。当工人迁移到新城市时,他们可能会面临较低的效用水平,因此会对自己的迁移行动感到后悔,并有可能返回原先工作的城市。与此同时,大城市中的其他工人也会经历较低的效用水平,低于他们在较小城市中获得的效用水平,这将刺激他们外迁。结果就是工人们相互交换位置,与最初的迁移者发生调换。无论发生哪种情况,迁移行为都会产生相反的结果,最终使得城市 E,F 的就业人口和效用水平回到初始状态。

为什么在这种情况下小城市具有不稳定性,而大城市则具有稳定性呢?可以通过效用曲线来解释。小城市的效用曲线呈正斜率,这是因为聚集经济效应大于由交通成本增加带来的规模不经济性。当工人迁移后,他们的效用会提高,因为新城市规模更大且效率更高,而留下的工人的效用会降低,因为他们仍然生活在小城市中。相反,大城市的效用曲线呈负斜率,这是因为聚集经济效应小于由交通成本增加带来的规模不经济性。由于新城市规模过大且缺乏效率,迁移后的工人将获得较低的效用,而留下的工人的效用反而会提高,因为他们现在生活在相对较小且更有效率的城市中。

根据上述分析,可以得出一个一般性规律,即城市规模通常趋向过大而非过小。如果某个区域至少有一个城市,其效用水平位于效用曲线斜率为正的部分,就会带来城市过小规模的负面影响。这将引发一种自我调整的迁移现象,逐渐导致小城市消失,同时促进其他城市的发展。而当城市规模过大时,这种自我调整效应将不会出现,因此大城市将继续保持低效状态。

6.3 专业化城市与多样化城市

多样化城市(diverse cities)鼓励创新,而专业化城市(specialized cities)更容易提高生产效率。地理位置上的相互邻近可以分享中间投入品、劳动力储备、劳动力匹配效应和知识溢出,Marshall 外部性可以提高劳动生产率,地方化经济促进了专业化城市的发展(Fujita,1988;Helsley and Strange,1990)。横跨多个产业的集聚经济除了促进企业总部集聚和城市功能专门化之外,其引致的差异性和多样化还有利于探索新产品的生产流程、实验不同的生产工艺,Jacobs 外部性有助于孵化创新,城市化经济促进了多样化城市的发展(Duranton and Puga,2001)。

事实上,专业化城市和多样化城市具有互补性,多样化城市和专业化城市在产品生命周期中扮演不同的角色。多样化城市有种类繁多的产品和生产流程,为新思想的创造提供了肥沃的土壤,这些新思想可以用于指导新产品的生产。一旦企业发现了理想的生产流程,其在多样化城市内获得利润就会减少,因此企业开始向专业化城市迁移,在那里地方化经济可以使企业面临较低的生产成本。

根据 Henderson(1974),在美国中小城市中,专业化经济似乎更为普遍;在 1970 年美国 243 个标准都市统计区,大约一半的城市专业化特定的产业。

城市在经济领域的发展既可以选择专业化经营,也可以选择多元化经营以生产多种混合的产品。一个区域通常包含多种类型的城市,其中既包括高度专业化的城市,也包括高度多样化的城市(Henderson,1988)。地方化经济的存在促进了专业化城市的发展,而城市化经济的存在则推动了多样化城市的发展。

实际上,专业化城市和多样化城市是互补的,在市场经济中分别扮演不同的角色。许多企业最初会在综合性城市中发展,然后再迁移到专业化城市。多样化城市能够培育出大量新思想和积累新经验,因此它们可以被称为创新型企业的实验室,为这些企业提供服务。当企业决定进行产品设计和产品生产时,选择在专业化城市进行生产会更加高效,可以充分利用地方化经济的优势。换句话说,多样化城市鼓励创新,而专业化城市更容易提高生产效率。

可以借助 Duranton 和 Puga(2001)提出的模型来探讨城市在创新和生产中的作用。让考虑一家企业正在探索新产品的生产流程,并通过试验不同的生产工艺最终找到理想的工艺。一旦达到这一点,企业将能够迅速进行大规模生产并开始盈利。现在问题是,企业应该在多样化城市还是专业化城市进行选址?

首先,让考虑企业在多样化城市进行实验,直到找到理想的生产工艺,然后转向专业化城市。企业需要在实验室中使用特定的生产工艺来制造新产品的样板。假设有 6 种潜在的生产工艺可供选择。在多样化城市中,企业会发现许多其他企业正在使用这些工艺进行生产。因此,该企业可能会模仿这些企业并使用其中一种工艺来生产产品。另外,假设企业需要花费三年的时间来找到理想的生产工艺。一旦企业发现理想工艺,它将迁移到专业化城市,并开始实现盈利。

另一种情况是企业直接在专业化城市寻找理想的生产流程。在做出决策时,企业需要权衡各种因素。有利的因素是较低的样板生产成本。在专业化城市中生产产品样板的成本较低,因为每个城市都提供了专业的生产资源。不利的因素是较高的迁移成本。为了寻找理想的生产流程,企业需要从一个专业化城市迁移到另一个城市。通常情况下,采取这种策略的企业需要进行三次迁移,而不是仅在多样化城市进行一次迁移。如果企业的迁移成本高于在样板生产中节省的成本,那么选择在专业化城市进行实验的企业将获得较低的利润。

这个实验模型展示了多样化城市和专业化城市在产品生产周期中的角色。多样化城市拥有多样的产品和生产流程,为新思想的创新提供了肥沃的土壤,这些新思想可以指导新产品的生产。一旦企业找到理想的生产流程,它在多样化城市中的利润会减少。因此,企业开始迁移到专业化城市,利用地方化经济来降低生产成本。

6.4 城市规模的差异

表6-1显示了中国城市规模存在巨大的差异。其他国家的城市规模也存在类似的情况。本节将主要探讨地方化经济和城市化经济在决定城市规模过程中发挥的作用,还将探讨消费品在城市发展中的作用。

6.4.1 地方化经济与城市化经济的差异

图6-3显示了一个区域经济体内三种不同类型城市的效用曲线。在图6-3中,可以看到左侧的效用曲线代表具有地方化经济特征的产业,这些产业雇佣相对较少的劳动力。在这种情况下,随着交通成本的增加,不经济效应超过了聚集经济效应,因此最优的城市规模必然较小。中间的效用曲线代表专业化城市,这些城市具有显著的地方化经济效应,因此最优的城市规模必然较大。最后,右侧的效用曲线代表具有显著城市化经济效应的城市,这些城市必然有相对较大的最优规模。

区位均衡要求该区域所有城市的工人获得相同的效用水平,这意味着三个城市中的所有工人必须享有相同的效用。假设该区域共有1000万就业人口。在图6-3中,不同城市规模的均衡点分别用s、m、b表示。u^*表示这三个城市具有相同的效用水平,每个城市的就业人口相加等于该区域的总就业人口数量(1000万人)。根据之前的分析,这是一个稳定的均衡状态,因为每个城市都处于效用曲线的负斜率部分。

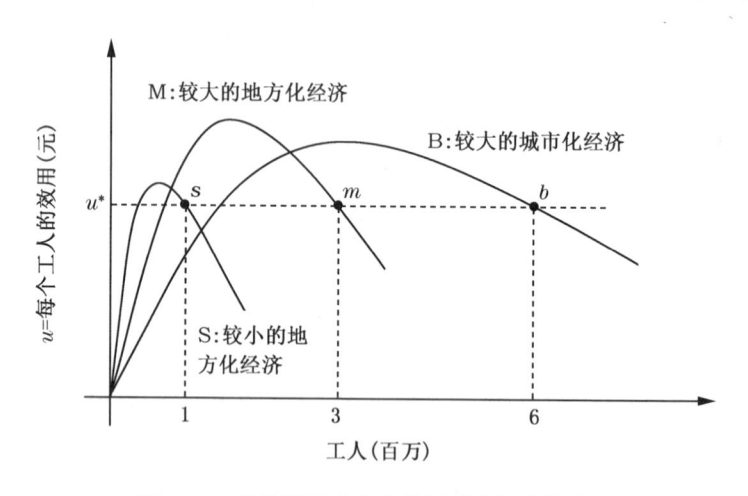

图6-3 从集聚经济角度分析城市规模的差异

城市S有较小的地方化经济,它的最优人口比城市M小,而城市M有更大的地方化经济。城市B有较大的城市化经济和较多的人口。点(s,m,b)显示了一个可能的均衡,此时所有居民都获得相同的效用水平u^*,各城市的人口分别为100万(城市S)、300万(城市M)、600万(城市B),这些城市的人口加起来共计1000万,是该区域的总人口数量。

6.4.2 本地产品与城市规模

迄今为止的讨论主要集中在地方化经济和城市化经济对就业的影响上,并未深入分析城市经济中的消费问题。然而,可以区分不同产业的就业规模,其中既包括将其生产的产品输出到其他城市以供其居民使用的产业,也包括将其生产的产品在本市销售以供本市居民使用的产业。举例来说,沈阳市生产的汽车主要销往其他城市,而沈阳市生产的水饺主要向本市居民销售,大部分理发店和食品杂货店也是如此。总而言之,一个城市的就业规模等于产品输出部门的就业量与为本区域提供服务的经济部门的就业量之和。

不论是大城市还是小城市,都可以购买到本区域生产的一些产品。如果人均需求量与生产规模经济有密切关系,即使在小城市,也能够产生足够的需求来支持该产业的发展。例如,几千名居民就可以支持一个理发师的存在,因此即使在小城市,至少也需要一位理发师。同样,几千名居民就可以支持一家特色饭店的存在。因此,即使是小城市也可以拥有几家特色饭店以及与餐饮业相关的就业岗位。当然,在大城市中,理发需求更多,就餐需求更大,因此会有更多的理发师和餐饮业员工。实际上,可以预期,随着城市规模的增大,理发师和餐饮业员工的数量也会相应增加。

然而,一些地方性产品只能在大城市中获得。如果人均需求量与生产规模经济没有显著关联,那么只有大城市才能产生足够大的需求,以支持生产该产品的企业发展。例如,音乐会的人均需求量相对较小,因此需要100万人才能支持一个音乐剧院的存在。这导致在大城市可以找到几家音乐剧院,但在小城市则找不到。类似地,外科手术的人均需求量与规模经济无明显关联,因此只能在大城市进行。

大城市拥有更丰富的消费品种类。在大城市,消费者可以购买到小城市销售的任何产品或服务,还可以购买到小城市无法提供的产品或服务。实际上,小城市居民可以前往大城市旅行,购买在自己城市无法得到的产品。相反,大城市居民可以购买到他们所需的任何产品,因此很少前往小城市旅行。

6.4.3 本地型就业规模与城市间的差距

图6-4展示了不同城市之间本地型就业规模和出口型就业规模的差异。假设一个城市的出口型就业人口为100万,每个出口型就业岗位会带动0.5个本地型就业岗位。这样,该城市的总就业人口将是出口型就业人口的1.5倍,即总就业人口为150万(100万出口型就业岗位+50万本地型就业岗位)。假设某城市的出口型就业人口为300万,每个出口型就业岗位会带动1个本地型就业岗位。根据图6-4,该城市的总就业人口将为600万(300万出口型就业岗位+300万本地型就业岗位)。最后,假设某城市的出口型就业人口为600万,每个出口型就业岗位会带动2个本地型就业岗

位。在这种情况下,该城市的总就业人口将为1 800万(600万出口型就业岗位＋1 200万本地型就业岗位)。

根据图6-4,本地型就业规模扩大了城市人口之间的差异。小城市的总就业人口增加了0.5倍(从100万增加到150万),中等城市的总就业人口增加了1倍(从300万增加到600万),而大城市的总就业人口增加了2倍(从600万增加到1 800万)。综合考虑各种就业类型,大城市的总就业人口将是小城市的就业人口的12倍,远远超过仅考虑本地型就业人口时的6倍。这种现象发生的原因是大城市具有强大的消费能力,能够支持多种产品的生产和消费。

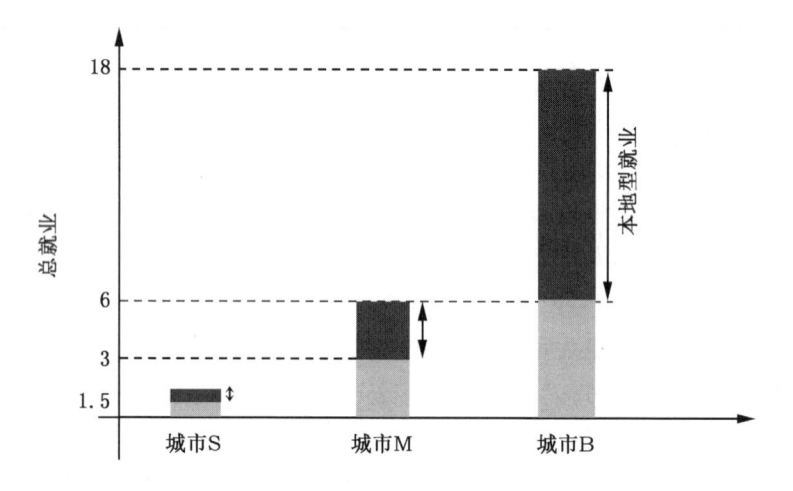

图6-4 本地产品的引入扩大了城市间的差距

引入本地消费者后,不仅城市间出口型就业规模的差距在扩大,而且各城市的人口规模差距也在扩大。小城市人口数量增加了0.5倍,而中等城市人口数量增加了1倍,大城市人口数量增加了2倍。

6.5 城市规模分布

表6-4描述了中国城市规模分布。发现东部区域超大城市、特大城市和大城市数量最多,中部次之,西部数量最少。

表6-4 中国城市等级规模分布(2018)

区域	超大城市 ≥1 000万人	特大城市 500万～1 000万人	大城市 100万～500万人	中等城市 50万～100万人	小城市 ≤50万人
北京	1				
天津	1				
河北			6	5	22

续表

区域	超大城市 ≥1 000万人	特大城市 500万~1 000万人	大城市 100万~500万人	中等城市 50万~100万人	小城市 ≤50万人
辽宁		1	3	9	17
上海	1				
江苏		1	9	5	20
浙江		1	4	7	18
福建			3	2	16
山东		1	9	9	25
广东	2		6	10	23
海南			1	1	7
广西			2	3	17
东部区域	5	4	43	51	165
山西			2	5	15
吉林			2	2	25
黑龙江			3	5	23
安徽			3	9	11
江西			2	5	15
河南		1	3	10	24
湖北		1	1	7	27
湖南			3	10	17
内蒙古			2	3	15
中部区域	0	2	21	56	172
重庆		1			
四川		1	5	9	20
贵州			2		13
云南			1	1	21
西藏				1	5
陕西		1	1	4	10
甘肃			1	1	15
青海			1		4
宁夏			1		7
新疆			1		27
西部区域	0	3	13	16	122

6.5.1 等级规模法则

地理学家和经济学家已经估计出城市等级与城市规模之间的关系,两者之间可能存在以下关系:对任何一个城市来说,城市等级乘以人口数量是一个常数。

换句话说,如果最大城市(等级1)有1 500万人口(1 500×1=1 500万),第二大的城市将有750万人口(750×2=1 500万),而第三大城市将有500万人口(500×3=1 500万),以此类推。

Nitsche(2005)利用世界各国的数据对城市等级规模关系的29项研究结果进行了分析,他假设存在如下关系:

$$等级 = C/N^b$$

其中,C是常数,N代表人口,指数b可根据等级和人口的数据进行估计。如果$b=1.0$,可以很容易理解等级规模法则。在Nitsche的研究中,他所估计的b值中,有2/3介于0.80和1.20之间,其中值为1.09。这与早期跨国研究的结论是一致的,这些跨国研究的文献一般认为b值为1.11~1.13。换句话说,城市经济学意义上的城市,常常忽略行政边界,它是以特定城市经济体中的城市人口来划分的。实际上,经济学意义上的城市经济体可以被定义为都市区(例如粤港澳大湾区),它包括中心城市(行政中心)及周边所有的社区。为研究城市等级规模法则,使用经济学意义上的城市定义,而不是行政意义上的定义。b的估计值为1.02,它更邻近城市等级规模法则所给定的人口均匀地分布在各个城市,比等级规模法则预测的要更均匀一些。

6.5.2 城市巨人:大城市难题

根据任成好计算得到的中国288个地级市的城市病指数,可以对中国城市病的整体发病率、不同发病症状和分布特征等现状建立基本认知。图6−5为所有城市的综合城市病指数按照由高到低的顺序排列,由图6−5可知中国城市中城市病严重程度极高和极低的情况都较少,综合指数大于0的城市约为50%。但是需要注意,图6−5中的城市病综合指数是由3种典型城市病症状(交通拥堵、资源短缺和环境污染)指数加总后得出的,不少城市可能只出现了1种或2种城市病症状,并不同时具备3种典型症状,因此在计算综合指数过程中正负相抵,最终得分不高。为了避免上述计算方式构成的干扰,分别计算3种城市病症状的发病率:交通拥堵发病率51.74%;资源短缺发病率50.35%;环境污染发病率39.93%。没有出现任何一种典型大城市病症状的城市个数为43个,占全部288个地级市的14.93%。也就是说,全国超过85%的城市存在不同程度的城市问题。

超大城市的特殊性就在于其规模超大。一方面,由于外来人口过多、人口规模过大,使得城市空间压力增大,环境污染、交通拥堵、房价暴涨、犯罪增加等"大城市病"更为严重。而且外来人口与本市居民之间的这些显性差异,可能引发社会摩擦,造成社

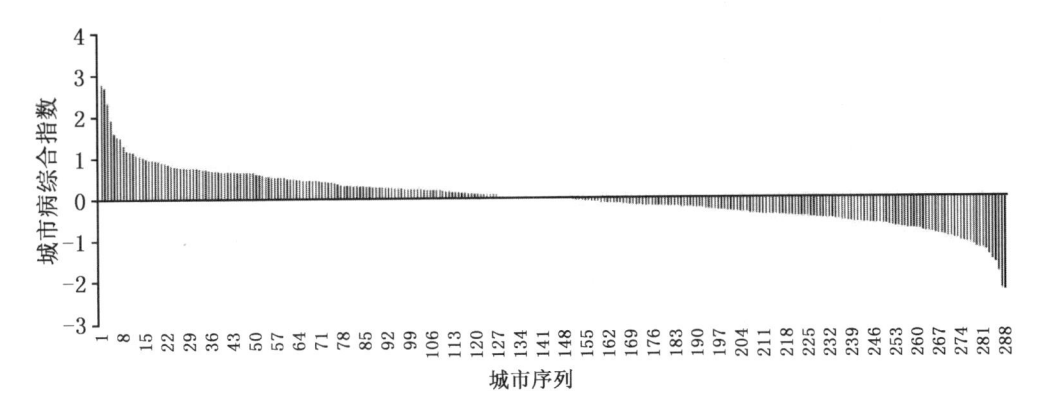

图 6—5 综合城市病指数

会不稳定;另一方面,因为超大城市人口、经济高度集中,一旦发生巨大地震与遭受严重的恐怖袭击等天灾人祸,会造成更大的损失。

6.6 城市层级系统

中心地理论由 Christaller(1966)发展起来,此前的 Losch(1954)还对该理论进行了提炼式的讨论。中心地理论描述了不同产业的区位模式,是如何组合形成一个既有少量的大城市又有众多小城市的区域性城市系统的。中心地理论的研究对象是不同产业中各企业的市场区域,该研究对象也是中心地理论的研究起点。如果生产领域的规模经济相对于人均产品需求是足够大的,则每个企业都将需要一个相对大的区域去销售其生产的大量产品。例如,脑外科手术的人均需求非常低,脑外科手术需要的专业工具则是按照规模经济进行生产的。其结果是,脑外科中心在一个大的区域吸收该类病人,该中心也会选址在一个大城市。相反,理发店的人均需求相对其规模经济而言是高的,因此一个理发店所能影响的区域相对较小,甚至小城镇至少拥有一个理发店。

考虑一个拥有三种消费品的区域:书、匹萨饼、珠宝。该区域有如下特征:

(1)人口密度

初始的人口是均匀分布的,该区域的总人口是 80 000 人。

(2)没有购物的外部性

购物的外部性常发生在购买互补品(一站式服务)和不完全替代品(边比较边采购)的情况下。简化的中心地理论假定不存在购物的外部性。

(3)到处存在的投入品

所有投入品都可以在任何地点以相同价格获取。

(4)相同的需求

在整个区域内,对于每一种产品的人均需求都是相同的。

(5)商店的数量

这3种商品的人均需求量和规模经济均不同。

珠宝:相对于人均需求而言,其拥有较大的规模经济。每个珠宝店需要一个拥有80 000人口的市场来支撑,而一个珠宝商的服务范围则是整个区域。

书籍:相对于人均需求而言,其规模经济处于中等水平。每个书店需要辐射拥有20 000人口的区域,因此,在这个区域共有4个书店。

匹萨饼:相对于人均需求而言,其规模经济处于较低水平。每个匹萨店需要辐射拥有5 000人口的区域,因此该区域将有16个匹萨店。

在中心地理论模型中,企业基于它们的区位决策来获取特定的消费者。由于在所有区位企业拥有相同的生产成本(投入品是到处存在的),珠宝将通过最小化出行成本使总成本最小化。由于人口密度是相同的,通勤成本在区域中心处达到最低,因而珠宝商将在这里选址。一个城市将在珠宝店周边发展起来。珠宝企业的工人将居住在珠宝店附近,这样可以节省通勤成本。珠宝商附近的人口密度将提高,进而在该区域中心形成一个城市(人口密度较高的区域)。在图6—6中,一个城市在点 L 处发展起来。

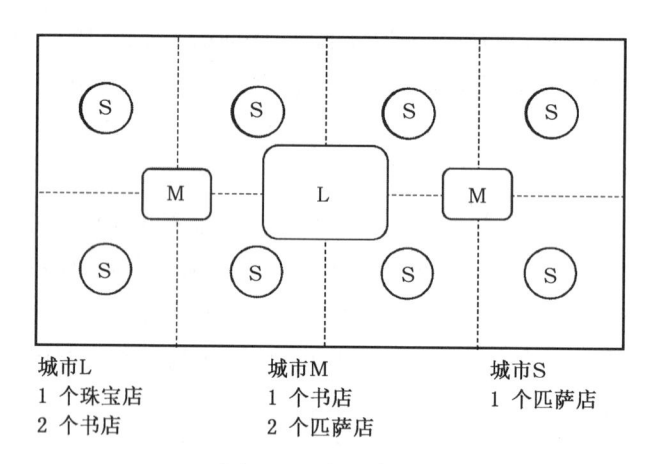

城市L
1个珠宝店
2个书店

城市M
1个书店
2个匹萨店

城市S
1个匹萨店

图6—6 中心地层级

在这个区域内有11个城市:1个大城市(L)、2个中等规模城市(M)、8个小城市(S)。在大城市有更多种类的商品出售。

书店使一个区域划分为多个市场,并带动其他城市的发展。如果一个区域的人口密度是相同的,书店将把整个市场划分为4个相同的部分。然而,在该区域的中心有一个围绕珠宝店建立起来的城市,因此在城市L将有足够多的需求来支撑一个以上书店的运营。假设城市L位于该区域的周边区域,该城市有足够的消费者来支撑2个书店的运营。那么,另外2个书店将剩余的区域分成2个市场区。在图6—6中,在M区域发展起来2个以上的城市。

匹萨饼店也将把该区域划分成不同的市场区,由此带动了更多城市的发展。上面谈及的城市大多数在珠宝店和书店周边发展起来的,这些城市有较高的人口密度。那么在城市 L 和 M 中匹萨店的数量将超过 1 个。例如,假设城市 L 的人口数量足以支撑 4 个匹萨店(20 000 人),每个城市 M 有足够的人口支撑两个匹萨店(10 000 人)。最终在城市 L 和 M 中将有 8 个匹萨店,其他市场区域也将被这些匹萨店划分,并逐步变成上述 8 个匹萨店所控制的市场区。如图 6—6 所示,8 个匹萨店也在其他附属城市(用 S 代表)销售匹萨。

这个矩形的区域共有 11 个城市。位于区域中心的大城市(L)销售珠宝、书和匹萨。城市 L 有 20 000 人口,这意味着它拥有的人口数量足以支撑 4 个匹萨店(每个匹萨店需要 5 000 人口)。这个城市向来自周边 4 个城市 S 的消费者出售书籍,因此其覆盖的消费者数量是 40 000 人[20 000 人口来自城市 L+20 000 人口来自周边的 4 个城市 S(4×5 000=20 000 人口)],这些人口足以支撑 2 个书店。

2 个中等城市 M 出售书籍和匹萨,每个城市 M 都有 1 万人口,这意味着每个城市足以支撑 2 个匹萨店。每个城市还向周边 2 个城市 S 的消费者出售书籍。因此,每个城市 M 面对的购书的消费者总数是 20 000 人[1 万人来自城市 M+2 个城市 S 的 10 000 人(2×5 000=10 000 人)],这些人口足以使每个城市 M 有一个书店。

每个城市 S 拥有 5 000 人口,说明每个城市可以支撑 1 个匹萨店。

图 6—7 描述了该区域内城市规模的状况。纵轴度量的是城市规模(人口),横轴度量的是城市等级。最大城市 L 有 20 000 人口,第二、第三大城市 M 均有 10 000 人口,第四大城市到第十一大城市均有 5 000 人口。

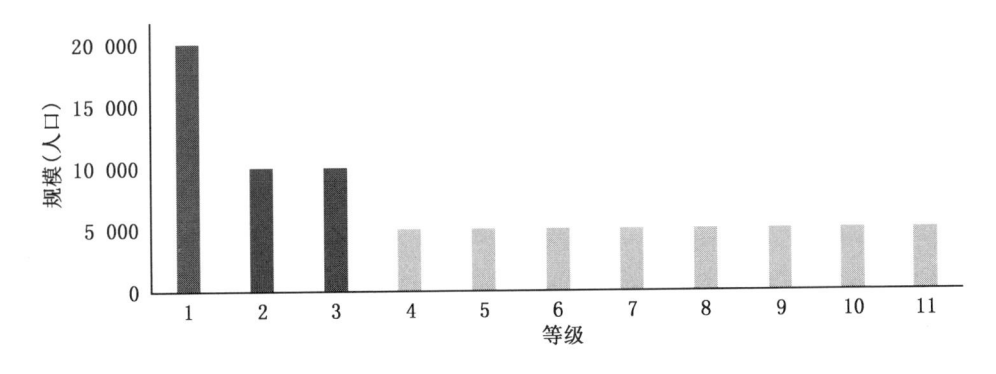

图 6—7 简单的中心地理论模型中城市规模的分布

这个简单的中心地理论模型给出了一个城市层级系统。有三个差异较大的城市:L(高等级)、M(中等级)、S(低等级)。城市规模越大,出售的商品种类也就越多。每个城市需要从高等级城市进口商品,并向较低等级的城市出口商品。相同等级的城市间的相互联系较少。例如,城市 M 从城市 L 那里进口珠宝的同时,向城市 S 出口书籍,但是它并不与同等级的城市 M 有直接的联系。类似地,城市 S 从大城市进口珠宝和书籍,但它与同类型的城市 S 没有贸易关系。城市系统是按等级配置的,在这个系统中,城市类型和贸易优势具有较大的差异。

简单的中心地理论模型讨论了企业的市场范围决策是如何综合考虑城市等级特征的,并给出了如下一些重要的观点:

一是多元化和规模经济。一个区域内的城市在规模和影响范围方面都有所差别。产生这种多元化特征的原因在于,不同城市的规模经济相对于人均需求来说存在差异,而这种差异又进一步使各城市拥有不同的市场规模。相反,如果 3 种产品相对于人均需求有相同的规模经济,其中在该区域内有 16 个珠宝商、16 个书店、16 个匹萨店。这三种商品的市场区将进行组合,最终这个区域拥有 16 个同质的城市,而每个城市都将提供和出售 3 种产品。

二是城市规模大意味着城市数量少。一个区域拥有的大城市数量较少,而小城市数量较多。一个大城市可以比小城市提供更多种类的商品,其原因在于那些仅由大城市提供的商品,需要相对较大的规模经济。在上述例子中,城市 L 的规模最大,是因为那里有唯一的珠宝店。

三是购物轨迹。消费者通勤到大城市而不是到小城市或者类似的城市。例如,消费者从城市 M 通勤到城市 L 去购买珠宝,但是他们没有通勤到其他城市 M 或者城市 S 去购买书籍或者匹萨。相反,他们会在自己的城市购买这些商品。

虽然中心地理论提供了一些关于城市层级的重要观点,但它所关注的消费品的例子在现实城市中的适用性还存在局限性。对大多数企业而言,其区位决策部分取决于地方投入品成本(例如,劳动力、原材料、中间投入品)和集聚经济(地方化经济和城市化经济)。中心地理论忽略了这些区位因素,因此它仅在城市经济的部分领域有适用性。

参考文献

[1] Arthur O'Sullivan. Urban Economics (9th edition) [M]. McGraw-Hill Education Press, 2019.

[2] Masahisa Fujita. Urban Economic Theory: Land Use and City Size [M]. Cambridge University Press, 1989.

[3] Masahisa Fujita, Paul R. Krugman, Anthony J. Venables. The Spatial Economy: Cities, Regions, and International Trade [M]. MIT (Massachusetts Institute of Technology) Press, 1999.

[4] Masahisa Fujita, Jacques-Francois Thisse. Economics of Agglomeration: Cities, Industrial Location, and Regional Growth (2nd edition) [M]. Cambridge University Press, 2012.

[5] Fujita, M. A Monopolistic Competition Model of Spatial Agglomeration: Differentiated Product Approach [J]. Regional Science and Urban Economics, 1988, 18(1): 87—124.

[6] Helsley R W, Strange W C. Matching and Agglomeration Economies in a System of Cities [J]. Regional Science and Urban Economics, 1990, 20(2): 189—212.

[7] Duranton G,Puga D. Nursery Cities: Urban Diversity,Process Innovation,and the Life Cycle of Products[J]. American Economic Review,2001,91(5):1454—1477.

[8] Henderson J V. The Sizes and Types of Cities[J]. American Economic Review,1974,64(4):640—656.

[9] Henderson J V. Urban Development:Theory,Fact and Illusion[M]. Oxford:Oxford University Press,1988.

[10] Christaller W. Central Places in Southern Germany[M]. Translated by Baskin C W. ,Prentice-Hall,Englewood Cliffs,1966.

[11] Losch A. The Economics of Location[M]. New Haven,CT:Yale University Press,1954.

[12] Chen Yuegang,Wu Yan,Chen Lijun,Guo Longfei. The Spatial Distribution of Finance Industry Ecosystem in Shanghai Little Lujiazui[J]. Transformations in Business & Economics. 2018,17(3):305—327.

[13] Chen,Yuegang,Kan Tingyue,Wu Yan,Zheng Xiaosong. Analysis on the Value-added Share of China's Service Export from the USA,Japan and The EU:A Study of China's Service Trade[J]. Transformations in Business & Economics. 2019,18(3):447—467.

[14] 洪晗,肖金成,郭楠. 城市规模分布与区域性中心城市建设[J]. 开放导报,2021(4):62—70.

[15] 蒋丽. 珠三角地区先进加工型企业布局时空演变特征及其影响因素[J]. 热带地理,2023(10):1—13.

[16] 柯善咨,赵曜. 产业结构、城市规模与中国城市生产率[J]. 经济研究,2014,49(4):76—88+115.

[17] 万晓萌. 经济增长与税收竞争关系的实证分析[J]. 税务研究,2016(7):107—111.

[18] 王小鲁. 中国城市化路径与城市规模的经济学分析[J]. 经济研究,2010,45(10):20—32.

第7讲

劳动力供求曲线与城市增长

在城市经济中,有两种主要形式的增长:经济增长和就业增长。

经济增长可以通过城市的平均工资增加或人均收入增加来衡量,它反映了城市整体经济的繁荣程度。就业增长则指的是城市总就业人数的增加,反映了就业机会的扩大。

第7讲将探讨不同收入和就业增长的来源,并分析城市总就业增长所带来的影响。其中一个关键问题是:当就业规模扩大时,谁能够从中受益?

7.1 城市经济增长

经济增长可以通过多种因素来实现,包括资本深化、人力资本增长、技术流程的改进以及集聚经济效应。这些因素都对劳动生产率和收入的提高产生影响。

(1) 资本深化指的是人均资本数量的增加,即每位工人使用的物质资本的增加。这会提高劳动生产率和收入水平,因为更多的资本投入可以提高工作效率。

(2) 人力资本增长指的是人们的知识和技能的增加,通过教育和实践获得。人力资本的增长也能促进劳动生产率和收入的提高,因为具备更多知识和技能的劳动者通常能够创造更高的价值。

(3) 技术流程的改进包括各种方式的技术进步,从改善组织生产的想法到科学家发明高速计算机等。这些技术的进步提高了劳动生产率,使每位工人能够创造更多的价值和收入。

(4) 集聚经济效应指的是地理位置上的邻近带来的优势,包括共享中间投入品、劳动力储备、劳动力匹配效应和知识溢出效应。这些优势能够提高劳动生产率,并对城市的经济增长产生积极影响。

在城市中,经济增长能够提高劳动生产率和收入,因为城市提供了中间投入品和面对面交流的便利,促进了经济活动的发展。Lucas(2001)认为,城市就是经济增长的发动机。

区分城市收入水平的变化和城市收入增长率的变化是一项重要的研究内容。假设某城市居民的年均收入从 20 000 元增加到 21 000 元,并保持在这个较高水平上。尽管该城市的收入水平有了显著提高,但其长期经济增长率保持不变,仍为零。相反,假设某城市的年均收入增长率从 1% 提高到 3%,如果该城市的收入连续多年保持较高的增长率,那么它的长期增长率必然是递增的。一个城市的经济增长率由资本深化程度(即人均资本每年的递增量)、技术进步(即每年开发出的新思想数量)和人力资本增长率共同决定。

为了描述收入水平与经济增长效应之间的差异,可以首先分析人力资本增长的影响效应。假设某城市受过高等教育的人口比例从 30% 上升到 35%,并保持在这个较高水平上。如果劳动生产率的提高使人均资本收入从 20 000 元增长到 21 000 元,可以将这 1 000 元的增长视为测量经济增长的数据。一般而言,人力资本的增长并不能孤立地影响城市的长期经济增长率。然而,如果受过良好教育的劳动者每年能够开发出更多且更好的思想,那么技术进步率将提高,从而引致更高的长期经济增长率。

7.2 技术进步与城市经济增长

为了描述技术进步与人均收入之间的关系,可以利用第 4 讲中提供的城市效用曲线。考虑一个区域有两个城市,总人口数量为 1 400 万,并且这两个城市在初始状态下具有同质性。图 7—1 展示了这两个城市的效用曲线,初始状态下这两条曲线具有相同的形状,都是凸状的,反映了集聚经济与规模不经济之间的强关联。在初始状态下,两个城市的效用曲线相同,初始均衡点为 i。该区域的人口平均分配给这两个城市,每个城市拥有 700 万人口,每个工人的效用水平相同,即 70 元。

假设其中一个城市通过技术革新提高了工人的劳动生产率。在图 7—1 中,该城市的效用曲线开始向上移动,这意味着在每个就业水平上,工人都将拥有更高的劳动生产率(和更高的收入)。例如,当这个创新型城市拥有 700 万就业人口时,工人的收入将从 70 元(点 i)提高到 80 元(点 j)。因此,在没有迁移行为的情况下,创新型城市的效用将比另一个城市的效用高出 10 元。为了缩小效用差距,工人们将从生产率较低的城市迁移到生产率较高的创新型城市,工人的迁移行动将持续进行,直到两个城市的效用水平相等时才停止。

新的均衡点分别用点 s 和 b 表示。这是一个区位均衡,因为每个城市都具有相同的效用水平(75 元),两个城市的就业人口相加即为该区域的总就业人口:创新型城市由点 b 表示,拥有 800 万就业人口,而另一个城市(由点 s 表示)将减少相应数量的就业人口。这意味着这两个城市的工人效用水平将从 70 元提高到 75 元,表明这两个城市的工人都从技术革新中受益。另一个城市之所以也能获得收益,是因为随着该城市人口数量的减少,其效用将沿着效用曲线负斜率部分向上移动,最终达到更高的效用水平。

图7—1提供了一个启示,即一个城市的创新所产生的外部效应将扩散到本区域的其他城市。城市间的效用差距将随着劳动力迁移现象的出现逐渐消失,劳动力迁移行为将持续进行,直到城市间的效用差距消失为止。在上述两个城市区域的模型中,城市间初始效用水平的差距为10元(由点i和点j表示),在均衡状态下,每个城市的效用水平都得到了提高,效用水平的增加量等于初始效用差距的一半(5元):效用水平从70元提高到75元。

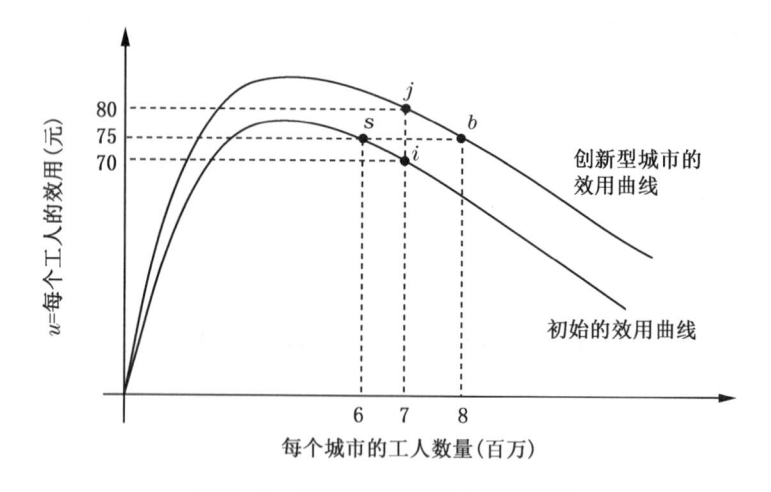

图7—1 技术进步引致城市经济增长

在一个较大范围的区域中,人均效用水平的提高幅度将较小。例如,当该区域有10个城市而不仅仅是2个城市时,将有5倍于初始人口的人口共同分享创新的外部收益。假设初始的效用水平差距为10元,由10个城市分担这个效用差的结果是,每个城市的人均效用仅增加1元。

接下来考虑两个城市都进行创新时的影响。假设两个城市都经历了相同的创新过程,并且城市效用曲线以相同的幅度向上移动。在这种情况下,城市效用曲线都从点i移动到点j,点j成为新的均衡点。由于这两个城市经历了相同的劳动生产率变化,因此它们之间不存在效用差异和劳动力迁移的问题。结果是,每个城市都将维持拥有700万就业人口的状态。

已经发现,技术创新(通过效用曲线向上移动来表示)可以提高整个区域的均衡效用和人均收入。同样的逻辑也适用于其他能够推动生产率提高的因素,如资本深化、人力资本增长,以及地方化经济和城市化经济带来的生产率提高。

7.3 人力资本提升与城市经济增长

城市经济学家已经研究了人力资本对城市劳动生产率和收入的影响。随着工人受教育水平和劳动技能的提高,其劳动生产率相应提高。由于雇主之间的竞争,高技术工人的工资也会上升。此外,工人还可以通过正式或非正式的方式从其他人那里获取知识。具备较高人力资本的工人可以与他人分享更多的知识,并且自身具备较高的沟通技能。当具有较高教育水平的工人产生更多创意时,人力资本的增加也会增加技术创新的可能性。

表7—1 各省市每10万人口中拥有的各类受教育程度人数

地区	大学 (大专及以上)	高中 (含中专)	初中	小学
全国	15 467	15 088	34 507	24 767
北京	41 980	17 593	23 289	10 503
天津	26 940	17 719	32 294	16 123
河北	12 418	13 861	39 950	24 664
山西	17 358	16 485	38 950	19 506
内蒙古	18 688	14 814	33 861	23 627
辽宁	18 216	14 670	42 799	18 888
吉林	16 738	17 080	38 234	22 318
黑龙江	14 793	15 525	42 793	21 863
上海	33 872	19 020	28 935	11 929
江苏	18 663	16 191	33 308	22 742
浙江	16 990	14 555	32 706	26 384
安徽	13 280	13 294	33 724	26 875
福建	14 148	14 212	32 218	28 031
江西	11 897	15 145	35 501	27 514
山东	14 384	14 334	35 778	23 693
河南	11 744	15 239	37 518	24 557
湖北	15 502	17 428	34 280	23 520
湖南	12 239	17 776	35 636	25 214
广东	15 699	18 224	35 484	20 676
广西	10 806	12 962	36 388	27 855
海南	13 919	15 561	40 174	19 701

续表

地区	大学 （大专及以上）	高中 （含中专）	初中	小学
重庆	15 412	15 956	30 582	29 894
四川	13 267	13 301	31 443	31 317
贵州	10 952	9 951	30 464	31 921
云南	11 601	10 338	29 241	35 667
西藏	11 019	7 051	15 757	32 108
陕西	18 397	15 581	33 979	21 686
甘肃	14 506	12 937	27 423	29 808
青海	14 880	10 568	24 344	32 725
宁夏	17 340	13 432	29 717	26 111
新疆	16 536	13 208	31 559	28 405

表7-1展示的是我国各个省份每10万人口中拥有的各类受教育程度的人数。截止到2022年，我国接受高等教育的人口已达到2.4亿，大多数区域受最高等教育的居民占总人口的比例有了显著提高。有证据表明，低技术工人是教育溢出效应的最大受益者。据估计，城市就业者中受过高等教育的人数比例每增加1%，那些具有高中学历的就业者的工资就将增长1.9%；而具有高中学历的就业者的工资每增长1.6%，那些具有高等学历的就业者的工资就将增长0.4%(Moretti，2004)。这反映了一个一般性的规律，即城市经济增长趋向于缩小收入差距(Wheeler，2004)。

教育发展水平与经济增长存在一定的正向关系，经验数据研究表明，提高人均受教育年限有助于各国经济增长。理论上，一个国家教育发展程度越高，国民整体受教育水平就会越高，劳动者专业知识和技能水平就越能满足社会各行各业经济发展的需要。公共教育投入和个体教育投入都能够对人力资本积累起到积极作用，人力资本积累的直接结果是提高劳动生产率，促进经济增长，间接结果是影响其他要素生产要素的使用效率，如人力资本积累可以有效降低物质资本边际效益递减的速度，人力资本积累能够作用于经济增长。其次，人力资本积累的依附性体现在人力资本通过其他生产要素影响经济增长，人力资本可以实现知识创新能力的转化，实现技术进步的内生化，人力资本通过创新能力和技术进步的影响机制发挥对经济增长的正向效应。

7.4 城市就业增长（城市人口增加）

可以利用一个城市劳动力市场模型来解释城市中均衡工资和总就业背后的市场驱动力。在该模型中，假设大都市区是区域经济的一部分，家庭和企业可以自由流动到该区域的不同城市。劳动力需求来自城市中的企业，而劳动力供给则来自生活在该城市的家庭。该模型描述了劳动力需求和劳动力供给变化对均衡工资和总就业水平的影响。

7.4.1 城市劳动力需求曲线

劳动力需求曲线也是一条边际收益曲线,它表明了雇佣1单位额外劳动力的边际收益。劳动力的边际收益也是1单位额外劳动力生产的边际产品数量所产生的边际收入,即:

$$边际产品收益 = 边际产品数量 \times 产品价格$$

边际产品(又称边际物质产品)可以被定义为单位额外劳动力增加所带来的额外产品。劳动力需求曲线具有负斜率,这是因为随着劳动力数量增加,劳动力的边际产品递减,从而降低了边际产品收益(即边际收益)。企业起初会雇佣生产力最高的工人,但随着劳动力数量的增加,它们不得不雇佣生产力较低的工人。随着生产力较低的工人加入城市劳动力队伍,劳动力的边际产品减少,从而减少了劳动力的边际产品收益。

正如以往内容所讨论的,聚集经济提高了劳动力生产率。因此,随着城市总就业量增加,劳动力的边际产品增加,进而提高了劳动力的边际收益(即边际产品收益)。如果首先分析没有聚集经济的需求曲线,然后再分析聚集经济的生产率效应,会发现在存在聚集经济的情况下,需求曲线更加平坦:聚集经济及其带来的生产率提高减缓了劳动力扩张所导致的总体生产率下降。换句话说,聚集经济产生了一条更加平坦的劳动力需求曲线,其劳动力需求弹性相对较高。

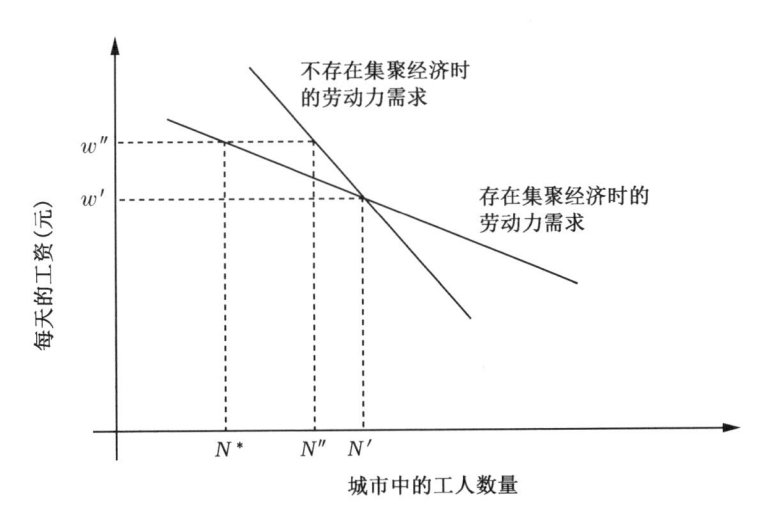

图 7-2 集聚经济与城市劳动力需求

集聚经济产生了一条相对平坦的劳动力需求曲线。在没有集聚经济的情况下,当工资从 w' 增加到 w'' 时,劳动力需求数量从 N' 下降到 N''。然而,在存在集聚经济的情况下，劳动力需求数量下降到 N^*。

图 7-2 展示了集聚经济对城市劳动力需求的重要性。图 7-2 中陡峭的需求曲线表示传统意义上没有引入集聚经济的需求曲线。相比之下，引入集聚经济后的需求曲线相对平坦。随着总就业量的增加，集聚经济提高了劳动力的生产率，并减缓了企业在雇佣生产率较低的工人时边际生产率的下降。

为了证明集聚经济对城市劳动力市场的重要性，考虑了市场工资增长的影响。在图 7-2 中，假设工资从 w' 增加到 w''。当没有集聚经济时，劳动力需求总规模将从 N' 下降到 N''，因为企业会解雇那些边际产品收益低于较高工资的工人。而当存在集聚经济时，劳动力需求规模将更多地缩小，下降到 N^*。当就业量减少、经济衰退时，集聚经济的影响会消失（由于共享中间投入品、劳动力储备、劳动力匹配性和知识溢出效应的减少），导致劳动生产率和工人的边际产品收益降低。在这种情况下，企业将解雇那些边际产品收益低于新工资水平的工人。因此，可以得出结论，集聚经济提高了城市劳动力规模缩小的速度，这是由于集聚经济效应的消失使工人的生产率变得更低。

同样的逻辑也可以应用于工资降低的情况。当工资降低时，将会有更多工人的边际生产率超过较低的工资水平。当就业量增加、经济增长时，集聚经济可以产生更高的收益（由于共享投入品、劳动力储备、劳动力匹配性和知识溢出效应的增加），提高劳动生产率和工人的边际产品收益。这时，企业将扩大雇佣那些边际收益高于新工资水平的工人。集聚经济增加了城市就业总人数，这是因为集聚经济效应使得工人更加高效。

还可以通过分析工资变化对劳动力需求数量的影响来解释劳动力需求曲线的斜率。传统需求曲线在工资增长方面有两个方面的影响：

替代效应：城市工资的增长会促使企业使用其他投入要素（如资本、土地和原材料）来替代相对价格较高的劳动力。

产出效应：城市工资水平的提高进一步增加了生产成本，企业可能会提高产品价格。面对较高的产品价格，消费者减少了产品的购买数量，这迫使企业降低产量并雇佣较少的工人。

在城市劳动力市场中，引入集聚经济会引致工资增长产生第三种效应：

集聚效应：工资增长及其带来的劳动力需求规模缩小削弱了集聚经济，降低了劳动生产率，并进一步缩小了劳动力需求规模。

通过上述分析，可以发现劳动力需求曲线的负斜率是由工资变化引起的替代效应、产出效应和集聚效应共同作用的结果。

7.4.2 城市劳动力需求曲线的移动

需求曲线的位置受到以下几个因素的影响：

(1)出口产品的需求量:城市的出口需求增加会引致企业增加出口产品的产量,使得需求曲线向右移动,即在每个工资水平下雇佣更多的工人。

(2)劳动生产率:劳动生产率的提高降低了产品的生产成本,使企业能够降低产品价格、增加产量并雇佣更多的工人。劳动生产率的提高与资本深化、技术进步、人力资本和集聚经济效应密切相关。

(3)商业税率:商业税率的增加(而公共服务质量没有相应提高)进一步增加了产品的生产成本,导致企业提高产品价格,消费者需求量下降,从而使企业减少产量和减少劳动力需求。

(4)产业公共服务:产业公共服务质量的提高(而税率没有相应提高)降低了产品的生产成本,使得企业增加产量并扩大劳动力需求。

(5)土地利用政策:工业企业需要合适的生产场所,包括与城市内外交通网络良好的连通性和提供充足的公共服务(如供水、排污设施、电力等)。土地利用和基础设施使用政策需要确保工业用地的供应充足。对城市而言,它需要留住现有企业,并创造条件来保证它们的生产运作产生外部溢出效应,同时还需要具备吸引新企业的能力。

7.4.3 出口与本地就业乘数效应

可以将城市经济生产部门分为出口部门和本地部门两种类型。出口部门销售产品给其他城市的居民,例如,钢铁生产者将大部分产品卖给本城市以外的消费者。相反,本地部门的产品仅销售给本市居民。一个城市的总就业规模等于出口部门就业与本地部门就业之和。

这两种类型的就业之间存在联系,通过乘数效应实现。假设钢铁生产者通过雇佣100个额外的生产工人来扩大生产规模,这些工人主要从事出口部门的生产。工人们用部分收入购买本地产品或服务,如食品、理发服务和书籍。生产本地产品的企业可以雇佣更多工人增加产出,从而引致本地部门就业的增加。新增加的本地就业人员反过来又会用部分收入购买本地产品,从而支撑本地部门的就业。本地经济部门的消费和再消费行为支撑本地型就业,因此总就业增加的规模将超过出口部门就业初始增加的数量。

政策制定者通过检验城市经济体内企业间的相互影响程度并估计其就业乘数来回答出口部门就业增加会创造多少个本地型就业岗位的问题。就业乘数被定义为出口部门就业每增加1单位将引致总就业规模的变化量。如果乘数为2.10,说明出口部门就业每增加1个单位,就会直接引致出口部门就业人数增加1单位,同时还会引致本地部门就业人数增加1.10个单位,这样总就业人数就增加了2.10个单位。

表7—2给出了波特兰都市区不同产业的就业乘数值。从表中可以看出,不同产业的就业乘数值有很大的差异,最低为1.46(光学仪器和透镜制造部门),最高为2.77(独立的艺术部门)。对服务部门(法律、建筑、规划、计算机、咨询、科技及广告部门)来

说,就业乘数为 1.51～2.21。对 423 个产业进行估计后得出,这些产业平均的就业乘数为 2.13,也就是对大都市区而言,出口部门就业每增加 1 单位,总就业规模平均将增加 2.13 个单位。

表 7—2　　　　　　　　　　大都市区的就业乘数值

产业	波特兰都市区的就业乘数
冷冻食品制造	2.40
葡萄酒酿造业	2.74
纺织业	1.82
地毯加工型企业	1.88
制鞋业	1.92
包装业	2.13
照相胶片和化学制品业	2.53
光学仪器和透镜加工型企业	1.46
纤维光纤电缆加工型企业	2.71
重型卡车加工型企业	2.55
摩托车、自行车及其配件加工型企业	1.92
软件发行业	2.17
保险服务业	2.49
法律服务业	1.76
建筑设计和工程服务业	1.74
计算机程序设计服务业	1.58
计算机系统设计服务业	2.21
其他计算机相关服务业	1.60
管理咨询服务业	1.66
环境和其他技术咨询业	1.78
科学研究和发展服务业	1.51
广告及相关服务业	1.67
医院部门	2.13
大众体育部门	1.54
独立艺术家、作家及表演业	2.77
博物馆、历史文化遗址和公园	2.19

资料来源:ECONorthwest。

图 7—3 描述了出口规模扩大对城市劳动力需求曲线的影响。假设出口规模扩大

引致出口部门的雇佣工人数量增加 10 000 人。此时,城市需求曲线将从 D_1 向右移动到 D_2,这些被额外雇佣的 10 000 人,每天的工资为 100 元。如果就业乘数为 2.10,每个出口部门的就业岗位可以派生出 1.10 个本地部门的就业岗位,因此需求曲线向右移动,本地部门将增加 11 000 个就业岗位(从 D_2 移动到 D_3)。该城市总的劳动力需求将增加 21 000 人(是出口部门就业增加数量的 2.1 倍)。

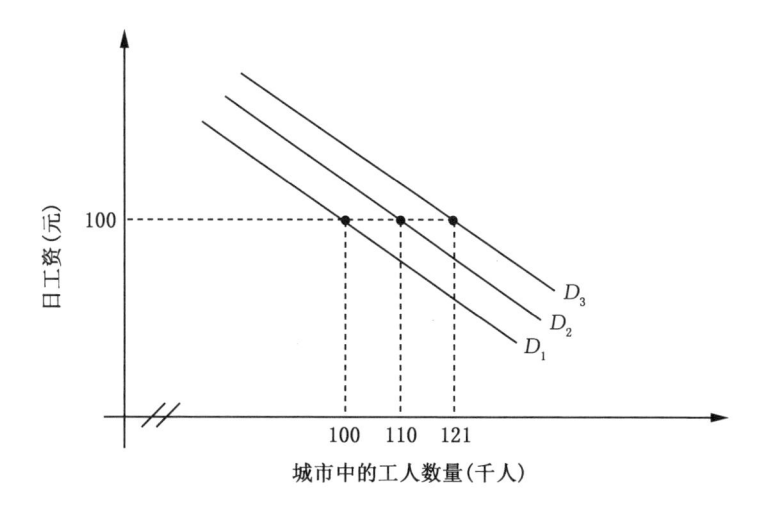

图 7—3 出口部门就业增长的直接效应和乘数效应

7.4.4 劳动力供给曲线

考虑劳动力市场的供给因素。供给曲线呈正斜率,即工资水平越高,城市工人数量越多。本小节基于劳动力供给曲线提出了两个简单的假设:

假设 1:每个工人的工作时间固定。有关劳动力供给的经验证据表明,工资水平的提高对总劳动时间没有显著影响。虽然部分工人的工作时间可能长一些,而其他工人的工作时间可能短一些,但整体上,人们的工作时间基本相同。

假设 2:劳动力参与率固定。假设工资的变化不会改变就业人口占总城市人口的比例。

在这两个假设下,工资的上涨将引致劳动力供给增加,因为更多的工人会迁移到城市。

为什么供给曲线具有正斜率呢?因为城市就业总量的增加会增加住宅和土地的需求,推动其价格上涨。

为了实现劳动力市场的均衡,增长型城市必须提供足够高的工资,以弥补城市工人面临的较高生活成本。城市生活成本对劳动力供给规模的弹性约为 0.20(Bartik,1991)。

$e(C,N)$=生活成本的变化率/劳动力供给规模的变化率=0.20

例如,劳动力供给增长10%,将引致生活成本增加约2%。这意味着,在实际工资保持不变的情况下,工资对劳动力供给规模的弹性也约为0.20。

$e(W,N)$=工资的变化率/劳动力供给规模的变化率=0.20

利用这些数字,可以计算劳动力供给弹性,即工资单位变化率引起劳动力供给数量变化率的比率。它恰好等于工资对劳动力供给规模弹性的导数。

$e(N,W)$=劳动力供给规模的变化率/工资的变化率=5.0

劳动力供给弹性为5.0,这意味着工资增长2%将引致劳动力供给以比例为5倍的速度增长,或者说劳动力供给规模将增长10%。该弹性主要适用于独立的城市,远高于全国劳动力供给弹性(邻近于0),这是因为全国范围内的劳动力迁移规模相对较小,而城市间的劳动力迁移规模较大。

劳动力供给曲线的位置主要受以下因素影响:

(1) 舒适性:任何提高城市吸引力的因素(除了工资)都会引致劳动力供给曲线向右移动。例如,改善空气质量或水质量将吸引更多人迁移到该城市,从而增加劳动力供给。另外,增加消费品或服务种类(如餐饮、娱乐)也会引起劳动力供给的增加。

(2) 非舒适性:任何降低城市吸引力的因素都会导致劳动力供给减少,并使劳动力供给曲线向左移动。例如,犯罪率的增加将促使人们离开该城市,从而减少劳动力供给。

(3) 住宅税:提高住宅税(而公共服务质量不相应提高)将降低城市的相对吸引力,引起居民向其他城市迁移,导致劳动力供给曲线向左移动。

(4) 住宅区公共服务:提高住宅区公共服务质量(而税率不相应提高)将增加城市的吸引力,引起居民向该城市迁移,引致劳动力供给曲线向右移动。

7.4.5 劳动力供给和需求变化的均衡效应

图7-4描述了出口规模扩大对城市劳动力市场的影响。工人数量增加21 000人以后,劳动力需求曲线向右移动,这是出口部门增加10 000个就业岗位所产生的效应(就业乘数=2.10)。然而,随着城市人口的增加,住宅和土地价格也必然上涨,由此需要支付给工人较高的工资,以弥补其较高的生活成本。换句话说,城市劳动力需求将沿着供给曲线向右上方移动,均衡工资从每天100元增加到每天103元,均衡劳动力数量从100 000人增加到115 000人。

出口部门就业增长将引致需求曲线向右移动,包括乘数效应的直接和间接影响。这会导致劳动力市场的均衡点从点i移动到点n。

在图7-4中,可以看到预测出口部门就业增长的影响效应需要一定的技巧。使用就业乘数来预测总就业人数的变化是一种简单的方法,其中总就业人数的变化是由出口部门就业的变化引起的。以一组数据为例,使用这种方法预测的总就业人数变化为21 000人(10 000人的2.1倍)。这种方法告诉需求曲线水平的位移情况,而不是

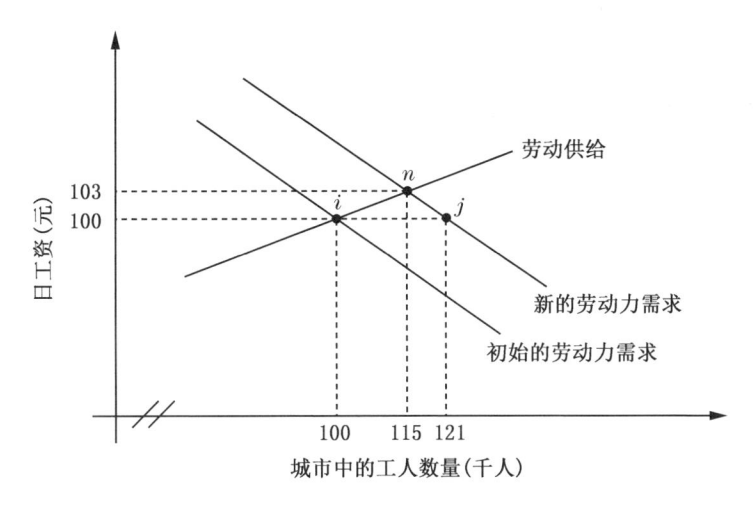

图 7—4　出口部门就业增长所引发的均衡效应

均衡就业的变化情况。为了正确预测总就业的变化量,还需要了解供给曲线和需求曲线的斜率。

可以使用以下两个简单的公式来预测就业需求增长对城市均衡工资和均衡就业的影响。均衡工资变化的公式为:

$$均衡工资变化率 = 就业需求变化率 / (E_d + E_s)$$

其中就业需求变化率表示需求曲线的水平位移,E_s 是供给弹性,E_d 是需求弹性的绝对值。在图 7—4 的例子中,需求曲线水平位移为 21%(=21 000/100 000)。假设需求弹性的绝对值为 2.0,供给弹性为 5.0,则工资的变化率可表示为:均衡工资变化率 = 21%/(2+5) = 3%

由于劳动力需求沿着供给曲线向上移动,可以利用供给弹性来计算就业规模的变化率:

$$就业规模变化率 = E_s \times 工资的变化率$$

因此,就业规模变化率 = 5×3% = 15%。在这种情况下,劳动力需求增长 21% 将引致工资增长 3%,总就业规模扩大 15%(注:劳动力供给规模等于劳动力就业规模),可以简单地理解为,工资上升 3%,挤占劳动力需求数量 6 000 人[= 21 000 − 15 000;21 000÷(2+5)×2 = 6 000]。

在图 7—5 中,描述了劳动力供给增长效应。假设城市改善了住宅公共服务,例如改进了公共安全计划或通过改进交通体系降低了通勤成本。在这种情况下,劳动力供给曲线向右移动,意味着在每个工资水平上,有更多的人愿意在城市工作和生活。供给曲线的移动提高了均衡就业水平,同时降低了均衡工资。

Eberts 和 Stone(1992)研究了地方基础设施改善对工资和总就业的影响,其结果与图 7—5 所描述的内容一致。在提供高级混合公共产品的城市中,工人们能够接受较低的工资水平。这是因为城市改善了公共服务,提高了居住环境的质量,增加了工人在城市工作和生活的吸引力。因此,工人们更愿意在这些城市就业,即使工资水平相对较低,也能够得到更好的住宅公共服务的回报。

这种现象可以解释为工人对住宅公共服务的需求弹性较高。当城市提供更好的住宅公共服务时,工人对工资的要求相对较低,因为他们愿意接受较低的工资以换取更好的居住环境和公共服务。这也表明了提供高质量公共服务的城市具有一定的竞争优势,能够吸引更多的劳动力供给。

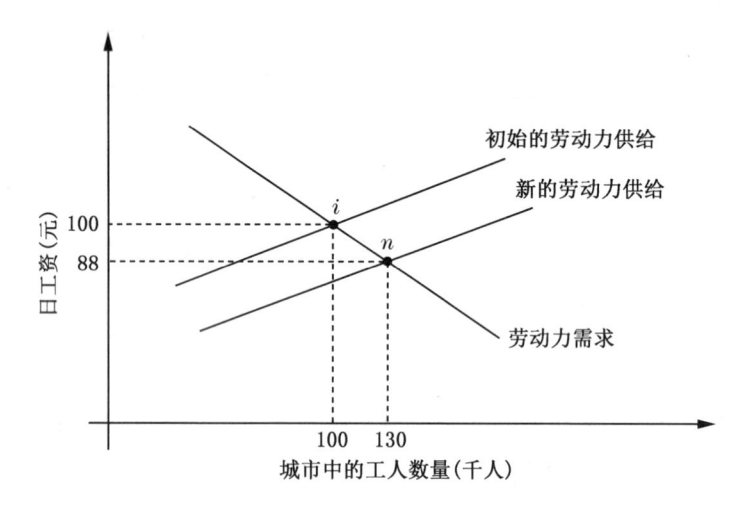

图7—5 公共服务改善产生的均衡效应

住宅公共服务的改善促进了劳动力供给规模的扩大,并使劳动力供给曲线向右移动。随着工资的下降和总就业规模的扩大,劳动力市场均衡点从点 i 移动到点 n(劳动力供给沿着劳动力需求曲线向右下方移动)。

7.5 就业增长与下降

7.5.1 人力资本的重要性

许多研究已经证实了人力资本与城市增长的关系。对旧的加工型企业集聚带来说,人力资本在解释不同城市间就业和人口增长的差别方面是最强有力的变量。以1990—2000年间的美国城市样本为例,Wolman等(2008)的研究表明,拥有大学学位的人口份额增加1%,会使城市的就业增长0.60%。

7.5.2 衰落城市中的劳动力与住宅市场

从前文的讨论可以得知,城市劳动力供给曲线呈正斜率,这是因为大城市的住宅价格较高。为了实现区域劳动力市场的区位均衡,各城市的净工资(市场工资减去生活成本)必须相等。如果一个较大的城市有较高的住宅价格,那么它必须提供更高的市场工资来弥补更高的生活成本。

衰落城市的最近实践为分析城市劳动力与住宅市场的相互作用提供了一些重要的思路。住宅作为一种不动产具有其独特性：一栋维护较好的住房能够持续使用几十年，所以旧住宅的供给是相对不太灵活的，并且呈下降趋势。如图7-6所示，供给曲线在市场初始均衡点处呈现弯折。随着价格上涨，住宅供给数量会有一定幅度的增加；然而，住宅价格下降时，住宅供给数量下降的幅度相对较小。

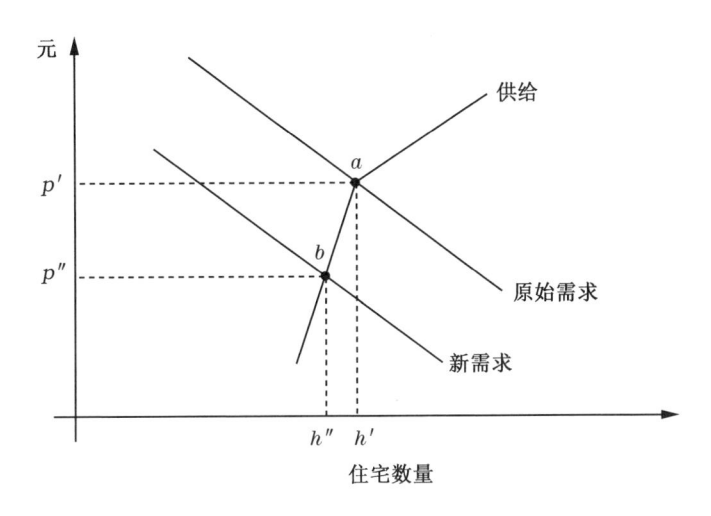

图7-6 耐用住宅与弯折的供给曲线

住宅作为耐用品，使得初始均衡状态下（点 a）的住宅供给曲线呈现弯折状。需求下降导致价格出现较大幅度的下降（从 p' 到 p''），然而供给数量的减少幅度相对较小（从 h' 到 h''）。

这种弯折的供给曲线对于区域劳动力市场具有重要意义。当城市衰落时，可以通过大幅降低住宅价格和略微降低市场工资水平来实现区域劳动力市场的区位均衡（即不同城市之间工人的实际工资相等）。换句话说，不同城市的工人工资可以大致相同，但面对住房价格却存在很大差异。以典型的衰落城市和成长型城市为例进行比较（Gyorko，2009），衰落城市的工资相对于成长型城市低2%（14.49元：14.75元），而住房价格则低37%（71 560元：112 540元）。

7.6 公共政策与均衡就业

公共政策通过调整劳动力供给曲线和劳动力需求曲线的位置来对城市的就业水平产生影响。正如前文所述，地方政府可以通过制定本地教育、公共服务、商业基础设施和税收等政策来改变劳动力供给曲线和劳动力需求曲线的位置。本小节将重点研究不同公共政策对企业选址决策的影响，而企业是劳动力市场需求的主体。需要解决的问题是判断特定政策对企业是否具有吸引力或排斥力。

7.6.1 税收与区位选择

近年来,许多经济学者对地方税收政策对企业区位选择和城市就业增长的影响进行了广泛研究。Bartik(1991)对这些研究进行了综述,并得出了以下结论:在其他条件相同的情况下,税率较高的城市的就业增长率低于税率较低的城市,表明本地税收政策对就业增长产生了负面影响。当然,这里的其他条件包括公共服务政策。税收竞争是各个区域之间为获得流动性生产要素、促进经济增长而将其税率降低的一种行为(万晓萌,2016)。

经验研究表明,在具有相同公共服务水平但纳税义务存在差异的城市之间进行比较时,税率较高的城市的就业增长速度较慢。

在商业区位决策方面,可以区分为城市间区位决策(选择一个城市或都市区)和城市内区位决策(选择城市内或都市内的一个区域)。商业活力对纳税义务的弹性被定义为纳税税率单位变化引致的商业活力变化率。

针对城市间区位决策,商业活力对纳税义务的弹性为-0.10至-0.60,即都市区税率每提高10%,商业活力将下降1%至6%。而对于城市内区位决策,商业活力对纳税义务的弹性为-1.0至-3.0,即如果市政当局将税率提高10%,该城市的商业活力将下降10%至30%。

城市内区位决策的弹性较大,这是因为企业在城市内部的流动性比城市间的流动性更高。显然,城市内不同区域之间的替代性要高于城市之间的替代性。

7.6.2 公共服务与区位决策

实证研究表明,地方公共服务对区域商业发展具有显著的正向影响。如果两个城市在公共服务质量上存在差异,那么公共服务质量较好的城市将以更快的速度发展。同样,在其他条件(包括税收)相同的情况下,如果一个城市改善了其公共服务,那么它也将以更快的速度发展。教育和基础设施等公共服务对商业发展产生明显的积极影响。

那么,当税负和公共服务支出同时增加时,如何影响企业的区位选择和商业活力呢？Helms(1985)及Munnell和Cook(1990)在研究中指出,税负增加的影响效应取决于额外税收的使用方式。如果额外税收被用于本地公共服务投资,例如基础设施、教育或公共安全,那么税收计划或支出计划将提高城市的吸引力,并促进就业增长。相反,如果额外税收用于贫困人口再分配计划,那么税收计划将降低该城市的吸引力和就业增长率。

7.6.3 补贴与激励计划

理论上,企业进行高精尖的创新往往具有周期长、高风险、资金需求量大及预期回报不确定的特征,因此,需要政府补贴来刺激企业进行真实创新。

根据王加祥等(2023)的研究,政府补贴对企业真实创新绩效有积极的正向影响。政府补贴既促进了企业创新数量的提升,也激励了企业进行真实创新。并且,企业规模越大,创新的积极性越高。在追求创新质量的企业中,资产流动比的回归系数为正且显著,说明资产流动性越强,越有利于企业创新质量的提升。

从总效应来看,政府补贴的系数显著为负,说明政府补贴对企业创新持续性也具有负向抑制作用。这是由于企业持续性创新是一个较为漫长的过程,尤其是技术含量较高的发明专利以及质量较高的专利,其研发、申请、审核的周期更长,如果政府对企业提供源源不断的补贴扶持,可能会导致企业进行策略性的"骗补式"创新,甚至自主创新动力受到削弱。

7.6.4 环境质量与就业

环境质量与就业之间需要进行权衡吗?下面分析一个仅有两个产业的城市:污染较重的钢铁产业和一个清洁产业。假设该城市征收污染税:钢铁企业每生产1吨污染物,必须支付100元的污染税。污染税对劳动力市场有如下几个方面的影响:

(1)需求曲线的移动。污染税提高了钢铁企业的生产成本,推动钢铁价格上涨。消费者减少钢铁购买量,导致钢铁企业降低产量,进而减少对劳动力的需求。在图7—7中,劳动力需求曲线向左移动。

(2)污染的降低。污染税降低空气污染的效果主要有两个原因:首先,钢铁企业为了减少污染税支出(如安装污染物净化设备、改变原材料投入或改进生产流程),减少了污染物排放量,从而降低了每吨钢铁产生的污染物。其次,钢铁价格上涨导致钢铁总产量减少。

(3)供给曲线的移动。城市空气质量的改善提高了该城市的吸引力。对空气质量非常敏感的居民将迁移到该城市,使得劳动力供给曲线向右移动。

图7—7描述了污染税的影响结果。由于劳动力供给增加,需求减少,该征税计划导致均衡工资从100元(点 i)下降到76元(点 n)。环境较清洁的城市的工资水平也相对较低。

污染税的提高增加了生产成本,导致劳动力需求下降。同时,它有利于改善空气质量,进而增加劳动力供给。劳动力均衡位置从点 i 移动到点 n。在这个例子中,劳动力供给曲线的位移幅度大于需求曲线的位移幅度,因此均衡就业规模必然扩大。同时,污染税也进一步降低了均衡工资水平。

为了确保不同城市和经济体的劳动者获得相同的效用水平,环境质量较高的城市的工人工资水平必然较低。本例表明,劳动力供给曲线向右位移的幅度大于劳动力需求曲线向左位移的幅度。因此,均衡就业规模将从100 000人增加到110 000人。如果大多数家庭对环境质量变化非常敏感,那么将会有大量家庭选择前往环境质量更好

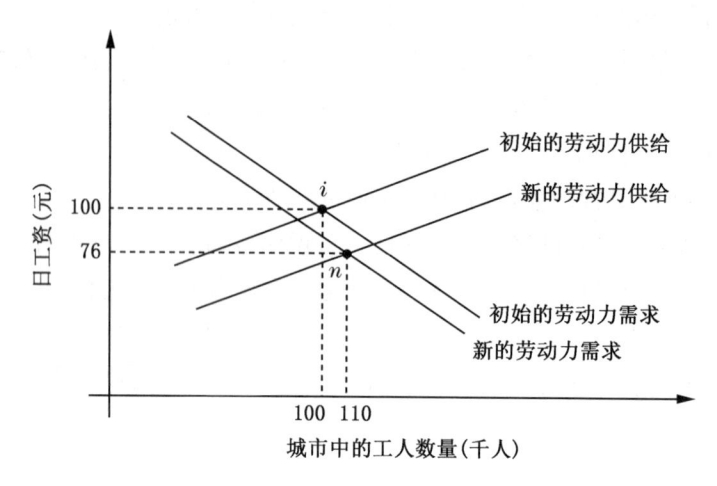

图 7—7 污染税的均衡效应

的城市。

那么,污染税如何影响污染产业与清洁产业之间的就业分配呢?当工资下降时,这两个产业的生产成本都会下降。对钢铁产业来说,工资水平的降低只能部分抵消污染税,因此它的生产成本仍会上升,并减少劳动力的雇佣数量。相反,清洁产业支付较低的工资,其生产成本将降低,同时也会增加工人的雇佣数量。在图 7—7 中,清洁产业就业规模的增加超过了钢铁产业就业人数的减少,因此总就业规模呈扩大趋势。

当然,污染税确实可以减小城市的总就业规模。如果家庭对环境质量的改善没有强烈的责任感,劳动力供给曲线的位移幅度会相对较小,工资下降的幅度也不会很大。在这种情况下,清洁产业的就业增加量不足以抵消钢铁产业的就业减少量,从而导致总就业规模缩小。总体而言,如果一项政策引致劳动力供给曲线位移的幅度小于需求曲线位移的幅度,那么最终总就业规模将会减小。

7.7 预测总就业规模的变化量

一个城市需要对未来的就业规模进行预测,以便规划公共服务如道路和学校。同时,企业也会利用这些就业数据来预测未来的劳动力需求规模。可以使用以下公式来预测总就业规模的变化量:

总就业规模的变化量=出口部门的变化量×就业乘数

表 7—2 中显示了各种产业的就业乘数。政策制定者和企业可以根据就业乘数和出口部门就业规模的预期变化量来预测该城市未来的就业规模。然而,由于与预测未来事件相关的不确定性,就业规模的预测更具有艺术性而非科学性。

就业乘数方法仍然存在一些限制,限制了其应用范围。首先,正如这一讲一开始所讨论的,使用预测城市劳动力需求曲线位移的方法进行分析,并不能获得就业变化量的均衡水平。其次,该方法更加关注就业岗位而非人均收入。第三,该方法似乎隐含着城市经济发展的命运取决于外部因素(购买出口产品的人)。然而,在全球经济中,即使没有出口,仍然可以实现增长,这引发了疑问。

7.8 谁从就业增长中获益

本部分将探讨就业增长的收益问题,重点关注以下两个问题:一是外来人口对新就业岗位的贡献程度;二是原本未就业的本地居民对新就业岗位的贡献程度。

首先,将考察外来人口在新就业岗位中的数量。其次,将研究本地居民在新就业岗位中的数量,尤其是那些之前没有就业的居民。另外,还将探讨总就业规模的扩大如何对人均收入产生影响。将研究就业规模的扩大对实际人均收入的影响程度。

7.8.1 谁获得了新的就业岗位

根据Bartik(1991)的研究,利用89个都市区的数据,探讨了就业增长对失业率、劳动参与率和迁移率的影响。研究结果表明,当一个城市的就业规模从100 000个就业岗位增长1%(即增加1 000个就业岗位)时,将产生以下影响:

(1)失业率(未就业人数除以总就业人数)从5.4%下降至5.33%。
(2)劳动参与率(劳动力人数除以成年人口数量)从87.50%上升至87.64%。
(3)就业率(就业人数除以成年人口数量)从82.78%上升至82.97%。

图7—8展示了新就业岗位在外来人口与本地居民之间的分配模式。在新增的1 000个就业岗位中,有770个被外来人口占据,剩下的230个就业岗位则由本地居民占有。这230个就业岗位中的本地居民可以进一步细分为两部分:一部分是失业的本地居民(占70个就业岗位),另一部分属于非劳动力人口(占160个就业岗位)。由图7—8可得出一个简单的结论:就业增长有助于吸引外来人口迁入并推动人口总量增加,因此本地居民仅获得新增就业岗位的一小部分。

7.8.2 对人均实际收入的影响

总就业的增长对城市的人均实际收入有何影响?提高收入的方法主要包括以下几种:

(1)实际工资的增长。当总就业出现增长时,名义工资的上涨往往会被生活成本的增加所抵消,因此工人的实际收入并不会受到影响。

(2)职务晋升。Bartik(1991)指出,总就业的增长加快了工人晋升到更高等级职务的速度。随着劳动力需求的增加,企业将更迅速地推动工人晋升到高薪岗位。那些受教育程度较低、年轻人或黑人等群体的工人更容易获得较快的职务晋升。

(3)就业率的提高。前文已经解释过,总就业的增长可以同时降低失业率并提高

失业的本地居民：70个就业岗位

本地的非芝动人口：160个就业岗位

新居民：770个就业岗位

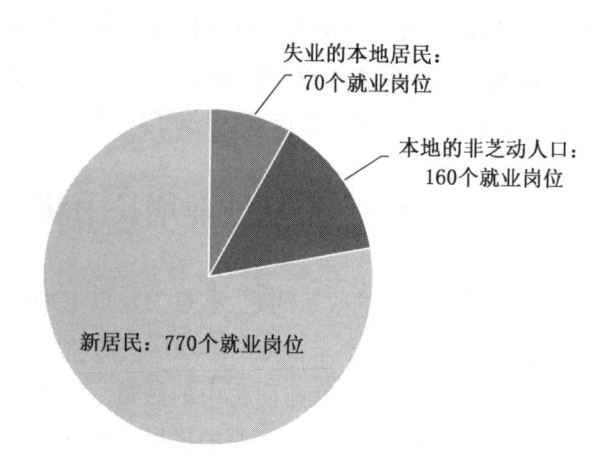

资料来源：Timothy Bartik. Who Benefits from State and Local Economic Development Policies？[R]. Kalamazoo，MI：Upjohn Institute，1991.

图7—8　1 000个新增就业岗位在本地居民和外来人口中的分配

就业参与率，从而增加适龄工作人口的就业比例。

表7—3提供了实际工资、职业等级、失业率和参与率变化对人均实际收入的综合影响。对一般家庭来说，就业增长每增加1%，实际收入将增长0.40%。晋升效应（向高薪岗位晋升）和参与率（较高的劳动力参与率）是高收入背后最重要的影响因素。这种类型的家庭对就业的收入弹性较大，而其他类型的家庭则更倾向于获得更高的晋升效应。

表7—3　总就业增长1%对实际人均收入的影响

	一般家庭	低教育水平的家庭	年轻家庭	黑人家庭
实际收入增长百分比（%）	40	47	41	49

资料来源：Bartik，Timothy J. Who Benefits from State and Local Economic Development Policies？[R]. Kalamazoo，MI，Upjohn Institute，1991.

7.9　城市增长的区域背景

在本小节中，将拓展所研究的地理范围，把区域看作国家经济的组成部分。这样，城市的增长还将受到来自区域经济的力量，并反过来对这些力量产生影响。首先探讨区域发展的新古典模型，然后用该模型解释区域经济聚集的一般趋势。

7.9.1　新古典模型

区域发展的新古典模型重点关注工人的区位决策，并假设两个区域之间劳动力可以自由流动。在该模型最简单的版本中,假设两个区域具有相同的资源禀赋。在图7—9中,横轴表示该区域的工人数量。两条曲线分别表示劳动力的边际产品收益(MRP),它等于劳动的边际产品乘以出口产品的价格。MRP曲线具有负斜率,它隐含着边际收益逐渐降低的假设:当区域的劳动力呈扩张趋势时,劳动的边际产品将减少,并导致MRP值下降。

在这个简单的新古典模型中,这两个区域是同质的。由于工人具有完全的流动性,因此为了实现区位均衡,要求这两个区域具有相同的工资水平。这两个区域还拥有相同的MRP曲线,因此只有一个方法能使两个区域的工人赚取相同的工资,即将工人数量分成均等的两部分,每个区域都获得相同数量的工人。在图7—9中,初始的均衡点可用点s(南方)和点n(北方)表示。当工资水平在30元时,全国人口被划分成两个相等的部分,并在这两个区域之间进行平均分配,每个区域的就业人口均为1 200万人。

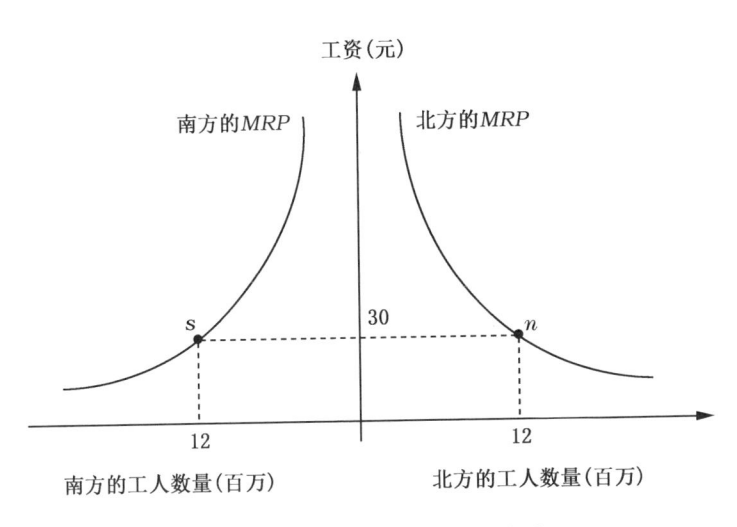

图7—9 区域发展的新古典模型

在区域集聚的新古典模型下,边际产品逐渐下降,边际收益逐渐降低(收入差的逐渐缩小),将使MRP曲线呈现负斜率。由于具有充分的流动性,两个区域的工资相等(30元)。当不存在自然优势时,全国的劳动力将在这两个区域之间平均分配(每个区域都获得1 200万就业人口)。

(1)自然优势的差异促进了集聚

下面分析一下两个区域之间在自然优势方面存在差异时,将带来哪些启示?例如,北方区域有铁矿和煤矿,因此该区域的企业运送原材料的成本为0。相反,南方区域必须进口铁矿和煤炭来生产钢铁,在这过程中将产生运输成本。

北方区域的自然优势将会吸引更多的外来移民,这扩大了该区域的经济规模。如图7—10所示,北方区域更邻近原材料产地,这使得该区域的工人具有更高的劳动生产率,并产生较高的 MRP 曲线。如果每个区域最初都有 1 200 万人,北方区域(由点 i 表示)的 MRP 为 80 元,而南方区域的 MRP 仅为 30 元(用点 s 表示)。工人们获得的工资等于他们的 MRP,因此北方区域较高的工资水平将吸引更多的人向该区域迁移。当出现人口迁移时,北方区域的工资沿着 MRP 曲线将向下运动,而南方区域的工资沿着 MRP 曲线向上运动。

当两个区域具有相同的工资水平时,将重新实现区位均衡。换句话说,移民行动将一直持续到点 t 和点 j 为止,此时工人们将获得相同的工资水平(50 元)。由于北方区域具有自然优势,因此该区域将具有更大的就业规模(1 600 万人)。总而言之,自然优势明显的区域将具有更大的经济规模。

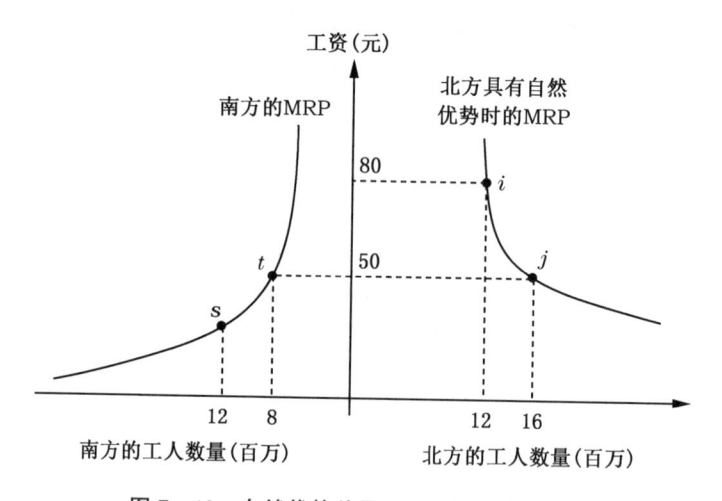

图 7-10　自然优势差异促进区域经济的聚集

(2)交通成本的降低引致区域经济扩散

交通成本的降低是如何影响经济活动在不同区域间的配置的呢?在上述例子中,北方区域有自然优势,因为在该区域的企业不用支付铁矿石和煤炭的运输费用,但南方区域的企业必须支付这些费用。运输成本的降低,使得北方区域的自然优势逐渐减弱,并会缩小两个区域之间的经济差距。

图 7-11 描述了运输成本降低产生的影响。当南方区域工人的劳动生产率提高时,该区域的 MRP 曲线会随之整体向上移动,从而也提高了南方区域的工资水平。工人开始向南方区域迁移,这种迁移行动一直持续到两个区域的工资水平一致为止。此时,点 u 和点 k 分别为新的均衡点。均衡工资上升到 60 元,南方区域的就业人数增加了 200 万人,北方区域则减少相同规模的就业人数(200 万人)。

在需要进口原材料的区域(南方)运输成本的降低,将会促进该区域劳动生产率的提升。南方区域的 MRP 曲线向上移动将产生一个新的均衡,并会得到一个相对较高的均衡工资(从 50 元提高到 60 元),由此南部区域的就业规模也会扩大(从 800 万人增加到 1 000 万人),而北方区域的就业规模会缩减(从 1 600 万人减少到 1 400 万

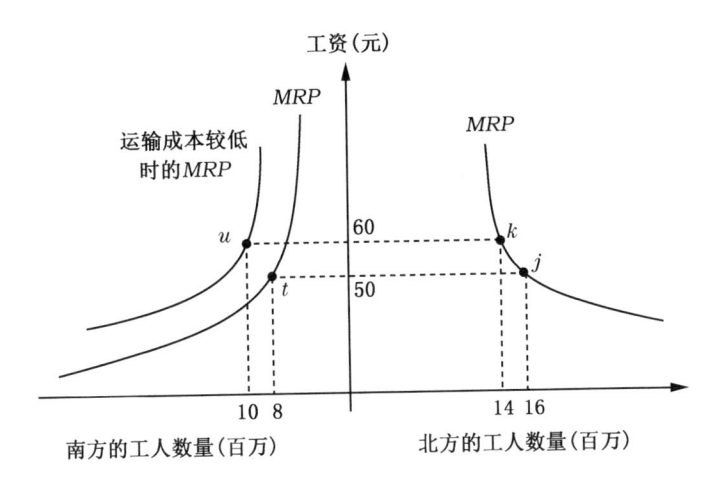

图 7—11 运输成本的降低引起区域经济的扩散

人)。较低的运输成本进一步缩小两个区域之间的经济差距。

运输成本的降低削弱了自然优势,而其本是引起区域间差异的首要因素。因此,运输成本的降低有利于缩小区域间的差距。正如前面的内容已经分析的,运输成本的降低需要很长的时间才能实现,这样通过新古典模型就可以预测出,区域间的差距要经历相当长的时间才能逐渐缩小。

7.9.2 中国区域经济的集中与扩散

集中阶段:改革开放初期,中国的加工型企业主要集中在沿海区域,如广东、浙江和江苏等地。这些区域具备较好的地理位置、便利的交通以及先进的基础设施,吸引了大量外资和技术进入,成为中国加工型企业的重要基地。在这一阶段,这些区域以轻工业和加工型企业为主导,以出口为驱动力,迅速崛起并获得了较高的经济增长。

扩散阶段:随着改革开放的深入和中国内地经济的崛起,加工型企业开始向内陆区域扩散。这是出于多方面的考虑,包括劳动力成本的上升、资源和环境压力、政府政策的引导等。中国政府积极推动中西部区域的发展,通过引导投资、减税优惠、基础设施建设等措施,吸引加工型企业向内陆区域转移。例如,重庆、成都、武汉等城市成为内地加工型企业的重要集聚地。此外,一些中小城市和县级城市也开始发展加工型企业,形成了多中心的加工型企业格局。

区域协同发展:近年来,中国政府提出了推进区域协同发展的战略,旨在加强不同区域之间的经济合作和协调。通过建设跨区域的交通网络、发展现代服务业和高技术产业,中国各区域之间的联系日益加强。例如,长江经济带、粤港澳大湾区、长三角地区一体化等合作机制的建立,促进了加工型企业和其他产业的跨区域合作和发展。

参考文献

[1] Arthur O'Sullivan. Urban Economics (9th edition) [M]. McGraw-Hill Education Press, 2019.

[2] Masahisa Fujita. Urban Economic Theory: Land Use and City Size [M]. Cambridge University Press, 1989.

[3] Masahisa Fujita, Paul R. Krugman, Anthony J. Venables. The Spatial Economy: Cities, Regions, and International Trade [M]. MIT (Massachusetts Institute of Technology) Press, 1999.

[4] Masahisa Fujita, Jacques-Francois Thisse. Economics of Agglomeration: Cities, Industrial Location, and Regional Growth (2nd edition) [M]. Cambridge University Press, 2012.

[5] Lucas R. On the Mechanics of Economic Development[J]. Journal of Monetary Economics, 1988, 22(1): 3—42.

[6] Moretti E. Human Capital Externalities in Cities[M]//in Handbook of Regional and Urban Economics, eds by Henderson V and Thisse J F, Amsterdam: Elsevier, 2004: 2243—2291.

[7] Wheeler C. On the Distributional Aspects of Urban Growth[J]. Journal of Urban Economics, 2004, 55(2): 371—397.

[8] Bartik T J. Who Benefits from State and Local Economic Development Policies? [J]. Kalamazoo, MI: Upjohn Institute for Employment Research, 1991.

[9] Eberts R W and Stone J A. Wage and Employment Adjustment in Local Labor Markets[J]. Kalamazoo, MI: Upjohn Institute for Employment Research, 1992.

[10] Wolman H, Hill E, Blumenthal P, Furdell K. Understanding Economically Distressed Cities [M]//in Retooling for Growth: Building a 21st Century Economy in America's Industrial Regions, eds by McGahey R and Vey J, Brookings Institution Press, 2008: 151—178.

[11] Helms L J. The Effect of State and Local Taxes on Economic Growth: A Time Series-Cross Section Approach[J]. The Review of Economics and Statistics, 1985, 67(4): 574—582.

[12] Munnell A H, Cook L M. How Does Public Infrastructure Affect Regional Economic Performance[J]. New England Economic Review, 1990: 11—33.

[13] 万晓萌. 经济增长与税收竞争关系的实证分析[J]. 税务研究, 2016(7): 107—111.

[14] 王加祥, 李文婕, 邓若冰. 政府补贴对企业真实创新绩效的影响——基于中国A股上市公司数据的实证分析[J]. 南京邮电大学学报(社会科学版), 2023, 25(2): 78—90.

[15] 陈跃刚, 王旭健, 吴艳. 集聚经济视角下上海市高质量发展演化研究[J]. 城市发展研究, 2022, 29(12): 101—111.

[16] 任成好, 张桂文. 中国城市病的测度研究——基于288个地级市的统计数据分析[J]. 经济研究参考, 2016(56): 12—19.

[17] 王春晖. 区域异质性、产业集聚与人力资本积累: 中国区域面板数据的实证[J]. 经济经纬, 2019, 36(1): 87—94.

[18] 王小鲁. 中国城市化路径与城市规模的经济学分析[J]. 经济研究, 2010, 45(10): 20—32.

[19] 王明. 1960—2006年加拿大地方政府改革[D]. 山东大学硕士学位论文, 2018.

[20] 李亢. 个体自由与集体目标——魁北克语言立法及相关诉讼评析[J]. 北华大学学报(社会

科学版),2018,19(5):67—74.

[21]王曙光,王丹莉.美国工业化、去工业化和再工业化进程对中国双循环新发展格局的启示[J].山西师大学报(社会科学版),2021,48(4):24—31.

[22]钟水映,李晶,刘孟芳.产业结构与城市化:美国的"去工业化"和"再城市化"现象及其启示[J].人口与经济,2003(2):8—13.

[23]张庭伟.2000年以来美国城市的经济转型及重新工业化[J].城市规划学刊,2014(2):15—23.

第三篇

政府部门公共品供给与外部性

第三篇开始将政府部门的公共品供给行为作为内生性变量,而外国部门消费行为、投资主体行为继续作为外生性变量,探索政府部门公共品供给如何影响家庭、厂商两个市场私人部门的选址行为,在地方政府部门的收入、地方公共品供给、公共政策的影响下,分析万千市场主体如何相互作用,如何处理邻里外部性和拥堵外部性。

政府职能:稳定(stabilization)、分配(distribution)、配置(allocation)。地方政府职责:提供地方公共品、管理自然垄断行业和处理外部性问题。

第8讲将系统介绍地方政府的基本收入来源、基本职能及在地方经济发展过程中发挥的作用,包括理论推演和实证经验。此外,还将进一步讨论我国地方政府与中央政府在财权、事权方面的分配。

第9讲将探讨邻里选择经济学,主要关注不同的邻里特征。当家庭在选择房屋或住宅时,考虑的因素不仅仅是房屋或住宅本身,更重要的还有住宅所在地的公共产品,比如学校、公园和公共安全,以及为这些公共产品提供资金的税收体系。同样的,家庭购置住宅时也需要考虑邻居因素,因为邻居提供了社交交往的机会,而且孩子们往往就读于同一所学校。

第10讲将讨论汽车的外部性。国际经验表明,私人小汽车的拥有率会随着收入的提高而上升(Gately,1999)。随着我国社会经济的不断发展,人们生活水平不断提高,人均汽车的拥有量也在不断提高。

将讨论汽车产生的两个正外部性——经济和社会效益,以及三个负外部性——拥挤、空气污染和交通事故,同时也将讨论与这些外部性相关的政策。

第8讲

地方政府收入与公共品供给

将政府部门公共品供给行为作为内生性变量,而外国部门消费行为、投资主体行为继续作为外生性变量,主要分析地方政府部门的收入、地方公共品的供给、公共政策的影响。

第8讲将系统介绍地方政府的基本收入来源、基本职能及在地方经济发展过程中发挥的作用,包括理论推演和实证经验。此外,还将进一步讨论我国地方政府与中央政府在财权、事权方面的分配。

政府履行职能、提供公共服务需要资金来源,首先会介绍联邦体制下地方政府的主要收入来源——不动产税,这对我国的税收制度发展具有重要借鉴意义。

Musgrave(1959)归纳出政府应该承担的"财政三职能":①经济稳定的职能。强调政府合理使用财政、货币政策保障社会经济平稳运行。②收入分配的职能。强调政府使用征收税收和转移支付的方式调节社会贫富差距。③资源配置的职能。政府拥有决定资源分配的主体和服务的权力。主要包括:提供地方公共产品、管理自然垄断行业、处理外部性问题。这几乎成为政府支出责任划分的理论基石。

然而,Musgrave的分析仅限于一级政府,具有局限性;现实中政府架构往往是多级的,针对此问题 Oates(1972)提出了财政联邦制理论,以解决多级政府间财政收支责任划分问题:①联邦政府从宏观层面对国家经济进行调控,更有利于处理周期性波动带来的全国经济问题,同时经济个体的流动性也大大提高了地方政府行使收入分配职能的难度,所以国家政府应该担负起稳定经济和收入分配的职能。但是,特殊的公共品的提供,如国防安全等仍要由中央掌控。②地方政府可以直接接触民众,对自己辖区内的公众需求更加敏感,更有利于做出符合民众需求的公共服务决策,因此地方政府应承担提供地方公共产品、消除外部性等职责。这一讲中将细致地讨论地方政府的具体职能。

8.1 不动产税

不动产税是指每年对住宅、商业、工业不动产征收的一个税种。某一特定不动产税的总价值是由其建筑物和土地价值构成的。例如,假设一个不动产的市场价值为100万元人民币,其建筑物是80万元人民币,土地价值是20万元人民币。如果征收1‰的不动产税,每年的纳税金额将是1万元人民币,其中建筑结构价值的纳税金额是8 000元,土地价值的纳税金额是2 000元。承担不动产税的主体包括土地所有者、资本所有者和消费者。

8.2 不动产税理论推演

通过住宅企业缴纳不动产税案例,分析不动产税的征收对住宅企业所有者(房地产商)、住宅消费者(租客)、土地所有者(地主)和资本所有者(金融机构)四类主体产生的影响。

假设某辖区只有两个居住型城市,分别为M市和N市,且消费者在两市之间可以充分地流动。M市的所有土地都被用于修建移动式住宅,并且住宅全用于出租。市场处于完全竞争状态,在均衡状态下,每个企业的经济利润均为零,住宅企业建造出租型住宅需要两种投入:建筑物(资本)和土地。

(1)建筑物。移动式住宅是一种物质资本,它的原材料是住宅供给企业从其他区域的资本所有者那里租借过来的,建筑物总供给固定。移动式住宅可以无成本地在M市与N市之间流动。

(2)土地。住宅企业从在外土地产权人那里获得移动式住宅建造所需的土地。土地规模是固定的。

住宅企业出租住宅(包含移动式住宅和土地)给消费者,初始的税前住宅租金是每年10 000元,其中建筑物租金是8 000元,土地租金是2 000元。假设每个移动式住宅的不动产税是1 600元,每块土地的不动产税是400元。

为了分析需要,先提出3个假设:

假设1:资本总供给(建筑物)固定。
假设2:消费者在不同城市之间具有充分的流动性。
假设3:本区域仅有2个城市。

8.2.1 不动产税中的土地部分

土地供给完全无弹性,供给量固定为1 800个。住宅企业是土地的主要需求者,它们把土地作为一种投入,生产用于出租的住宅。需求曲线与供给曲线相交点 h,此时初始值租金为每块土地2 000元。

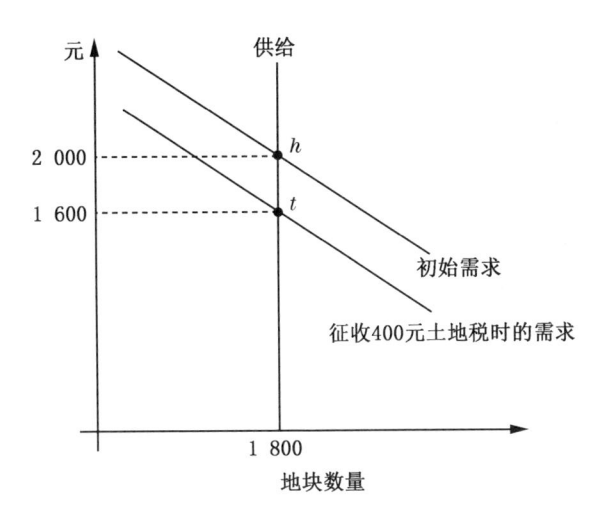

图8—1 不动产税土地部分的市场效应

每块土地征收400元的土地税降低了住宅企业对土地所有者的意愿支付，住宅企业不愿意额外承担400元的税金。由于土地供给完全无弹性，土地所有者为了减少交税带来的损失，故其均衡租金将下降400元，这意味着土地所有者支付了全部土地税。

由于土地供给完全无弹性，如果土地所有者强行将不动产税400元加到土地租金中，那意味着住宅企业需要支付2 400元（原来租金＋不动产税中的土地部分），这会降低住宅企业的土地需求，减少租用土地的数量，这时候供给大于需求自然也会导致土地租金下降。因此，为了维持住宅企业的需求不变，税收完全由土地所有者承担，税收降低了支付给土地所有者的土地租金，下降的幅度与缴纳的土地税相同。

8.2.2 建筑物部分：局部均衡方法

局部均衡是指忽略税收对其他城市和市场的影响。

移动式住宅的初始供给曲线是水平的，每单位建筑物价值8 000元。住宅企业作为中介从资本所用者手中租赁一批房源，再转租给消费者。每间移动式住宅的资本收益固定为8 000元，不因住宅企业是否租给消费者而改变。初始的供给曲线与需求曲线相交于点h，此时建筑物数量是1 800套。

建筑物供给曲线代表企业提供每套移动式住宅的成本，出租一套移动式住宅的成本来源于资本所有者。建筑物税使得供给曲线向上移动，其上移幅度与税额相同。如果资本收益是固定的，那么建筑物供给曲线就是水平的，税收提高了建筑物租金，其上升幅度与税收数量相同。

由图8—2可知，建筑物税的征收增加了住宅企业的边际成本，资产所有者为保持资本收益不变将税收转嫁给住宅企业，这压缩了住宅企业的盈利空间。于是，住宅企

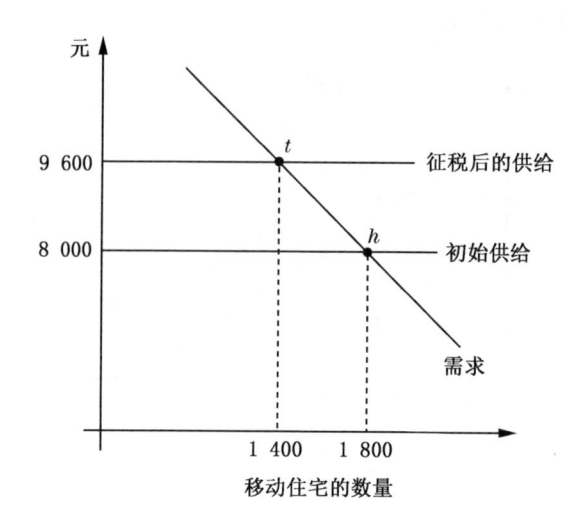

```
        元 ▲
            |
            |  \
   9 600 ---|----• t         征税后的供给
            |    |  \
            |    |   \
   8 000 ---|----|----• h    初始供给
            |    |    | \
            |    |    |  \
            |    |    |   \ 需求
            |    |    |    \
            +----┴----┴------→
                1 400  1 800
                  移动住宅的数量
```

图 8—2　建筑物税对局部均衡的影响

业也相应提高了租金(原租金＋建筑物税)，将税收转嫁给了消费者，消费者为了获得住宅必须承担所有的建筑物税。由于价格提高，供给不变，消费者需求降低，均衡点从点 h 沿需求曲线上移到点 t。

8.2.3　建筑物部分：一般均衡方法

一般均衡是指考虑税收对外部城市居民的影响。

N 市(不征收不动产税)。在 M 市征收不动产税之前，这两个城市是同质的：每个城市都有 1 800 套移动式住宅，均衡租金是 8 000 元。假设移动式住宅可以在这两个城市之间无成本地流动，建筑物供给是固定的。为逃避 M 市的纳税负担，有 400 套移动式住宅迁往其他城市。

在 M 市，局部均衡结果可用点 t 表示。消费者为建筑物支付的租金是 9 600 元，其中包括 8 000 元的建筑资本收益和 1 600 元的建筑物税，为逃避 M 市的纳税负担，有 400 套移动式住宅搬迁到不征税的 N 市(点 r)，并使得该市的建筑物数量增加了 400 套，其资本收益则降低到 6 400 元。一般均衡要求两个城市的资本收益相同，在 M 市用点 l 表示(建筑物租金＝8 800 元，建筑物资本收益＝7 200 元)，在 N 市用点 w 表示(建筑物资租金＝建筑物资本收益＝7 200 元)。征收建筑物税使资本收益从 8 000 元下降到 7 200 元。

移动式住宅第一次移动：M→N(资本收益差)。M 市消费者承担了所有的建筑物税，支付 9 600 元租金，资本收益和建筑企业利润不变。U 市由于住宅供给量增加，消费者需求下降，资本收益降低到 6 400 元，处于不均衡状态。

移动式住宅第二次移动：N→M(资本收益均衡)。N 市搬迁 200 套住宅回到 M 市，此时两市的供给量一致(要素供给固定)。由于 N 市供给量减少，需求增加，租金

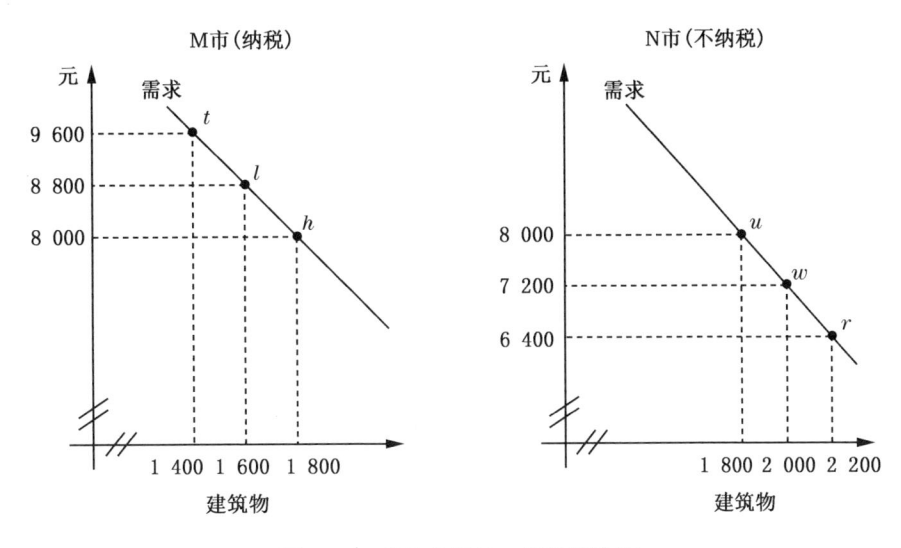

图 8—3 建筑物税的一般均衡效应

自然上升,税收不变,实质上是资本收益的增加,新的均衡点是点 w。同时,M 市住宅供给量上升,需求下降,租金自然下降,税收不变,实质上是资本收益的减少,新的均衡点是点 l。此时,两市的资本收益相同,市场达到均衡状态。总体上,由于税收,资本所有者的资本收益减少了 800 元。

由此得出结论:当要素投入的供给固定时,税收主要由要素所有者承担。

假设消费者具有充分的流动性(流动无成本),在这种情况下哪里租金低,消费者就会去哪里。消费者的区位均衡要求不同城市的住宅租金相同,因此土地价格将进行调整,直到住宅租金相同,并使这两个城市的消费者具有无差异性为止。

表 8—1 两个城市建筑物税的一般均衡效应 单位:元

	M 市				N 市		
	资本收益	建筑物税	土地租金	住宅租金	资本收益	土地租金	住宅租金
初始状态	8 000	0	2 000	10 000	8 000	2 000	10 000
土地租金变化之前	7 200	1 600	2 000	10 800	7 200	2 000	9 200
土地租金变化之后	7 200	1 600	1 200	10 000	7 200	2 800	10 000

从表 8—1 中可得出最终的均衡价格是 10 000 元。这意味着建筑物税导致 M 市的土地所有者每块土地损失 800 元,N 市的土地所有者每块土地获得 800 元的收益。

综上局部和一般均衡的理论探究,可以得出以下结论:

(1)资本供给固定时,资本所有者承担税负。

(2)该区域的土地所有者经历土地租金的零和变化,不征税城市的土地所有者获得的收益,正好是征税城市土地所有者所损失的。

(3) 消费者支付相同的住宅价格,因此他们并不承担任何税负。
(4) 住宅企业获得零经济利润。

8.2.4 假设变量改变

假设 1 改变:实际生活中资本总供给不是一成不变的,资本所有者会因为资本收益的降低而缩小经营规模,降低供给,多余的供给直接退出市场。在这种情况下,初始阶段供给不过剩,消费者需求不会大幅降低导致资本收益大幅减少,同时均衡状态的住宅租金也会高于原来的价格。这意味着一部分建筑物税转嫁给了消费者,仅有很少的部分由资本所有者承担。

假设 2 改变:当消费者在 M 市与 N 市之间流动需要承担一定成本时,两个城市住宅租金的差距不会因为土地租金的变化而消失,N 市支付的住宅租金远远低于 M 市所需支付的住宅租金。

假设 3 改变:如果本区域不只是 M 市和 N 市,而是有 10 个城市,那么 M 市的建筑物税效应将扩大 5 倍,这会引致资本收益下降的幅度减少,变为原来的 1/5:资本收益将下降 160 元,不是 800 元。表 8—2 描述了建筑税对不同城市土地租金和住宅租金的影响。为使两个城市的租金相等,M 市的土地租金将则会下降 1 440 元,N 市的土地租金将上涨 160 元。本区域内土地租金的变化具有零和效应:9 个城市的土地租金均上升 160 元。另外一个城市(征税城市)的土地租金则下降 1 440 元。

表 8—2　　　　　　　　　　10 个城市的建筑物税　　　　　　　　　　(单位:元)

	M 市				N 市		
	资本收益	建筑物税	土地租金	住宅租金	资本收益	土地租金	住宅租金
初始状态	8 000	0	2 000	10 000	8 000	2 000	10 000
土地租金变化之前	7 840	1 600	2 000	11 440	7 840	2 000	9 840
土地租金变化之后	7 840	1 600	560	10 000	7 840	2 160	10 000

8.3　不动产税的实例与实践

8.3.1　出租型不动产所有者与自住型不动产所有者境况的差异

在征收不动产税的城市,出租型不动产所有者要蒙受一定损失,主要原因是承担土地税和一部分转嫁的建筑物税导致资本收益下降。同时,收税会让潜在购买者支付意愿下降,导致不动产市场价值下跌。自住型不动产所有者也将承担不动产价值缩水的风险。

不征收不动产税的城市也会受到征收不动产税城市的影响,土地租金不断上升直到与征税城市相等。该区域资本所有者资本收益下降,对不动产市场价值的影响不确定。

8.3.2 对政策制定者的实践导向

城市建筑物对该城市居民纳税究竟有影响呢?

对地方而言:由理论案例推演结论可知,现实生活中消费者不具有充分的流动性,一般情况下城市的土地所有者将承担大部分税收,资本所有者承担小部分税收。

对国家而言:国家在全国征收统一的不动产税,所有城市税率相同,所有住宅都需要缴纳不动产税。从全国的角度来看,资本供给量是固定的,这意味着资本无法流动更无法减少,那么资本所有者无法将税收成本转移给其他人,也不能因为资本收益降低而减少供给数量,必须承担所有的税。如果资本供给量可变,那么资本所有者会将税收转嫁给本区域住宅租金较高的家庭。

表8-3　　　　　　　支付不动产税中的建筑物部分的对象分析

仅有一个独立的城市征税
征税城市的福利效应
1.家庭具有流动性:土地所有者获得较低的土地租金。
2.家庭不具有流动性:消费者支付较高的住宅租金。
不征税城市的福利效应
1.家庭具有流动性:土地所有者获得较高的土地租金。
2.家庭不具有流动性:消费者支付较低的住宅租金。
区域福利效应
1.资本所有者获得较低的资本收益。
2.流动性家庭和固定的资本:土地租金产生零和变化。
3.无流动性家庭和固定的资本:住宅租金的零和变化。
4.流动性家庭和不固定的资本供给:消费者支付较高的住宅租金;资本收益下降幅度较小。
所有的城市都征税(全国性的不动产税)
1.固定的资本供给:资本所有者承担全部的税负。
2.不固定的资本供给:税收中的一部分转嫁给了住宅消费者。

8.3.3 商业不动产税

商业不动产,是指用征税产业的产出替代住宅,产出包括文娱产品、生活日用品、工业制成品等。当地方政府在辖区内单独征收商业不动产税时,商业不动产税的建筑物部分由辖区内所有资本所有者承担。与住宅的情况相似,消费者的流动性强弱决定了资本所有者是否能将税收转嫁给不征税区域的销售者。商业不动产税的征收也激励企业迁到税率较低、有优惠政策的城市。

税收输出是指某市政管辖区域以外的居民承担该税收的过程。如果其他区域的人们来到该城市消费当地的产品,那么该城市政府有权利利用商业不动产税的形式向这些人征收税收,实现税负转移。

8.3.4 蒂布特(Tiebout)模型与不动产税

根据上一讲提及的蒂布特模型的基本内涵,居民会根据对公共产品的需求偏好进行自我分类。应用到不动产税层面,如果地方公共产品主要通过不动产税来融资,家庭仍然会依据住宅消费者类型进行自我分类。

表8—4　　　　　　　　　　基于税收形成的不同辖区

	税率	税收 Ann（20万元的住宅）	税收 Bob（50万元的住宅）	税收 Joy（80万元的住宅）
混合的市政管辖区	0.020	4 000元	10 000元	16 000元
所有20万元的住宅	0.050	10 000元	—	—
所有50万元的住宅	0.020	—	10 000元	—
所有80万元的住宅	0.012 5	—	—	10 000元

假设一个辖区内的三个家庭住宅的市场价值不同,分别是20万元、50万元和80万元,但他们都希望获得10 000元的预期公共产品。当这三个家庭都居住在混合辖区时,都遵循缴纳自家住宅市场价值的2%作为不动产税投入公共产品支出。在此情况下,Ann支付的不动产税是4 000元,低于公共产品预期需求;Bob需要支付10 000元,正好等于预期公共产品收益;而Joy的住宅市场价值是Ann的4倍,这意味着她需要缴纳的税费是Ann的4倍,即16 000元。这远远高于她预期获得的公共产品价值,因此Joy选择离开混合市政管辖区,同其他拥有高价值住宅的所有者共同建立新的市政管理区,施行新的不动产税率。

表8—4描述了居民根据住宅价值将自己划分到不同的市政管辖区时的情况。高价值住宅所在的市政管辖区仅征收0.012 5的不动产税就能获得10 000元的税金,而这10 000元正好能满足公共机构为每个家庭提供公共服务所需要的资金。在Ann这一类型的家庭所在的市政管辖区和Bob这一类型的家庭所在的市政管辖区,虽然这两类家庭拥有的住宅价值不同,但他们都有相同的纳税义务。住宅价值较低的家庭有较高的税率,他们同样也支付10 000元的税金。

蒂布特认为,不动产税是一种使用费,税收没有发生转移。家庭缴纳不动产税的义务是由他所消费的公共产品的数量决定的,而不是由其不动产的价值决定的。

而在美国大中心城市,不动产税被认为是一种传统税,唯一的市政机构要向大量的且分散的人口提供服务,不存在民众由于偏好而自我集聚的情况,蒂布特模型并不适用。

8.3.5 限制不动产税

对不动产税的限制政策始于19世纪70年代,目前美国有44个州正在实行这样的限制政策。

人们最早要求限制不动产税的呼声来自20世纪20—30年代,此时西方国家正处于经济大萧条时期,由于收入锐减此时公民对地方公共服务的支付意愿急剧降低,而地方政府要求居民缴纳的不动产税率仍然很高,收支差距大。如图8—4所示,不动产税占收入的份额,在1929—1932年提高了200%,在1932年达到11.3%。在这三年间,个人收入下降了50%,而不动产税仅下降了9%。城市居民在不动产税上支付能力的下降,几乎使拖欠率上升为原来的3倍。1933年,有超过3 000个地方税收联盟要求进行税制改革。其主要内容是缩小税收规模,建立与大萧条时期较低的收入相适应的税制,取消一些不必要的地方服务,缩减地方服务规模。

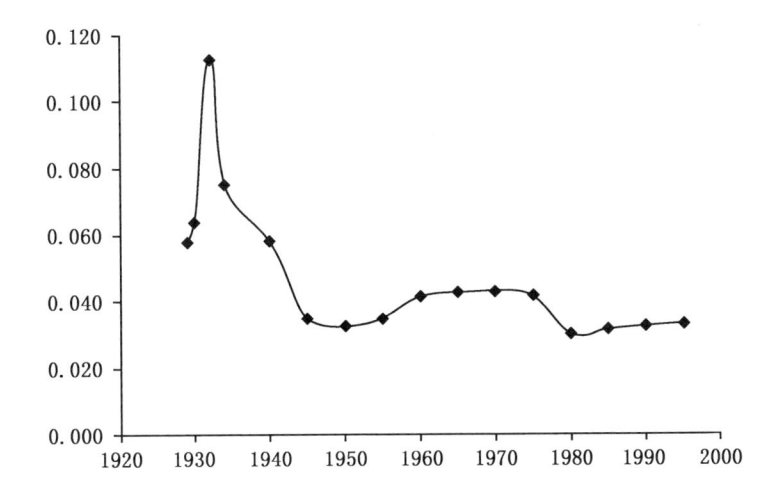

资料来源:Arthur O'Sullivan. Limits on Local Property Taxation. In Wallace E. Oates ed. Chapter 7 in Property Taxation and Local Government Finance[M]. Cambridge MA: Lincoln Institute, 2001.

图8—4 不动产税占收入的份额

20世纪30年代的税收革命十分成功,政府也通过了限制税收的政策,居民的税收负担有所减轻。1932—1933年,有16个州通过了税收限制政策,其中大部分限制政策都对地方不动产税设定了最高上限。正如图8—4所示,1932—1940年不动产税占收入的份额呈下降趋势,这是收入增长和税收限制综合作用的结果。到1940年,个人收入几乎达到1930年的水平,不动产税占收入的比例为5.8%,而在1930年该比例为 6.3%。

1960—1975 年,不动产税占国民收入的比例达到了历史最高水平,大约为 4.2%。1978 年,加利福尼亚通过了一项严格限制地方政府征收不动产税的法案,即所谓的"第 13 号法案",标志着现代税收革命的开始。到 1995 年,已经有数十个州颁布了新的税收限制政策,不动产税占收入的比例进一步下降到 3.3%,恢复到 20 世纪 40 年代和 50 年代的水平。

对比早期的税收革命,现代税收限制政策反映了要求地方政府用更少的钱提供相同水平的服务。事实证明,现代税收限制政策降低了不动产税。正如图 8-4 所示,从 1978 年发起现代税收革命开始,不动产税占收入的份额在不断下降。不动产税限制政策使人均实际税收降低了 3%~6%。还存在收入替代的现象,从其他渠道获得收入,来可以抵消不动产税的损失。一个渠道就是州政府提供政府间补贴,第二个渠道就是提高非税收的收入。

20 世纪 90 年代,有两个州改变了自己的不动产税收体系。伊利诺伊州在芝加哥大都市区制定了不动产税收增长率限制政策。最高的增长率为通货膨胀率或者每年 5%,取两者之间的最大值。1995 年,密歇根州改革了它的教育财政体系,州政府削减了一半的不动产税收,并通过增加销售税、烟草税和不动产交易税来弥补这部分损失。

8.4 地方公共产品

公共产品是与私人产品相对的称谓,是指具有消费或使用上的非竞争性和受益上的非排他性的产品。

公共产品的特性:

(1)非竞争性。个人在公共产品的消费中获得收益的同时并不影响其他人的收益。

(2)非排他性。一般人们需要付出一定费用才能使用公共产品,但存在有人不付费也使用公共产品的情况,这是无可避免的。

(3)收益被限定在地方区域,范围很小,基本只有当地的大多数居民可以受益。

8.4.1 边际原理模型

边际原理提供了一个简单的决策规则,它可以帮助个人和组织制定决策。经济活动的边际收益是指经济活动的微小增加获得的额外收益的数量。例如,餐厅多营业 1 小时所获得的额外收益。边际成本是指经济活动的微小增加所引致的额外成本的增加额。例如,餐厅延长营业 1 小时所产生的额外成本。因此,边际原理可以被定义为:

如果一项经济活动的边际收益超过边际成本,证明有利可图,供给规模会进一步扩大。扩大的极限状态是边际收益等于边际成本时的供给水平。

边际原理可用来确定增加 1 单位某一特定变量是否可以优化决策。就像餐厅决定是否延长 1 小时营业时间，企业决定是否需要多雇用 1 个工人增加用人成本。当边际收益等于边际成本时，达成最优决策。

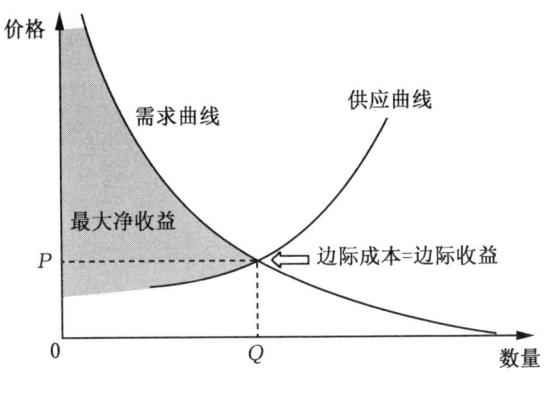

图 8—5　边际原理曲线

8.4.2　公共广场面积选择问题

三名城市居民对公共广场的面积大小有不同的需求：A：低需求（其边际效应曲线用 MB_A 表示），B：中需求（边际效应曲线用 MB_B 表示），C：高需求（边际效应曲线用 MB_C 表示），现在要根据居民需求投票选出公共广场的建筑面积。

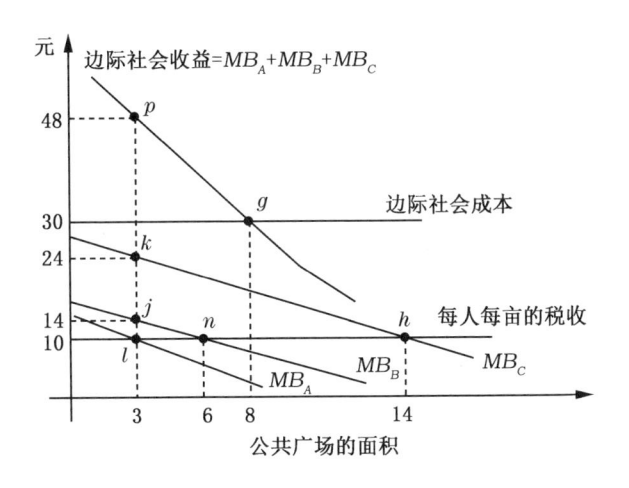

图 8—6　地方公共产品的最优规模与均衡规模

居民的个人边际收益之和表示边际社会收益。最优规模位于边际社会成本曲线与边际社会收益曲线的相交处（点 g 处），最优规模为 8 亩。在遵循少数服从多数的原则下，均衡规模是由中间投票者的偏好决定（点 n 处），均衡规模为 6 亩。

（1）最优规模

根据边际原理模型可知,当边际社会收益等于边际社会成本时,地方公共产品达到最优供给规模。在最优供给规模下,地方政府提供公共产品的效率最高,收益最大化。公共广场的边际社会收益可表示为所有城市居民收益的总和。

在图8-6中,3亩的公共广场的边际社会收益为48元(点p),其中A的边际收益是10元,B的边际收益是14元,C的边际收益是24元。最优规模是边际社会收益和边际社会成本的交点g处,8亩。对任何面积小于8亩的公共广场来说,每额外增加1亩的面积,城市居民的预期支付都将超过60元,因此增加面积可以提高社会福利;一旦面积超过最优规模的面积,每增加1亩的面积,城市居民的预期支付都将低于60元,此时成本大于支出,效率下降。

(2)均衡规模

在三种需求中,中需求的人数一般是最多的。因为中需求人群可以联合低需求人群一起反对高需求人群的选择;同样,中需求人群也可以联合高需求人群一起反对低需求人群的选择。在之后的中间投票者模型也会提到,政府会选择偏向中间投票者意愿的政策,这符合大多数人的利益,造成的福利损失也是最小的。由此推出遵循多数决定的原则,均衡数量就是中间投票者所偏好的数量。

在图8-6的公共广场面积选择的案例中,均衡规模是由中间投票者的偏好(6亩)决定的,这不同于最优规模的8亩。由于中间投票者人数多、影响力大,代表更多人的共同利益,最终政府会偏向中间投票者的偏好进行选择。

(3)收益税

为了有效解决地方公共产品需求具有差异性的问题,地方政府收取收益税,制定与多样性的需求相对应的等级纳税体系。在征收收益税的条件下,居民要缴纳较高的税收以获得较高的收益。通常来说,税收与人们对地方公共产品的支付意愿成正比关系。

图8-7描述了在实施收益税的条件下如何确定公共广场的面积。在上述例子中已知公共广场的最优规模是8亩,政府可以根据居民的边际收益来分配公共产品的成本。A的纳税义务是3元,而B每亩要交8元的收益税,C每亩应交19元。面对每亩19元的边际成本,C偏好的公园规模是8亩,这是最优规模。类似地,A的边际成本是3元,也是其偏好的最优规模。

在征收收益税的条件下,每个家庭为每亩公共广场所缴纳的税金等于社会最优规模下的个人边际收益,并且每个人都偏好于最优规模。此时,A的纳税义务是每亩3元,B的纳税义务是8元,而C的纳税义务则是19元。

政府无法准确估计收益税的税率,也不能通过直接询问居民的方式确定收益税税率。通常情况下,公共产品的收益与不动产价值成一定比例,所以不动产税率可作为收益税税率的参考。

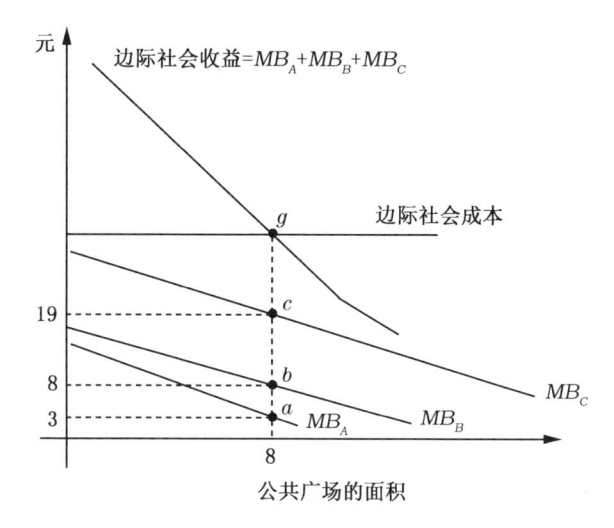

图 8—7 在实施收益税下地方公共品的最优规模

8.4.3 蒂布特(Tiebout)模型

美国经济学家查尔斯·蒂布特分析了在公共部门存在的条件下,各级政府提供公共产品的最佳效益问题。他认为,各个地方政府之间的相互"竞争",也会促使其更有效地提供人们所需要的公共产品和服务。这就是所谓"蒂布特模型"的基本内涵。

蒂布特模型主要基于以下7个假设选择地方政府和区位:

(1)辖区选择。家庭可以选择自己满意的地方政府,确保家庭有足够多的辖区可以充分选择喜欢的居住。

(2)充分的信息和流动性。所有的城市居民都可以获得所有辖区地方政府的信息,包括收入-支出的具体信息,并且居民可以在这些辖区之间进行无成本的流动。

(3)无溢出效应。没有与地方公共产品的供给相关的外部性,辖区内的居民都能从公共产品中获得收益。

(4)无规模经济。平均生产成本与产出无关。

(5)人头税。城市居民必须缴纳人头税,政府征收人头税负担公共产品的支出。

(6)政府根据该社区原有住户的偏好来设定社区服务模式。

(7)处于最优规模的社区保持其人口数量不变,没有达到最优规模的社区将会试图吸引新的居民,超过了最优规模的社区将减少人口数量。

在研究地方公共产品需求与供给之间的关系时,蒂布特指出,社会成员之间消费偏好的不同和人口的流动性制约着地方政府生产和提供公共产品的种类、数量和质量。如果有许多地方政府和相应的辖区,并且各地方政府分别提供类型各异的公共产品,那么对每个人来说,哪个地方提供的公共产品最适合其需要,他(或她)就会选择去那个地方居住;居住在同一个辖区的居民对本辖区地方公共产品供给水平有相同的要求。

例如,在上述社区公共广场面积选择的案例中,在辖区选择足够、居民无成本流动的情况下,低需求的居民倾向于选择 3 亩的广场,这最符合低需求居民的利益;同样,中需求的居民会聚集在一起选择建设 6 亩的广场作为生活辖区,而高需求的居民会一起生活在建有 8 亩的广场的辖区,此时不同需求的居民都找到了最符合自身利益的居住辖区。

孙开(2002)指出,通过这种"以脚投票"的方式,表明了人们对某种公共产品的消费偏好,就如同人们表明自己对市场上某种私人产品的消费偏好一样。居民通过投票的方式做出选择,这刺激着地方政府尽力提供适应本地居民消费偏好的公共产品,以实现利润最大化。这种选择模式消除了多数决定原则所带来的无效性。地方政府为了迎合民意,赢得民心,就必须在行使其职责的过程中充分考虑到居民的消费偏好。

蒂布特的模型建立在极为严苛的条件下,在现实生活中难以满足所有的假设,因此难以实现应用。目前,生活中绝大多数的公共产品决策是由选举投票决定的。

8.4.4 中间投票者模型

中间投票者模型的是由唐斯(A. Downs)在他 1957 年出版的《民主的经济理论》一书中提出的。唐斯指出,如果在一个多数决策的模型中,个人偏好都是单峰的,则反映中间投票人意愿的那种政策会最终获胜,因为选择该政策会使一个团体的福利损失最小。

中间投票者模型的假设:

(1)选民全部参与投票,只用一维标准来衡量政党,且每位投票者的偏好是单峰的,选择呈连续分布状态。

(2)政党之间信息条件对等,都通过尽可能满足选民需求来赢得选票,遵循少数服从多数原则。

如图 8—8 所示,A 和 B 政党都没有获得半数的选票,为了赢得选举的胜利,他们都必须争取中间选民的选票。A 政党要努力向右移动,向中点(M 点)靠近;B 政党要努力向左移动,向中点(M 点)靠近。哪个政党能牢牢把握中心点的位置,哪个政党就会胜出。

中间投票者模型表明,当政党想要获得多数选票在选举中胜出,就必须让自己的竞选方案符合中间投票人的意愿,保持中庸。

中间投票者模型反映了参选者为赢得选票对选民的迎合,另一方面也体现了通过投票结果可能无法从公共产品供给量反映真实的社会有效需求,但可以利用该结果预估公共产品的需求弹性。

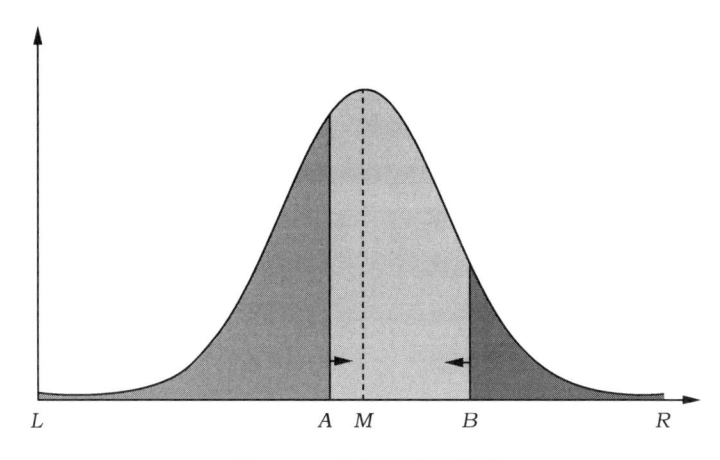

图 8-8 中间投票者模型

表 8-5　　　　　　　　　地方公共产品需求的价格弹性和收入弹性

公共产品或者服务	价格弹性	收入弹性
总支出	$-0.23 \sim -0.56$	$0.34 \sim 0.89$
教育	$-0.07 \sim -0.51$	$0.24 \sim 0.85$
公园和娱乐	$-0.19 \sim -0.92$	$0.99 \sim 1.32$
公共安全(警察和消防)	$-0.19 \sim -1.0$	$0.52 \sim 0.71$
公共工程	$-0.92 \sim -1.0$	0.79

资料来源：Robert Inman. The Fiscal Performance of Local Governments. In Peter Mieszkowski and Mahlon Straszheim, eds. Current Issues in Urban Economics[M]. Baltimore: Johns Hopkins University Press, 1979.

当区域内地方公共产品的价格存在差异时，可以通过中间投票者模型绘制地方公共产品的需求曲线，并计算需求的价格弹性如表 8-5 所示，地方公共产品需求弹性≤|1|，对价格缺乏弹性。

当然，该模型存在一定的局限性：首先，政治家会因为过度追求选举胜利而拼命迎合选民的需求，从而失去自己本应该坚守的立场。其次，该模型局限于单一的议题，实际情况中大多数选举会提供多项议题让选民选择。最后，该模型要求所有选民都参与投票，但现实生活中普及率达到 100% 几乎不可能。

8.4.5　中间投票者模型在公共产品预算方面的应用

(1)一系列预算投票

辖区政府提出了一项需要辖区内全体居民缴纳的年度社区维护费用预算，所有民众可投票确定是否通过预算。如果大多数居民不满意指定的预算金额，辖区政府将降低 100 元预算，再举行另外一次投票，一直持续到大多数居民都同意该预算提案为止。

最终投票结果反映大多数人同意的预算结果。

表 8—6　　　　　　　　一系列社区预算投票中的中间投票者

投票者	偏好的预算（元）	对 900 元预算的投票	对 800 元预算的投票	对 700 元预算的投票
A	380	不同意	不同意	不同意
B	460	不同意	不同意	不同意
C	570	不同意	不同意	不同意
D	670	不同意	不同意	同意
E	720	不同意	不同意	同意
F	780	不同意	同意	同意
G	830	不同意	同意	同意
H	920	同意	同意	同意

　　从表 8—6 可知，投票者 A 所偏好的预算是 380 元，投票者 B 的偏好是 460 元，投票者 C 偏好 570 元等。假设该辖区初始制定的预算费用是 900 元。投票者明白当 900 元的预算没有得到多数人的支持，下一个预算提案将是 800 元，如果 800 元的预算也没有被通过，政府会继续降低 100 元提出 700 元的预算，以此类推。投票者 H 认为 900 元的预算优于 800 元的预算，那么他将投票同意该预算。在这种情况下，居民的预算偏好将高于 850 元。如果投票者 G 所偏好的预算是 830 元，那么他将投票反对 900 元的预算，因为 800 元的预算更邻近他所偏好的预算。投票者 H 是唯一投票同意 900 元预算的人，因此第 1 个预算提案最终以 7∶1 的比例被否决。第 2 个提案（800 元）以 5∶3 的比例被否决。这是因为从投票者 A 到 E，他们所偏好的预算都低于 750 元，因此更偏好于 700 元的预算。相反，中间投票者（700 元）所偏好的预算，最终以 5∶3 的比例获胜。中间投票者联合其他较高预算偏好的投票者，通过了中间投票者所偏好的预算。

　　(2)民主体制下的中间投票者

　　在西方民主体制下，民众参与选举选择与其偏好一致的官员，由官员制定预算决策，民众一般间接参与预算决策。假设某城市仅提供单一的地方公共产品（消防安全服务，由厅长制定）。针对唯一议题消防安全预算，有两个消防厅长候选人，候选人 A 偏向小幅度提高甚至维持当前消防安全预算不变，而候选人 B 偏向较大幅度提高全市消防安全的预算。候选人分别提交自己的预算，每个市民都将把票投给与自己所偏好的预算最邻近的候选人。图 8—8 描述了不同投票者的预算偏好。横轴代表消防预算金额，纵轴代表偏好于某一确定预算的投票者数量。

　　假设 A 最初提交的预算是 30 元，B 是 70 元。A 最终将获得 69 张选票。

　　①预算偏好低于或者等于 40 元的投票者将共 53 张选票投给了候选人 A。

　　②预算偏好为 50 元的投票者有 32 人，50 元的预算处于 30 元和 70 元的中间，候

选者 A 和候选者 B 对预算偏好为 50 元的投票者来说吸引力一样,所以 A 和 B 可以平分这 32 张选票,一人获得 16 张选票。

由于投票制的分布具有对称性,因此 B 和 A 一样也可以赢得 69 张选票(其中 53 张选票来自预算偏好高于或者等于 60 元的投票者,另外 16 张选票来自预算偏好为 50 元的投票者)。在这样的情况下,选举的结果双方一致。

排除平局的可能性,为了赢过其他竞争者,每个候选人都被激励向中间预算移动,争取更多中间选民的选票。A 为了吸引更多预算偏好为 50 元的选民的选票将做出把预算提高到 40 元的决定,以增加他获选的概率。在这种情况下,他将多争取到 32 张选票,这是因为他所提交的 40 元预算要比 B 的 70 元预算更邻近中间投票者。此时 A 将以 85 张选票超过 B 的 53 张选票而获胜。如果 B 跟随着 A 也决定将其预算降低至 60 元,那么选举的结果与最初情况一致,依然平局。在选举过程中,A 和 B 会根据中间投票者的偏好不断修正预算,直到每个候选人的预算都非常邻近中间投票者所偏好的预算为止。

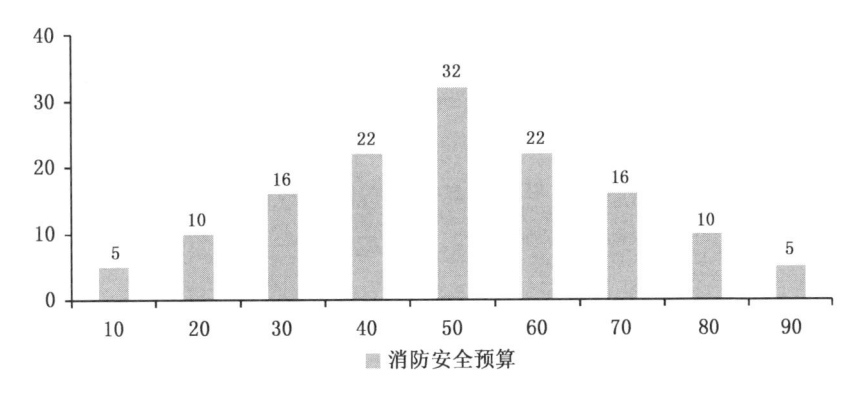

图 8—9　典型民主体制下的中间投票者

如果 A 提交的预算是 30 元,B 提交的预算是 70 元,选举的结果将不分胜负:两个候选人在 50 元处将投票者平分为两个相等的部分,A 得到低预算偏好选民的支持,B 则得到高预算偏好选民的支持。通过靠近中间预算,A 可以提高获选的机会,在均衡状态下,两个候选人都提交与中间投票者的偏好相类似的预算(50 元)。

这表明,在典型的民主体制下中间投票者的选择至关重要。在均衡状态下,两个候选人都提交中间投票者偏好的预算。由于两个投票者提交的预算相同,因此无论哪个候选人获胜,对投票者来说,都具有无差异性。无论哪种情况,中间投票者最终决定着预算规模。

8.5　管理自然垄断行业

自然垄断的出现源自生产的规模收益的增加与产品的需求有很大的相关性。根据经济学教材的内容,一定产量范围内,厂商的平均生产成本会随着生产规模的增加而下降,相对于小规模厂商,大规模生产的厂商便在竞争中取得了价格优势。与此同时,假如这家厂商的生产规模足以满足市场需求,那么,它就有能力挤占市场并阻挡竞争对手进入市场,这就形成了自然垄断。

世界范围内,自然垄断广泛存在于通信、铁路、电力、供水、石油等行业。主要具有以下特征:

(1)高资本投入,长期作为固定成本沉淀,激烈的竞争可能滋生资源浪费。

(2)具备公共服务属性,涉及国计民生的基本方面,用户需求相对长期而稳定。

(3)以关联兼容的网络体系为基础,连接产业上下游,覆盖绝大部分市场,形成规模经济和范围经济,产生可观的经济效益。

地方政府拥有控制自然垄断行业的能力,例如供水系统、供电系统、垃圾回收处理系统等。

以城市固废生物处理为例(城市固体废弃物处理系统包括大量昂贵的处理设备和必要的分类、运输、维护支出,因此独立要素投入规模和成本都非常高),固废生物处理属于自然垄断,无论产出多少都需要事先投入大量固定成本。基于此,可知当产出提高后,前期投入的大量固定成本可以被平摊到更多的产出上,总量不变,数量增加,那么单个平均成本就会降低,长期边际成本曲线斜率为负。

该案例可以使用边际原理模型来解释。由边际原理模型可知,当边际社会收益等于边际社会成本时达到有效供给规模 S_1,此时边际社会收益曲线与长期边际成本曲线相交于点 c,市场价格为 P_1。但如果企业按照有效供给规模提供服务,则边际社会成本低于长期平均成本,会出现入不敷出的情况,企业不断亏损。

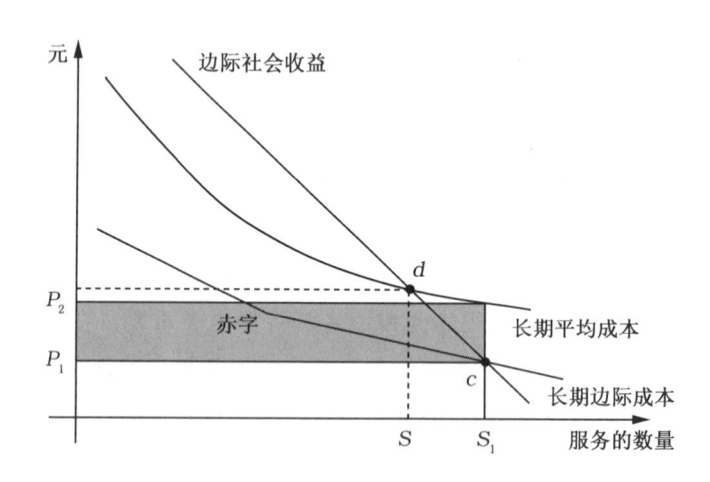

图 8—10 固废生物处理服务的自然垄断

为了减少赤字(亏损),政府有如下选择:

(1)仅由政府负责处理,考虑有效供给规模 S_1,向居民收取 P^* 作为公共服务费用,地方政府税收填补该情况下出现的财政赤字缺口。

(2)委托给第三方私人企业处理,地方政府要求企业定价为有效供给水平下的价格(P^*),除此之外政府单方面对企业进行补贴,用税收弥补亏损的缺口。

(3)交由私人企业负责,并允许企业收取价格P_2而不是P_1。当边际社会收益等于长期平均成本时,投入等于产出,企业利润为0(交点d),此时服务供给数量由S_1将下降到S。该选择的实际产出规模(S)低于社会有效产出规模。

综上可知,政府为减少赤字,一方面可以选择自己提供服务,另一方面也可以采取对委托、管制私人企业的措施。

8.6 处理外部性

8.6.1 外部性

在处理外部性问题时将其内部化是地方政府的重要职能之一。

外部性,又称外部效应、溢出效应,是指一个人或一群人的行动和决策使另一个人或一群人受损或受益的情况。

例如,工厂在河流上游排放废水,造成严重的水污染,河流中下游的居民生活用水出现水质问题,但工厂并没有为居民用水付出额外支出。

外部性很可能导致市场失灵,在这种情况下政府需要及时干预消除市场的外部性。政府提供公共产品是干预的一种方式,但这种行为的本身却造成了新的外部性。因此,公共产品的外部性可以被看作是政府干预行为的副产品,政府为了弥补市场失灵的缺陷而向公众提供的公共产品具有无法用市场价值来衡量的一种外部影响,并且这种影响造成了社会总体福利水平的提高或下降。

外部性可正可负,正的外部性意味着一种额外收益,而负的外部性则是一种额外成本。

以辖区间的溢出效应为例,地方政府为辖区内提供的公共产品配置可能为郊区边界的邻区居民带来收益,而这些居民在享受邻近区域公共产品资源的同时并没有付出相应成本,这体现正的外部性。然而,如果该辖区产生了环境污染且并没有及时处理致使污染扩散到周边区域,那么周边区域的居民也会被污染侵袭并蒙受一定的损失,在没有转移支付的情况下,这种成本就是一种负的外部性。

8.6.2 外部性内部化及途径

外部性的内部化,是对外部性问题的纠正。为了消除因外部性而引起的市场失灵,政府从制度和系统管理等方面改变,激励市场中的交易主体考虑改变自身行为,引导市场配置资源更有效率。

例如,针对工厂排放污水造成水污染的情况,政府通过加征税、限定排放指标、处罚整改等方式实现外部性问题的内部化。

(1)教育外部性与内部化途径

教育可以产生正的外部收益,教育可以培养个人能力和美好品德,实现自我价值和发展;对社会来说,教育可以塑造社会文化和价值观念,维护社会和谐与稳定;从国家角度来说,教育是国民素质提升的基础,与国家经济、社会、文化发展水平息息相关。基于教育的正外部性和重要地位,中国政府选择主动承担教育的责任,通过财政支付的方式普及免费的公共基础教育,补贴高等教育:

①从立法层面确保人民享有受教育的权利,履行受教育的义务。

②实行9年义务教育体系,未成年人在公立学校上学免除学费。

③提供必要的教育基础设施,支付中小学教师工资、提高教师薪酬待遇等。

④出台特殊补助政策保障家庭困难的学生也有机会接受公共教育。

⑤对高等教育学费进行一定的教育补贴,财政拨款支持科研发展等。

西方国家将竞争机制引入教育系统,基于市场来矫正教育的外部性问题。目前已有成果:

①教育券方法。向学生提供教育券,而不是直接把钱给学校。学生可以根据自己的选择在任何教育机构使用教育券,从而在平等的条件下,让公办学校与非公办学校竞争。

②"学校绩效责任制"。依据学生成就和其他指标进行学校或学区的评比,基于表现实施奖励或处罚措施,并向社会公布。

③"特许学校"。特许学校属于公办学校,在政府特许情况下,按国家标准自由教学,在开支和雇佣方面也有一定的独立性。学校出售的是教育服务,学生购买的也是教育服务,这使得特许学校之间产生了竞争,有利于教育资源的有效配置。

(2)公共安全的外部性与内部化途径

由于罪犯具有流动性,可以在任意辖区内流动,导致警察服务支出产生的外部性具有双重性,有正有负:①成功抓住罪犯。当地方警察厅耗费人力物力抓捕到罪犯时,会产生正的外部性。成功抓捕到罪犯,消灭辖区内居民的安全威胁,阻止罪犯继续犯罪甚至流窜到其他城市犯罪。这会给周边的城市带来外部收益:警力资源支出的边际社会收益超过地方政府获得的边际收益。②抓捕失败,罪犯流窜到其他城市的外部性。警察抓捕过程中导致罪犯向其他城市逃亡流窜会产生负的外部性。在这种情况下,周边区域要承担罪犯继续犯罪的安全威胁,边际地方收益要高于警力资源支出的边际社会收益。

罪犯的流动性越高,对辖区内的所有居民的安全威胁更大,地方政府应该承担主要责任,投入更多资源打击犯罪活动。

参考文献

[1] Arthur O'Sullivan. Urban Economics (9th edition) [M]. McGraw-Hill Education Press, 2019.

[2] Masahisa Fujita. Urban Economic Theory: Land Use and City Size [M]. Cambridge University Press, 1989.

[3] Masahisa Fujita, Paul R. Krugman, Anthony J. Venables. The Spatial Economy: Cities, Regions, and International Trade [M]. MIT (Massachusetts Institute of Technology) Press, 1999.

[4] Masahisa Fujita, Jacques-Francois Thisse. Economics of Agglomeration: Cities, Industrial Location, and Regional Growth (2nd edition) [M]. Cambridge University Press, 2012.

[5] Musgrave R A. The Theory of Public Finance [M]. New York: McGraw Hill, 1959.

[6] Oates W E. Fiscal Federalism [M]. New York: Harcourt Brace Jovanovich, 1972.

[7] 吴艳, 陈跃刚. 全球化与地方化引领都市圈企业集聚发展研究[J]. 江苏商论, 2008(7): 158－159.

[8] 陈跃刚, 吴艳, 高汝熹. 广域集群：世界级产业和企业的孵化器[J]. 经济问题探索, 2008(7): 126－129.

[9] 陈跃刚, 吴艳. 都市圈产业组织形式的研究[J]. 安徽农业科学, 2008(7): 2957－2958.

[10] 吴艳, 陈跃刚. 都市圈产业发展政策制定机制研究[J]. 江苏商论, 2008(1): 148－149.

[11] 孙开. 蒂布特模型与地方财政体制[J]. 财政监察, 2002(12): 10－11.

[12] 罗佑安. 浅议我国的自然垄断行业及政府管制[J]. 现代商业, 2019(4): 111－112.

[13] 焦丽敏. 地方性公共产品负外部性内部化的路径选择[J]. 吉林工程技术师范学院学报, 2007(4): 32－33.

[14] 隋菁菁, 赵志兴, 高鹏等. 中国财政体制改革对中央和地方权力分配的影响[J]. 经贸实践, 2017(7): 227.

[15] 许光建, 张瑞良. 中央和地方政府间财政关系改革的若干问题探讨——以教育为例[J]. 价格理论与实践, 2016(8): 38－42.

[16] 刘铮毅. 我国自然垄断行业发展现状研究[J]. 中国管理信息化, 2019, 22(8): 149－150.

[17] 许光清. 北京交通拥堵的外部性及其政府解决方法初探[J]. 地理科学进展, 2006(4): 129－136.

[18] 聂辉华, 顾严. 中国官员级别的政治逻辑[N]. FT中文网, 2015年9月8日.

[19] 上海市绿化和市容管理局, 上海市规划和自然资源局. 上海市生态空间专项规划(2021—2035).

第 9 讲

邻里外部性与密度

当家庭在选择房屋或住宅时,考虑的因素不仅仅是房屋或住宅本身,更重要的还有住宅所在地的公共产品,比如学校、公园和公共安全,以及为这些公共产品提供资金的税收体系。同样的,家庭购置住宅时也需要考虑邻居因素,因为邻居提供了社会交往的机会,而且孩子们往往就读于同一所学校。

第 9 讲将探讨邻里选择经济学,主要关注不同的邻里特征。

9.1 地方公共产品的分类

在一个典型的都市区内有数十个市政机构,它们可以向地方提供不同的公共产品,征收不同的税负。例如,作为一种公共产品的"学区",其采取不同的教学计划与质量。越多的市政机构数量意味着对居民来说有更多的选择,有利于居民"用脚投票",即用实际行动决定住宅,选择最好的公共服务供给和税收的征收机构。本节将探讨地方公共产品和税收在邻里选择中所扮演的角色。

9.1.1 地方公共产品需求多样性

假使一座城市拥有 3 名居民,这座城市提供 1 个公共产品,即 1 个公园。公园中的消费是非竞争性的,一个城市居民从公园受益的同时并不会损害其他居民的利益,所以公园是一种公共产品。同时,该公园在本区域具有非排他性,但其收益仅能被本市居民收获,所以该公园被认定为一种地方公共产品。

城市居民对公园面积有不同的需求,他们共同决定了公园面积的大小。图 9—1 代表了地方公共产品需求的多样化,图 9—1 中有 3 条独立的公园需求曲线,每条曲线是每名居民对公园面积的需求。需求曲线说明了消费者每多消费 1 单位产品愿意支付的价格,所以需求曲线也是一条边际收益曲线。

横向来看,路易斯对公园规模的需求较低,其边际收益曲线也较低。例如点 i 代

图 9—1 公园需求曲线

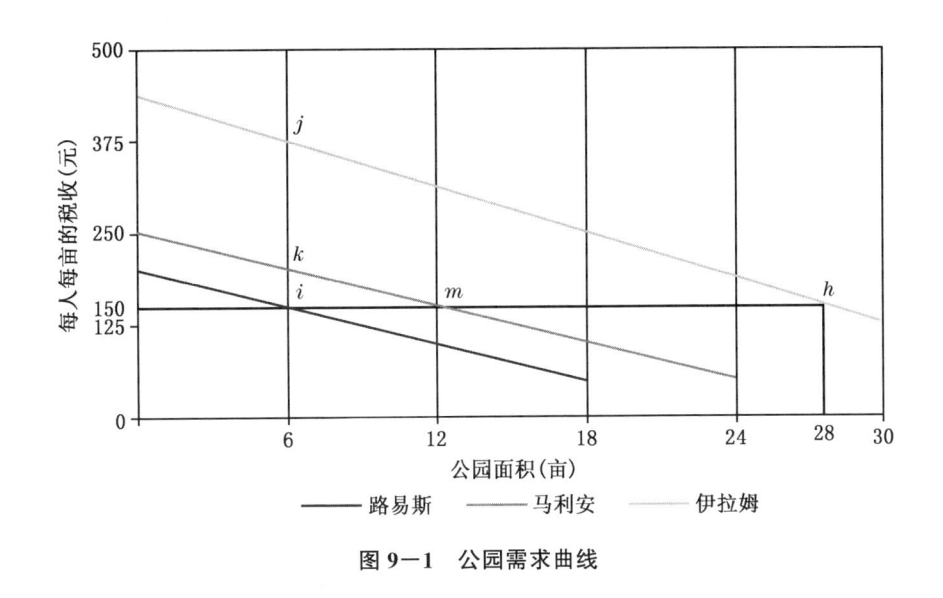

表了路易斯愿意为第六亩土地支付 150 元。与此同时,马利安更偏向于中等规模的公园,故他愿意为第六亩的土地支付 200 元,即点 k。同样的,伊拉姆对公园规模的需求偏高,他愿意为公园的第六亩土地支付 375 元,即点 j。

纵向来看,这三条线展示了每亩土地的边际收益。如果每人每亩的税收为 150 元,路易斯倾向公园的面积为 6 亩,马利安倾向于 12 亩,而伊拉姆倾向于 28 亩的公园面积。

这座城市将征收每人每亩地 150 元的税收用于修建公园,假使修建每亩公园的成本为 450 元,在图 9—1 中,150 元处的水平线表示每位居民支付的公园面积的边际成本。每增加一亩地,每位居民多支付 150 元,也就是 450 元成本的 1/3。对这三位居民来说,当边际收益等于 150 元时,即边际收益等于边际成本时的公园面积是首选的。此时,路易斯倾向于消费 6 亩如点 i,马利安倾向于消费 12 亩如点 m,伊拉姆倾向于消费 28 亩如点 h。所以换种说法,公园面积需求的多样化就是城市居民对公园规模大小的不同意见。

9.1.2 多数决定的问题和市政机构的形成

当选择 6 亩与 12 亩公园规模时,伊拉姆将选择马利安的 12 亩规模而不是路易斯的 6 亩,因为伊拉姆的偏好规模为 28 亩,与马利安的 12 亩偏好更为邻近。与其同时,同样地,当选择 12 亩或者 28 亩公园规模时,路易斯将选择马利安的 12 亩规模而不是伊拉姆的 28 亩,因为 12 亩与其 6 亩的偏好更为邻近。因此,马利安会在公园规模选择上获得胜利。这就是多数决定原则。中间投票者指的是将其他公共投票划分成两个相等部分的投票者。在这个例子中,马利安就是一位中间投票者,他总能获得另一位投票者的支持,赢下所有与其偏好不一致的选择。

多数决定原则会导致 2/3 的居民对政府产生不满。如表 9－1 所示,当通过多数决定原则选择出 12 亩的公园规模时,路易斯和伊拉姆将表达不满,因为他们的偏好分别为 6 亩与 28 亩。对路易斯来说,12 亩的公园显得太大了;而对伊拉姆来说,12 亩的公园又显得狭小。为居民们决定公园的规模大小是必要的,但是他们不同的偏好会导致 2/3 的居民不满意当前的选择,并会追寻有可能的选择。

表 9－1　　　　　　　　　　不同城市对公园需求的选择

	路易斯	马利安	伊拉姆
6	☑☑		
12	☑	☑☑	☑
28			☑☑

一种可能性是具有相似偏好的居民建立新的市政机构。在一个都市区中的多个市政机构里,每个市政机构都会经过多数决定原则出现两位不满意的居民,他们可以离开这个市政机构前往其他的市政机构。例如,路易斯类偏好的居民聚在一起建立了路易斯小镇,并建造了一个 6 亩大小的公园。同理,马利安类的居民将聚在一起建立马利安小镇和 12 亩大小的公园,伊拉姆类的居民建立伊拉姆小镇和 28 亩大小的公园。居民们在多数决定原则后用脚投票选择了适合他们偏好的区域,使他们对公园规模的需求得以满足。

9.1.3　征税商品消费规模的变化

在上面的例子中,假设税收是根据人数进行的,在路易斯小镇,每个人收税 900 元,即每亩 150 元乘以 6 亩,这样一来,每位居民的税赋足以支付公园总建造成本 2 700 元的 1/3,即 450 元乘以 6 的 1/3。

政府如果按照一种新的税收方式,头部越重,征收的税率越高。路易斯小镇的三位居民有着三种分明的头重特点,小人头重 2 磅,中等人头重 10 磅,大人头重 24 磅。

表 9－2　　　　　　　　　　　　征税结果

结果	每磅的税率	6 磅	15 磅	24 磅
混合型市政机构	60	360	900	1 440
小人头	150	900		
中等人头	60		900	
大人头	37.5			900

设每磅的税收为 60 元,6 磅的居民要支付 360 元的税收,15 磅的居民要支付 900 元的税收,24 磅的居民要支付 1 440 元的税收。这样,税收与公园的建造成本 2 700 元相等。

在路易斯小镇中,每位居民都对公园规模有着相同的偏好,从中获得的利益也相同,但是他们的税收不同。24磅的居民税收是6磅居民的4倍,因此他很愿意与其他高头重的居民一起建立新的市政机构。如果三位头重24磅的居民建立了新的市政机构,他们每个人上交的税收比先前减少到900元,此时的税率为每磅37.5元,因此这个新的市政机构削减了人头税。对6磅的居民来说,新建立的市政机构每亩收取150元的税收,每人将要支付900元以支付建造公园的费用。

引入个体化差异税收后,市政机构的均衡数量增加了。在这个例子中有9个市政机构,其数量为消费者类型和人头类型的乘积(3×3)。在均衡点上,会出现3个低需求市政机构、3个中等需求市政机构、3个高需求市政机构,每个机构都有不同的人头类型。

但是,市政机构并不会真的按照头重去收取税赋,而是通过财产税的形式征收。与上面人头税的思路一致,可以按照一样的方法,将住宅大小作为税基进行税收征缴。人头较重的对应大型住宅,房产面积较小的对应6磅的头重。那么此时,房产面积较大的居民会更希望与房产面积属于同样类型的居民建立新的市政机构来避免高税收。所以同样的,9个市政机构为3种地方公共产品和3种房产面积的乘积。

根据对地方公共产品和征收征税产品的需求来对家庭进行分类,促进了收入隔离现象的出现。如果家庭对地方公共产品和征税产品的需求完全依靠其收入,这个分类的结果将促使形成多个市政机构,它们是在与不同收入水平相对应的基础上形成的。

9.2 邻里的外部性

邻居间的相互交流会产生邻里外部性,外部性导致了无效率。在本小节中,将探讨外部性,以及社区中的邻里外部性,孩子与成年人的邻里外部性,正外部性效益与负外部性效益。

9.2.1 什么是外部性

外部性是非价格因素相互作用的结果,可以是正外部性,也可以是负外部性。当一个人并没有因为其行为为他人带来收益而获得补偿时,会产生正外部性效益;当一个人并没有因为其行为为他人带来损害而付出成本时,会产生负外部性效益。

9.2.2 社区中的邻里外部性

在社区中,孩子与成年人之间会产生不同的外部性。在社区中,孩子会经过成功人士的耳濡目染找到好的榜样获得收益,成功人士并不会因为成为孩子的榜样而获得实际的收入,这里发生了正外部性效益。当孩子在学校学习时,其身边是优秀的学生,也可以从同学身上学到很多。然而,同学并不会因为成为其他学生学习的目标而获得实际的收入，这里存在正外部性效益。同样的，调皮捣蛋的学生也不会因为扰乱了课堂纪律而遭到实际的罚款，所以这里出现了负外部性效益。

9.2.3 孩子的外部性

孩子的外部性中，模仿和自我强化行为很重要。孩子会在与团体接触的过程中模仿团队中的好的与坏的行为。模仿的原因为以下三点：

(1)从模仿举动上获得心理补偿。
(2)团体为团体成员提供了机会。
(3)团体中存在未来机会的消息。

在学院中，学生会作为一个团体，为团体成员提供了与其他优秀学生交流沟通的机会，在未来的招聘中，学生会的成员也更可能成为招聘的对象。即使学生会的规模很小，仅在学院内，但是在模仿和自我强化的行为影响下，会产生不同的长期就业预期。

9.2.4 成年人的外部性

除了有规则的社会接触外，成年人可以从他的邻居那里获得很多关于就业机会的信息。许多关于就业机会的信息来源于非正式渠道，如邻居和朋友。其负向影响表现为，邻居间乱扔垃圾致使生活环境非常不和谐。这些都是外部行为，因为邻居们并不会为获得的就业信息而付费，乱扔垃圾的人也不会因为破坏了社区环境而给予邻居们补偿。这些邻里的外部性影响家庭对邻居的选择。大多数家庭对成年人中的楷模和学校中的优等生都有相同的偏好，因此他们倾向于选择相同类型的邻居。一个具有正外部性的邻居可以提高其收入和教育水平，因此人们更倾向于在高收入家庭和高学历家庭集聚的区域居住。当然，一个区域家庭数量是有限的，那么，谁将成为他们的邻居呢？

9.3 邻里选择

家庭以对邻里住宅和土地竞价的方式进行理想住宅邻里区位的竞争。本节将要探讨邻里区位的竞标价格，以及混合收入下竞标价格的差异。假使邻里正外部性随着收入提高而增加，随着高收入家庭数量的增加，该区域的邻里也更加吸引人。

9.3.1 Becker & Murphy 模型

假设城市中有两个社区 A 与 B，并有两个收入群体，即高收入群与低收入群，每个收入群含有 100 个家庭。两个社区之间的差异仅为收入混合度和邻里外部性。每个家庭占有一个单位土地，每个社区的土地仅能供 100 个家庭生活。

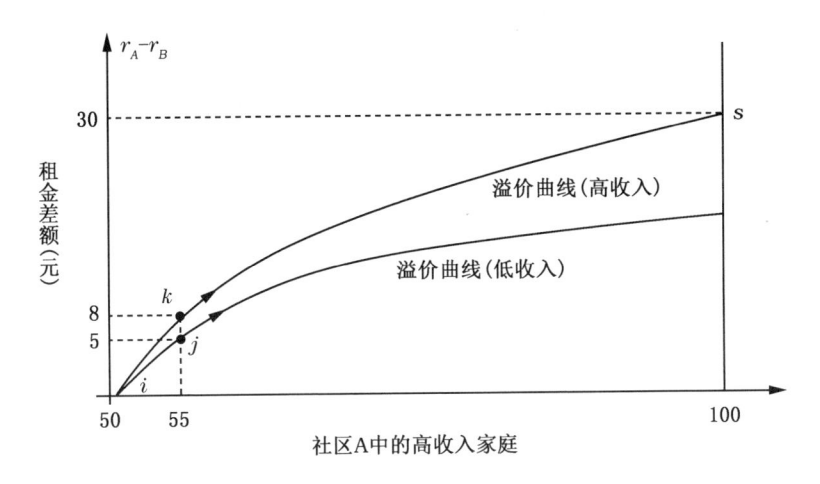

图 9—2 Becker & Murphy 模型

图 9—2 中,横坐标代表了社区 A 中的高收入家庭数量,该社区中的低收入家庭数量为(100—A)个。高收入家庭的溢价曲线较为陡峭,点 i 时,社区中高收入家庭的数量等于低收入家庭的数量,等于 50 个,此时是不稳定的均衡。点 s 时,社区 A 中全为高收入家庭,即 100 个高收入家庭。此时的土地租金差为 30 元,即社区 A 的租金高于社区 B 的租金 30 元,此时是均衡状态。

纵坐标轴代表社区 A 与社区 B 的土地租金差额,即高收入社区土地租金减去低收入社区土地租金。根据水平坐标轴来看,该社区最初有 50 个高收入家庭,同时根据假设,高收入家庭之间的互相影响将产生正外部性效益,也使得土地租金溢价为正。高收入家庭数量越多,则溢价越高。

9.3.2 分离均衡

假设社区 A 有 55 个高收入家庭,如图 9—2 所示,那么其低收入家庭数量为 45 个。与此同时,社区 B 的高收入家庭数量为 45 个,低收入家庭为 55 个。对社区 A 来说,其居民意愿在租金上比社区 B 的居民多支付 8 元的溢价,如点 k。在点 j 处,低收入家庭为了在社区 A 居住愿意多支付 5 元的差额。在点 i 处,社区 A 中的高收入家庭数量等于低收入家庭数量,等于 50 个,此时两个社区具有同一性,租金溢价为 0。溢价的曲线具有正的斜率,意味着高收入家庭具有正外部性。

在均衡情况下,高收入家庭与低收入家庭支付相同的土地租金。因此,在非均衡条件下,低价土地的所有者倾向于提高土地价格以获利,同时高价土地的所有者将倾向于改变自己的区位。

点 i 是一个均衡点,经过点 i 的两条溢价曲线交叉,所以在点 i 处两种家庭意愿支付相同的土地租金以生活在社区 A,即支付的租金溢价相同。在点 i 处,具有对称性和不稳定性。

对称性体现在两社区的高收入家庭和低收入家庭数量相同具有同一性，当社区具有同一性时，溢价为0。

不稳定性体现在人口流动上，当有5个高收入家庭从社区B移居到社区A后，社区A的低收入家庭数量减少5个，所以社区A变得更为偏好混合型家庭，即高低收入家庭都愿意到社区A居住。此时，高收入家庭接受了8元的溢价，低收入家庭接受了5元的溢价。由于高收入家庭的溢价高于低收入家庭，所以当这5个高收入家庭移居后，会有更多的高收入家庭也移居到社区A，然后会离开点i，向着横坐标轴移动，称之为背离整合。

背离整合引发了自我强化效应。事实上，无论如何高收入家庭的溢价曲线总高于低收入家庭的溢价曲线，即高收入家庭的出价高于低收入家庭，从而引致高收入家庭的数量持续增加、低收入家庭数量持续降低，直到社区内仅剩高收入家庭，即点s，这验证了自我强化效应产生了极端结果。

社区中高收入家庭的数量增加引致该社区对于高收入家庭的吸引力也增加，也导致了极端结果——社区内仅剩高收入家庭。

在点s处，所有高收入家庭都在社区A，所有低收入家庭都在社区B，这就是收入分隔时的结果。此时低收入家庭的估值邻近高收入家庭，但是高收入家庭的估价邻近于其他高收入家庭，甚至更高。正因如此，高收入家庭需要比所有低收入家庭的出价都高以赢得所有家庭都偏好的土地资源。

分隔出现的原因是高收入家庭的溢价曲线更陡峭，即高收入家庭生活具有较高的边际收益。高收入家庭的数量每增加1个单位，溢价会更大幅度地增长。这也能说明为何高收入家庭的出价高于低收入家庭。

9.3.3 稳定均衡的整合

整合是否均衡由溢价曲线的斜率决定。图9-3是一个稳定的均衡，图中低收入家庭的溢价曲线更陡峭。同样的，当i点时，高收入、低收入家庭各有50个，若有5个高收入家庭移居到了社区A，低收入家庭为了赢得社区A中的55个高收入家庭的社区居住权，其溢价支付为12元，如点h。高收入家庭为了获得拥有更多高收入家庭的社区的居住权，其溢价为8元。图9-3中低收入家庭愿意支付的价格比高收入家庭高，所以该社区低收入家庭数量增加，高收入家庭数量减少。

如果低收入家庭的溢价曲线更为陡峭，点i将会成为一个稳定的、均衡的整合。当出现偏离整合的结果时，会进行自我纠正以回到i点，而不是自我强化整合，即若高收入家庭的数量多于低收入家庭的数量，低收入家庭的支付价格会高于高收入家庭，因为低收入家庭为了居住在高收入家庭聚集的社区，会愿意支付更高的溢价。在均衡状态下，两个社区的土地租金相同。

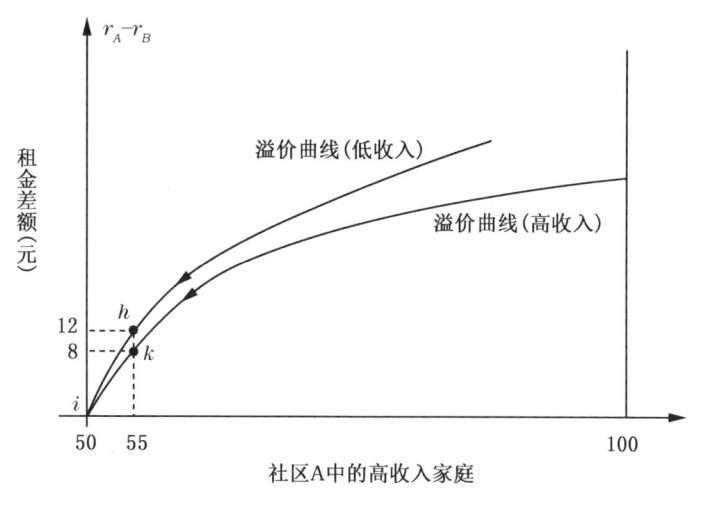

图 9-3　稳定的分离均衡

9.3.4 混合型社区

混合型社区处于完全分隔与完全整合之间，是一种收入混合型社区。在下面的例子中，此社区的高收入家庭占比为 70%，另一社区中低收入家庭占比为 70%。在这种情况下，社区 A 会拥有两条溢价曲线，这两条溢价曲线在当高收入家庭数量为 70 个，即低收入家庭数量为 30 个时相交。社区 B 则拥有 30 个高收入家庭和 70 个低收入家庭。这两条溢价曲线相交，低收入家庭的曲线斜率更大，交点 m 为稳定均衡点。在 m 点处，社区 A 内有 70 个高收入家庭，土地租金差额为 24 元。同时在 m 点处，两类家庭愿意支付的溢价相同。

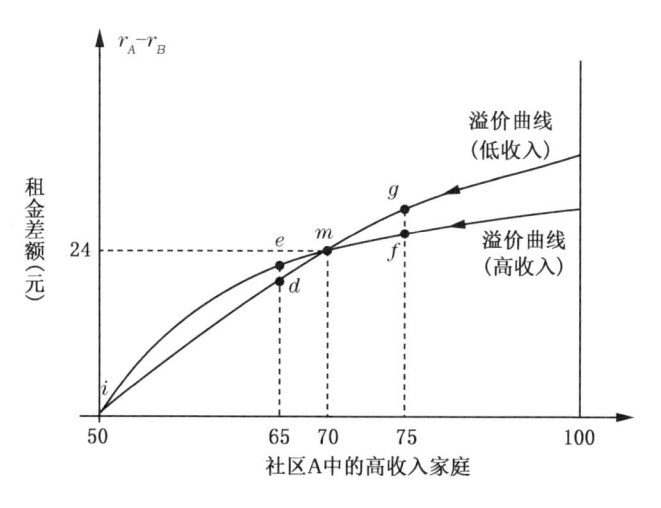

图 9-4　社区的混合均衡

当社区 A 中的高收入家庭数量增加到 75 个时，低收入家庭愿意支付的土地价格高于高收入家庭，高收入家庭的数量将会从 75 减少到 70 个，如点 f 与点 g。当社区 A 中的高收入家庭数量减少到 65 个时，高收入家庭愿意支付的土地价格高于低收入家庭，高收入家庭数量将会重新回到 70 个。

通过调整价格实现区位均衡。在均衡点时，高收入家庭和低收入家庭在两个社区内并无差异。在溢价等于 24 元时，社区中的每个家庭都愿意为了在更好的混合型社区内生活支付 24 元的溢价。这个溢价抵消了对收入混合型社区有较强偏好的家庭的收益，然后得到了一个区位均衡。

9.3.5 地块规模与公共政策

土地作为正常的商品，其消费量随着收入提高而提高，而不是像先前假设的一样维持 1 个单位的土地。当高收入家庭购买更多土地时，更容易产生整合现象。

在图 9—2 中，如 k 点所示，高收入家庭意愿花费 8 元的溢价以居住在社区 A 中。而如 j 点所示，低收入家庭为此只意愿支付 5 元的溢价。当高收入家庭消费更多土地时，单位土地的溢价会降低。

表 9—3　　　　　　　　　　　地块规模与整合

	高收入社区溢价(元)	地块规模	单位土地溢价(元)
低收入家庭	5	1	5
高收入家庭	8	2	4

如表 9—3 所示，当高收入家庭的土地规模为 2 个单位时，其单位土地溢价将为 4 元，这低于低收入家庭的单位土地溢价，导致偏离整合均衡的结果会引发自我修正，而不是自我强化。最终社区回到整合状态，两种类型家庭数量皆为 50 个时达到对称均衡。

从土地所有者的角度来看，土地所有者关注租金收入的最大化。土地出租者可以 8 元的价格将 2 单位的土地出租给一个高收入家庭，也可以按 5 元的租金出租给两个低收入家庭，总计 10 元。

把土地出租给低收入家庭是更好的选择，高收入家庭的 8 元价格很难与两个低收入家庭竞争。这说明了土地消费量对邻里选择和社区多样化起到了重要的作用。

两种类型的家庭在土地消费量上存在差异，其支付价格也会存在不同。低收入家庭往往愿意支付更高的溢价来产生整合的效果。如果土地消费量没有显著差异，则会导致分隔。

9.3.6 最小分区制和分隔

一些政府会通过最小地块分区的方式,同时禁止建造高密度住宅,来排除缴税较少从而带来高成本的居民。这种政策的后果是分隔。

在上个例子中,如果政府出台政策限制地块规模的最小值为 2 个单位,低收入家庭不得不购买超出自己需要的土地,从而降低了他们愿意支付的土地价格,单位土地溢价来到 2.5 元,低于高收入家庭的意愿支付的价格。这导致了低收入家庭失去了竞争偏好社区的机会。整合被分隔所取代。

9.4 邻里选择:教育与犯罪的作用

在本小节中,邻里特征差异来源于教育和犯罪,对这两个特征来说,高收入家庭愿意为更舒适的环境支付更高的价格,收入分隔现象出现。

9.4.1 教育和邻里选择

都市区内,不同学校的教学质量存在显著差异,家庭的邻里选择对子女的教育水平产生影响。事实证明,不同学校之间在教师、管理和学生构成等方面存在显著差异。后续讨论将涉及教育生产函数,以确定哪些因素决定学生的学习成绩。正如将要了解的,与同龄人(同学或校友)相处是其中一个关键投入。当一个学生周围都是聪明、进取且行为良好的同伴时,他可以从这些同伴那里学到很多东西。学校质量的差异引致各家庭竞争进入那些拥有高质量同龄人群的学校。

所有家长都希望将自己的孩子送到优质学校,以使他们能够与优秀的同龄人共同成长。然而,问题是谁能进入最好的学校并与最优质的同龄人相伴呢?正如前面所讨论的,如果高收入家庭愿意支付更高的费用来进入高质量学校和拥有与优秀同龄人共同学习的机会,那么收入分隔就会出现。

9.4.2 犯罪与邻里选择

犯罪对居民的社区选择产生影响,不同人口普查区域的犯罪成本分布也存在差异。这些成本包括机会成本、现金损失和其他损害成本,对受害者造成了不利影响。Miller,Cohen 和 Wiersema(1996)对各种犯罪类型进行了估计,包括盗窃罪、入室行窃罪、偷窃汽车罪、持枪抢劫罪、性骚扰犯罪、强奸罪和杀人罪。

图 9-5 展示了克利夫兰自治市人口普查区的人均犯罪成本分布,特别突出了高成本区域。城市中心附近的成本最高,达到 12 973 美元,而不同人口普查区的犯罪成本也存在显著差异。

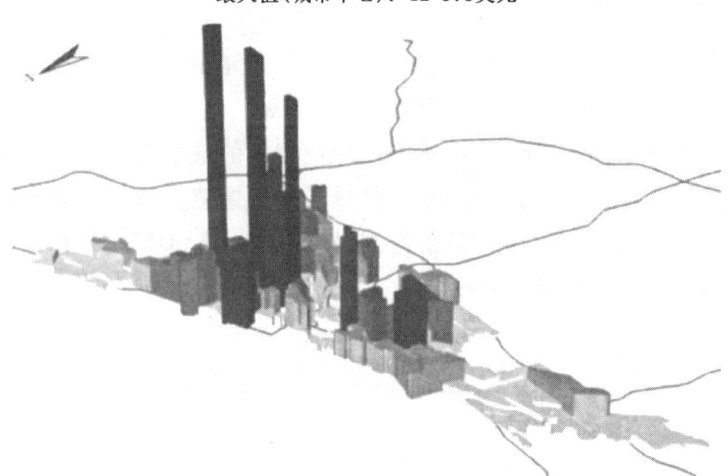

最大值(城市中心)：12 973美元

资料来源：Miller T R, Cohen M A, Wiersema B. Victim Costs and Consequences: A New Look[R]. Washington D C: U. S. Department of Justice, Office of Justice Programs, National Institute of Justice, 1996.

图 9—5　克利夫兰犯罪成本

同样，图 9—6 展示了波士顿都市区各自治市的人均犯罪成本情况，柱状图的高度表示年度人均犯罪成本，其中波士顿自治市的犯罪成本最高，为 587 美元。

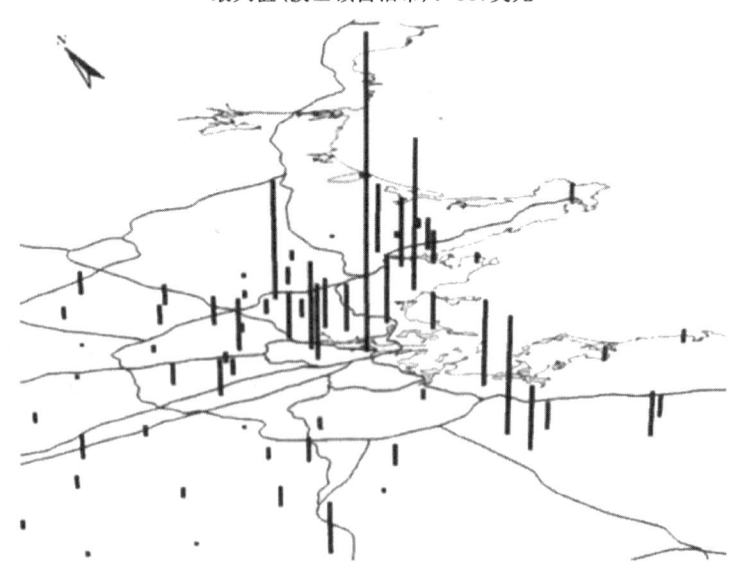

最大值(波士顿自治市)：587美元

资料来源：同上图。

图 9—6　波士顿都市区各个自治市的犯罪成本

由于犯罪率的差异,家庭的社区选择会受到影响,因此家庭愿意支付更高的价格来选择低犯罪率的社区。研究发现,财产价值与犯罪率之间存在一定的关联,每提高10%的犯罪率将导致住宅市场价值下降0.67%(Thaler,1977)。例如,一套价值5 000 000美元的住宅将下降33 500美元。一般而言,高收入社区的犯罪率较低,因此对所有家庭来说都具有吸引力。最近的研究表明,随着收入增加,人们对低犯罪率社区的意愿支付程度也会增加。Cullen和Levitt(1999)的研究表明,高收入家庭对犯罪更加敏感,当犯罪率上升时,大多数高收入家庭会选择离开该社区。总之,犯罪率促使社区之间出现收入分化,高收入家庭更倾向于选择低犯罪率的社区,并愿意为此支付更高的价格。

9.5 土地利用与分区

土地利用的基本思想:将那些在功能上"不协调"的土地分开利用。地方政府对"不协调"往往给予非常灵活的解释。

9.5.1 早期分区制

Fischel(2004)总结了美国土地利用分区制发展的历史。在实行总体分区控制法规之前,许多城市利用条例来控制特定区域的土地利用。纽约市在1916年首先执行了总体分区规划,同年,其他城市也相继采用分区规划。到了1936年,分区制已经扩展到全美1 300多个城市。

早期的分区制发展受限于交通技术的局限性。19世纪后期和20世纪初期,城市主要依靠耗时、昂贵的马车运输,因此城郊居民并不需要分区制。

交通技术的创新扩大了人们对商业区位和工业区位的选择范围。随着卡车的应用,企业能够迁离城市中心,并将工厂选址靠近城郊工人居住地。这促使城市实行分区制,以分离工业和住宅。

大众交通技术的创新扩大了工人对居住地选择的范围,促进了住宅分区的形成。有轨电车的发明使低收入工人能够在有轨电车线路之间居住,远离高密度住宅区。此外,城市通过住宅分区制将公寓与独立住宅区分开。

总之,交通技术的创新推动了分区制的发展,实现了工业与住宅的分离,以及住宅区与商业区的分离。

9.5.2 分区制与环境政策

工业生产中会产生大量噪声、强光、灰尘、异味,这些都是外部性,而外部性会导致无效率。分区制将住宅区与工业污染区分离开,在其中设置缓冲的区域,来避免住宅暴露于污染物中。但分区制无法减少污染物的总量,只是将污染转嫁到别的区域。因为分区制易于操作,所以被视作一项环境政策。

一种治理污染的方式是增收污染税,这种税收带给生产企业的成本与人工成本、原材料成本一致。如同企业想要降低人工成本与原材料成本一样,通过征收污染税,企业想要降低污染成本就必须最小化其污染,以与社会效率一致。通过这种税收征收的钱等同于企业污染给社会带来的外部性成本。

如果单纯用污染税代替分区制,在不同区域的污染税征收存在差异的情况下,一些污染企业将会迁移到附近的住宅区,故部分区域的污染会加剧。如果将污染税和分区制结合起来,即造成污染的企业迁移至工业区,并同时征收污染税,这样不仅使其污染排放降低到与社会效率一致,还可以减少污染的外部成本来降低污染税。

零售商也会产生外部性,例如容易造成交通拥挤、污染、噪声和停车位问题等。传统的分区规划通过限定特定区域的零售商来减少外部性。也有更可行的方法,即零售商满足停车、交通、噪声的功能标准,则给其更多的区位选择权。城市可以要求零售商在街道上设置足够的停车位来为改善交通基础设施的成本买单,规划零售场地来控制噪声和其他外部性。

高密度住宅如公寓和其他不动产综合体加重了交通拥挤,同样也导致了噪声、拥挤和停车问题,这些也都是外部性。高层建筑还可能遮挡阳光,所以传统的分区制会禁止在市中心修建高层建筑。不同于传统的分区制,功能分区标准通过改善街道来减少交通拥挤,改善停车位来减少停车问题,设计建筑物以避免阳光遮挡问题。

9.5.3 财政分区

确保家庭和企业能够产生足够的财政剩余是推动分区的另一个因素。财政剩余发生在土地使用者支付的税收高于公共服务成本。例如,零售商不需要公共服务,但他们需要支付高昂的财产税和销售税。工业与商业产生的财政剩余抵消了其造成的外部性,像噪声、污染与交通拥堵。社区积极吸引企业可以得到财政剩余来降低税率和增加公共服务支出。低收入社区在环境质量与财政收益之间常常需要做出权衡。

财政赤字出现在家庭和企业支付的税收低于公共服务支出时。家庭税收义务主要在住宅和公寓的价值上,因为政府 75% 的税收来源于财产税。一个家庭享受什么样的公共服务、教育和娱乐等,部分取决于家庭人口数量。人口数量多的家庭居住在小住宅往往会使地方政府出现赤字。

划分最小地块可以降低财政赤字。土地与住宅是互补的,在大规模的地块上的不动产(土地与住宅的结合),市场价值较高。最小的地块上不会存在有财政赤字的家庭。如果一个城市只有一个家庭,这个家庭的住宅价值 5 000 000 元,根据经验,不动产的价值是土地价值的 5 倍,所以这块土地的价值至少是 1 000 000 元。因此,能得到公式如下:

$$\text{不动产的目标市场价值(盈亏平衡)} = 5 \times \text{每平方米土地价格} \times \text{土地面积}$$

根据此公式,可以计算出最小地块的面积,公式如下:

　土地面积＝不动产的目标市场价值(盈亏平衡)/(5×每平方米土地价格)

假使不动产的目标市场价值为 5 000 000 元,每平方米土地价值为 20 000 元,那么目标地块的面积是 5 000 000/(5×20 000)＝50 平方米。

9.5.4　最小地块分区制和空间外部性

Evenson 和 Wheaton(2003)的研究表明,推动最小地块分区制的另外因素是住宅空间外部性的内部化。大地块的住宅有着较大的空间,这让社区内的每个人都有较高的效用。居民将会从土地面积决策中获得收益,并且不需要支付任何费用,此时产生了外部性,导致了无效率。

这个时候,正空间外部性体现在地块面积小于社会有效规模面积。在选择地块时,人们忽略邻居利益,因此,地块面积变得很小。

实行最小地块分区制可以应对空间外部性。在这种分区制下,住宅间的最小空间是每个家庭的空间配置。比如说,如果住宅之间有 5 米的距离,那么每个家庭在购买住宅和土地时,其购买的是住宅与地界线之间的 2.5 米距离空间。随着地块面积的增加,最小地块分区制可以使空间决策实现互惠。

9.5.5　开放空间的供给

地方政府为了提供开放空间,采取了两种途径:提供公共土地,用于建设公园和绿化带;并通过分区规划,限制私人土地的用途。例如,通过分区,他们可以阻止将农业用地细分为小块土地,用于住宅或商业开发。

分区提高开放空间的利用效率的方法是购买用于公共利益的土地。当一个城市为开放空间支付费用时,意味着它同时需要承担消防和学校等公共设施的费用。这样,城市将全面考虑开放空间的成本和收益,并选择与社会效益一致的规模。相反地,如果一个城市只将部分土地划分为开放空间用地,公共产品的成本将由土地所有者承担。政府和选民所支付的成本将低于开放空间的全部成本,这也将激励他们提供更多的开放空间。

图 9-7 说明了开放空间分区的低效性。图 9-7 中的边际收益曲线呈负斜率,表明随着开放空间规模的扩大,居民对开放空间愿意支付的费用反而下降。开放空间的机会成本是土地的市场价值,即开发商愿意支付的价格。土地的市场价值为每平方米 60 000 元,可视为开放空间的边际成本。开放空间的边际成本是某一用途土地的市场价值。点 e 代表开放空间的社会有效规模,其中边际收益等于边际成本。如果土地仅仅划分为开放空间而没有进行任何补偿,城市将选择点 z。阴影部分的三角形代表净损失。

可以借助边际原理来描述开放空间的社会有效规模,即边际收益等于边际成本的

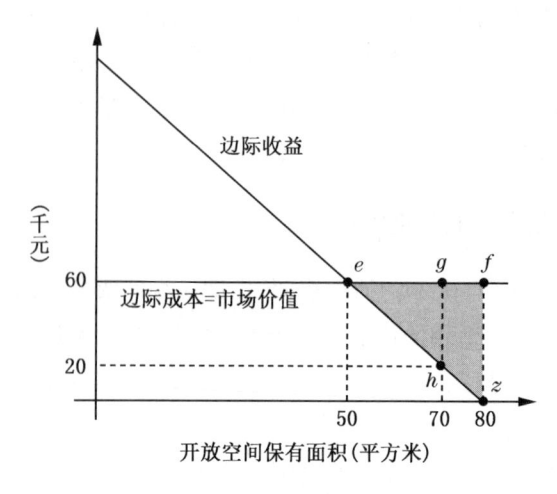

图9-7 开放空间分区

规模。在图9-7中,这种情况下的开放空间供给规模为50平方米(点e)。如果政府按照市场价格购买土地,将达到有效点e。当开放空间的规模为50平方米时,政府的出价必须高于开发商的价格,以与政府购买的规模相一致。

假设城市将土地划分为开放空间,但不对土地所有者进行补偿(实际上,土地所有者将损失该土地的市场价值)。根据城市预期,开放空间的边际成本将为零。在理性条件下,开放空间的规模将处于边际收益等于零的位置。在图9-7中,该城市将选择点z,此时开放空间的规模为80平方米。当政府不支付开放空间的市场价值时,它将提供大于社会有效规模的开放空间。

可以利用边际原理来计算开放空间分区所导致的福利损失。剩余指的是开放空间范围内边际收益曲线与边际成本曲线之间的区域。开放空间分区政策导致开放空间规模过大时,所带来的福利损失可以用阴影部分的三角形 Δefz 来表示。例如,当规模为70平方米时,成本为60 000元,而收益仅为20 000元,因此该规模的开放空间带来的福利损失为40 000元。为计算政策导致的福利损失,可以使用相同的方法来计算超过有效规模29平方米的福利损失,即将每平方米产生的损失额相加,得到代表福利损失的三角形的面积。

9.5.6 分区的法律环境

在美国,地方政府是州政府的下属机构,从州政府获取土地利用控制权。在大多数州,分区授权法是根据1926年美国商务部制定的《州分区授权法案标准》制定的。该法案的第一部分赋予了城市和综合乡村法定实体管理和限制以下内容的权力:楼层的高度和数量、建筑物和其他结构的面积、占地比例、停车场、庭院和其他开放空间的面积、人口密度、建筑物和结构的位置和用途,以及商业、工业、住宅和其他土地用途。

如果分区对于促进公共健康、安全和福利具有积极作用,那么它可以被视为地方政府行使管理权的合法实践。

美国现行的分区法是过去近百年法律决策的结果。在过去近百年的时间里,受特定分区法影响的个人对地方政府提起诉讼,迫使州和联邦法院对分区法规的合宪性进行裁决。如果某种特定类型的分区法被宣布违宪,那么所有城市都将从法院获得这一信息,并在此后修改它们的分区法规以减少非法行为。此外,如果某一分区法规被认为合宪,那么这种分区行为将扩散到其他地方政府。法院的决议为分区制度的合宪性构建了三个标准:实质性正当程序、平等保护和公平补偿。

(1)实质性正当程序

1924年,欧几里得对安布勒的案例确定了什么是实质性正当程序,即使用分区制以合法的手段达成合法的目的。1920年初,俄亥俄州欧几里得市发布分区令限制建筑物区位、面积和高度。安布勒作为地产商购买不动产后出售给工业厂商,后划作住宅用地后,向政府提出诉讼。最高法驳回诉讼,因为法院认为,这个分区条令符合实质性正当程序标准,它改善了"健康、安全、道德和大众福利",有合理的关系,因此土地的分区规划是政府合理的管理权。由此可以看出,只要分区法为社区带来了利益,那就是合法的,其中包含了经济收益、物质收益和艺术收益。

(2)平等保护

美国的《宪法第十四修正案》要求,法律面前人人平等。但是在分区制中,往往是具有排他性的,某种类型的人可能会被拒绝居住于某城市。法院对向分区法的起诉采取不干涉的态度,因为其认为,并没有明确的证据证明分区法规给特定的人群带来了损害,并且,建立在财富基础上的歧视性分区制是合法的,不同于对种族的歧视性分区。

(3)公平补偿

根据美国《宪法第五修正案》的规定,如果政府将私人土地变为公共用地,土地所有者必须得到补偿。

一般情况下,政府并不会将私人土地变为公共用地,而是会限制私人土地的使用。例如,政府会限制土地所有者在住宅区修建工业生产厂房,禁止在最小地块分区修建高密度住宅。这些对于私人土地使用方式的限制都会降低这块土地的价值。那么在这种情况下,受到分区制影响的土地所有者是否应该获得补偿?假使因为分区制,土地价值损失了100 000元,政府应该赔偿100 000元给土地所有者吗?法院往往支持分区制,尽管其会导致不动产价值的损失。法院制定了以下标准决定是否需要赔偿。

实质入侵:有且只有当政府占有私人土地时,需要进行赔偿。大多数的分区活动并不是这种情况,而只属于对私人土地利用方式的限制。

价值降低与合理的有利用途:如果分区制大幅度地降低了土地的价值,那么就需要赔偿。对幅度的评判标准在于分区制是否使土地所有者拥有提供合理收益率的选择权。若有,则不需要进行赔偿。

损害阻止：如果分区制阻止了不利的土地使用方式，即避免损害社会大众的利益，那就不需要赔偿，因为这不是一种索取。举一个例子可以便于理解。这种分区制就像是马路上的红绿灯，当红灯时汽车必须停下。汽车的所有权是司机的，但是其在红灯时造成的时间成本不需要进行赔偿，因为闯红灯会造成交通事故的风险，而等待红灯避免了这种风险。同样的，可以类比到土地上，土地所有者拥有土地的财产所有权，如果土地所有者想在住宅区建设排放污染物的工厂，那么阻止这个建设并不需要对其进行补偿。如果分区制促进了公众利益，或者避免了公众利益损失，那么就不需要进行赔偿。

9.6 无分区城市

Siegan(1972)对休斯敦做出了分析，休斯敦作为美国唯一无分区制的城市，与其他分区城市有以下不同点：

(1)工业分散性：休斯敦的工业分布与分区制的城市类似，都是在空间上位于交通网络的附近。为了实现地方化经济，工业企业往往集聚在一起。

(2)零售商：休斯敦的零售商与大多数城市的一样，主要位于主干道的两侧呈带状发展，还有就是存在于购物中心，因为这里的行人与车辆带来了巨大的客流量。

(3)带状发展区：休斯敦比其他城市具有更多的沿主干道的零售商和商业企业。

(4)公寓住宅：休斯敦的低收入分区住宅数量庞大，价格相对于一般城市较为便宜。公寓住宅的密度有很大的浮动空间，在休斯敦，有钱人居住的住宅面积大、密度低，而穷人居住的住宅面积小、密度高。

在缺少分区的情况下，土地所有者有倾向性地通过谈判来限制土地的使用。社区外部性足够大的时候，仅仅考虑开发的成本和限制性的契约就能达到预期效果。被外部性影响的人通过谈判缔结契约来解决外部性问题，这被称作科斯解。同时，多数工业企业向交通网络附近聚集，零售业和商业向购物中心和零售带聚集。

9.7 住宅与租金

9.7.1 住宅管制和住宅价格

地方政府采取差异化政策来管制住宅开发，包括建筑设计控制、用地限制、基础设施费用和土地分配。这导致住宅供给的价格弹性降低，从而推高住宅价格。Gyourko等(2008)显示，不同城市的住宅管制严格程度存在较大差异。一些城市表现出较高的管制程度，具有长时间的许可过程：较高的基础设施要求、多重评级要求、有限建筑许可数量要求、较大地块面积要求以及提升开发空间的要求。

图 9—8 展示了住宅管制产生溢价的经济学含义。初始均衡点 a 处，住宅供给曲线呈弯曲状，其斜率随着供给数量增加而增大，表明住宅供给相对无弹性。需求增加引致需求曲线向右移动，在沿着弯曲的供给曲线移动时，新的均衡价格（从 p' 到 p''）大幅度提高，而均衡数量的增加幅度相对较小（从 N' 到 N''）。简言之，严格的住宅管制导致了较小但消费成本更高的城市。

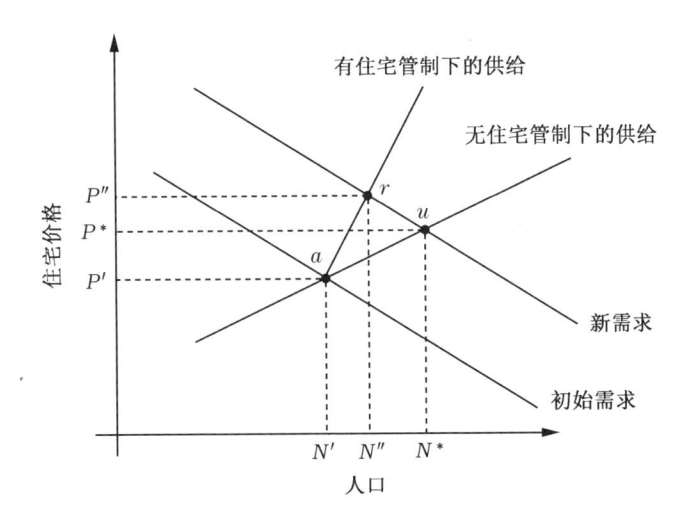

图 9—8 住宅管制与住宅价格

Glaeser、Gyourko 和 Saks(2005)的研究数据支持了上述观点。在严格管制的都市区，每增加 10% 的人口，住宅价格将上涨约 60 000 美元。相比之下，在相对宽松管制的都市区，每增加 10% 的人口，住宅价格仅上涨 5 000 美元。严格管制的城市往往经历快速的住宅价格上涨，这是由于住宅供给的相对无弹性所致。

9.7.2 租金控制和租金管制

图 9—9 是纯租金控制对市场的影响。初始均衡点为点 i。此时价格为 5 000 元，住宅数量为 100 套。如果住宅租金限定为最高 4 000 元，那供给数量为 70 套，需求数量为 120 套。住宅的过度需求为 50 套，均衡数量从 100 套下降到 70 套。这种现象会一直持续下去，福利损失为图 9—10 中的阴影三角形面积。

租金控制政策导致住宅供给数量降低，从初始的均衡数量 100 套下降到租金控制下的 70 套，减少了市场剩余。租金控制政策的受益者是以较低价格租到住宅的消费者。然而，该政策也降低了住宅使用者的收益，原因包括搜寻成本增加、交钥匙费提高和住宅质量下降。未获得租金控制优惠资格的家庭和不动产所有者也遭受损失。租金管制与纯租金控制的不同在于管制价格更具弹性，可随通货膨胀率和生产成本的变化上涨，并允许根据新承租人情况调整租金。管制政策下的价格差距较小，对住宅数量和质量的影响也较弱。

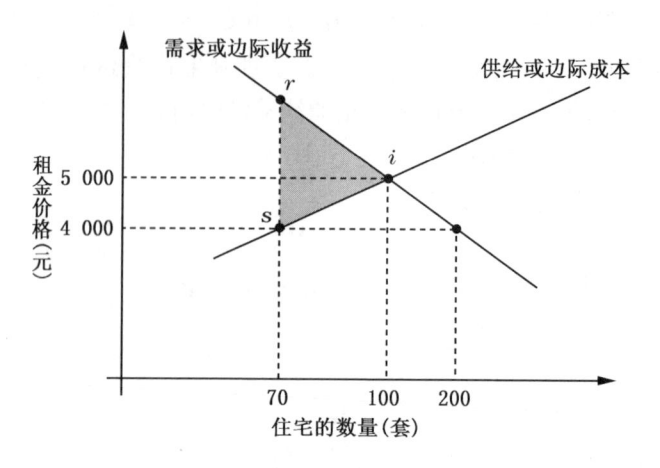

图 9-9 租金管制与租金价格

9.8 增长控制：城市增长边界

各个城市的政府往往会通过大量政策来限制土地的开发量与人口数量，比如出台法律禁止超出增长边界的行为，或者是限制某区域公共服务设施的供给数量。有一项 1991 年的研究发现，约有 25% 的城市用这种行为来限制土地的开发利用。

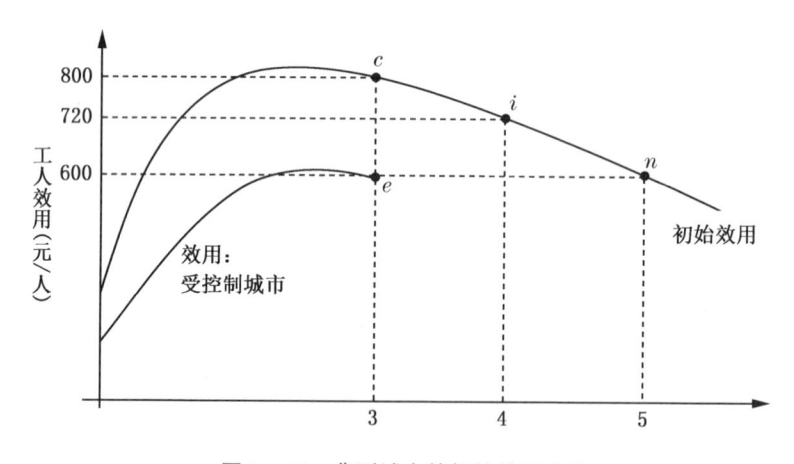

图 9-10 典型城市的初始效用曲线

首先，假设在一个区域经济体内有两个完全相同的城市，并且所有的城市居民都是承租人，城市的土地没有所有权。图 9-10 描述是区域典型城市的初始效用曲线，每个城市的效用水平都是 720 元，此时区位均衡，即点 i 为初始均衡点，没有工人会有动力改变自己的区位，此时每个城市的人口都是 4 000 000 人。一个城市随后发布了一个增长控制的政策，这个城市的控制人口降低到了 3 000 000 人，即点 c，另一个城市没有实行该政策，这个城市的人口增加到 5 000 000 人，即点 n，此时两个城市的效用差距到达了200元,即800元－600元。这导致执行了增长控制政策的城市土地价格增高,城市效用曲线向下移动直到均衡,即点 e 与点 n。

9.8.1　精确的增长控制：限制土地与地块面积

假设在一个城市中,从内部挑选一定数量的工人,给予每个人的最小地块面积,并且城市土地面积固定。受控制的城市的就业人数为300万人,则不受控制的城市需要增加就业人数到500万人才能容纳本区域就业人数。增长政策促使了就业人口转移到其他城市。

这就导致了两城市间形成效用差。受控制的城市效用从720元上升到800元,即从点 i 到点 c,城市人口下降。不受控制的城市效用从720元下降到600元,即从点 i 到点 n。工人在这两个城市间自由地流动,效用差将通过价格调整实现区位均衡。

在这种情况下,受控制的城市将出现土地竞争,引致该城市的土地价格上升,直到两个城市的效用相等为止。这时,两个城市的工人将获得相同的效用。

土地租金上涨将引致受控制城市的效用曲线向下移动。先前假设所有工人都是租房者而非房地产所有者。随着土地租金的上涨,工人们在其他商品上的货币支出数量将减少,因此他们的效用水平也会降低。效用水平的降低是如何发生的呢?假设受控制城市有300万人,不受控制城市有500万人,它们的效用水平为600元,即点 n。点 n 代表整个区域内的共同效用水平。受控制城市的土地租金必然上涨,达到效用水平为600元的位置。该类型城市的效用曲线位于较低位置,即点 e。在新的均衡位置上,居住在小城市的居民所获得的收益(较低的通勤成本、噪声、污染和拥挤)完全抵消了他们所面临的较高土地租金。

在拥有更多城市的区域中,如果受控制的城市是本区域中的20个城市之一,而不是2个城市中的1个,那么在增长控制政策的驱动下,该城市的一部分劳动力将转移到其他19个城市。每个不受控制城市的就业人数都会略微增加,因此该类型城市的效用水平下降幅度也较小。工人的迁移变得更加分散,这意味着人均效用损失变得更小。这是显而易见的,因为当受控制城市只是整个区域经济体中的一小部分时,控制政策引起的单位资本影响效应也相对较小。

9.8.2　增长边界的受益者和受损者

增长控制政策降低了本区域所有工人的效用。不受控制城市的工人的效用水平也下降,这是因为这种类型的城市规模在扩张,驱使工人的效用沿着具有负斜率的效用曲线向下移动。两个城市的规模最初都很大,但是不受控制城市的规模扩张得更快,越来越远离最优城市规模。在受控制城市,工人的效用水平下降的幅度很大,此时区位均衡,产生了一个共同的效用水平,在不受控制城市较低的效用水平的拖拽下,受控制城市的效用水平下降。

共同效用水平的下降,说明两个同样规模的城市向一个大城市和一个小城市转变的过程是无效的。

回想一下用点 c 和点 n 表示的增长控制政策的直接影响。小规模城市具有较高的效用,因此一个有效的政策是使人口从大城市向小城市转移。增长控制政策阻止了工人的有效流动,从而使得在均衡点所获得的共同效用低于两个城市初始的效用。

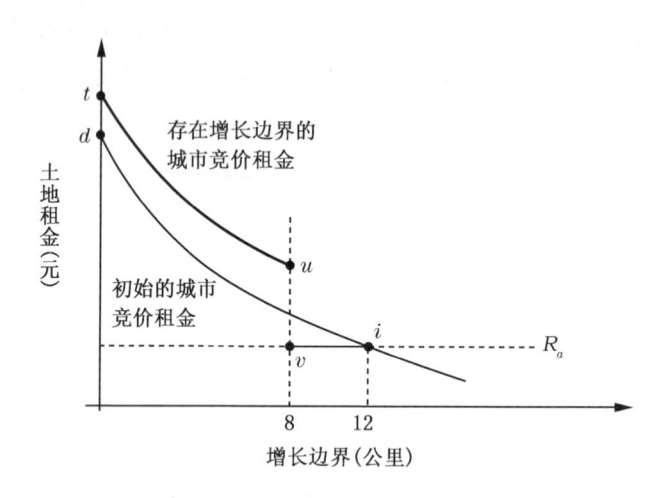

图 9—11 城市增长边界与土地租金

下面考虑一下受控制城市的增长边界对土地所有者的影响。在图 9—11 中,较细的负斜率曲线,是初始的城市竞价租金曲线,它代表的是住宅和商业土地竞价租金曲线。在初始均衡状态下,城市土地竞价租金曲线与水平的农地竞价租金曲线相交于点 i。城市的初始半径是 12 公里。引入增长边界后,城市增长边界位于 8 公里处,那么过去所开发的 8 公里以外的区域就要限制开放,这样在该区域内土地租金将下降到农地租金的水平(可用点 v 和点 i 之间的水平线表示)。显然,城市边界以外区域的土地所有者是受损者。相反,城市边界以内的土地所有制将是受益者。正如前面所讲到的,在受控制城市内,工人间为争夺固定数量的土地而展开的竞争提高了土地竞价租金。在图 9—11 中,城市竞价租金曲线向上移动至粗线所在的位置,这说明边界以内区域的土地租金会变得更高。

9.8.3 城市增长边界和密度

城市通过限制城市的土地面积和地块面积来控制人口增长,即增长政策控制城市人口。城市制定了增长边界,但没有限制地块面积,这时增长边界造成的影响与前面讨论过的政策有着类似的效果。

与这一节一开始的模型一样,在图 9—12 中,从工人数量为 400 万的城市移向受控制的城市(该城市拥有 300 万工人)和另一个城市(该城市拥有 500 万工人),即点 i 到点 c 与点 n。效用差为 200 元,点 i 为初始均衡点。受控制城市在不受地块规模的

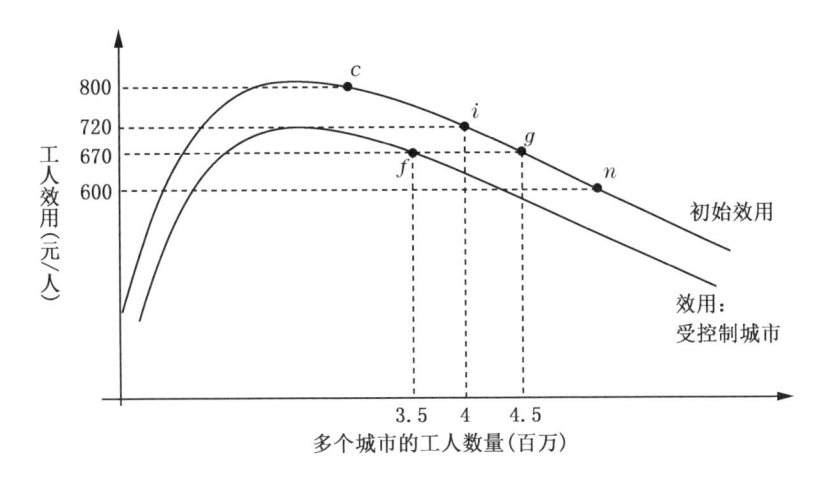

图 9-12 在包含两个城市的区域内城市增长边界效应

限制下会被增长边界政策所促进,土地价格上涨,建筑密度提高,该城市的工人数量将会达到 350 万人,即点 f。在 f 点和 g 点,该区域实现了均衡,此时的效用为 670 元,两城市总人口为 800 万,受控制的为 350 万,不受控制的为 450 万人。

受控制城市的土地价格上涨,建筑密度增加。企业和居民都倾向于节约土地,单户住宅将在较小的地块上建造,而高密度公寓和公共住宅将容纳更多居民。企业将占据较小面积的地块,并建造更高的建筑物。增长边界可以看作是一种人口控制政策,然而,建筑密度的增加明显削弱了增长边界的效果:高密度在一定程度上抵消了城市土地面积的减少。在图 9-12 中,新的均衡点 f 和点 g 表示,一个设立了增长边界的城市将拥有 350 万工人,而另一个城市将拥有 450 万工人。新的效用水平为 670 元,而早期政策下的效用水平为 600 元。由于增长控制带来的扭曲影响在一定程度上被密度的增加所抵消,因此在更加灵活的密度控制下,城市居民可以获得更高的效用。

政府通过一系列公共政策促进了城市蔓延,其中包括低价出行和地方公共服务、住房补贴和排他性分区制度。对于这些扭曲现象,有效的方法是直接加以治理,允许个人在社会位置和建筑密度方面做出有效的选择。然而,增长边界并不是解决这些扭曲现象非常有效的工具,虽然增长边界可以使建筑密度朝着正确的方向变化,但这种变化不够大或者过于微小。另外,增长边界本身也会引起扭曲现象的出现。

9.8.4 增长边界与开放空间的权衡

已经了解到,扩大边界可以降低本区域的效用水平,同时提高受控制城市的土地租金。这导致土地和住宅价格上涨,损害了租房人的利益,但土地使用所有者从更高的土地价格中获益。这带来了两个问题:

(1)扩大边界对住宅所有者的利益会有何影响?像土地所有者一样,住宅所有者也会从高地价中获益。在实施扩大控制的城市中,引致土地价格上涨的政策同时也提高了房屋所有者的收益。然而,新来的移民必须支付更高的住宅价格,因此他们的利益会受到损失。

(2)如何比较扩大边界的收益和成本?这个问题很难回答,而且不同城市的答案也会有很大的差异。最近的研究表明,在英国的一个城市中,扩大边界所带来的成本要大于收益(Cheshire and Sheppard,2002)。扩大边界的主要特征是城市内的绿化带或开放空间,它在损害私人空间的基础上提供了公共空间。城市周边的公共开放空间提供了田园式的环境,以及户外娱乐和欣赏风景的机会。需要权衡的是,限制可开发土地的供应将引致更高的土地价格、更高的建筑密度和较小的私人空间。这些学者认为,如果适度放松雷丁(Reading)的开放空间和扩大边界政策,英国每户家庭每年将获得净收益384美元,相当于他们年收入的2%。

9.9 其他增长控制政策

除了增长和服务边界外,城市还有其他一些政策控制增长,包括限制发放建设许可证、征收开发税。

9.9.1 限制发放建设许可证

一个城市限制发放用于新建住宅和商业设施的许可证,使其数量小于开发商的需求量,这个政策就会降低城市中的居民和就业工人数量,因为其促使了居民迁移到另外的城市。

如图9—13所示,初始均衡点即点 i 时,住宅价格为200万元,每年的新住宅数量为120套。如果该城市每年只发放80套许可证,新的供给曲线是一条由点 b、点 c、点 d 构成的折线,其与需求曲线相交处价格为250万元,即住宅价格上涨50万元。这个时候点 d 是住宅价格新的均衡点,点 c 是住宅的边际成本,这两者之间的差价是开发商为获得许可证愿意付出的价格。

建造住宅的成本也受到限制政策的影响。供给曲线同时也是边际成本曲线。住宅供给曲线表示建造住宅的边际成本,与其他供给曲线类似。举例来说,在初始状态下,均衡价格为200万元,开发商供给数量为120套。第120套住宅无法以199万元销售,因为建造成本超过了199万元;而200万元的价格正好能够弥补建造成本,因此边际成本等于200万元。向下沿着供给曲线进一步移动,在点 c 处,第80套住宅的供给成本为160万元。限制政策导致住宅建筑数量从120套降至80套,因此边际建造成本也随之下降。

限制政策降低建造住宅的边际成本,原因是该政策减少了土地需求和土地价格。举例来说,如果在30平方米的土地上建造住宅,那么限制政策将使得对空置土地的需求从每年3 600平方米(120套住宅乘以每套住宅的占地面积30平方米)下降至每年

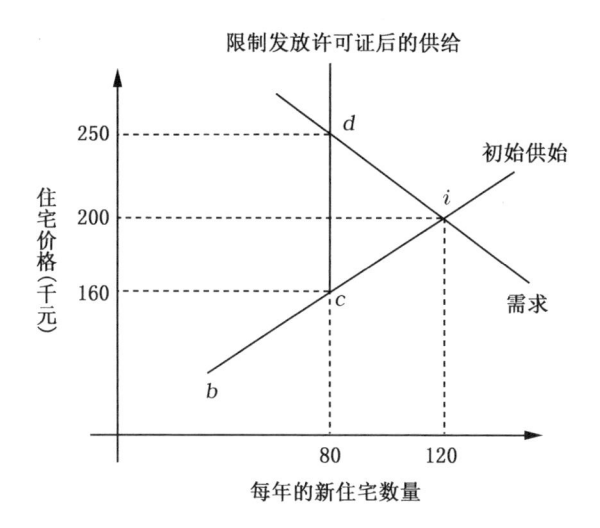

图 9-13 限制发放建筑许可证的市场效应

2 400 平方米。土地需求的减少降低了土地的市场价格,进而降低了住宅建造成本。将点 i 与点 c 进行比较,限制政策使得建造住宅的边际成本降低了 40 万元。

城市必须决定如何在开发商之间分配这 80 个建筑许可证。其中一种选择是将许可证拍卖给出价最高的竞争者。那么,一个建筑许可证的货币价值是多少呢？住宅市场价格(250 万元,用点 d 表示)与住宅的建筑成本(160 万元,用点 c 表示)之间的差距就是拥有建筑许可证的人所获得的利润价值,因此一个建筑许可证的货币价值为 90 万元。如果城市将许可证拍卖给出价最高的竞争者,那么其市场价格将为 90 万元。另一种选择是以促进城市发展为目标,将建筑许可证分配给一个开发商或某个开发区内的高密度住宅项目。城市还可以开展竞标,将许可证分配给符合政府规划要求的开发项目。

9.9.2 开发税

征收开发税是限制城市人口的另一种方式。地方政府通过征收各种税收来为地方公共产品提供资金。当征收的不动产税无法完全覆盖提供公共产品的成本时,就需要征收开发税来填补财政缺口。在这种情况下,开发税是解决财政问题最简单的方法,同时也是一种真正的增长控制政策。

参考文献

[1] Arthur O'Sullivan. Urban Economics (9th edition) [M]. McGraw-Hill Education Press, 2019.

[2] Masahisa Fujita. Urban Economic Theory: Land Use and City Size [M]. Cambridge University Press, 1989.

[3]Masahisa Fujita, Paul R. Krugman, Anthony J. Venables. The Spatial Economy: Cities, Regions, and International Trade [M]. MIT (Massachusetts Institute of Technology) Press, 1999.

[4]Masahisa Fujita, Jacques-Francois Thisse. Economics of Agglomeration: Cities, Industrial Location, and Regional Growth (2nd edition) [M]. Cambridge University Press, 2012.

[5]Miller T R, Cohen M A, Wiersema B. Victim Costs and Consequences: A New Look[R]. Washington D C: National Institute of Justice, 1996.

[6]Thaler R. An Econometric Analysis of Property Crime: Interaction between Police and Criminals[J]. Journal of Public Economics, 1977, 8(1): 37—51.

[7]Cullen J B, Levitt S D. Crime, Urban Flight, and the Consequences for Cities[J]. The Review of Economics and Statistics, 1999, 81(2): 159—169.

[8]Fischel W. An Economic History of Zoning and a Cure for its Exclusionary Effects[J]. Urban Studies, 2004, 41(2): 317—340.

[7]Evenson B, William C W. Local Variation in Land Use Regulations[M]. Brookings-Wharton Papers on Urban Affairs: 2003. Washington D C: Brookings, 2003.

[8]Siegan B. Land Use Without Zoning[M]. Lexington M A: Heath D C, 1972.

[9]Gyourko J, Saiz A, Summers A. A New Measure of the Local Regulatory Environment for Housing Markets: The Wharton Residential Land Use Regulatory Index[J]. Urban Studies, 2008, 45(3): 693—729.

[10]Glaeser E L, Gyourko J, Saks R E. Why Have Housing Prices Gone Up? [J] American Economic Review, 2005, 95(2): 329—333.

[11]Cheshire P, Sheppard S. The Welfare Economics of Land Use Planning[J]. Journal of Urban Economics, 2002, 52(2): 242—269.

[12]孙瑜康,袁媛. 城市居住空间分异背景下青少年成长的邻里影响——以广州市鹭江村与逸景翠园为例[J]. 地理科学进展, 2014, 33(6): 756—764.

[13]陈越峰. 城市空间利益的正当分配——从规划行政许可侵犯邻近权益案切入[J]. 法学研究, 2015, 37(1): 39—53.

[14]上海市政府. 上海市城市总体规划（2017—2035）, 2018.

第10讲

拥堵外部性与速度

国际经验表明,私人小汽车的拥有率会随着收入的提高而上升(Daygay and Gately,1999)。随着我国社会经济的不断发展,人们生活水平不断提高,人均汽车的拥有量也在不断提高。

第10讲将讨论汽车产生的两个正外部性——经济和社会效益,以及三个负外部性——拥堵、空气污染和交通事故,同时也将讨论与这些外部性相关的政策。

10.1 外部性

外部性也称作外部效应或外部影响,它是指经济主体的活动对与该活动无直接关系的他人或社会所产生的影响。举个例子,假设经济主体为一个工厂,这个工厂为用户提供产品和服务,那么用户就是工厂活动的直接关联者。但这个工厂的生产活动又会对企业周围的居民产生影响,那么这些居民就是与工厂生产无关系者。而工厂对居民的这一影响就被称为"外部性"。

由于经济主体的活动对他人或社会的影响有好有坏、有利有弊,因此外部性又可以分为正外部性和负外部性。在很多时候,生产者或消费者的一项经济活动对给社会上其他成员带来好处,但是他自己却不能由此得到补偿。此时,这个人从其活动得到的利益就小于该活动带来的社会利益。另一方面,在很多时候,生产者或消费者的一项经济活动对社会上其他成员带来危害,但他并不为此支付足够补偿这种危害的成本。前者就是正外部性,后者就是负外部性。也就是说,经济主体的本来目的是实现自身利润的最大化或者效用的最大化,但他在实现这一目的的过程中,却有意无意地对与该项活动无直接关系的人或组织造成了有利或有害的影响。对这一影响,经济学就称之为外部性。

10.2　汽车的正外部性

19世纪初期,受限于经济条件,城市土地利用强度和城市规模相对很小,城市居民只依靠步行移动就可以解决生活和工作中的出行需求,由于生产方式相对落后,城市工作区、生活区和商业娱乐区呈现高度密集形态,城市的范围也只是局限于居民的出行距离。随着欧洲工业革命的进程,城市中大量的工厂出现,农村人口向城市转移显著,城市工业废水、生活废水横流,废气弥漫,工厂与生活区混建导致城市居民生活质量恶化,到世纪中期就不得不将城市进行功能分区,城市生活区逐渐迁出到城市的外围。正是由于这种城市空间分离的产生,单纯依靠步行已无法满足社会经济发展的需求,美国纽约出现了世界第一条马拉有轨车线路,将城市中心与周边辐射区域相连接,使得居民在城市周边不断定居,改变了原有的社会经济结构。

轨道交通和小汽车的出现使交通结构发生了重大变化,也改变了城市的布局,逐渐形成了主要交通干线商业带的产生与发展,空间可达性大大提高,城区逐渐形成了专门的商业、工业、农业、生活区等区域,进一步改变了社会经济的规模和结构,促进了社会分工专业化、经济种类专一化的发展。伴随着工业革命,社会经济进入了前所未有的高速发展阶段,人口快速增加与扩散。受限于城市中心土地的经济成本,大量的企业开始布局在郊区,就业岗位也从中心扩散到城市周边,中心区逐渐形成了以第三产业为主的核心区,城市郊区成为工业区的核心,辐射距离的增大使得城市居民出行难度增加。进入20世纪50年代以后,高速道路和快速路的迅猛发展,增加了更远城郊的空间可达性,广泛连接着城市各功能区,提供了客运和货运服务。居民生活水平的提高和交通载体的发展,城市机动化进程不断加快,汽车取代了传统自行车,并与公共交通产生激烈竞争,而城市小汽车的增加,降低了公共交通出行效率,进一步吸引更多的人选择小汽车的出行方式,但是城市的容纳度有限,为了适应城市经济发展的需要,交通基础设施的投资跟不上交通需求的增加,这样就导致了客流和货流运输效率减缓,影响了城市社会经济的发展。城市交通与社会经济相互影响、相互作用,城市交通的出现是社会经济发展到一定阶段的必然产物,城市交通的发展必须随着社会经济的调整而演化,同时城市交通为居民出行和货物流动提供了可能性,促进了社会经济的发展,而随着城市化进程的加快,未来机动车的增长速度和规模将大幅度提高,可能会超过城市的容纳程度,将会对社会经济的发展带来严峻的压力和挑战。

以北京为例,北京是我国的首都,既是我国的政治文化中心,又是世界文化名城和国际交往中心。北京市从古到今,其城市交通与城市空间演化也经历了一个漫长的发展过程,其演化速度有时慢、有时快,表现出一定的阶段性。新中国成立后,特别是1980年以来,北京的城市交通和城市规模都发生了快速而巨大的变化。同时,在整个发展过程中,城市交通与城市空间演化之间也表现出持续的相互作用关系。

旧北京的市内路网系统呈棋盘状的格局，它是在元大都城的基础上经明代改建而成的。城内除棋盘状路网外，还有大约 4 550 条胡同，胡同的平均间距只有 80 米。在相当长的时间里，北京市内的道路都是普通的土路。1905 年开始有部分石渣路面。直到 1915 年，东交民巷才出现了沥青路面。交通方式一直以步行、人力车和马车为主，极低的速度限制了居民的出行距离。因此，城市空间规模较小。

20 世纪 30 年代以后，北京城市交通方式逐渐从步行、畜力等方式，向有轨电车、公共汽车等交通方式发展。不过，在 1949 年之前，北京的交通还主要是以步行、马车和人力车为主，公共电（汽）车数量相当有限，运行距离也很短。因此，城市空间规模较小，旧城面积只有 62 平方公里，城市人口 164.9 万人。

从 1949 年到 1980 年，伴随着城市交通的不断发展，北京市的人口规模和空间规模都在稳定增长，且比新中国成立前的速度明显加快。与此同时，北京的城市空间规模和人口规模也增加了 2～3 倍。

从 1980 年以来，随着经济的快速发展，北京的交通设施建设和城市空间演化进入了快速发展阶段。到 2022 年为止，北京城市建成区面积达 1 599 平方公里。

以上事实表明，北京的城市交通和空间演化同样存在着阶段性发展的特性。目前，北京的城市交通和城市空间演化仍处在发展时期。

城市交通是决定城市产业结构布局的关键因素，在全球经济一体化的背景下，城市间以及城市各功能区的联系越来越紧密，互补性也越来越强，某一功能区往往只从事社会经济生产中的单一环节或节点，因此就要求功能区联系更加快捷、方便和可靠，交通优势也成为城市产业布局的重要支柱，也是投资环境和经济增长的决定性因素。城市交通是城市化进程的重要构成，交通是连接城市和乡村的主要物质形式，城市交通效率直接影响城市的活力和机能，城市交通设施的完备性和运输组织管理的能力是城市成长和发展的重要因素，城市框架的建立首要就是依托于城市交通基础设施，对于城市化进程中的各个阶段都十分重要。城市交通必须适应社会经济发展的需求。在不同社会经济条件下，人们对时间价值和出行质量的要求也不断调整，在现代化社会，快捷、安全、方便、舒适的需求影响着城市交通的各个方面，城市交通设施建设与布局、城市交通管理与服务要充分体现人性化和公平性，以适应和谐社会的要求，这也是城市文明和宜居环境的重要体现。

10.3　汽车的负外部性

下面将讨论汽车产生的负外部性以及应对这些负外部性的政策。

应对这些外部性的经济方法是使其内部化，即向外部性制造者征税，让汽车等运输设施的使用者承担自己造成的全部社会成本，征税额等于制造外部性的边际成本。此外，还将探讨用于解决外部性的一些其他政策，这些政策包括对公共交通进行补贴、按里程数计算运费以及征收汽油税。

表10－1中描述了2012年北京出行者使用不同出行模式的比例。大约有32.6%的人选择独自驾驶汽车出行,44%的人选择公共交通出行,4.6%的人选择步行。与世界上同等规模的大城市相比,我国城市交通的显著特征在于,小汽车的利用率高,公共交通出行结构分担率低。以北京市为例,北京交通发展研究中心数据显示,2012年北京私人小汽车工作日日均出行次数为2.7次,节假日日均出行次数为2.71次,年均行驶里程为1.2万公里,这大约是伦敦的1.5倍、东京的2倍。在表10－1 2012年北京市居民出行方式分担结构数据中,公共交通的出行分担率仍然较低。高利用率的汽车出行会带来一系列问题,如交通拥堵、空气污染等。

表10－1 2012年北京市居民出行方式分担结构

出行方式	小汽车	出租车	公共电(汽)车	轨道交通	自行车	其他
分担率(%)	32.6	6.6	27.2	16.8	13.9	2.9

10.4　拥堵的外部性

在21世纪,随着我国城市的现代化、城市化、机动化进程加快,吸引大量人口在城市聚集,形成强大的交通出行需求,城市交通问题日益突出。

在人口超过千万的超大城市,交通拥堵呈现常态化和区域蔓延化;在人口超过百万的大城市,通勤高峰时段主干道拥堵严重,关键路网节点及交叉口拥堵严重;中小城市普遍存在交通秩序混乱、机非混行现象,严重影响道路畅通且存在安全隐患。交通拥堵造成大量出行延误,2012年北京工作日平均严重拥堵时间长达1小时30分钟,早高峰(7:00—9:00)期间路网平均速度低于25km/h。交通拥堵加剧了空气污染,2012年北京雾霾天数达124天,空气中有毒物质含量明显超标,严重危害人们身体健康。交通拥堵带来严重的经济损失,英国交通拥堵每年造成经济损失约150亿英镑,占其GDP的1.5%,法国和德国由交通拥堵造成的经济损失分别占其GDP的1.3%和0.9%。2007年,美国通勤高峰年均延误达36小时/人,人均经济损失757美元,合计共872亿美元;俄罗斯每年交通拥堵经济损失超过128亿美元。北大国家发展研究院2014年的研究报告指出,仅北京市每年因交通拥堵约造成700亿元的损失,其中超过80%为时间损失。

下面将用一个简单的模型去解释拥堵的外部性,并评价那些抑制外部性的公共政策。首先假设都市区内的一条出行路线具有以下特点:

(1)距离。出行路线长20公里,一条放射状的公路通过这个城市,或者一条环形的公路将城市郊区连接起来

(2)出行的货币成本。乘坐小汽车出行的货币成本是每公里1.13元,或者每10

公里 11.3 元。

（3）时间成本。出行的时间成本可以用时间乘以每分钟的机会成本（0.20 元）表示。

出行的总成本即为 11.3 元的货币成本加上时间成本，显然这取决于出行里程的长短，再假设每辆车仅有一人，那么就可以用汽车数量来代替驾驶员数量。

10.4.1 城市交通需求

首先通过图 10-1 来分析一下城市交通的需求。图 10-1 中的横轴用于表示每小时道路上行驶的机动车的数量，而纵轴则表示通勤成本，通勤成本就是上文中提到的出行的总成本。当出行成本为 7.87 元时，在 h 点处就表示有 1 200 人，这意味着这些出行者的收益高于成本，因此交通流量是每小时每条道路上有 1 200 辆汽车。当出行成本降低时，会有更多的人收益超过成本，因此可以沿着需求曲线向下移动，在出行成本时 6.10 元时，此时的交通流量为 1 400 辆汽车，当出行成本是 4.33 元时，交通流量会增加到 1 600 辆汽车。

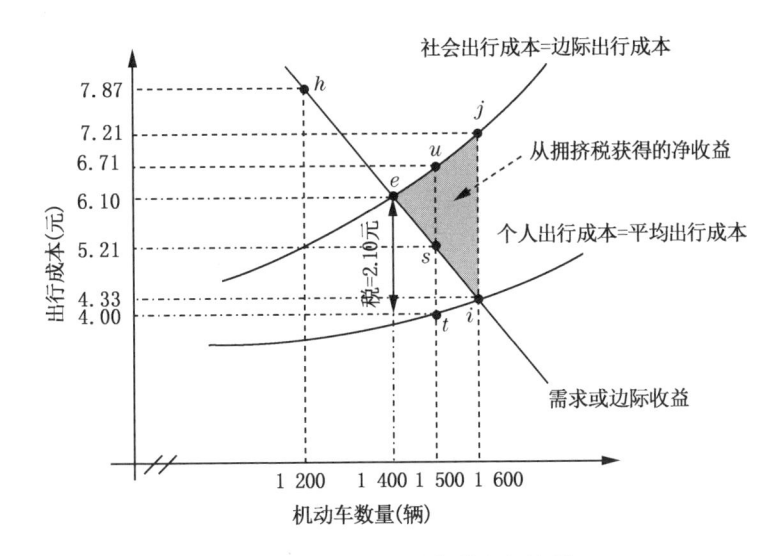

图 10-1　拥堵的外部性和拥堵税

根据微观经济学相关知识，需求曲线同时也是边际收益曲线。图 10-1 描述了边际出行者愿意为出行支付的货币值。例如，当价格达到 7.87 元时，出行人数为 1 200 人，这表示如果出行成本是 7.87 元，那么第 1 200 个出行者将愿意出行。但是如果出行成本高于这个值，如 7.88 元，那么第 1 200 个出行者将不愿意外出，这表明第 1 200 个出行者的收益刚好低于 7.87 元。同理，可以看出第 1 400 个出行者的边际收益。因此，当沿着需求曲线向下移动时，人们使用高速公路的边际收益会越来越低。

10.4.2 出行的个人和社会成本

下面以表 10－2 来说明交通流量与出行时间之间的关系。纵列 B 列出了不同交通流量下的出行时间。当交通流量小于 400 辆汽车时，将不存在拥堵问题；每个出行者都以每小时 50 英里的法定速度行驶，他们的出行时间是 12 分钟，但是后来，交通流量超过 400 辆汽车的拥堵上限，每个人的出行时间均开始增加，例如，在交通流量为 600 辆汽车时，出行时间提高到了 12.48 分钟，在交通流量为 1 200 辆汽车时，出行时间为 17.28 分钟；而在交通流量为 1 800 辆汽车时，出行时间则为 27.12 分钟。当公路变得更加拥堵时，汽车之间的空间在缩小，为使两辆汽车之间保持安全的距离，驾驶员逐渐降低了行驶速度。

表 10－2　　　　　　　　　　交通流量、出行时间和拥堵的外部性

A 流量（每条道路上的汽车数量）	B 出行时间（分钟）	C 个人出行成本（元）	D 每增加一辆汽车导致出行时间的增加量（分钟）	E 总出行时间的增加量（分钟）	F 额外的出行成本（元）	G 社会出行成本（元）	H 边际收益（需求）
200	12.000	3.200	0.000	0.00	0.00	3.20	16.73
400	12.000	3.200	0.000	0.00	0.00	3.20	14.96
599	12.476						
600	12.480	3.248	0.004	2.40	0.48	3.73	13.19
1 199	17.268						
1 200	17.280	3.728	0.012	14.40	2.88	6.61	7.87
1 399	19.985						
1 400	20.000	4.000	0.015	21.00	4.20	8.20	6.10
1 599	23.262						
1 600	23.280	4.328	0.018	28.80	5.76	10.09	4.33
1 799	27.100						
1 800	27.120	4.712	0.020	36.00	7.20	11.91	2.56

纵列 C 则给出了个人出行成本。由上文可知个人出行成本等于货币成本加时间成本，时间成本等于出行时间（纵列 B 表示）乘以机会成本（0.22 元/分钟）

纵列 D、E 和 F 分别表示拥堵所导致的各种外部性的数量。纵列 D 给出了交通流量每额外增加 1 单位，导致每辆汽车出行时间增加的数量。例如，当第 600 辆汽车驶入公路后，他使其他每辆汽车的行驶速度都有所下降，最终导致每辆汽车的行驶时间增加 0.004 分钟。用 0.004 分钟乘以 599 辆汽车，当 600 辆汽车进入后总出行时间的增加量是 2.40 分钟，最后，总出行时间的增加量乘以出行时间的机会成本（每分钟

0.20元),就可以得到第600辆汽车进入后个人出行成本是3.248元。这说明,第600辆汽车的进入,给其他所有的出行者带来的成本是0.48元。用类似的计算方法,可以得到第1 200辆汽车所导致的外部成本是2.88元,第1400辆汽车导致的外部成本是4.20元,等等。显然,外部成本随着交通流量的增加而提高。

纵列G给出了社会出行成本,等于个人出行成本与交通流量的外部成本之和,当交通流量低于400辆汽车时,则不存在交通拥堵,此时交通流量的外部成本为0,因此其社会成本等于个人成本(纵列C)。但是,一旦交通流量超过拥堵的上限,社会出行成本将高于个人成本。例如,当交通流量为1 400辆汽车时,社会出行成本为8.20元,而个人成本则为4.00元。

个人出行成本和社会出行成本分别代表着不同的含义,个人出行成本是每个驾驶员所面临的出行成本,因此称其为平均出行成本。社会出行成本表示与最后的或者边际的车辆相关联的社会成本,因此可以称其为边际中心成本。

10.4.3　均衡与最佳交通流量的规模

由图10-1可知,驾驶者的边际收益由需求曲线D来表示。根据微观经济学,边际收益与边际成本相等时即为最佳交通流量规模。因此在图10-1中,边际社会收益与边际社会成本相交于e点,与e点相对应的1 400辆汽车就是从社会效益角度来说的最佳车流量。而边际个人成本与边际收益曲线相交于i点,与其相对应的1 600辆汽车就是从个人角度来说的实际车流量。

从驾驶者个人角度来看,在e点处的边际收益仍高于个人出行成本,驾驶者仍然有净收益,因而还会继续有新的车辆加入车道,直到边际收益曲线D与个人出行成本曲线AC相交于点i,出行的车辆达到1 600辆为止。

在1 600辆汽车处,个人出行成本等于个人收益,当交通流量大于1 600辆汽车时,个人出行成本大于个人收益,此时驾驶员就不再会选择出行。

为什么均衡的交通流量会高于最优的交通流量呢,这是因为城市中的每个私家车主,在计算出行成本时,仅仅计算个人成本,而不考虑由于加剧了道路拥堵而对其他驾驶者产生的费用。只要他们认为出行所得到的收益大于个人成本,就会选择出行。这样,驾驶者出行加剧道路拥堵而引起的其他驾驶者需要支付的更多费用与其个人出行成本之和构成了社会成本。由于个人成本小于社会成本,这样的差距也就造成了实际使用城市道路的交通流量超过道路最佳交通流量。

10.5　拥堵税

解决拥堵问题最简单的方法是征收拥堵税,这可以将拥堵的外部成本内部化。根据边际定价法的思路,拥堵税等于社会出行成本与个人出行成本之间的差额。如图

10—1 所示,边际收益曲线与社会出行曲线和个人出行曲线分别交于点 e 与点 i,因此社会出行成本与个人出行成本之间的差额就为 2.1 美元。当对每次出行征收 2.1 美元的拥堵税时,个人出行成本曲线将向上方移动 2.1 美元,均衡交通流量就将从 1 600 辆下降到 1 400 辆。以张三为例,假设她是这条道路上第 1 500 个驾驶员,她的出行收益仍然为 5.21 美元。如果这 1 500 辆汽车继续在公路上行驶,那么她的成本就等于现在的个人出行成本(点 t)加上 2.1 美元的拥堵税。那么此时她的成本已经高于了她的意愿支付值,因此张三会放弃使用这条公路。同理可知,第 1 401 到 1 600 辆车的车主的意愿支付值都低于出行成本,因此他们都不会使用这条公路。所以,拥堵税可以确保各种类型的道路得到有效的使用。

征收拥堵税给社会带来了社会净收益,尽管有些人的利益会因支付拥堵税而受损。在实行了拥堵税后,继续驾车出行的人们一方面得到了通畅道路从而节约了行车时间和成本,另一方面要向政府纳税和损失一些消费者剩余;而改变出行方式(比如乘公交)的人们,虽然损失了使用机动车道的便捷和一些消费者剩余,但是可以避免缴纳拥堵税。

对个人出行者而言,首先分析一下那些支付了拥堵税仍然在公路上驾驶汽车的人。坏消息是他需要支付拥堵税。以李四为例,他处于图 10—1 中需求曲线点 h 的位置,他不得不支付 2.1 美元的拥堵税。至于好消息,则主要包括以下两个方面的内容:降低了时间成本和较低的收入税。

(1)时间成本。在征收拥堵税后,会发现交通流量明显降低,这加快了人们的出行速度,减少了浪费在拥堵上的时间,自然降低了时间成本。从图 10—1 可以看出,在拥堵税的推动下,个人出行成本从 4.33 美元下降到 4.00 美元,李四和其他出行者都可以从中节约 0.33 美元。

(2)较低的收入税。拥堵税是政府财政收入的一部分。在实施拥堵税的同时,政府可以削减一些地方税种。因此,拥堵税具有收入中性特征。假设政府把所征收的拥堵税在 1 600 人之间进行分配,这些人是最初在公路上驾驶汽车的出行者,此时他们每个人的收入税将减少 1.84 美元。

如表 10—3 所示,在征收拥堵税的情况下,李四的净收益是 0.07 美元,等于 2.17 美元的收益减去 2.10 美元的拥堵税。

表 10—3　　　　　　　　　　拥堵税的收益与成本　　　　　　　　　　单位:美元

	成本		收益		净收益
	税收支付	消费者剩余损失	时间成本降低额	收入税降低额	
李四	2.1	—	0.33	1.84	0.07
张三	—	0.88	—	1.84	0.96

下面分析一下类似于张三这样的人的情况,在征收拥堵税后她将不再使用公路。好消息是她的收入税降低了 1.84 美元,与那些在最初阶段使用公路的人相类似。坏消息是她将损失消费者剩余 0.88 美元。张三的消费者剩余可以用征税前她的意愿支付(5.21 美元)与个人出行成本之间的差距表示。当交通流量为 1 600 辆时,她的出行成本是 4.33 美元,此时她所获得的消费者剩余为 0.88 美元。张三的税收降低额高于消费者剩余的损失额,因此征收拥堵税将提高她的福利水平。

可以用边际方法度量交通流量从市场均衡数量转向最优数量后,给社会福利带来的影响。图 10-1 中的阴影部分描述了社会福利的变化情况。为解释引致福利变化的原因,假设出行人数从均衡数量向最优数量方向移动,但移动的幅度很小。如果能够说服第 1 600 个出行者不使用公路,那么收益和成本价将是多少呢?

(1)收益。社会出行成本与第 1 600 个出行者(在点 j 处,出行成本是 7.21 美元)有关系,此时社会总出行成本将下降。

(2)成本。出行者损失了在公路上行驶所获得的收益,她对出行的意愿支付可用需求曲线表示(在点 i 处,其意愿支付值是 4.33 美元)。

通过转移第 1 600 个出行者,可以节约 7.21 美元的社会出行成本,而仅损失 4.33 美元的平均出行收益,最终可以获得 2.88 美元的净收益。在图 10-1 中第 1 600 个出行者的位置上,社会出行成本曲线与需求曲线之间的差距就是净收益值。

为了计算向最优规模移动所引致的社会福利增加,可以重复上面的逻辑,分别计算第 1 599 个出行者,第 1 598 个出行者,一直到第 1 401 个出行者的决策行为变化对社会福利增加的影响。第 1 599 个出行者转移后带来的净收益仅略低于第 1 600 个出行者的净收益,这是因为第 1 599 个出行者的社会出行成本较低(在成本曲线上较低的位置),而意愿支付值却较高(在需求曲线上较高的位置)。当降低交通流量时,转移一辆汽车所带来的净收益会逐渐降低,也就是说社会出行成本与需求曲线之间的差距在缩小。向最优交通流量转移的过程中所获得的社会收益(福利增加)等于这些被转移车辆所获得的净收益之和,可以用社会成本曲线与需求曲线之间的阴影部分来表示。

10.6 拥堵税的实证分析

由上文可以知道,征收拥堵税可以将外部性内部化,产生效率收益并促进城市增长。在本部分,将讨论与实施拥堵税相关的一些实践方面的问题。可以提出以下三个问题:

(1)如何在不同的时间段征收有差异的拥堵税?
(2)拥堵税将提高到什么程度?
(3)城市在为居民出行定价方面都有哪些经验?

10.6.1 出行的高峰期与非高峰期

城市居民出行的主要目的是工作和学习,因此在工作日期间会呈现出行早晚高峰的拥堵,在一段时间内交通流量会瞬间持续增大。根据交通调查统计规律,工作日 7:00—9:00 以及 17:00—19:00 均是出行量的高峰期,引发全城常发性交通拥堵蔓延。在那些至少有 100 万人口的城市,在交通拥堵期间几乎没有中午休息时间:通常在早晨很早的时候出行速度就开始下降,一直持续到晚上 7 点。如图 10—2 所示,在出行高峰时期,出行需求曲线也会相对较高,所以个人出行成本与社会出行成本之间的差额也会更大,因此所征收的拥堵税也会更高。反之,在非高峰时期,居民的出行需求相对较低,所以征收的拥堵税也相对较少。

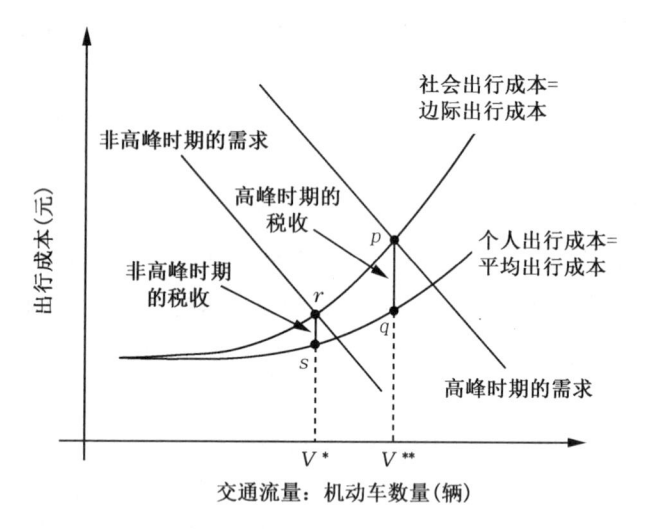

图 10—2 高峰时期和非高峰时期的拥堵税

10.6.2 拥堵税效应评估

有效的拥堵税会随着空间和时间的不同而有较大的差异。表 10—4 给出了三个都市区的拥堵税的估计值,这三个区域包括墨尔本、伦敦和多伦多。在出行高峰期,墨尔本征收每英里 0.21 美元的拥堵税,伦敦为 1.23 美元,多伦多为 0.26 美元。与预期的类似,非出行高峰期征收的拥堵税的税率相对较低,在更加拥堵的伦敦,其出行高峰期与非高峰期之间交通流量的差距较小,因此在出行非高峰期征收的拥堵税的税率为每英里 0.49 美元。

表 10—4　部分都市区的拥堵税

	墨尔本	多伦	伦敦
高峰期的税率(每英里)	0.21 美元	0.26 美元	1.23 美元
非高峰期的税率(每英里)	0.02 美元	0.03 美元	0.49 美元

10.6.3 实施道路定价:收费和高承载收费道路

在现代技术的帮助下,通过车辆识别系统可以高效便利地征收拥堵税,每辆汽车上都安装了一个异频雷达收发机,当汽车经过时,街道上安装的传感器就可以识别出这辆汽车。这个系统将会记录每辆汽车在拥堵路段行驶的次数,并在每个月的月末向驾驶员寄出拥堵税单。例如,如果拥堵税的税率是每英里 0.21 美元,某司机每次在拥堵的公路上行驶的距离为 10 英里,每个月行的次数为 20 次,那么他每个月要支付的拥堵税收是 42.00 美元。

通过表 10-5 可以了解到世界部分大城市交通拥堵收费政策的实施情况。

新加坡是第一个通过收费控制交通流量的国家。新加坡自 1975 年引进人工道路收费系统,在市中心收费区行驶的汽车,每天要支付 2 美元。1998 年,新加坡开始采用公路电子收费系统(electronic road pricing system,ERP),借记卡系统的收费将随着拥堵程度的增加而提高。该系统的特点是拥有 28 个信号台,在白天这些信号台向进入中心区的车辆收费。在收费政策下,高峰时期机动车通行量比拥堵收费前减少了 24 700 辆,平均车速从 18km/h 提高到了 35km/h。单人乘坐机动车数量减少,部分机动车从高峰转向非高峰时间通行;通过公交车上班的出行增加了近 50%,达到上班总出行的 46%。

表 10-5　　　　　　世界部分城市交通拥堵收费政策实施情况

名称	概况	基本内容	实施效果
新加坡	人口 367 万 面积 648 平方公里	A. 1975 年引进人工道路收费系统,1998 年引进电子道路收费系统; B. 收费管制区域分为中心商务区(交通收费管制时间从 7:30 到 19:00)和外环区域(从 7:30 到 21:00); C. 现金卡可以通过零售商店、加油站、自动售货机等购买,贴在车窗上。当车辆经过收费区域时,电子装置将会从现金卡中自动扣除,在不同路口和不同时间段,扣除额度也不尽相同	A. 高峰时期机动车通行量比拥挤收费前减少了 24 700 辆,平均车速从 18km/h 提高到 35km/h; B. 单人乘坐机动车数量减少,部分机动车从高峰转向非高峰时间通行;通过公交车上班的出行增加了近 50%,达到上班总出行的 46%; C. 电子道路收费系统降低了繁重的纸介质工作
伦敦	人口 800 万 面积 1 580 平方公里	A. 1970 年实施高峰期中心区收费,2003 年正式启动拥挤收费系统; B. 收费区域 22 平方公里,内环路围成(周一至周五 7:00—18:30),5 英镑/车天,特殊车辆和人群享受减免; C. 通行费可通过零售商店、加油站等支付,或电话、邮寄、网上支付,超过当晚未交将被罚款	A. 每公里交通延误时间下降 26%,车速提高 40%,机动车辆减少 16%; B. 50%~60% 小汽车使用者转向公共交通,20%~30% 绕过收费区或减少出行,15%~25% 转向其他交通方式; C. 除去成本及改善公交设施,每年盈利 5 000 万英镑左右,且环境质量明显提高

续表

名称	概况	基本内容	实施效果
特隆赫姆	人口14万，收费面积长约6公里，宽约4公里	A. 1991年引入交通收费制度； B. 收费时间：星期一到星期五6:00—18:00；每当车辆进入收费区域或经过收费站点时，无人电子收费系统将自动从安装在车窗上的装置中扣除相关费用； C. 收费额度有所限制，可以采用投币方式；在交通高峰期间，收费相应增加，超重车辆加倍收费	A. 高峰时期交通量下降了10%； B. 所征费用用于道路建设和公共交通工具的更新，还用于建设自行车道，甚至为闹市区免费提供了200辆自行车

中国的一些城市如上海也为高承载机动车——公共汽车和合伙使用汽车设计了专用车道（又称为HOV车道）。设计HOV专用车道的目的是鼓励合伙使用汽车。但是，如果没有大量单独驾驶者转而合伙搭乘一辆汽车或者乘坐公共汽车，HOV专用车道将处于低效利用状态，其他车道则会变得更加拥堵。为解决少量HOV车道利用率较低的问题，美国加利福尼亚欧文大学的经济学家在HOV车道的基础上提出了HOT车道，即高承载车辆可以无偿使用、其他车辆在缴费后也可以使用的车道。HOT车道为出行者增加了避开交通拥堵车道的选择，增加了道路管理部门的收益，也改善了部分HOV车道利用率不高的情况。在中国，深圳等一些城市也在考虑建设该专用车道。在美国在一些城市如圣地亚哥，付费水平随着一个既定的汽车行驶速度水平下的道路的拥堵程度的不同而有所不同，那费用通常会保持在0.5至4.00美元之间，最高曾经达到8.00美元（Small and Verhoef, 2007）。HOT车道使用频率较高的人群包括高收入者、高学历拥有者、妇女和年龄在35岁至45岁之间的人群。

在快速车道定价方面有一些重要的权衡因素。如果价格相对较高，那么快速车道上的车流量将会相对较小，而其他车道上的车流量会较大，拥堵程度也会相应较高。同理，当快速车道价格降低时，将会有更多的人选择快速车道，从而降低了普通车道的拥堵程度。通常来说，速度较高且愿意支付的出行者更倾向于选择快速车道，因为这类出行者通勤时间的机会成本相对较高，因此他们愿意使用快速车道。而拥有较低机会成本的出行者则更倾向于使用普通车道。

10.7 拥堵税的替代方案

为了给拥堵税的替代方案分析创造条件，先总结以下拥堵税引致交通流量降低的四个途径。

(1) 减少出行需求

通过控制交通拥堵的来源来控制交通拥堵出行者的出行意愿和出行需求。事实上，完全理性出行决策过程是一个收益和损失的选择过程。在交通拥堵收费情形下，增加了小汽车出行者的成本,那么人们将重新评估选择小汽车出行的收益与损失,从而降低出行者的出行意愿。这样对整个交通系统来说,出行需求量就会减少。

(2) 改变出行方式

本小节研究的城市居民的出行方式主要有小汽车、出租车、地铁及公交车四种。小汽车对交通拥堵所造成的影响比其他的出行方式大。只有将小汽车、出租车、地铁及公交车等出行方式合理分配及控制出行需求,才能促进城市交通环境可持续发展。拥堵收费的实施与小汽车的出行成本,能让更多的人减少小汽车的使用率,选择公交、地铁等公共交通工具出行,从而创造一个更合理的城市交通环境。

(3) 改变出行时间

城市居民在通勤出行时,上班早高峰和下班晚高峰的车流量是最大的,所以最容易在上班早高峰和下班晚高峰时造成最为严重的交通拥堵。交通拥堵收费政策的实施会使得对交通费用成本敏感的部分居民选择错时出行,避开高峰时段出行,从而达到缓解交通拥堵的目的。

(4) 改变出行路线

居民倾向于在考虑出行成本的基础上选择最短的路线,容易形成羊群效应,从而导致道路拥堵现象的出现。在交通拥堵现象严重的道路或区域征收交通拥堵费会促使小汽车出行者改变路径出行,最终使得网络流量合理分配和道路资源合理利用。

上述四个途径引致出行需求沿着需求向上运动,在图 10-2 中,实行拥堵税后,出行者改变了出行方式、时间、路线和里程,从而使交通流量从 1 600 辆降低到 1 400 辆。

下面将讨论三个拥堵税的替代方案——汽油税、交通补贴与停车定价。

10.7.1　汽油税

汽油税作为拥堵税的一个代替方案,其逻辑是通过提高出行成本,促使人们减少出行里程和出行次数。汽油税有好处但也产生了问题,汽油税提高了所有出行者的成本,不仅是那些在交通高峰期的拥堵路段驾驶汽车的人。汽油税降低了备选出行方式的相对成本,使交通方式替代在正确的方向上进行。同时,汽油税也会降低汽油的使用量,但对出行时间和出行没有较大的影响。此外,汽油税会提高出行者的成本,使区位选择向正确的方向进行。

由此可以把汽油税的影响归结为两个方面,即方式和需求。与征收拥堵税相比,这显然是一个不错的方案。但这个方案也存在着一个严重的问题,汽油税会应用到所有购买汽油的消费者身上,而不仅仅是那些在交通高峰期在拥堵的路段上驾驶汽车的出行者。不过这也带来了一些好处,在后面的内容中会提到,征收汽油税也有利于减少汽油消耗,产生更多的环境收益。

10.7.2　交通补贴

拥堵税的另一个替代方案就是为公共交通提供补贴。其基本逻辑是使乘坐公共交通的出行成本低于小汽车的出行成本。交通补贴会使交通方式向正确的方向变化，但它不会影响出行时间、出行路线或者出行需求。与征收拥堵税相比，交通补贴只会在一定程度上减少小汽车出行者的数量，但永远不会像拥堵税一样有效。

10.7.3 停车定价

停车定价作为拥堵税的另一个代替方案，其基本思路是通过向员工收取停车费，并将停车费用于提高所有员工的福利，从而降低交通流量与拥堵成本。通常来说，办公场所会制定较低的停车价格使得员工开车上班的成本较低，一些企业也会承担购置停车设备的成本，以此作为商业运营成本的一部分。因此，停车定价方案可以提高驾车上班的成本，鼓励员工采用其他类型的交通工具，降低均衡的交通流量。

但停车定价也存在一些问题。一项对洛杉矶某公司的试验数据显示，当每月的停车费从0增加到28.75美元时，独自开车上班的人数减少了约40%，当停车费进一步增加到57.5美元时，独自开车上班的人数减少了约80%。也应当看到，停车费与行驶距离无关，起不到促使通勤者靠近工作地点居住或选择在居住点附近工作，从而减少交通量的目的。因此，停车费对缓解交通拥堵的效果也是有限的。

在城市中，停车产生的真正的社会成本是什么呢？(Small and Verhoef,2007)估计了在都市区内不同地点停车每天产生的社会成本。其中，对城郊地段的影响成本是每天4.44美元，对城郊建筑物的影响成本是每天9.18美元，对城市建筑物的影响成本是每天15.04美元。根据城郊图，他们估计出行者每英里的停车成本是0.28美元。这每英里的停车成本相对较高，是因为：第一，用于停车的土地的机会成本相对较高；第二，出行者停车对场地和建筑物产生的固定成本覆盖了整个通勤里程，但不是所有的出行里程。

10.8 道路容量决策

在这一节将提到政府是如何从社会角度来确定道路的最优容量的。政府还可以使用一个简单的标准来确定道路的宽度：如果从征收拥堵税获得的总收入超过修建道路的成本，那么政府将修建更宽的道路。当拥堵税收入正好能够支付修建道路的成本时，道路宽度就达到了最优规模。

10.8.1 解释复式成本曲线

上述简单标准或规则需要在出行结构和道路成本存在差异的背景下实施。图10—3给出了两套成本曲线，分别代表两车道公路和四车道公路。

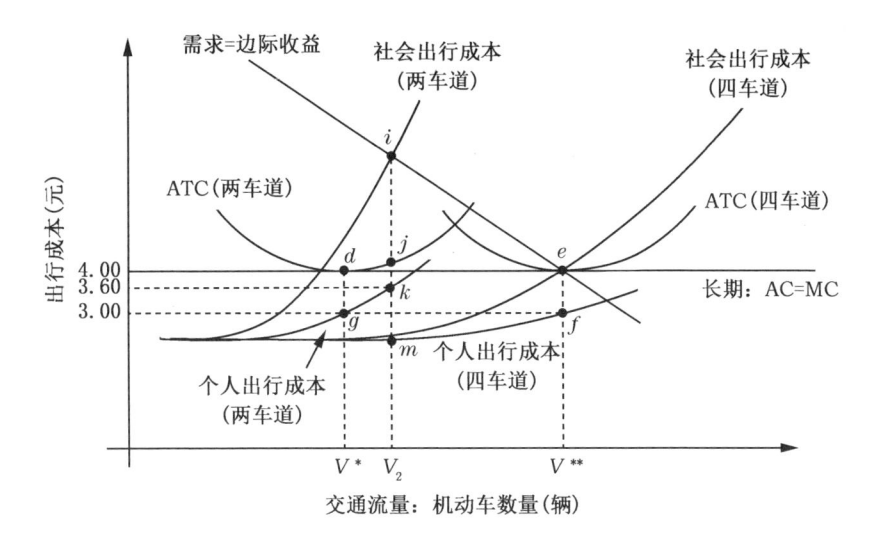

图 10-3 道路容量扩展直到拥堵税收入等于修路成本时为止

图 10-3 中的这些曲线包括了修建道路的成本和个人出行成本。因此，当交通流量增加时，两个相反的力量影响着平均总成本：

(1) 平均道路修建成本降低：修建两车道公路的成本是固定的，交通流量越大，每辆汽车所分担的修建公路的成本就会随之下降。

(2) 个人出行成本上升：一旦突破拥堵上限，个人的出行成本就将上升。

图 10-3 中 ATC 代表总的平均出行成本 (average total cost)，从图 10-3 中不难看出，ATC 曲线是一个 U 型曲线，分别在 d 和 e 点处达到了最低点。ATC 曲线之所以呈 U 型，是因为平均道路修建成本的下降仅减少了小部分的交通流量，而出行成本的上升则对交通流量的变化起着支配作用。ATC 曲线的另一个重要特征是，ATC 曲线与个人出行成本曲线之间的差距代表平均道路修建成本（平均固定成本）。

10.8.2 拥堵税收入高于道路修建成本时的道路宽度

简单来说，当拥堵税收入高于道路修建成本时，政府可以修建更宽的道路。由图 10-3 可知，政府可以通过增加两个车道，修建一条四车道公路来使道路容量扩大一倍。扩大后的均衡点可以用点 e 来表示。拥堵税等于社会出行成本和个人出行成本之差，所以此时的拥堵税可以用点 e 和点 f 之差来表示。此时拥堵税收入正好能够支付修建道路的成本，所以道路宽度就达到了最优规模。

10.8.3 道路容量扩展与潜在需求

只要不断地拓宽道路就可以解决城市交通拥堵问题吗？显然不能。通过增加道路承载量进而增加一个城市的交通容量是各国各城市面对交通拥堵问题时最常见的做法。但单纯增加道路承载量，如增加道路交通设施并不能从根本上解决城市堵车问题。常见的现象是,新道路设施的建设可以减少出行时间,但与此同时,其他道路上或其他交通工具上的交通量会向该道路上转移,经过一段时间后,新建道路上也会出现堵车情况。出现这样的情况是因为交通高峰期的出行需求有很大的弹性,可以把这种现象称为"潜在需求"。

那这样不会使其他道路上的车辆减少了吗？答案是否定的。这些新出现的交通量,或者是车辆,是由于以前受道路水平限制而没能实现的潜在交通量。举个简单的例子,每个城市都会有很多人虽然有购买私家车的经济能力,但却由于交通不方便的因素而没有购买私家车；或是因为交通高峰期而让自己的车长时间处于闲置状态。新道路的扩建,会激发这部分潜在交通量的出现,所以使道路扩建的初衷功亏一篑。

10.9 汽车与空气污染

正常行驶过程中,机动车的燃油消耗会产生大量的废气排放(包括 THC 总碳氢、CO 一氧化碳、CO_2 二氧化碳、NO_x 氧化氮、SO_2 二氧化硫以及烃类和甲烷、乙烯等挥发性有机化合物)。有资料表明,我国北京、上海、天津等部分大城市的机动车排放污染物占城市总污染物的比例都超过了 60%,少数城市达 90% 以上。交通拥堵除了会造成无谓的时间浪费及额外燃油消耗之外,还会因多排放了一氧化碳、碳氢化合物以及氮氧化合物等,造成环境污染。例如,一氧化碳在时速超过 30km/h 时为 22.6～59.8g,在时速超过 60km/甚至会低于 22.6g,而堵塞状态下则会超过 120g。

在拥堵状态下,机动车经常处于起步→加速→减速→怠速的运行状态,其污染排放会因此而更加严重。如表 10-6 所示,城市交通拥堵使得大城市的机动车经常处于低速、怠速,以及不断的加速、减速状态,而由表 10-7 可知这些状态会引起机动车污染排放的大量增多。汽车的使用导致的污染是多方面的,不仅使城市空气质量恶化,二氧化碳的大量排放还会导致气候变暖,氮氧化物既能转化为硝酸并与二氧化硫混合导致"酸雨",也会和碳氢化合物产生大气反应产生更大的臭氧污染和细微的二次颗粒物。除了对空气质量恶化外,汽车尾气中含有复杂的污染物质,对人体产生直接危害。其中已知的多种对人体有害的污染物,如一氧化碳、氮氧化物、碳氢化物等对人体呼吸、免疫、血液和遗传系统都会造成急性损害或长期的不良影响。不过随着科技进步,在过去的 20 年间,汽车每公里排放的污染气体在逐渐减少,并且足以抵消汽车行驶里程的增加量,因此城市空气质量也相应地得到了改善。

表 10-6 部分汽车行驶工况比较

工况类型	平均速度 (km/h)	怠速时间 比例(%)	加速时间 比例(%)	减速时间 比例(%)	匀速时间 比例(%)
北京	19.98	16.52	25.29	30.85	27.34
天津	19.05	17.74	26.88	27.64	27.75

续表

工况类型	平均速度（km/h）	怠速时间比例（%）	加速时间比例（%）	减速时间比例（%）	匀速时间比例（%）
大连	33.50	6.14	38.60	22.06	33.19
上海	14.94	31.61	22.83	23.28	22.28
广州	14.14	17.77	29.11	27.16	25.95

表 10—7　　　　机动车在不同运行状态下排出尾气的废弃成分　　　单位：百万分之一

污染物	废气成分			
	空转	加速	慢行	减速
一氧化碳	69 000	29 000	27 000	39 000
烃	5 300	1 500	1 000	10 000
氧化氮	30	1 020	650	20
乙醛	30	20	10	290

10.9.1　外部性内部化

征收污染税作为一种应对污染的经济方法，可以使外部性内部化。当征收的污染税等于污染的边际外部成本时，那么出行者会综合考虑出行成本并做出决策，从而使污染达到社会有效的水平。征收污染税也会促使人们去购买排量更小的汽车，同时减少出行里程。

征收污染税有两种可行的方法：第一种方法就是在每辆车上安装尾气排放量测量装置，并根据排放量向车主征税。这种方法的成本会很高。而第二种方法则是向每一辆车征收一次性污染税，通过特定模型来预测不同型号的汽车在使用周期内排放的尾气量，再乘以每单位尾气产生的外部性成本，即为一次性污染税的价格。但这种方法也存在问题：一旦消费者购买了汽车，该政策就不能促使其减少出行里程。

10.9.2　汽油税

还有一种方法是使用汽油税来提高驾驶汽车的出行成本，该税种将提高每公里的出行成本，因此将降低总的出行里程、减少空气污染。汽油税的减排功能是通过以下几种机制来实现的：

(1) 短期抑制人们出行或使用私家车；
(2) 长期抑制人们购买大排量和低油效的汽车，并刺激企业投入油效技术研发；
(3) 长期抑制城市蔓延，降低人们对私家车通勤的需求刚性。

但是，基于美国数据的研究显示，汽油税短期抑制出行和私家车的使用的作用并不明显。实际上，从1980年到2001年的多篇研究都指出，私家车驾驶者的油耗对价格的弹性是不明显的。私家车驾驶者的油耗价格弹性仅在 −0.26 到 −0.6 之间。也就是说，10%的价格上涨，也就会让私家车驾驶者平均仅少消耗 2.6%~6%。所以，在美国，10%以下的汽油税对污染物减排的作用极其有限。

征收汽油税所面临的一个问题是，每个出行者都要为每加仑汽油支付相同的税收，而没有考虑每加仑汽油可以产生多少污染。因此，汽油税是通过降低汽车行车里程来减少空气污染的，并没有鼓励人们购买排放量更小的汽车。当然，如果政府排污标准对不同型号汽车每加仑汽油排放量具有较大的差异性，购买排放量更小的汽车激励措施将在一定程度上解决空气污染问题。

图 10−4 描述了使用汽油税将空气污染外部性内部化所产生的效应，点 i 代表初始均衡点，此时的供给曲线不包括任何污染或者温室气体。均衡价格是 2.00 美元，均衡数量是 1 亿加仑汽油，Small 和 Kazimiz(1995)通过估计，发现与污染相关的外部性成本大约为每辆汽车每英里 0.02 美元（或者一辆汽车在使用周期内会产生大约 2 400 美元的成本）。每加仑汽油平均可以行驶 20 英里，转换成汽油税就是对每加仑汽油增收 0.40 美元的汽油税。在图 10−4 中，该污染税是供给曲线向上移动 0.40 美元，其均衡价格从 2.00 美元提高到 2.20 美元，而均衡数量则从 1 亿加仑下降到 9 000 万加仑。

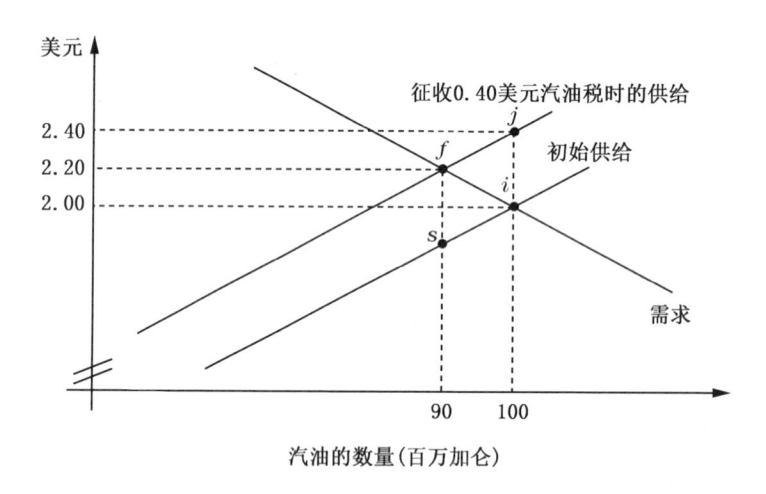

图 10−4 征收汽油税的市场效应

但是，汽油税也会对低收入群体产生影响。从美国的数据来看，汽油税对低收入人群的影响很大。有研究者指出，当油价升高时，一个美国低收入家庭也仅会比收入是其两倍的家庭少消耗 10%左右的汽油。这就意味着美国低收入家庭并不会通过减少出行来避免赋税，而是被迫接受高油价来出行。这对低收入家庭而言，会造成沉重的负担。

在中国，由于我国的城市结构、公交系统和居民收入分布以及行为习惯都与美国有着较大的出入，因此，我国私家车驾驶者对油价的敏感度可能要比美国高。我国油价中,税赋比例很高,达到 40% 以上。如果大幅度降低汽油相关税赋,即便在美国价格弹性水平下,也会造成私家车使用量显著增加,从而大幅提高汽车污染物的排放量。

此外,与美国不同,我国的广大低收入家庭并非广泛拥有汽车,因此汽油税对其影响应当比美国小。且我国的阶梯式油效标准从结构上也与美国油效标准有显著不同。

10.9.3 温室气体与碳污染税

温室气体积聚所引起的环境与经济后果都存在着不确定性。其产生的温室气体包括 CO_2、甲烷、氧化亚氮、氢氟碳化物、全氟碳化物、六氟化硫、氯氟烃类化合物、臭氧、水汽等。交通运输系统排放的温室气体 CO_2 是主要因素,还有少量甲烷和氧化亚氮,它们都会对温室效应产生影响。研究表明,当含碳气体排放规模增大时,粮食的收成将会减少,同时还会存在防止沿海区域海平面上升的潜在费用。但最主要的问题是,这些影响产生的费用决定着碳污染税的大致规模,而目前想要预估这些费用是非常困难的。

10.10 机动车交通事故

使用小汽车产生的第三个外部性是机动车交通事故。改革开放以来,随着我国公路运输业的迅猛发展,公路交通事故的发生次数和死亡人数也大幅上升。我国公路交通事故死亡人数自 1986 年超过美国之后一直位居世界首位。我国汽车拥有量仅占世界的 2%,而交通事故死亡人数却占世界的 22%,公路交通事故已成为我国公共安全的最大威胁,公路交通安全已经成为必须关注的社会问题。

交通事故给社会带来了极大的直接和间接经济损失,我国近五年由交通事故带来的直接经济损失年均已超过 28 亿元。交通拥堵与交通事故之间也保持着密切的关系。交通拥堵一定程度上导致交通事故增多,交通事故增多又会加剧交通拥堵情况,甚至有时交通事故会成为交通拥堵产生的主要诱因。

与汽车交通事故相关的外部性成本取决于汽车行驶的里程,驾驶汽车行驶的里程越长,就越容易与其他人相撞,给自己和其他人带来的成本就会越高。当然,机动车碰撞的可能和后果还取决于交通条件,也与人们驾驶汽车是否专心有关。在本部分中,还将讨论一项被提及的改进交通安全的政策,也就是每个人都要为其驾驶汽车出行的每一英里付费。

10.10.1 机动车安全政策

安全带似乎是文明进步的标志。在今天,所有的汽车都会配有安全带,交通法规也规定驾驶员在驾驶汽车时必须系安全带。作为一项卓越的发明,安全带大大减少了车祸发生时的伤亡率,在世界范围内,已经有几十个国家制定的相关法律,要求汽车必

须配置安全带。然而,这些研究以及其他有关汽车安全的法规仍然没有解决下面两个难题:

(1)虽然预测小汽车车主的死亡率会大幅度下降,但结果恰恰相反,死亡率仅有小幅度降低。

(2)行人和骑自行车的人的死亡率在上升。

风险补偿理论(Peltzman,1975)对这些难题作了解释。其思路是:在决定开车的速度应该多快时,人们将会在权衡收益和成本之后,再选择一定水平的行车速度,由此来最大化其效益。简单来说,安全措施所带来的关于安全边际收益完全改变了人的行为模式,司机谨慎慢速行驶一辆车的时候,需要对此付出很大的精力,这是没有安全措施时为安全付出的代价。当安全措施普及后,司机就有了更高的安全保障,例如汽车内配置安全带,降低了快速驾驶汽车产生的成本,因此人们开车的速度可能更快,同时也会出现更多的相撞事故。汽车相撞事故发生率的提高,部分抵消了撞击性伤害不是很严重这一事实所产生的影响。另外,车速较快对行人和骑自行车的人来说,意味着较高的死亡率。

10.10.2 交通事故与道路拥堵

交通事故所产生的一个外部成本是交通阻塞。交通事故是导致交通产生拥堵的重要原因之一。发生交通事故的车辆往往因多种原因难以及时撤离现场,也难以移动至路侧而不影响正常车流,导致事故车辆占用一条或者多条行车道,极大地降低了道路通行能力。当前我国交通事故发生频率较高,交通事故处理需要时间,往往会导致拥堵。即使快速处理轻微交通事故,也需要 10~30 分钟完成,这就导致发生事故的道路会长时间处于低通行能力的状态,且拥堵会以一定规律向沿线和周边路网传播,特别是在上下班高峰期,正常的道路通行能力已经无法满足车辆通畅行驶,因事故导致的通行能力进一步下降,使得当前道路拥堵加剧,并影响到路网的其他部分。

各城市为应对交通事故已经制定了若干快速反应的政策,清理完全失去行驶能力的机动车以尽快恢复交通流量。装备有拖车的事故反应小组能迅速对交通事故做出反应。在一些城市,安装无线电通信设备的拖车一般会在公路上巡逻,以便能够及时清理附近的交通事故的现场。一些城市在路基上安装环形探测器,探测交通路况不畅的情况,并立即向政府部门汇报,还有一些城市使用微型照相机监控交通状况。

一些城市为应对特殊活动时期可能发生的交通拥堵问题,已经制订了一些特殊的预防计划。2022 年,北京市为了防止奥运会期间出现交通拥堵现象,设置奥林匹克专用车道,社会车辆可借用相关道路的公交专用道通行;全市全天禁止危化品车辆、建筑垃圾车、渣土车上路;倡导各单位单位采取居家办公、市民绿色出行,从而有效地缓解了冬奥会期间的交通拥堵问题。

参考文献

[1] Arthur O'Sullivan. Urban Economics (9th edition)[M]. McGraw-Hill Education Press, 2019.

[2] Masahisa Fujita. Urban Economic Theory: Land Use and City Size[M]. Cambridge University Press, 1989.

[3] Masahisa Fujita, Paul R. Krugman, Anthony J. Venables. The Spatial Economy: Cities, Regions, and International Trade[M]. MIT (Massachusetts Institute of Technology) Press, 1999.

[4] Masahisa Fujita, Jacques-Francois Thisse. Economics of Agglomeration: Cities, Industrial Location, and Regional Growth (2nd edition)[M]. Cambridge University Press, 2012.

[5] Dargay J and Gately D. Income's Effect on Car and Vehicle Ownership, Worldwide: 1960—2015[J]. Transportation Research Part A, 1999, 33(2):101—138.

[6] Small K A, Verhoef E T. The Economics of Urban Transportation[M]. New York: Routledge, 2007.

[7] Small K A, Kazimi C. On the Costs of Air Pollution from Motor Vehicles[J]. Journal of Transport Economics and Policy, 1995, 29(1):7—32.

[8] Peltzman S. The Effects of Automobile Safety Regulation[J]. Journal of Political Economy, 1975, 83(4):677—725.

[9] Chen Yuegang, Du Xinglong, Wu Yan. The Impact of Rail Transit on Road Traffic Congestion from the Perspective of Network Platform Evidence from Shanghai, China[J]. Transformation in Business & Economics, 2020,19(3): 637—658.

[10] 王健,胡运权,安实. 城市道路拥挤定价中的交通需求分析[J]. 数量经济技术经济研究, 2003(7):44—49.

[11] 李志纯,丁晶. 基于活动方法的瓶颈模型与拥挤收费问题研究[J]. 管理科学学报,2017,20(8):93—101.

[12] 佟琼,王稼琼,王静. 北京市道路交通外部成本衡量及内部化研究[J]. 管理世界,2014(3):1—9+40.

[13] 宗刚,李聪. 北京市交通运输系统负外部性量化分析与计算[J]. 生态经济,2014,30(5):57—63.

[14] 任宏,王春杨. 城市道路交通拥挤问题的经济学分析和对策[J]. 经济地理,2007(4):649—652+657.

[15] 汪立鑫,刘昕,敖传龙. 交通拥挤成本的测算与拥挤税设计:以上海为例[J]. 上海经济研究,2016(11):102—112.

[16] 邓欣,黄有光. 中国道路交通外部成本估计——北京案例研究[J]. 重庆大学学报(社会科学版),2008(1):4—10.

[17] 李瑞敏,杨新苗,史其信. 国外城市公共交通财政补贴政策研究[J]. 城市发展研究,2002(3):62—65+70.

[18] 诸葛承祥,邵春福,李霞等. 通勤者出行时间与出行方式选择行为研究[J]. 交通运输系统工程与信息,2012,12(2):126—131.

[19] 刘南,陈达强,陈鸣飞.城市道路系统多时段、多出行方式拥挤定价模型[J].管理工程学报,2007(2):89—94.

[20] 李建强.竞争条件下公共交通最优出行方式选择[J].公路交通科技,2019,36(10):121—127.

[21] 陈燕萍.城市交通问题的治本之路——公共交通社区与公共交通导向的城市土地利用形态[J].城市规划,2000(3):10—14+64.

[22] 张昱,刘学敏,张红.城市慢行交通发展的困境与思路[J].城市发展研究,2014,21(6):113—116.

[23] 朱江丽,李子联.长三角城市群产业—人口—空间耦合协调发展研究[J].中国人口·资源与环境,2015,25(2):75—82.

第四篇

影响选址的三个基本要素：可达性、内部空间与外部环境

第四篇系统地分析家庭、厂商两个市场私人部门在向哪个城市迁移和选择城市内部哪个区位时需要考虑的基本要素，这就把市场主体选址行为决策转化为对可达性、空间和环境舒适性三个基本要素的权衡问题。

可达性要素包括到达和返回工作地点、拜访亲戚朋友、购物以及参加其他活动所需花费的金钱成本和时间成本。空间要素包括土地规模，同时包括住房面积和质量要求。环境舒适性要素包括自然特征，如山丘、自然风景，也包括学区质量、种族结构的安全性所代表的邻里特征。

在做区位选择决策时，家庭、厂商必须合理地权衡这三个基本要素，同时还要面临预算和时间约束。例如，可达性好的区位通常拥有较高的空间价格，家庭、厂商可能不得不牺牲空间以换取更高的可达性；可达性好的区位环境质量一般较差，家庭、厂商还需要在可达性与环境质量之间做出选择。

在第11讲，随着现代城市的产生与发展，城市的功能区划逐渐明显，形成了"居住区""工作区""商业与娱乐区"分离的城市构建，为了方便城市居民的工作与出行，城市交通的出现将各个功能区相互连接，形成了一个有机的动态的整体。因此，城市交通可以定义为为了满足城市居民从事工作、生活、商业和娱乐活动而产生的客流和货流位移的一种交通运输活动。

在第12讲，在现代城市化进程中，人们对住房的需求不断增加，

而住宅选址的合理性直接影响到居民的生活质量和城市的可持续发展;探讨城市住宅市场经济学,介绍如何根据不同的模型进行住宅价值的估算,并详细解释为什么住宅不同于其他产品即住宅的异质性,介绍两种用于住宅价值衡量的模型:特征价格模型和过滤模型。

在第13、14讲,探讨地方政府的两个占比较大的支出项目:教育和犯罪控制。教育和犯罪是影响居住区位选择的两个因素。在第13讲,首先将在基于教育生产函数的基础上,分析讨论影响教育产出(衡量标准为教育对人生收入变化的贡献)的关键性因素(包括学生的家庭环境、班级同龄群体、总课程、教育配套设施、教师质量),并对中国学校性质、政府教育补贴政策、中心城市的教育等做出一些了解。在第14讲,将利用理性犯罪模型研究城市的犯罪情况,并探索如何选择最优的承受犯罪规模。

第11讲

城市交通的可达性

11.1 汽车连通城市

11.1.1 汽车导致城市中心衰落

在小汽车出行方式占主导地位的美国,其城市或区域经历了以郊区蔓延为主的大规模空间扩展过程。此举导致了城市人口向郊区迁移,土地利用密度降低,城市密度趋向分散化,城市中心区域衰落,社区纽带断裂,以及能源和环境等方面的一系列问题。

汽车行业的发展加剧了公共交通的衰退。20世纪50年代,更多的人加入了中产阶级,花费更多,消费品的供应随着经济的发展而扩大,包括汽车。美国人会花更多的时间在他们的汽车上,并将其视为身份的延伸,这有助于推动汽车销售的繁荣。

以美国城市底特律为例,在1950年,底特律是美国第五大城市,拥有185万人口,但截止到2010年,人口缩减至70万,减少了62%。由于城市规模的迅速膨胀,底特律中心城区积累了一系列的社会问题。如水资源紧缺、土地资源紧张、交通堵塞、环境污染等,早期人口的快速集聚还带来中心城区犯罪率的上升。因为无法忍受市中心糟糕的环境,一些富人阶层最先"逃离"市中心,居住在城市郊区。因为美国汽车普及,所以哪怕住得远一点,在市中心上班也是现实的。因此,美国逐渐形成了"穷人住市区,富人住郊区"的状态。

随着汽车拥有量的增加,日间城郊通勤和城市扩张开始了。许多地方和国家的交通法律鼓励郊区化,这最终会在经济上损害城市。随着越来越多的中产阶级和富裕人士逃离城市中心到郊区享受相对安静和开放的空间,城市中心的人口逐渐减少和丧失。与此同时,由于高收入者的逃离,城市的税基减少,新政的压力迫使养老金和其他福利增加,每位工人的平均福利成本增加了1 629%。

越来越多的美国人驾驶汽车,使用公共交通的人越来越少,而公共交通延伸到郊区是不切实际的。与此同时,随着汽车的普及,导致了都市圈"以公路建设为导向",低密度扩张的郊区在城市圈蔓延,形成了"铺开的城市"局面。地面道路与日俱增,以服务于越来越多的个人汽车拥有者,这进一步增加了城市和国家资源的负担。在此期间,公共交通的发展变得更为消极。

11.1.2 公共交通客运量下降的原因

(1) 工作机会分散

公共交通客运量下降的一个主要原因是工作岗位从市中心分散至其他地方。许多人认为公共交通乘客量在很大程度上受到人口密度的影响,但是,在比较城市区域时,居住密度对人均乘客次数或公共交通乘车比影响不大。

例如,洛杉矶市区的密度是西雅图市区的两倍多,但西雅图的人均公共交通乘次比洛杉矶高出30%。在全国百大城市区域中,人口普查局定义的城市化区域人口密度与该区域的公共交通客运量之间的相关系数约为0.4(其中1是完全相关,0表示完全随机),所以,人口密度的大幅增加才会使人均乘次或公共交通乘车比略有增加。

对公共交通更重要的是市中心工作的集中,这是因为大多数交通系统仍然是以市区为中心的辐射系统。一个世纪以前,大多数城市工作都集中在市区,人们从密集的住宅区走路或乘车通勤。如今,只有大约7.5%的城市就业机会位于市中心,而通勤最有可能是从低密度郊区到另一个低密度郊区。

1913年开始,亨利·福特的移动生产线取得快速发展,工作机会也开始呈现分散状态。在此之前,大多数城市工作机会都在工厂,而工厂多在市中心。然而,流动生产线占地面积大,无法在市中心立足,因此工厂搬到了郊区。后来,服务经济的增长进一步分散了就业机会。

市中心工作的集中和公共交通的发展密切相关。图11-1显示了2010年人口在100万到1500万之间的51个人口普查定义城市区域的公共交通通勤人数和市中心就业人数。其相关系数高达0.9,表明市区工作机会与公交乘客之间的关系远远强于人口密度与公交乘客之间的关系。只有市中心就业机会超过240 000的城市,其公共交通系统才会运载超过10%的通勤者。

(2) 公交出行速度慢

一个世纪以前,除了步行,公共交通是大多数美国城市居民唯一的出行方案,这样看来,公共交通速度很快。如今,公共交通速度并不比1918年快多少,更比不上汽车的速度了。汽车与公交不同的一点还在于,它可以挨家挨户地接载人员。汽车的优势使公共交通方式显得越来越过时,具体如图11-2所示。

根据美国公共交通协会的数据,美国的平均公交速度为每小时15.3英里。虽然

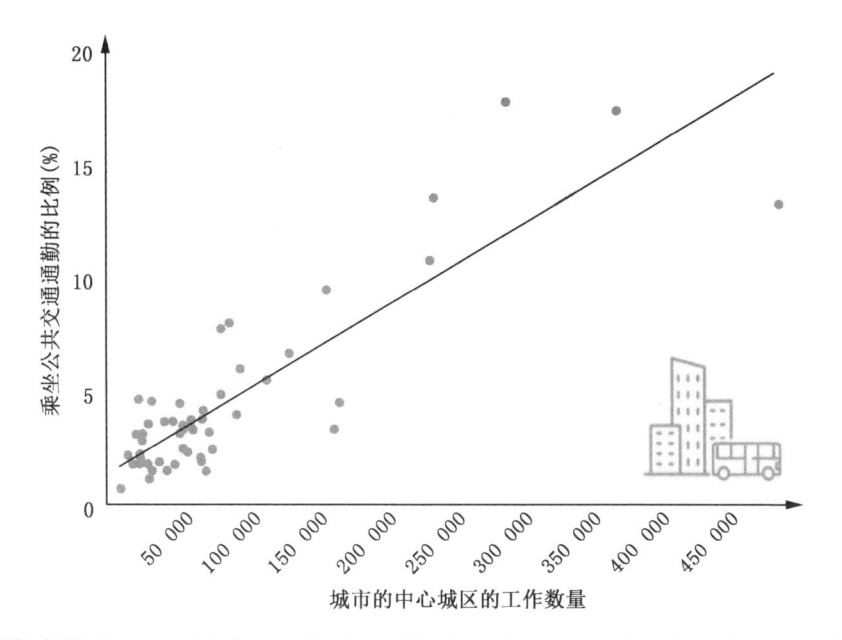

资料来源：Demographia Central Business Districts (downtown jobs); 2010 American Community Survey TableB08301(percentage of transit commuters).

图 11—1　2010 年美国 51 个城市的中心城区工作数量与乘坐公共交通通勤比例的关系

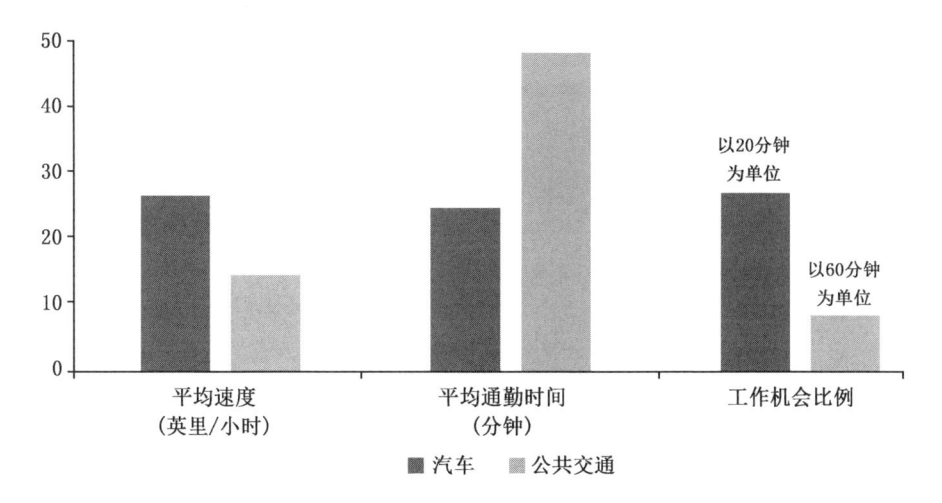

资料来源：Calculations based on data from Infinite Monkey Corps (average automobile speed for 50 largest cities); National Transit Database, "Service" spreadsheet(average transit speed for 50 largest urban areas); and 2016 American Community Survey (average commute in minutes for 50 largest urban areas). Job accessibility is from Andrew Owen, Brendan Murphy and David Levinson, Access Across America: Auto 2015.

图 11—2　汽车与公共交通的平均速度、通勤时间和工作机会比例

通勤列车和通勤巴士的平均时速约为每小时30英里,但重轨(地铁和高架列车)的平均时速仅为每小时20英里。轻轨时速是16英里,当地公共汽车时速为12英里,有轨电车时速为7.4英里。当然,这些速度不包括骑车者往返于公交站点或车站所需的时间。

因为公共交通所去的地方不一定就是人们的目的地,这也增加了公共交通的通勤时间。大多数公交线路往返于市中心,因此从郊区到郊区的公共交通线路往往得绕道。

因此,开车上班比坐公交要方便得多。2015年明尼苏达大学的交通研究中心发现,在美国最大的都市区,20分钟车程能到达的目的地范围比60分钟公交车程到达的范围大三倍。同时,纽约也是唯一一个60分钟公交车程所包含的工作岗位与20分钟汽车车程所涵盖的岗位相差无几的城市。因此,研究表明,与免费公交出行比起来,通勤者更想拥有一辆汽车。

(3)汽车拥有量大

私家车明显比公共交通更有优势,这一点从美国人私家车拥有量逐年增加就可见一斑。1960年,美国每千人拥有约400辆私人汽车。今天,这个数字增加了一倍以上,每千人拥有800多辆私人汽车。1960年,不到3%的美国家庭汽车拥有量为3辆或以上,而近22%的家庭没有汽车。今天情况几乎相反:21%的美国家庭有3辆或以上汽车,只有不到9%的家庭没有一辆车。

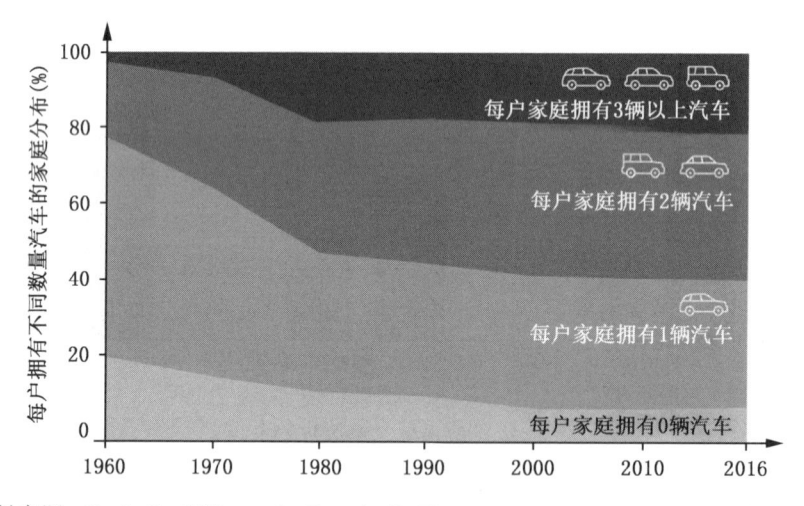

资料来源:Davis S, Willams S, Boundy R. Transportation Energy Data Book(Edition 36)[M]. OakRidge: Department of Energy, 2017.

图11-3 1960—2016年美国拥有不同数量汽车家庭的分布变化

令公共交通处境更加困难的是,在没有私家车的家庭中,有一半是没有工作者的。也就是说,美国只有4.3%的工作者家里没车。此外,无车家庭中超过20%的工作者仍是独自开车上班的(可能是雇主提供的汽车),其中只有不到42%的人选择公共交通通勤。这表明,即便是对无车人士而言,公共交通工具仍算不上是最主要的通勤方式。

自1980年以来,车辆拥有量的增长已经放缓,虽说今天很少有人没有汽车,但车辆拥有量的小幅增加也会对运输产生重大影响。加利福尼亚州的一项研究得出的结论是,"近期乘客量下降"中"最重要的因素"是"机动车数量的增加,尤其是低收入家庭机动车数量的增加"。虽然网约车在过去的两三年里发挥了更大的作用,但汽车拥有量的增加也是一个因素。

(4)公共交通费用昂贵

另一个导致公共交通使用量下降的因素是它费用高昂。如果行程是一公里,那私人汽车的成本比公交要低很多。2016年,美国运输机构花费469亿美元用于运营,乘客量为565亿人次。平均每乘客英里83美分;又花了194亿美元,即每乘客英里34美分用于改善和维护。其中售票收入为158亿美元,即每乘客英里28美分。这意味着公共交通平均费用为每乘客英里1.17美元,其中有89美分是靠补贴维持的。

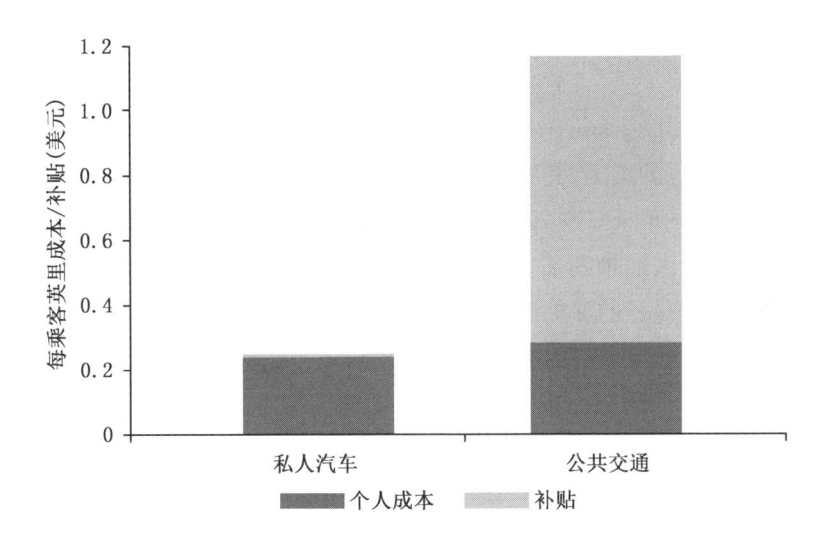

资料来源:2016 National Transit Database, Fare, Operating Cost, Capital Cost, and Service Spreadsheets (transit fares and subsidies); US. Bureau of Economic Analysis, National Income and Product Accounts (auto user expenses); 2016 Highway Statistics (automiles driven); 2017 National Household Travel Survey (average auto occupancies); 2015 Highway Statistics (highway subsidies).

图11—4 美国私人汽车和公共交通中每乘客英里的个人成本和补贴

相比之下,2016年美国人在汽车购买、运营、维修和保险的费用略低于1.1万亿美元。这部分费用使得美国人驾驶汽车、摩托车和轻型卡车超过2.8万亿英里。2017年全美家庭运输调查发现,全年私家车总乘客里程的4.8万亿英里中,平均车辆有

1.67名乘客(轻型卡车更多,汽车和摩托车更少)。这意味着美国人在驾驶时平均每车辆每英里花费38美分,即每乘客英里23美分。

2015年,在高速公路上花费的一般资金(收入、财产、销售税)总计为854亿美元。有一部分高速费(汽油税、通行费、车辆登记费)用于公共交通和其他非公路用途,其总额为263亿美元,净补贴为591亿美元。在4.8万亿乘客里程中,每乘客里程的补贴仅略高于一分钱。

每乘客英里公共交通成本是自驾的4倍多,而公共交通补贴又比公路补贴高70倍。事实上,补贴的不对等比这个数值还要更大,因为高速公路每年的货运里程超过2万亿英里,本就应当对此进行补贴,而公共交通基本不承担货运任务。

不仅驾驶的平均用户成本(每乘客英里23美分)低于公共交通成本(每乘客英里28美分),人们还可以通过购买二手车、每年驾驶的车辆行驶里程超过平均里程数、搭乘一名或多名乘客等多种方式轻松降低驾驶成本。一旦拥有了一辆汽车,随着驾驶里程的增加,其边际成本甚至进一步降低,每辆车每英里费用约是15美分,而每乘客每英里不到10美分。这使得公共交通处于更加严重的劣势。

11.1.3 TOD

最早的关于TOD(transit-oriented development)的研究出现于美国。在小汽车出行方式占主导地位的美国,其城市或区域经历了以郊区蔓延为主的大规模空间扩张过程。此举导致了城市人口向郊区迁移,土地利用密度降低,城市密度趋向分散化,城市中心区域衰落,社区纽带断裂,以及能源和环境等方面的一系列问题。20世纪90年代初,基于对郊区蔓延的深刻反思,新传统主义规划(New-Traditional Planning)逐渐在美国兴起,后来演变为广为人知的新都市主义(New Urbanism)。Peter Calthorpe作为该运动的倡导者之一,在其书中首次提出了以公共交通为导向的开发(TOD)逐渐被学术界认同,并在美国的一些城市得到推广应用。

一般来说,传统TOD模式即"以公共交通为导向"的开发模式,主要是指以地铁、公交干线等枢纽站点为中心,以400～800米(5～10分钟步行路程)为半径,将出行、居住、工作、购物、休闲、娱乐等功能集中于一体,形成高效、集约、舒适、绿色的城市空间。

进入21世纪,在以传统公共交通(主要是公交汽电车站、地铁站、轻轨站等)为导向的TOD模式基础上,开始出现以高铁站、高速公路互通、机场、港口、码头为重要节点,以高密度混合多元开发为显著特征的新型TOD模式,一般称之为"大TOD模式"。高铁组团、空港新城、滨海新区等都是大TOD模式的实践应用。即从"公共交通导向"发展到"区域交通枢纽导向"。

TOD的本质是一种指导城市发展的理念,其目的是围绕公共交通行程的便捷出行体系让社会经济活动和城市建设围绕在公共交通站点和沿线周边。正因为如此,

TOD在不同的地理空间范围(站点、站区、线路、城市)和要素上都有不同的体现,所以一个建筑可以称为TOD,一个地块级的综合体也可以称作TOD,站点周边的多样化、多主体的整合开发也可以称作TOD。

在城市层面,TOD强调的是城市的发展与线网发展的融合,以支持城市管理者的相关分析和决策,例如目前正在埃塞俄比亚首都亚的斯亚贝巴进行的相关项目。

在线路层面,则是廊道周边土地和线路的整合,强调单一线路上站区级TOD项目之间的相互配合,不同站区级TOD项目虽然都能满足居民的出行和生活需求,但是每个TOD项目都具有其独特的核心功能,以区分其特殊性。例如,A站区的核心功能为医疗,B站区的核心功能为商业。不同项目相辅相成,从而形成一个良好的以公共交通为导向的系统,例如东京的田园都市线和东急东横线。

在站点层级,其尺度则为单个建筑物,即车站或者车辆段上盖的大型交通综合体,其关注点为建筑内各种功能的配合、建筑的设计和建筑与交通车站之间的衔接。具体案例为香港的九龙站、伦敦的国王十字站以及日本的新宿站等。

目前大多数人认为TOD是存在于站区级,即单纯地认为TOD是公共交通站点周边较高的开发密度和开发强度较大的建筑物。这其实很可能是TOD的衍生品TAD(Transit-Adjacent-Development)所带来的误导,单纯考虑站区级的东西无法起到TOD的预期效果,即减少小汽车出行同时改善居民的社区生活。

无论是哪个层级,TOD项目具体的操作过程都十分复杂,涉及不同部门和利益主体之间的博弈。范围越大的TOD项目涉及的主体越多,实施难度也越大。所以,目前世界范围内成功的TOD案例多为站区级和站点级,对TOD的主流认识,也多在于站区和站点级。虽然TOD具有多类要素,且在不同空间范围有着不同的体现,但是各概念与其初始概念并不矛盾,都强调公共交通的引导作用。

11.2　通勤与公共交通客流量

近年来,我国国内居民收入水平快速提升,自驾车消费崛起,分流了部分公共交通客运量;另一方面,网约车、共享出行单车及电单车大规模投放,对城市客运系统造成一定挤压。2019年我国城市公共交通客运量为1 279.17亿人次,较2018年有所回升。

其中,公共汽电车完成客运量691.76亿人次,下降0.8%,其中BRT完成客运量17.47亿人次,公共汽电车完成运营里程354.13亿公里,增长2.3%;轨道交通完成客运量238.78亿人次,增长12.2%,完成运营车公里41.43亿车公里,增长17.5%;巡游出租汽车完成客运量347.89亿人次,下降1.1%。北京、上海和广州3个城市承担的公共交通客运比例已超过了50%。

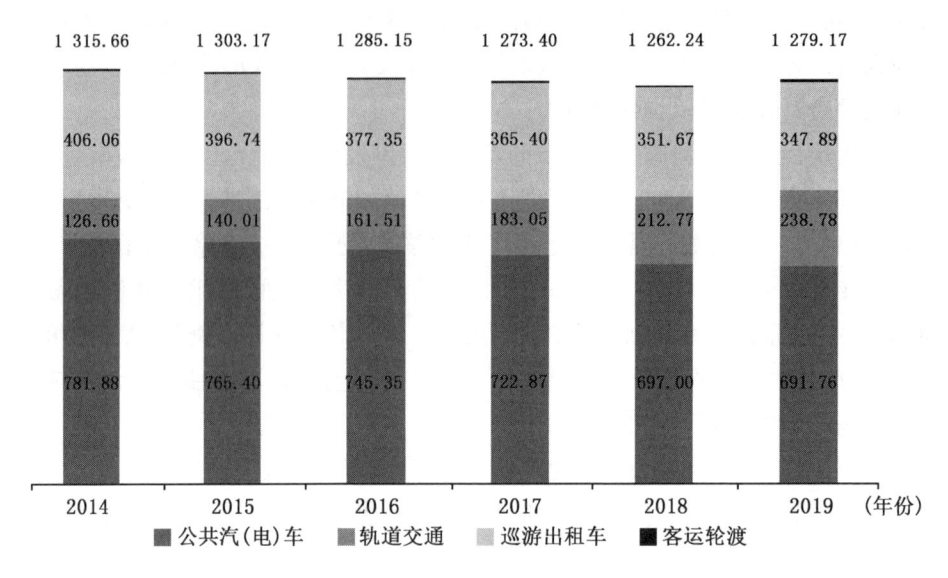

图 11-5 2015—2019 年中国城市客运量（单位：亿人次）

11.3 出行成本和模式选择

在这部分,将从个人出行者的角度来探讨模式的选择。我国大、中城市中,自驾车、公交车和地铁是主要出行方式。假设一个城市的出行者能够在三种出行方式之间选择:自驾车、乘坐公交车或轨道交通。出行者的目的是选择一种能使全部出行成本最低的出行方式,这里说的全部出行成本包括货币成本和时间成本。

全部出行成本是货币成本和时间成本的总和。时间成本可以分为两部分:一部分是与邻近交通工具相关的时间(从出发到抵达交通工具所在地花费的时间),一部分是乘车时间。总成本是：

$$出行成本 = m T_a \times d_a + T_v \times d_v$$

m 表示货币成本,T_a 表示抵达交通工具所在地花费的时间,d_a 表示抵达交通工具所在地花费时间的边际负效用,T_v 表示乘车花费的时间,d_v 表示乘车花费时间的边际负效用。出行成本的第一个组成部分是货币成本。

出行的货币成本(m)是交通费或车辆的运行成本(气、油及损耗成本)。

出行成本的另一个组成部分是抵达交通工具所在地属花费的时间成本,这等于抵达交通工具所在地花费的时间与单位时间(每分钟)成本的乘积。

可达时间(access time)(T_a)是从家到公交站或者地铁站所花费的时间以及从公交站或地铁站到工作地所花费的时间。

可达时间的边界负效用(d_a)是出行者为了减少一分钟可达时间而愿意支付的美元金额。另一种关于可达时间边际负效用(d_a)的解释是可达时间的机会成本。出行行为学的研究表明，d_a平均占出行者工资的80%。

出行成本的另一个组成部分是乘坐交通工具花费的时间成本，它等于乘坐交通工具花费的时间与单位时间（每分钟）成本的乘积。

乘坐交通工具的时间T_v是指乘坐小汽车或公交车（公共汽车、火车以及船）花费的时间。

乘车时间的边际负效用（d_v）是出行者为了减少一分钟乘车时间而愿意支付的美元金额。乘车时间的边际负效用（d_v）的另一种解释是乘车时间的机会成本。出行行为学研究表明，d_v平均占出行者工资的50%。例如，若一个出行者的工资是每小时18美元或者每分钟0.3美元，则$d_v=0.15$美元/每分钟。

一次出行的全部成本等于货币成本、可达时间成本和乘车时间成本之和。

值得强调的是，可达时间的边际负效用大于乘车时间的边际负效用。与支付50%的工资避免增加一小时的乘车时间相比，出行者意愿支付80%的工资以避免增加一个小时的可达时间，这对公交系统设计有重要的含义。假设减少一分钟的可达时间，增加了一分钟的乘车时间，由于可达时间的边际负效用超过乘车时间的边际负效用，从而净收益是降低了出行成本。为了减少可达时间，公共交通的权力机关应缩短公交车站之间、火车站之间的距离（减少步行时间），或者减少公交车和火车的间隔时间（减少等待时间）。

许多研究都检验了在价格和服务变化的情况下公共交通客流量的变化，像由Small和Verhoef(2007)记录的一样，公共交通需求总的价格弹性是－0.40。换句话说，10%的费用增加将减少大约4%的公共交通客流量。如表11－1所示，交通需求的价格弹性因为出行方式和每天不同时段而有所不同。一般来说，公共交通需求弹性存在着价格弹性和时间弹性。

价格弹性：公交车的需求缺乏弹性，非高峰期乘车和高收入者的弹性要大一些。

时间弹性：公共交通需求量对于行车时间的变化比较敏感，长途汽车的估计弹性系数为－0.39，而出行时间的弹性系数为－0.71。

表11－1　　　　　　　　　公交车和火车的价格需求弹性

时段	公交车	火车
高峰期需求	－0.4	－0.24
非高峰期需求	－0.8	－0.48
总需求	－0.5	－0.3

资料来源：摘自Parry和Small(2009)。

总需求缺乏弹性对交通运营者来说有重要的意义，因为弹性绝对值小于1.0，价格与总的费用收入之间呈正向变动关系，尽管费用的增加将减少客流量，但客流量减少的百分比小于费用增加的百分比，所以总收入还是增加的。换句话说，费用及总费用与收入呈同向变化。

有研究表明,乘坐公共交通工具的乘客对服务质量的变化比对收费变化的反应更敏感。对上海上班族的研究得出的结论是,乘客数量对出行时间的弹性为-0.71,而乘客数量对货币成本(费用)的弹性为-0.5。这些弹性的含义是服务和费用的同时提高可增加乘客数量。

也有证据表明,乘坐公共交通工具的乘客对可达时间变化的敏感程度强于对乘车时间变化的敏感程度,这是因为步行和等待时间的边际负效用约为乘车时间边际负效用的1.6倍。考虑可达时间减少1分钟而乘车时间增加1分钟的情况,则时间成本将会降低,因为可达时间的边际负效用更大。相对于自驾车,公共交通成本的降低会增加乘坐公共交通工具的乘客数量。

11.4 有效客流量

在这一节将从社会角度,探讨如何决定公共交通客流量的社会有效容量。首先观察公共交通的总成本结构——适用于高铁、轻轨和公交车。这三个系统都需要资金成本(铺置铁轨及购买机动车的成本)、运营成本(劳动力燃料和维修)及乘坐成本(出行负效用或者出行时间的机会成本)。

11.4.1 系统和乘坐成本

表11-2中显示了城市公共交通的建造成本。从表11-2中可以看到,地铁每公里建造成本最高,紧随其后的是高铁,然后是限行公交车道和公共车道。限行公交车道和公共车道每天的行程成本大致相同。

表11-2　　　　　　　　　　　　城市公共交通的建造成本

	建造成本(2005)	
	每公里路程(百万元)	每天的行程(百万元)
高铁	150	0.24
地铁	746	0.96
限行公交车道	5.5	0.034
公共车道	0.6	0.03

规模经济效应是指适度的规模所产生的最佳经济效益,在微观经济学理论中,它是指在一定产量范围内,由于生产规模扩大而导致的长期平均成本下降的现象。

图11-6描述了交通系统中的平均成本曲线。首先看到较低的曲线 AC(运营者)是指在不同乘客数量水平下运营者需要支付的平均成本。由于存在规模经济效应,所以曲线的斜率为负,当客流量上升时,固定成本会有更多的乘客来分摊,所以每次乘坐的成本也就降低。因此,运营商支付的固定成本越高,其平均成本曲线也就越

陡峭。由上文可知,轨道交通系统有着相对较高的固定资本投入,因此其平均运营曲线也会相应变得陡峭。相反,城市公交系统的投资成本相对较低,因此其平均运营成本曲线较为平坦。

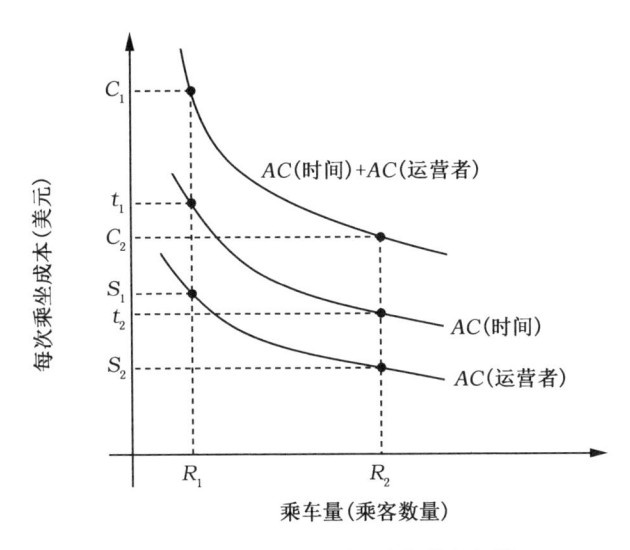

图 11-6 交通的规模经济与莫尔经济

然后来看第二条曲线 AC(时间),它包含了乘车出行时间的负效用。因为莫尔经济的存在,所以这条曲线的斜率为负。那么什么是莫尔经济呢?莫尔经济是以经济学家赫伯特·莫尔(Herbert Mohring)的名字命名的。简单来说,莫尔经济中的交通客流量的增加与导致拥挤外部性效用的车辆增加相反,增加一位驾驶员减缓了其他驾驶员的行驶速度,而增加一名公交车的乘坐者却让其他乘客的出行更便捷。

考虑到公共交通客流量因一条特别的公交线路增加的情况。假设交通运营保持起初的承载规模(每辆公共汽车最多能容纳的乘客数),以及为了适应增加了的客流量,提高了公交车的服务频率。服务频率的增加降低了可达时间成本,减少了乘坐的出行成本。图 11-6 中,3 倍的客流量将平均时间成本由 t_1 降低到 t_3。

现在来看最后一条曲线:AC(时间)+AC(运营者)。这条曲线表示平均运营成本和平均时间成本之和。仔细观察,这条曲线会比前面两条曲线更陡峭,这是因为客流量的增加会同时降低平均运营成本和平均时间成本。例如,当乘客数量从 R_1 增加到 R_2 时,每次的乘车成本会从 C_1 降到 C_2。

已经从降低乘客时间成本方面解释了莫尔经济,此外,增加客流量也可以节约成本。假设一条公交线路,在最初就存在剩余载客能力——一个较低的承载因子,比如说,实际满座率仅为 50%。在这种情况下,客流量翻倍并不改变总的运营成本(运营者以相同的频率经营公交车),但降低了平均运营成本,因为有更多的乘客。在真正的公交系统,客流量的增加有可能降低乘客的平均时间成本和平均运营成本。

11.4.2 最佳乘坐量和价格

在本小节,将继续结合莫尔经济来解释公共交通的最佳乘坐量与价格。图11-7显示了一个城市公交系统的平均成本曲线(包括运营成本和时间成本),以及边际成本曲线。如果平均成本曲线的斜率为负,则边际成本曲线位于平均成本曲线的下方。那么为什么边际成本曲线会位于平均成本曲线下方呢?这是一个简单的计算问题,当平均成本随着客流量的增加而降低,那么边际成本就必须低于平均成本,也就是说,如果边际成本低于平均成本,那么边际成本就拉低了平均成本。在公共交通运行的例子中,边际成本低于平均成本的原因有两个:

(1)平均成本包括一些与客流量无关的资金成本,它不是边际成本的构成部分。

(2)因为莫尔经济,边际时间成本(增加一名乘客的总时间成本的变化)低于平均时间成本。增加一名乘客会带来平均时间成本和服务频率的提高,却降低了其他乘客的时间成本。换句话说,增加一名乘客加速了交通系统的运行。

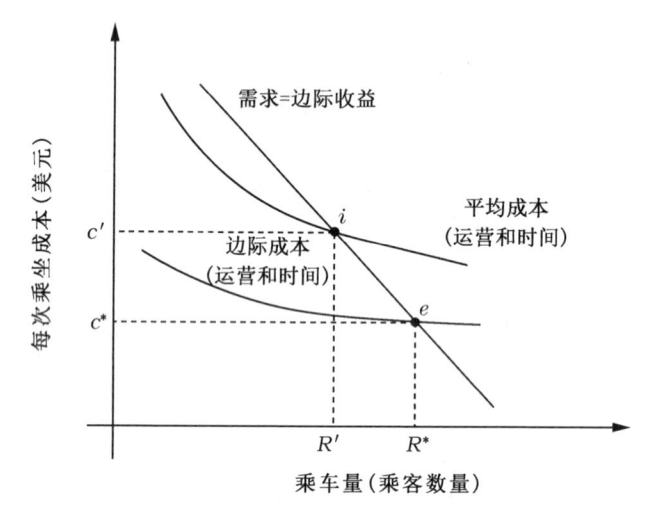

图11-7 交通补贴的理论基础

图11-7中的平均成本曲线包括乘坐时间成本和运营成本(费用),所以它的含义是,对每个客流量来说,由单个乘客所承担的出行成本。均衡状态由平均成本曲线和需求曲线的交点来表示。在点 i 客流量是 R',出行成本是 c',运营者预算是平衡的。

那么根据微观经济学中的边际原则,就可以通过图11-7预算出均衡的客流量。在图11-7中 e 点处,此时的边际收益等于边际社会成本,所以社会有效出行成本是 c^*,社会有效客流量是 R^*。为了从点 i 提高到点 e(将客流量从点 R' 提高到点 R^*),交通管理机构削减费用使其低于预算成本。图10-7得出的结论表明,交通赤字是社会有效的。

11.4.3 交通补贴

纳税人为公共交通提供了大量的交通补贴。可以看出,在规模经济和莫尔经济带来的效率的基础上,公共交通的补贴是合理的。为了描述补贴的效果,设想一个不受传统规模经济约束的公共汽车系统:平均运营成本是常数。尽管对铁路系统来说这个假设是不可能的,因为铁路服务具有内在的不可分割性成本(铁路和专线),但对公共交通系统来说它是可能的。公共汽车运营方能够运用汽车公共汽车系统调整公交车数量,如果客流量增加就增加车辆,如果客流量减少就减少车辆。

图 11-8 显示了公交系统的平均运营成本和乘客的平均时间成本。运营者的平均成本曲线是水平的,表明不存在传统的规模经济。出行时间的平均成本曲线斜率为负,反映了莫尔经济。如果交通运营方设置一个等于平均运营成本(c_f)的费用,出行成本是乘坐者时间成本(点 b 所示)和公交车成本的总额(c')。在这个出行成本中,乘坐量是 R'(点 a 所示),费用收入等于运营成本。

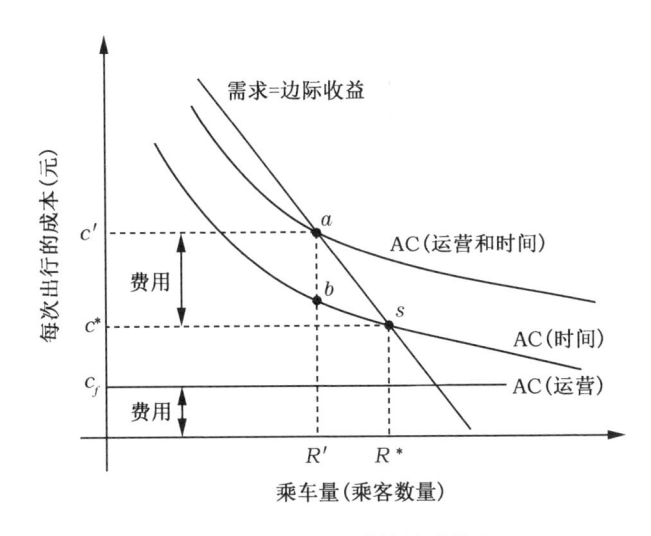

图 11-8 公交系统的补贴效应

为了以一种最简单的方式描述补贴效益,假设 100% 的政府补贴:公交车费用减少到零。在这种情况下,乘客的出行成本是简单的乘客时间成本,客流量从 R' 提高到 R^*(点 s 所示)。平均出行成本从点 c' 降到点 c^*,因为莫尔经济,出行成本的降低超过补贴费用(货币成本的降低),如图 10-8 所示。补贴增加了客流量,提高了公交车服务的频率,相应地降低了出行的时间成本,鼓励更多的人乘坐公交车。由于正常的价格效应(因货币成本的降低而引起客流量的增加)通过莫尔效应(因时间成本的降低而引起的客流量的增加)得到了强化,从而引致了一个相当大的客流量的增加。

Parry 和 Small(2009)指出,规模经济和莫尔经济的影响是明显的。对洛杉矶公交车服务系统而言,规模经济和莫尔经济足以表明高峰期 47% 及低峰期 81% 的出行运营补贴是合理的。对华盛顿哥伦比亚特区的铁路服务来说,合适的补贴分别为:高峰期48%,低峰期84%。对伦敦的铁路服务来说,合适的补贴分别为:高峰期28%,低峰期60%。

11.4.4 交通补贴的激励作用

尽管基于效率的公共交通补贴是合理的,但现有的交通补贴结构因为服务的垄断并不能激励成本趋向于最低。政府补贴城市轨道交通运营企业较为普遍,城市轨道交通是否应该由政府补贴,取决于该产业的经济属性和特征。不恰当的补贴不仅会给政府财政带来巨大的压力,影响城市交通的可持续性,而且会导致运营企业的低效率。从世界各国城市轨道交通的运营实践来看,政府补贴是较为普遍的现象。如巴黎、斯德哥尔摩等,政府对轨道交通运营企业的财政补贴占企业总收入(票款收入、其他商业收入、财政补贴)的比例,已经超过50%。

11.5 交通系统设计

在这部分,从一个运输计划者的角度,研究可选择的城市运输系统的特征和成本。把这三种公共交通的成本(高铁、轻轨和公路汽车)和汽车/高速公路系统的成本进行比较。

(1)资金成本。铺铁路和购买机动车的成本。

(2)运营成本。劳动力、燃料及机动车、道路和铁轨的维护成本。

(3)时间成本。出行时间的负效用(机会成本)。

11.5.1 公共交通的设计特征

一个城市交通系统的设计者需做出不同的决定。不同点交通系统需要平衡以下几种关系:

(1)主线与一体化系统。随着公共交通系统的日渐完善,"公交优先"的出行理念已经深入人心。出行者日常出行经常会选择乘坐地铁。铁路系统是一个主线系统:它依靠其他方式,从居民区将乘客集中起来并搭乘乘客到工作地点和其他目的地,乘客步行、驾车或者乘坐公交车到达以及离开火车站。与此相比,一体化的公交系统是在整个过程中乘客一直乘坐这辆公交车。

(2)公交车站与火车站之间的距离。火车站之间的距离越长,路上停车次数也就越少,行驶速度也就越快,行车的时间成本也就降低;另一方面,出行者步行或乘坐其他交通工具的距离会更长,产生了相当高的时间成本。

(3)服务的频率。服务的频率越高就意味着有更多的车辆,更多车辆带来更多收入的同时也带来了更高的运营成本。不过高频率的服务也降低了乘客可达时间成本

(地铁班次)。

11.5.2 选择一个系统:小汽车、轨道交通或公交车

由城市交通成本的定义可以建立城市交通出行的总成本模型为:

出行总成本＝使用者成本＋基础设施成本＋出行时间成本＋外部成本

表11－3　　　　　　　　　　　出行成本计算

出行总成本	出行总成本＝使用者成本＋基础设施成本＋出行时间成本＋外部成本
使用者成本	使用者支付的费用
基础设施成本	道路基础设施成本和停车设施成本
出行时间成本	乘车时间内部成本和乘车时间外部成本
外部成本	空气污染、噪声、事故和拥挤成本

Small 和 Verhoff(2007)改变了前辈研究的一些关键结论。表 11－3 显示了上班族连接居住地和高密度工作地的通勤路线的平均通勤成本。上下班的行程是 10 英里的长途路程和 2 英里的市区分散式路程。

(1)小汽车系统的成本。小汽车系统的成本是购买和使用成本、出行时间负效用、修建优化公路系统的成本和小汽车行车的外部成本(拥挤和污染)的总和。平均成本曲线是水平的,因此假设:①平均运营成本和环境成本不依赖于交通容量;②长期中,公路被拓宽,以便在交通工具增加时,不会带来任何行驶速度的下降。

(2)公交系统的成本。公交系统的成本是购买和运营公交车、出行时间负效用、修建适合公交车道路的成本和公交车出行外部成本(污染)的总和。由于传统的规模经济(大量的固定成本)和莫尔经济,公交车系统的平均成本曲线是负斜率的。

(3)轨道交通系统的成本。轨道交通系统的成本是修建和维护轨道和其他的专线成本、购买和运营铁路机动车及支线公交车的成本、出行时间负效用和公共汽车外部成本的总和。轨道交通系统的平均成本曲线是负斜率的,因为规模经济(大量的固定成本)和莫尔经济(更高频率的服务)。对低客流量来说,因为轨道不可分割投入的较高成本,轨道交通系统的平均成本超过公交车系统的平均成本。

Richmond(1998)考察了 11 个城市的轨道交通系统,把它们的性能和公交车进行了比较。结论是轨道交通不如公交车。

(1)轨道交通的资金成本较高。比如,Long Beach 轻轨系统的资金成本是 8.81 亿美元,同样的一个公交系统,需要的资金成本为 1.68 亿美元。

(2)轨道交通的运营成本较高。大多数关于轻轨运营成本的数据,忽略了把乘客载到轨道交通站的支线公交车成本。不考虑这些成本,轨道交通的平均运营成本可能比相同的公交线路高或者稍微低些。比如,对波特兰的 MAX 而言,每名乘客每英里的成本为 0.38 美元,而相应的公交线路的成本为 0.32 美元或者 0.39 美元。一旦考

虑支线公交运营成本，轨交将比相应的公交线路的成本更高。

（3）轨道交通分流了公交车乘客。洛杉矶的蓝色线路，63%的乘客曾经是公交车的乘客。在波特兰，55%的MAX乘客从乘坐公交车转乘轨交。

11.5.3 人口密度扮演的角色

公共交通是可行的，只要公交车站和火车站周围的人口密度较高，足以吸引大量的乘客从而利用传统规模经济和莫尔经济。对许多人来说，到一个公共交通车站的最长的时间是10分钟，所以一个公交车站能够服务半径800米之内的家庭。

表11-4显示了支持不同种类交通要求的最低人口密度。一个大都市区的综合密度（build-up density），被定义为总人口除以城市土地使用量，包括居民区、工业区、商业区、道路、学校和城市公园。与之相比，居民区密度被定义为人口除以居民区面积。每小时公交车服务的最小密度是每亩建成区面积21人，每亩住宅区面积30人。该表的下半部分反映的是，随着有更高的公交服务、轻轨和高铁频率，所要求的最低人口密度的增加。

表11-4　　　　　　　　　　维持公众交通的最低密度

	综合密度 （城市中每亩土地人数）	居民区密度 （居民区中每亩土地人数）
每小时一辆公交车	21	30
每小时两辆公交车	31	44
轨道交通	37	53
高铁	50	71

参考文献

[1] Arthur O'Sullivan. Urban Economics (9th edition) [M]. McGraw-Hill Education Press, 2019.

[2] Masahisa Fujita. Urban Economic Theory: Land Use and City Size [M]. Cambridge University Press, 1989.

[3] Masahisa Fujita, Paul R. Krugman, Anthony J. Venables. The Spatial Economy: Cities, Regions, and International Trade [M]. MIT (Massachusetts Institute of Technology) Press, 1999.

[4] Masahisa Fujita, Jacques-Francois Thisse. Economics of Agglomeration: Cities, Industrial Location, and Regional Growth (2nd edition) [M]. Cambridge University Press, 2012.

[5] Small K A, Verhoef E T. The Economics of Urban Transportation [M]. New York: Routledge, 2007.

[6] Parry W H, Small K A. Should Urban Transit Subsidies Be Reduced? [J]. American Economic Review, 2009, 99(3): 700—724.

[7] Small K A, Verhoef E T. The Economics of Urban Transportation[M]. New York：Routledge,2007.

[8] Richmond J E. New Rail Transit Investments：A Review[M]. Taubman Center for State and Local Government,1998.

[9] Chen Yuegang,Du Xinglong,Wu Yan. The Impact of Rail Transit on Road Traffic Congestion from the Perspective of Network Platform Evidence from Shanghai,China[J]. Transformation in Business & Economics,2020,19(3)：637—658.

[9] 诸葛承祥,邵春福,李霞等. 通勤者出行时间与出行方式选择行为研究[J]. 交通运输系统工程与信息,2012,12(2):126—131.

[10] 刘南,陈达强,陈鸣飞. 城市道路系统多时段、多出行方式拥挤定价模型[J]. 管理工程学报,2007(2):89—94.

第 12 讲

住宅内部的品质差异

住宅选址是城市经济学中一个重要的研究领域。在现代城市化进程中,人们对住房的需求不断增加,而住宅选址的合理性直接影响到居民的生活质量和城市的可持续发展。

12.1 住宅差异性

住宅具有三个明显的特征使其与其他产品有显著的区别。第一,住宅具有异质性,即不同的住宅之间内部构造与空间、房龄、住宅类型、面积、区域布局等都有很大的差别。第二,住宅作为耐用品,其价值会随着折旧的产生而相应地减少;但是可以采取维修和升级措施减缓住宅的价值减少。第三,住宅的搬迁会产生成本。当偏好某一类型的消费者想要更换住宅时会产生各类成本,从而阻碍搬迁的发生,也就不能迅速地实现理想中的搬迁;这类搬迁在理想住宅产生的效益足够补足搬迁的成本时才会真正实施。

12.2 价格空间变化

住宅价格的空间变化受到多种因素的影响,其中距离市中心和交通轨道的远近是两个重要的影响因素。一般来说,距离市中心越近的住宅,价格往往越高,因为这些地段通常更便利、更繁华,居民可以更便捷地享受城市的各种资源和服务。而距离交通轨道越近的住宅,价格也往往越高,因为这些地段交通便利,居民出行更加方便快捷。

另外,住宅价格的空间变化还会体现在面积的变化上。一般来说,距离市中心和交通轨道较近的住宅,由于地段优势,其建筑面积可能较小,但价格却较高;而距离较远的地段,可能会有更大的建筑面积,但价格相对较低。这反映了住宅价格与空间位置的关系,以及市场对地段和交通便利程度的不同需求。

因此，了解住宅价格的空间变化，需要考虑到地理位置、交通便利性以及住宅面积等因素的综合影响。

12.3　特征价格

住宅由众多不同的特征组成（如区位、电力、面积、环境），而住宅价格是由所有特征带给人们的效用决定的。正如之前所说，每一套住宅都具有异质性，由于各特征的数量及组合方式不同，使得住宅的价格产生差异。在选择住宅的时候也就选择了与住宅相关的服务和设施。

在家庭选择住宅的过程中，大多数消费者并没有对他们的住宅市场进行特征价格的详细分析。事实上，当他们想购买住宅时，他们会自行收集与住宅价格相关的区位、面积和设计特征方面的信息。然后，家庭会选择自己最偏好的特征束，从而决定购买偏好的住宅。

黄晓燕等（2022）基于特征价格模型研究了"租购同权"政策对学区房溢价的影响。这个政策将住房租赁和购买与教育资源分配联系在一起，允许符合条件的租房者的子女享有就近入学等教育服务的权利，旨在改革中国的义务教育供给结构和住房租赁制度。她发现，这个政策对不同质量等级的重点小学学区房价影响不同。对于那些教育资源质量非常高的学区，这个政策可能引致学区房价快速上涨，因为租房者会愿意为了子女接受优质教育而支付更高的租金。然而，这个政策也存在一些潜在问题，比如在教育市场逐渐市场化的背景下，教育市场和住房市场都受到了资本市场的影响，这可能导致教育不平等加剧，因为优质教育资源变得更加稀缺。此外，政策的实施可能吸引投机性的资本进入房地产市场，可能导致房地产市场泡沫的形成，提高金融风险，从而影响市场的稳定。总之，这个政策的研究对教育市场和住房市场都有重要的政策启示，需要谨慎考虑潜在的市场风险。

黄晓燕等（2002）选择了广州市内不同区域作为研究对象，包括花都区、白云区、天河区、越秀区、荔湾区、海珠区、黄埔区和番禺区，并收集了小学分布、房价、租金数据，以及广州市兴趣点数据（Point of Interest），主要包括公园绿地、三甲医院、商业点和餐饮店、公交站点、地铁站点的经纬度数据。研究考虑了学区的特征、建筑物的特点以及地理位置等多种因素。采用"空间特征价格模型"的方法来分析学区房价，这个模型考虑了不同地点之间的相互作用，即不同地方的房价会不会相互影响。研究结果表明，不同等级的重点小学周边学区房价的反应存在差异。特别是，省级重点小学的学区房价在2016年和2019年都显示出显著的溢价效应，而区级和市级重点小学的影响相对较小。此外，研究还涉及"租购同权"政策的影响。结果显示，这一政策似乎对省级重点小学的学区房价产生了显著影响，但对其他级别的学区房价的影响较小。这可能是因为投资者更愿意将资金投入能够获得高租金回报的地方，从而推动了省级重点小学学区房价的上涨。总的来说，这项研究强调了政策和市场因素对学区房价的重要影响，尤其是在城市中心区域。学区房的价格和租金可能会受到政策和市场波动的短期影响，而不同地点的供求关系也会引致不同的市场反应。这些研究结果对于理解学区房市场的运作机制以及政策制定具有重要意义。

张红丽和严洁(2022)进行了一项关于老旧厂房改造对周边房价影响的研究，采用了特征价格模型和多期双重差分模型进行时空异质效应分析。他们的研究假设，在没有其他外部干扰的情况下，老旧厂房改造对周边住宅房价会产生正向影响。这个假设基于以下理由：老旧厂房通过合理的改造可以促进区域内产业升级，带来显著的经济效益，改善物质环境和提升配套服务。此外，适度的改造还可以保护和传承城市文化，唤醒工业遗产，推动整个区域的发展。这些溢出效应会体现在土地价值中，最终引致周边住宅房价上涨。

他们选择了北京市朝阳区作为研究区域的原因有两点：首先，北京市朝阳区的老旧厂房改造已经形成了相当大的规模；其次，作为后工业化时代城市更新的领先者，北京市的老旧厂房改造成果在标杆示范方面具有重要作用。因此，评估老旧厂房改造对住房市场的影响不仅对北京自身具有重要意义，还为其他城市如上海、广州等的老旧厂房改造项目评估提供了有益的借鉴。建议政府应根据不同类型的工业遗产改造项目进行合理引导，以满足当地经济和社会发展的需求。此外，增加房地产市场供给有助于抑制房价上涨，政府可以引导企业在改造规划中留出一部分居住用地，以满足居民的居住需求。同时，政府也应该向社会公众透明地公示区域房价和调控目标，以引导市场形成稳定和合理的房价预期。另外，在改造过程中，改造实施单位需要提供完善的配套服务设施，政府应该加快改善改造区域和周边小区的公共基础设施，以确保房屋质量提高，并促进区域内人口的均衡分布，从而减轻局部房价上涨的压力。

12.4 住宅耐久性

住宅具有耐久性，在科学的维护下它提供住宅服务的年限可在100年以上。但是，由于缺乏日常的维护和修理，随着时间的推移，住宅质量会因为折旧而不断下降。如果对住宅进行适当的维护和修理，所有者可以使住宅质量基本上保持在同一水平。为提高住宅质量，所有者还必须支出足够的额外费用来修复或者重建住宅。

12.4.1 质量水平

从图12—1可以看出财产所有者对现有住宅质量的判断过程。横轴代表住宅质量水平，质量水平一般由住宅所提供的服务代表。从这个图的左半部分可以看出，随着管理和维护成本的不断增加，住宅的质量也不断上升。这可以理解为维护的成本抵消了一部分住宅的折旧。质量越高的住宅的维护成本也就相应地越高。成本曲线呈凸性,这说明随着维护成本的增加,维护的收益逐渐递减;随着住宅质量的提高,要想使住宅质量保持在固定的水平上,维护成本要以递增的速度增加。

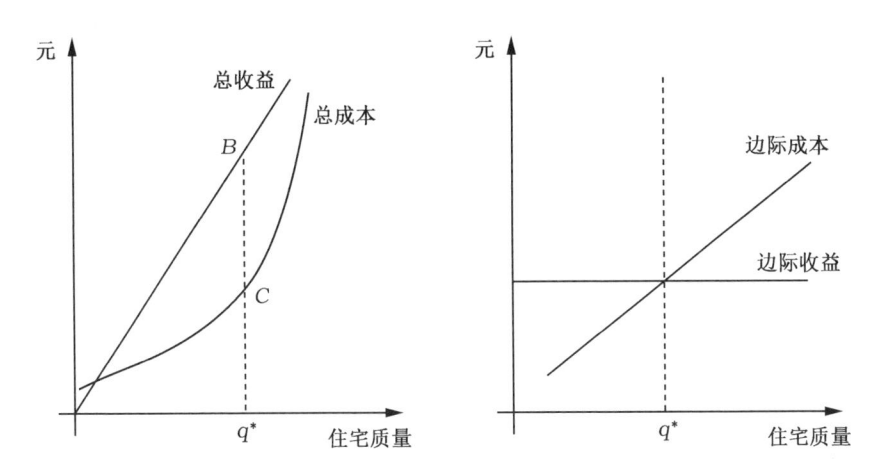

图 12-1 选择与质量阶梯等级相对应的住宅

一般来说,住宅的质量越高,消费者愿意支付的价格也就越高。对一套用于出租的住宅来说,质量价格是指住宅质量提高1单位引致月租金的变化量。在图12-1的左图中,线性曲线代表总收益(月租金)。总收益曲线呈线性,反映出消费者的支付意愿与住宅质量之间呈正相关。住宅所有者的目标是使收益最大化,而住宅所有者的收益等于总收益与总成本之差。在图 12-1 的右图中,当质量水平位于 q^* 时,边际收益等于边际成本,住宅所有者的收益实现最大化。也就是在图 12-1 的左图中,当质量水平位于 q^* 时,总收益与总成本之差(BC)取得了最大值。

12.4.2 质量变化与退出

图 12-1 描述了特定收益下的对于住宅的质量选择及成本曲线。住宅质量的最大化利润时的水平受收入或者成本变化的影响。当住宅的使用年限增长、维持特定质量水平的成本不断增加时,边际成本曲线开始向上移动,如图 12-2 所示。在这种情况下,如果住宅价格没有改变,即边际收益曲线没有发生变化的时候,质量最大化利润将下降。在图 12-2 中,这个结果呈现在原来的 i 点转变到了 j 点。如果边际成本继续随着房龄的增加而提高,那么住宅所有者拥有的住宅质量也会不断下降,边际成本将会超过边际收益,体现在边际成本的曲线在边际收益曲线之上。当真正到达边际成本大于边际收益的那一点时,这套住宅将会退出市场。

当住宅房龄、维护的边际成本同时增加时,质量利润最大化水平将下降(从点 i 到点 j)。住宅质量价格的提高,会引致质量利润最大化水平也随之提高(从点 i 移到点 k)。

价格的变化也会影响利润最大化下的质量水平。价格上涨的时候边际收益曲线

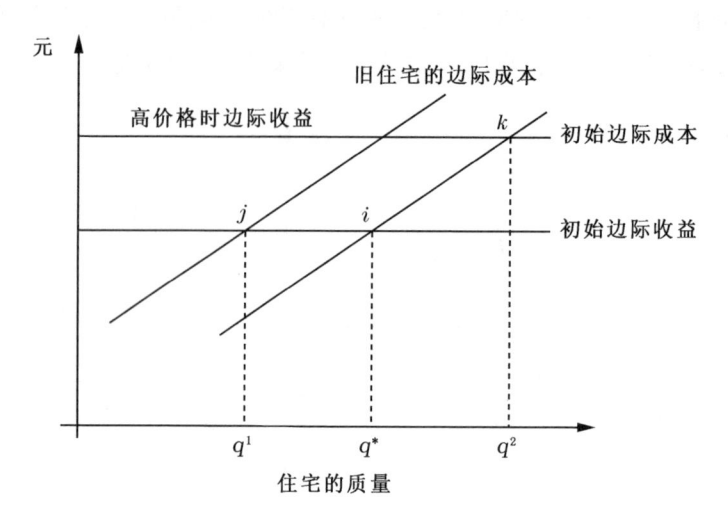

图 12－2　住宅房龄和质量水平

会上升，代表在同一质量下所需要的金额上升，提高了质量最大化利润，这在图 12－2 中体现在最大化利润所在的位置从点 i 移向了点 k。在这种情况下，消费者从高质量住宅获得的额外收入超过了提升住宅质量所追加的额外成本，那么相应地，消费者可能会花费更多的钱用于提高住宅质量。相反地，如果价格降低边际收入曲线将会向下移动，从而降低住宅质量。如果价格降低的幅度大到使得边际收入曲线完全位于边际成本曲线之下，那么该住宅将退出市场。

12.4.3　耐用性与供给弹性

住宅的耐用性对市场供给曲线和供给的价格弹性来说都影响重大。通过价格上涨来扩大住宅规模的渠道如下：

（1）修建更多的新住宅。价格上涨后每一套住宅的获利空间扩大，会有越来越多的竞争者进入住宅市场，修建更多的住宅。

（2）提高了已被使用住宅的维护成本。若正在被使用的住宅折旧缓慢，将会有更多的消费者选择维护旧住宅而非新选择新住宅。

（3）改进被使用的住宅。住宅所有者被金额较高的住宅所激励，进行技术创新，从而改进已被使用的住宅。

住宅市场的容量是指在任何特定的时间内被使用的住宅的数量。一般来说，一年内新建住宅的数量占总住宅存量的比例为 2%～3%。因此，供给对价格增长的敏感程度在很大程度上取决于被使用住宅的累计规模。从长期来看，被使用住宅的供给弹性几乎为零，因为它质量退化的比例相对较低，因此即使维护费用增加的影响也相对较小。不仅如此，翻新和重修的成本较高，因此只有住宅价格上涨到很高的程度，住宅所有者才会对旧住宅进行重修。

住宅市场价格下降时也可以应用相同的逻辑。受到较低价格影响的供给数量每年仅仅下降 2%～3%。较低的价格降低了维护支出，并使住宅质量沿着质量阶梯加速下降，此时即使是以最快的速度进行折旧，其速度也是相对较慢的。

所以，一般而言，在较长的时期内住宅供给是无弹性的。

12.5 搬迁成本

搬迁的成本不仅包括住所的变换和物品的移动，还包括人际关系变动、适应全新环境所带来的开销。搬迁到新的环境将会带来一定的不适应，从而形成各种各样的开销。接下来将分析收入随着时间推移越来越多的家庭。与其他许多商品类似，住宅消费的最大化效用随着收入的增加而提高。当收入增加时，家庭理想的住宅与其实际的住宅之间的差距在扩大，最终这个差距达到足够大时，会促使其搬迁到新的住宅中。

图 12-3 中的 A 图展示了收入增长的情况。假设在原有的预算线下在 i 点达到最大效用，此时的住宅数量为 q^*，其他所有商品为 A^*。当收入增长时，预算线向东北方向移动，此时如果要达到最大效用就要从 i 点移动到 k 点。在 k 点的住宅数量为 q_2，其他所有商品的价值为 A。当效用差距 $(U_1 - U_2)$ 足够大，能够抵消搬迁的成本时，消费者就会选择搬迁到新的住宅。

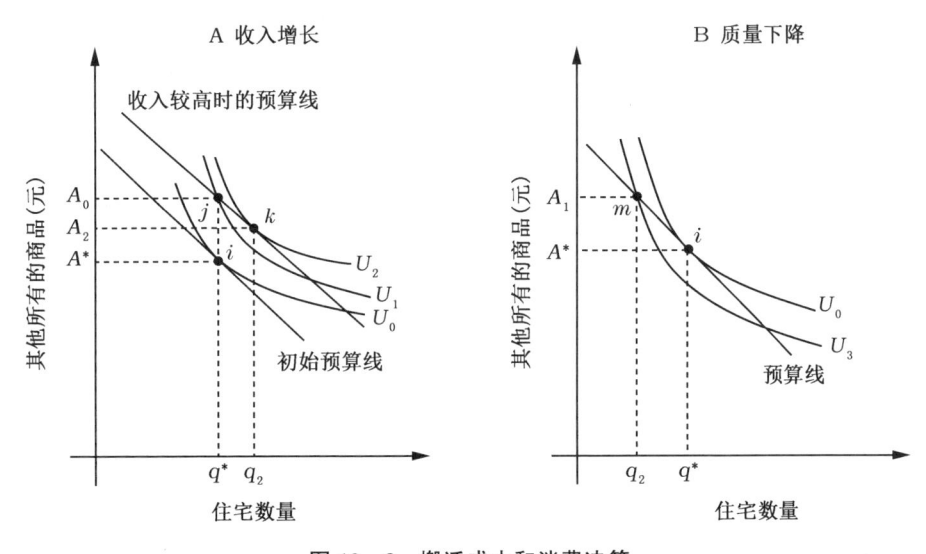

图 12-3 搬迁成本和消费决策

下面考虑一个家庭拥有的住宅质量随着时间的推移沿着质量阶梯向下移动时消费者的考量。如图 12-3 中的 B 图所示，当住宅质量下降时，其月租金（每单位质量的价格乘以质量水平）也会随之下降，即从点 i 移向点 m。在此时该家庭已经远离了最大效用，在点 m 的位置其效用水平可用无差异曲线 U_3 来表示。为了达到最大效用，该家庭会进行搬迁。搬迁会产生成本，所以该家庭将沿着预算线向上移动，直到效用差距(U_0-U_3)足够大到可以抵消搬迁成本时为止。

从图12-3可以得到两条经验:第一,家庭并不会立即对如收入增长或者住宅质量下降的环境改变做出反应;相反,它会容忍理想住宅与实际消费的住宅水平之间存在一定的差距。第二,当家庭进行搬迁后会消除住宅间的效用差距,因此住宅消费会产生非常大的变化。

12.6 过滤模型

住宅市场的过滤模型用于描述家庭平衡住宅质量与收入之间的关系,从而选择当下的住宅。过滤过程有两个基本的特征:①质量下降。住宅所提供的服务规模(简称为质量)随着时间的推移而不断下降,这是因为在此期间会出现物质损耗、技术退化和住宅结构的改变等折旧。②所有者收入水平下降。当住宅沿着质量阶梯向下移动时,它将被那些收入水平不断下降的家庭占有。

12.6.1 过滤与住宅供给阶梯

图12-4描述了过滤模型的基本特征。横轴代表家庭收入,有三种类型的家庭:低收入家庭(3 000元)、中等收入家庭(6 000元)、高收入家庭(9 000元)。纵轴代表住宅质量,有三个水平:低质量(10单位)、中等质量(20单位)、高质量(30单位)。假设住宅需求与收入水平成一定的比例,每个家庭占有住宅的质量水平等于其收入的10%。在10年内,高收入家庭选择点h,中等收入家庭选择点m,低收入家庭选择点l。

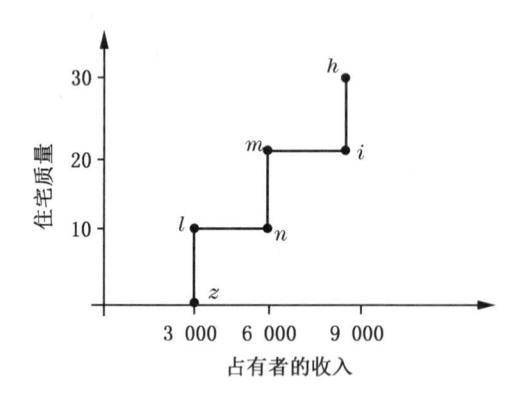

图12-4 过滤与质量阶梯

为了简化问题,进行如下假设:第一,假设不动产所有者要对住宅进行定期维护,这意味着住宅质量每年要损失1单位。第二,潜在的质量下降趋势可以用高额的维修费用逆转。第三,每个家庭理想的住宅质量与现实之间的差距都有最大值。一旦这个差距达到10单位,该家庭就可以通过提高现有的住宅的质量或进行搬迁来缩小这个差距。假设所有的行动都发生在每个10年的末尾。

对每个家庭而言,理想住宅与现实住宅之间的差距不仅存在并且会随着时间增长而逐渐扩大。高收入家庭最初位于点 h,但是在第 10 年结束时,转向了点 i,其理想的住宅质量与现实之间存在 10 单位的差距。类似地,中等收入家庭从点 m 移向了点 n,低收入家庭从点 l 移向了点 z。在每一个 10 年结束时,每个家庭将在支付费用进行维修从而使住宅恢复到之前水平与搬迁到新的住宅之间进行选择。

首先考虑高收入家庭的选择。通过支付费用进行维修使住宅设施的质量提升,这需要成本,因此大多数高收入家庭将移向更高的位置。如果家庭选择搬迁,那么搬迁到新住宅后,它们重新恢复到点 h,此时的质量水平 $q=30$。它们腾出原先的旧住宅,该住宅的质量 $q=20$,最后将其卖给出价最高的竞标者。

再来看看中等收入的家庭。同理可知,为恢复到初始状态(从点 n 移向点 m),它必须向上移动,购买高收入家庭曾经使用过的住宅。如果这些被高收入家庭使用过的、质量为 20 的住宅供给规模相对较大(如果高收入家庭出售旧住宅的数量很大),那么该类型住宅的价格会足够低,使得中等收入家庭搬迁的成本低于进行维修的成本。此时,原先被高收入家庭使用的住宅开始从点 i 移向点 m。总之,过滤过程体现在住宅质量沿着住宅阶梯向下移动,在图 12-4 中体现为从点 h 移向点 i 再从点 i 移向点 m。

位于最后一个质量阶梯的住宅被低收入家庭占据,它或进行维修,或进行搬迁。如果被中等收入家庭使用过的质量水平为 10 的住宅供给规模较大,其价格会足够低,此时低收入家庭购买成本将低于搬迁成本。因此,该家庭从点 z 移向点 l。在点 l 处的住宅沿着质量阶梯向下移动,即从点 m 移向点 n 再从点 n 移向点 l。最后,被低收入家庭腾空的住宅质量为零,因此这些质量为零的住宅将退出市场。

过滤过程允许每个家庭都恢复到它理想的质量水平,并返回到各自初始的质量阶梯所在的位置。

杨之光和郑煜琦(2010)进行了一项研究,旨在探讨我国的住房保障补贴政策。为了更好地模拟现实情况,他们对 Ohls 住房过滤模型进行了一些改进,这些改进考虑了存量住房和新建住房在价格和供求方面的相互影响。他们研究了在完全竞争条件下住房市场的长期均衡状态,以及房客收入分布与住房等级之间的内在匹配关系。他们以杭州市为研究样本,引入了基尼系数和对数正态理论,用于合理估计居民收入分布。最后,他们运用 MATLAB 进行了数值模拟,计算出房租、过滤时间、新建率、房客分布等指标,以及政府在两种住房保障模式下的补贴成本,从而比较出哪种政策模式更有效率。

在进行模型分析时,他们基于以下假设:①住房市场完全竞争,考虑了一、二级住房市场之间的关联性。②住房被视为一种消费品,政府的补贴旨在满足低收入者的住房需求。③消费者只能租房,租房与购房在均衡条件下对消费者来说没有差异。④存在有限数量的房屋等级。⑤住房的价值与提供的服务成正比,即住房的价格取决于提供的服务质量。⑥所有住房都会折旧,折旧速度与维护成本相关,保证了住房的折旧性,且不可升级。⑦房东以追求最大利润的方式拥有住房,在给定贴现率下进行利润最大化。⑧房客以追求最大效用的方式选择住房,效用函数形式表示房客的消费决策受到月收入和租金的影响。⑨消费者对住房需求的收入弹性为正,这一假设反映了住房需求与收入之间的正相关关系。

最终的实证政策模拟结果显示,如果政府采用新建住房政策来补贴低收入者,每年需要花费约 7 792 375.63 元,远远高于执行货币补贴政策时的费用,后者为 3 785 530 元。研究建议政府将住房保障政策的定位从"人人有住房"调整为"人人有房住"。这意味着政府应该采用货币化补贴而不是实物补贴,将补贴的重点放在那些无法支付房屋的人身上,而不是那些无法购买房屋的人。政府可以根据当地的经济发展水平、居住生活水平以及财政状况,为低收入住房困难者提供货币化补贴,以确保他们拥有适宜的住房,而不是仅仅提供廉价住房。

政府可以每月发放定额的住房补贴,并让受益人自行选择是租房还是购房,以满足他们的居住需求。不同收入水平的房客可以享受不同数额的补贴。应该适当扩大适用人群,以覆盖尽可能多的当地住房困难者。

政府应坚持住房制度的市场化和货币化改革方向,建立统一的土地市场和住房市场,确保价格反映供求状况和各级财政预算水平。政府可以动态调整补贴政策,每年对受补贴者进行审查和复核,并根据其收入变化进行相应的动态调整。认定低收入住房困难者时,应考虑多个因素,如房客和人均年收入、资产和现有住房面积等。随着当地经济的发展和居住生活水平的提高,应不断调整和提高收入和补贴的标准。

陈筱和汤玉刚(2009)对过滤模型的研究和发展进行了分析。尽管这些过滤模型的方法和结论各有不同,但它们有一个共同的观点:建设高等级的住房并促进住房过滤过程可以降低等级住房的价格,从而提高低收入人群的福利,改善城市整体的住房水平。

这一结论可能表面上看起来有些矛盾:为了满足低收入人群的住房需求,不是应该建造低等级的住房吗?然而,这实际上反映了住房市场化对住房政策制定的影响,即在保持住房市场效率的同时,也要考虑公平性。

在研究了各个学者对过滤模型的应用后,可以得出以下启示:

第一,根据过滤模型的分析,当住房市场供大于求时,政府应该采取货币补贴的方式来帮助低收入者,以促进他们在市场上寻找合适的住房。这将推动低等级住房和中等偏下等级住房的租金上涨,激励房东提高住房的质量,延长住房的使用寿命。对于中等偏下等级住房市场,供给会适当减少,从而推动租金上涨,激发开发商和投资者增加供应的动力。

第二,如果政府为低收入者直接建设低质量的公共住房或通过补贴开发商建设低质量住房,虽然短期内可以缓解住房短缺问题,但会带来问题。这包括巨大的后续维修成本,可能浪费资源。

第三,政府在选择住房过滤和保障性住房质量时应谨慎。建设低质量的住房可能导致巨大的后续维修成本。但是,要确保高质量的保障性住房不会浪费资源,需要在信息不对称的情况下进行政府干预。

第四,改革我国的房地产税制对于解决存量住房闲置和中低收入人群住房难问题至关重要。改革的方向应该是从重交易环节转向重保有环节,例如开征物业税。这将有助于抑制房地产投机,促进存量房的流动,推动二级市场的发展,满足不同收入水平家庭的住房需求,促进资源的优化配置。

第五,购房落户政策与住房过滤也有关。这一政策可能会影响住房价格控制,因此应该仔细考虑其实施方式以及对不同类型住房市场的影响。

12.6.2 收入增长与住宅过滤

在简单的过滤模型中,假定不同类型家庭的收入是固定的。而在收入不断上升的模型中,住宅需求也会随着收入的提高而增加,这表明住宅过滤甚至可以获得更高的利润。假设高收入家庭理想的住宅水平从 60 提高到 80。为了通过改造原有住宅这种方式来满足这部分巨大的需求,家庭不仅再次恢复到初始的质量水平,而且其质量水平因为住宅结构的调整而相应地有一定提高。最终的结果是,原有住宅随着新改造而不断扩大。一般来说,当收入在整个期间内都不断提高时,住宅过滤现象可以给各家庭带来更高的收益,它同时也表明,家庭为获得高质量的住宅必须付出更高的成本。而这一规律对于低中高收入的家庭都是适用的。

12.7 价格空间变化

张洪和金杰(2007)指出,随着距市中心距离增加,地价呈逐步衰减的趋势,但有明显的空间变异性和方位差异。地价空间变化的最主要影响因素是距市中心的距离,其次是商业中心分布、城市公用设施和自然条件等。比如,在昆明市一环的住宅价格是二环的住宅价格的 5.4 倍左右,市中心对地价的抬升由此可见一斑。

杨冰(2022)还考虑到了轨道交通的影响,并且指出除其他因素的影响,郑州地铁 1 号线周边的住宅距地铁站点越近,价格越高;反之,价格越低,且距离每减少 1km,住宅价格上涨 11.0%。经过进一步计算,得出住宅小区距地铁 1 号线站点的距离每减少 1km,对住宅单价的平均增值效应幅度为 1 735 元/平方米,说明地铁 1 号线对周边 2km 范围内的住宅价格增值效应比较明显。另一方面将距最近地铁站点的距离细分为 5 层,每层跨度为 400m,进一步分析计算了郑州地铁 1 号线对不同圈层的住宅价格的影响效应。结果表明:郑州地铁 1 号线对住宅价格的影响集中在 1 600m 范围内,在 1 600m 范围之外的地铁影响并不显著。经过进一步计算得出在 400~800m 范围内,地铁 1 号线对站点周边住宅价格的影响效应最明显,影响效应增值幅度为 12.4%;其次是 800～1 200m 范围内,地铁 1 号线对住宅价格的影响效应增值幅度为 12%;最后在 1 200～1 600m 范围内,地铁 1 号线的影响效应增值幅度最小,为 7.8%。

12.8　住宅的价格弹性

住宅供给的价格弹性是多少呢？目前关于住宅供给的研究面临许多统计问题,因此在使用这些研究结论进行解释时必须非常小心(Olsen,1969;Quigley,1979)。Ozanne 和 Struyk(1978)估计房龄为 10 年的旧住宅的供给弹性为 0.20～0.30。换句话说,市场价格每上升 10%,旧住宅的供给数量增长的幅度为 2%～3%。把 10 年当作一个研究期限,在这一时期内新建筑供给规模仅占住宅存量的 30%,因此他们的估计适用于 70%的住宅存量。De Leeuw 和 Ekanem(1971)在对该问题进行研究时发现,出租住宅的长期供给弹性为 0.30～0.70。

叶剑平等(2014)基于 Mayo(1981)构建的模型,估算了我国 35 个主要大中型城市的新建住宅供给价格弹性。根据流量模型,2000—2007 年我国的新建住宅价格弹性系数在 4～11,2008 到 2013 年的价格弹性在 5～13。而存量调整模型得到了截然不同的估算结果:2008—2013 年我国的新建住宅供给价格弹性在 1～6,更精确地估算出了我国新建住宅供给市场的价格弹性。

12.9　城市住房成本

桑建忠(2016)曾讨论了完全成本视角下新生代农民工城市住房的成本。他指出,完全成本视角下新生代农民工城市住房的成本可以分为:获得成本、搬迁成本、居住成本和风险成本。通过桑建忠关于农民工城市住房的成本计算,可以知道搬迁成本又可以分为搬入成本与搬出成本,而上一环节的搬入和搬出成本又成为了下一环节的住房成本的一部分。他指出住房成本的构成如下:

(1)获得成本,是指新生代农民工在寻找、获取住房时付出的相关成本。比如,中介费用、搜寻成本及各种附着成本等。

(2)搬迁成本,是指从原有居住地搬出,搬入新住房中而增加的成本支出,主要涉及搬入成本与搬出成本。

(3)居住成本,是指新生代农民工住房居住期间需要耗费的成本费用,主要包括租房成本、买房成本、住房改善成本、物业管理费用以及水电支出。

(4)风险成本,是指新生代农民工由于工作需要、地方政府规划改变等因素影响,在不同住所、不同城市之间迁移进而需要住房造成的货币损失和实物损失。综上,新生代农民工城市住房成本构成总体模型如下:住房成本＝获得成本＋搬迁成本＋居住成本＋风险成本。

参考文献

[1] Arthur O'Sullivan. Urban Economics (9th edition)[M]. McGraw-Hill Education Press,2019.

[2] Masahisa Fujita. Urban Economic Theory：Land Use and City Size[M]. Cambridge University Press,1989.

[3] Masahisa Fujita,Paul R. Krugman,Anthony J. Venables. The Spatial Economy：Cities,Regions,and International Trade[M]. MIT (Massachusetts Institute of Technology) Press,1999.

[4] Masahisa Fujita,Jacques-Francois Thisse. Economics of Agglomeration：Cities,Industrial Location,and Regional Growth (2nd edition)[M]. Cambridge University Press,2012.

[5] Olsen E O. A Competitive Theory of the Housing Market[J]. American Economic Review,1969,59(4):612－622.

[6] Quigley J M. What Have We Learned about Urban Housing Markets?[M]//in Current Issues in Urban Economics,eds by Mieszkowski P and Straszheim. Baltimore：Johns Hopkins University Press,1979.

[7] Ozanne L,Struyk R J. The Price Elasticity of Supply of Housing Services[M]//in Urban Housing Market：Recent Directions in Research and Policy,eds by Bourne L S,Hitchcock J R. Toronto：University of Toronto Press,1978.

[8] De Leeuw F,Ekanem N. The Supply of Rental Housing[J]. American Economic Review,1971,61(5):806－817.

[9] Mayo S K. Theory and Estimation in the Economics of Housing Demand[J]. Journal of Urban Economics,1981,10(1):95－116.

[10] 黄晓燕,谭玮宝,康晨晨,殷江滨,苏梦园."租购同权"政策对学区房溢价的影响研究——基于空间特征价格模型的广州实证[J]. 人文地理,2022(37):42－52.

[11] 张红丽,严洁. 老旧厂房改造对周边房价的时空异质效应分析——基于特征价格模型与多期双重差分模型的检验[J]. 城市问题,2022(6):57－65.

[12] 杨之光,郑煜琦. 基于住房过滤模型的我国住房保障补贴政策研究[J]. 财政研究,2010(7):24－28.

[13] 陈筱,汤玉刚. 住房过滤模型的发展与政策启示[J]. 经济体制改革,2009(5):137－142.

[14] 张洪,金杰. 中国省会城市地价空间变化实证研究——以昆明市为例[J]. 中国土地科学,2007,21(1):24－30.

[15] 杨冰. 郑州地铁1号线对周边住宅价格的影响效应分析[D]. 郑州:河南农业大学硕士论文,2022.

[16] 叶剑平,孙博,杨乔木. 我国新建住宅长期供给价格弹性估算——基于35个大中城市的实证研究[J]. 中国房地产,2014(20):3－11.

[17] 倪建伟,桑建忠. 完全成本视角下新生代农民工城市住房成本构成研究——一个理论分析框架[J]. 经济社会体制比较,2016(6):116－124.

[18] 中华人民共和国教育部. 推进优质均衡发展,办好每一所家门口学校[EB/OL]. http://www.moe.gov.cn/jyb_xwfb/moe_2082/2023/2023_zl07/202307/t20230710_1068177.html.

第 13 讲

城市的教育

在教育方面,城市内部和不同城市间的教育质量存在差异,家庭会根据预期的教育质量而选择不同区域居住。

第 13 讲将基于教育生产函数,分析讨论影响教育产出(衡量标准为教育对人生收入变化的贡献)的关键性因素(包括学生的家庭环境、班级同龄群体、总课程、教育配套设施、教师质量),并对中国学校性质、政府教育补贴政策、中心城市的教育等进行一些介绍。

13.1 教育支出和教育成绩

教育是提高一个城市居民素质水平、增加城市人才拥有数量的关键要素,衡量着城市经济发展的现状、势头与潜力。所谓教育有希望,城市有未来。而在城市与城市之间、城市内部各个区域之间,教育水平都呈现着显著的空间差异。研究引致这种差异性的驱动因素,对于城市管理者制定教育规划、提高教育质量、发展城市经济,有着重要而深远的意义。

百年大计,教育为本。根据公开数据显示,2022 年,全国一般公共预算支出为 260 609 亿元。其中教育支出为 39 455 亿元,约占总支出的 15.14%,约占 GDP 总值的 4%,达到世界平均水平。

表 13—1   中国部分主要城市的教育支出(2022)

主要城市	教育支出(亿元)
上海	1 260.8
北京	1 170.2
深圳	951.1

续表

主要城市	教育支出（亿元）
重庆	821.9
广州	615.4
杭州	490.2
天津	480.7
苏州	423.0
成都	400.3
青岛	332.1

众所周知，一个省份的教育水平往往跟这座城市的经济发展水平息息相关，经济发展越好，当然这个区域的教育资源就会更加丰富一些。而对于如何衡量各个城市的教育水平，可以将各省的高考一本分数线率作为指标。

表 13-2　　中国部分主要城市的高考一本分数线率（2022 年）

主要城市	一本分数线率（%）
北京	46.02
重庆	38.02
山东	31.13
天津	30.44
陕西	30.42

表 13-2 呈现了中国部分城市在 2022 年中的高考一本分数线率。在表 13-2 中，可以看到北京名列榜首，同时它也是全国唯一的一本录取率达到 40% 以上的省市，这与它雄厚的经济实力与师资配备密不可分。此外，江苏、湖南、内蒙古、宁夏、河北、海南、安徽几个省份的一本录取率，也都在 25% 至 30% 之间，表现还是很出色的；黑龙江、青海、福建、山东几个省份一本录取率在 20% 至 25% 之间，甘肃、吉林等省份，一本录取率低于 20%。

在对中国目前教育支出与教育水平现状进行初步了解后，将在下节深入介绍教育生产函数。

13.2　教育生产函数

国势之强由于人，人材之成出于学。教育是国家大计，授以人知识，提高个人的修养，培养人就业与参与社会事务的必要技能。教育的过程，不仅是专业技能知识的一种授予与传承，更是令受教育者增强对生活的感知，对自己形成较为清晰的认知，感受文化的熏陶，从而提高个人素养，将社会的责任和义务作为与自己不可分割的一部分。

教育生产函数用数学方程式表示出教育过程中教育投入与产出的依存关系，以此来计量教育经济效率，即：学习成绩 = $f(H,P,C,E,T)$。其中，学习成绩可以用来衡量教育产出情况；H 代表学生的家庭环境，P 代表班级同龄群体，C 代表课程，E 代表学校教育设施（包括教材、教学楼建设和机械器材等），以及 T 代表教师质量。在教育经济学中，教育产出的因素被认为可以分为学生个人特质、家庭社会经济背景和学校投入变量三个范畴。

13.2.1 家庭环境

学生的家庭环境（H）是教育生产函数的第一个投入要素。家庭环境的优劣程度，会对一个人的受教育状况产生深刻的影响。这一要素主要通过以下三个方面来影响学生的学习成绩。

首先，家庭的物质环境会影响学生接受的教育质量与学习材料获取。比如，拥有优渥的物质水平的家长可以为孩子聘请家庭教师，购买学习所用的电子设备与教材练习等，而贫困的家庭则会在这些方面显得拮据。其次，家庭的文化氛围也会影响学生的学习表现。这一方面主要通过影响学生的个性与精神来间接影响他们的行动，例如，在书香门第的学生，家庭的学习氛围与文化底蕴往往十分浓厚，他们能够在日常生活中受到文化的熏陶，建立起审美情趣与较强的学习能力。最后，父母的受教育程度不同，学生受到的家庭教育和父母帮助也就不同。对于较高学历的父母，他们更能够懂得教育的重要性，能够督促和监管学生及时完成作业，懂得如何激发学生的创造力与学习兴趣，甚至还能够帮助孩子解决学习上的困难。

13.2.2 班级同龄群体

班级同龄群体（P）是教育生产函数的第二个投入要素。所谓同辈效应，指的是同龄人群体因生活在类似的社会文化环境中，经历类似的历史事件而对群体成员发展产生的影响。在教育中一般认为，一个学生如果在优秀的班级中学习，那么他的学习兴致与自觉性会被周边的人所带动，在与同龄人的竞争或合作中不断提高学习表现与成绩。

追古抚今，同龄群体一直在教育中扮演着一个重要的角色。早在汉代就记有"孟母三迁"的故事：其中孟母带着孩子三次迁居，就是为了给予孩子一个良好的教育环境。而在今天，丁延庆等学者对昆明市公办高中的数据研究中也发现，拥有一群学习能力较强、学习水平较高的同学是影响学生分数高低的重要因素；生源质量对高考成绩差异的影响可能不低于 70%。

为了进一步解释同龄人效应，可以以学生考试成绩为例。人们往往会认为，与优秀的同龄人群体相处的学生，会在他们的影响下表现出更高的学习成绩。比如，将学习成绩位于中游的同学安插到学习成绩普遍在上游的班级中去,经过一段时间后,这位同学的学习成绩将有所提高。袁舟航等人针对安徽省 30 所农村公立学校的学生展开同龄人研究,发现在控制其他变量的情况下,班级同龄人的平均标准化数学成绩每提高 1 个单位,学生的成绩将提高 0.81 个单位;而学习同伴的标准化数学成绩每提高 1 个单位,学生的成绩将提高 0.52 个单位。另外,Ding 和 Lehrer(2007)的实验估计同龄人水平每提升 1%,学生的学习成绩就会提升 0.088%。

接着上面的思路,那么在现实生活中,这种同龄人效应就会对学校的分班问题产生影响。校方会思考,哪种分班方式可以带来最大化的教育产出:是将优秀成绩的学生安排在一个班级,低等成绩的学生安排在一个班级呢?还是在每个班级中都混入不同成绩段的学生呢?

针对此,进行假设。现有一个高学习水平的学生,称之为同学 A。他将被分配到以下班级中的一个:①和同学 B 一起分在低水平的班级;②和同学 C 一起分在中水平的班级;③和同学 D 一起分在高水平的班级。在第一种情况中,A 被分在低水平的班级中,B 会由于 A 的溢出效应而受益;在第二种情况中,A 被分在中水平的班级中,C 同样也会由于 A 的溢出效应而受益;在第三种情况中,A 和 D 一同被分在高水平的班级中,对 A 来说是最有益于提高学习成绩的。但值得思考的是,哪种分配方法能使综合的效果实现最优化呢?

对于哪种分配方法能够带来综合的最高教育产出,不同的学者存在不同的观点。在对江苏省高中生的同伴效应进行研究后,Ding 和 Lehrer(2007)觉得中等水平的学生可以从高水平学生那边获取最多的收益,而低水平学生能够获取的收益最少。另一方面,有瑞典学者则是基于瑞典的研究数据,认为低水平学生从高水平学生那边获得的收益最多,因为低水平的班级总水平会因为高水平学生的编入而提高。故而,如何分配才能使全局的教育效益最大,这仍然有待进一步的探索和研究。

13.2.3 课程

课程(C)是教育生产函数的第三个投入要素。课程是教育的核心组成部分,它为学生提供了知识、技能和能力的机会。课程是学校教育中实现教育思想、教育目标和教育内容的主要载体。

一个优质的课程能够对教育产生积极影响。首先,它可以提高学生的学习成果。通过合适的课程设计,学生可以更好地理解和掌握所学内容。其次,优质课程有助于培养学生的综合能力。课程设计可以让学生从不同的角度思考问题,并锻炼他们的批判性思维、沟通能力和协作精神。最后,优质的课程促进了社会的发展。通过为学生提供高素质的教育,他们将成为未来社会的中坚力量,并为社会的进步和创新做出贡献。

优质课程是一个包含多项内容的系统工程,必须有高水平的教师、符合时代要求的教学思想、先进的教学手段和灵活多样的教学方式、立体化的精品教材、有利于学生今后发展的教学效果等子系统,是一个需要付出巨大努力的质量工程。优质课程建设应当作为学校课程建设的重要内容和主要目标。

13.2.4 学校教育设施

学校教育设施(E)是教育生产函数的第四个投入要素。学校教育设施是学校提供优质教育所必需的基础设施,直接影响着学生的学习效果和教学质量,比如上课学习的教室、实验室的仪器量、图书馆的藏书量、运动场的大小、多媒体教室的数量、机房电脑的数量等基础配套设施。这些硬件教育设施的投入是必不可少的,比如当学校的配套教育设施的数量不够时,不管怎么增加学校的师资数量也不能满足学生学业的需求。这些设施的完善与否直接影响着学生的学习效果和教学质量。教育设施条件的改善不仅仅是教育发展的需要,也是提高学校整体竞争力的关键因素。

学校教育设施条件对学生学习效果具有重要影响。例如,良好的教育设施能创造一个舒适的学习环境,使学生能够更好地专注于学习任务,提高学习效果;能够提供先进的教学设备,使教学变得更加生动和具有吸引力,激发学生的学习兴趣和积极性;还能提供良好的安全保障,保护学生的人身安全,促进学生健康成长。

同时,学校教育设施条件也会深刻影响教学质量。例如,教育设施条件好,往往就可以提供丰富的教学资源,包括图书、实验器材等,为教师提供更多的教学工具,提高教学质量;为教师和学生提供更多的教育创新支持,包括在线教育平台、虚拟实验室等,促进教学方法的多样化和创新性;还能提供有效的教育评估工具,帮助教师对学生的学习情况进行准确评估,及时调整教学策略,提高教学质量。

13.2.5 教师质量

教师(T)是教育生产函数的第五个投入要素。教师质量是影响教学效果的一个重要因素,一般来说,教师的生产率水平高,学校的教育生产率水平也会相应较高。基于对甘肃农村小学生学业成绩的数据研究,安雪慧(2005)发现,在 0.05 的显著性水平下,教师收入和教师学历对教学产出的影响较为显著,而教师性别、教师年龄和教师工作年限作用效果并不大。

(1)教师生产率的差异

不同的教师生产率水平存在差异。研究者通常会通过以下几个方面评价教师的生产率水平:教育水平(研究生课程年限)、经验(教学年限)、沟通技巧(语言表达能力)。高生产率水平的教师往往具有高超的交流技巧,更为丰富的教学经验,使学生能从他们那边学到更多的东西。

为了深入解释教师生产率间的差异与效用影响,可以将学生的学习成绩变化作为衡量教师生产率的一个标准。

Hanushek(1992)研究发现,与低生产率水平的教师相比,高生产率的教师能够更大程度上提高学生的成绩,且这种效用高出了整整一个学年的水平。也就是说,假设一个学生在入学时的学习成绩为 60 分,刚好处于及格分数线,而学校的教学目标是该学年的学习成绩提高 10 个百分点。如果一个高生产率的教师对这位学生进行教学,经过一个学年后该学生的学习成绩达到 75 分,高于当年的教学目标;如果一个低生产率的教师对这位学生进行教学,经过一个学年后该学生的学习成绩达到 65 分,低于当年的教学目标。这时候,就称高生产率的教师教授学生的教育产出比低生产率教师教授学生的教育产出高出了一个学年的水平。

进一步探讨,学生的受教育程度与学习水平会影响其未来的收入。那么当用学生现阶段学习成绩的变化衡量他们未来的收入变化,就会发现不同水平的教师会产生不同的经济价值。

假设有一个位于第 50 百分位的学生(平均水平),现在用一个高生产率水平的教师去替换原来中等生产率的教师教学,这位学生的排名将从第 50 百分位提升到第 55 百分位。而对于未来收入的预期是,位于第 55 百分位的学生未来收入比位于第 50 百分位(平均水平)的学生高出 120 000 元;以此类推,对于一个拥有 30 个学生的班级,总的未来收入将会增加 3 600 000 元——同时也意味着高水平教师的经济价值比平均水平教师高出 3 600 000 元。相反,在这个例子中,如果用中等生产率水平的教师替换高生产率的教师,学生将从第 55 百分位下降至第 50 百分位,班级的终生收入也将减少 3 600 000 元,教师的经济价值降低 3 600 000 元。

基于此,可以知道,替换低水平的教师对于提高班级的教育产出具有重要意义,这一过程也被外界称为"教师淘汰"。对经济而言,这一举动能够使得收入和年度 GDP 增长一大笔数额。

(2)班级规模效应

班级规模的大小会影响教师在每个学生身上花费的时间与精力,从而影响学生的学习成绩。一般来说,在较小规模的班级中,每位学生能够获得老师更多的教导时间与关注,降低被其他因素干扰的可能性,提高教学有效时间,低水平的学生也能因此获得收益。但是与此同时,也将产生另一个问题,那就是班级规模的缩小,会使得班级数量增多,导致学校需要聘请更多的优质教师,增加这部分的成本与开支。因此,并非班级规模越小,学生的学习成绩就能获得越多的提升。需要衡量成本与收益的大小关系。

图 13—1 显示,随着教师数量的不断增加,教育水平的上升逐渐趋于平缓。这也就是说,到达一定的班级规模后,再缩小班级规模带来的收益会逐渐下降,边际收益递减。

图 13—2 显示了教师数量带来的边际收益与边际成本间的关系。L_1 曲线代表的是随着教师数量增多而递减的边际收益,这点已经在图 13—1 中提到。L_2 曲线代表

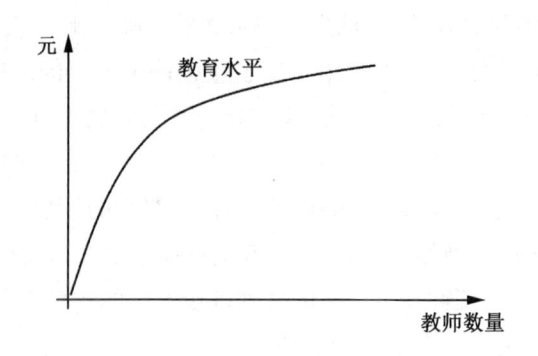

图 13－1　教师数量与教育水平之间的关系

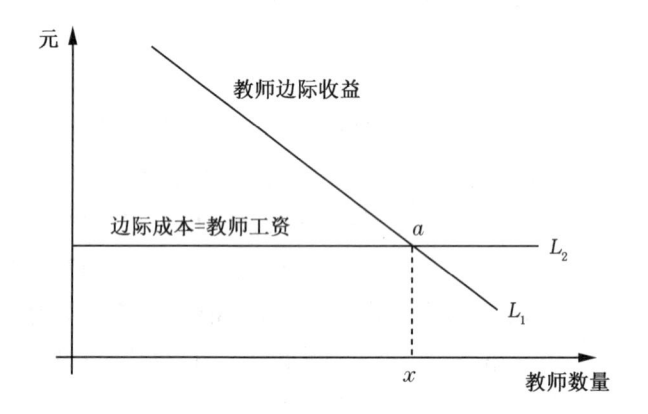

注：班级规模为学校中的学生总数除以教师数量。

图 13－2　有效教师数量与有效的班级规模的确定

的是边际成本，也就是固定教师工资，在这里并不会随着教师数量变化而变化。两条曲线相交于点 a，此时聘请教师的边际收益等于边际成本，教师的数量为 x。也就是说，当教师数量为 x 时带来的教学收益，超过了此时需要支付给教师的成本。因此对学校和社会而言，雇佣 x 位教师可以收获效益，且效益最大化。而当超过了 a 点，学校应当减少教师数量，因为多于 x 的教师数量带来的边际教学收益将会小于边际成本，产生的总收益将会减少。

在这个例子中，假设学校拥有 1 000 名学生，那么最合理的教师数量应当是 x 名，班级规模为 $1\,000/x$。如果学校计划雇佣 25 名教师（$x=25$），那么每个班的规模就是 40 名学生。现实生活中，学校可以利用该教师数量函数来比较雇佣教师的边际成本和边际收益，确定效益最大化的教师数量和班级规模。

班级规模效应的研究正在不断影响世界各地对于教育的相关政策，中国也在不断尝试通过控制班级规模来提高教育质量和学生的学习成绩。根据国家《城市普通中小学校校舍建设标准》、教育部《关于"十二五"期间加强学校基本建设规划的意见》等规定，城市中、小学班级规模分别应控制在 50 人、45 人，超过这个规模的一般称为"大班额""超大班额"。各地教育部门也纷纷响应,出台相关政策与小班化试点措施。河南省公布的 2022 年教育事业发展统计公报显示,2022 年度中河南消除小学阶段 56 人及以上的"大班"和"超大班"共 1 732 个,消除初中"大班""超大班"400 个,在当期全国义务教育阶段的大班额减少总量中分别贡献了 24% 和 14% 的比例,持续推进解决中小学中的"大班额"问题。

(3) 教师薪酬

按照前文所述,由于教师生产率水平间存在显著差异,那么相应的支付给教师的成本也应当不同,也就是说,高生产率水平的教师应当比低生产率的教师拿到更高的工资报酬。然而,在现实中,教师工资的分配并不与生产率水平相匹配,它们往往受到教学年限和教师学历背景的影响。

教学年限在很大程度上决定了教师的工资份额。在中国,小学教师在刚进入工作岗位时,一般的初始工资水平为 2 500~3 500 元/月;随着工作年限的增加,小学教师也逐渐拥有了更高的薪资待遇,有 3~5 年工作经验的小学教师的工资水平在 3 500~5 000 元/月;有 5~10 年经验的小学教师的工资水平则在 5 000~8 000 元/月;而有 10 年以上工作经验的高级小学教师的工资水平在 10 000 元以上。可以发现,拥有 10 年教学经验的教师工资收入是初始工资的 3 倍左右。

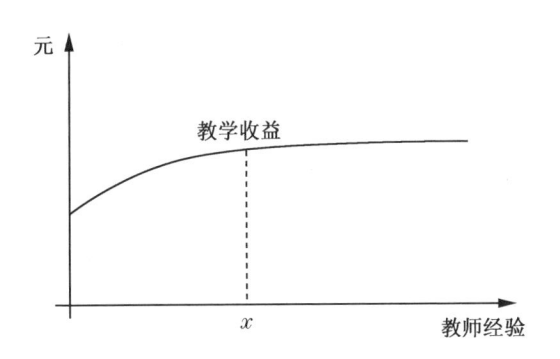

图 13-3 教师经验与教学收益间的关系

图 13-3 显示了教学收益与教师经验间的关系。可以看到,教师任教的初始年限内,其带来的收益逐步上升,但当教师任教年限到达 x 年后,教学收益便趋近于保持不变。这也就是说,教学经验的边际收益是随着教师经验的增加逐步递减的。

图 13-4 描述了教师教学经验带来的边际收益与边际成本间的关系。L_1 曲线代表的是随着教师教学经验增加而递减的边际收益,这点已经在图 13-3 中提到。L_2 曲线代表的是边际成本,也就是支付给教师的教学经验补贴,在这里并不会随着教师数量变化而变化。两条曲线相交于点 a,此时教师教学经验的边际收益等于边际成本,教师的教学经验为 x^*。也就是说,当教师的教学经验为 x^* 年时带来的教学收益超过了此时需要支付给教师的成本,实现效益最大化。而在 a 点之后,教师教学经验大于 x^* 年,此时教学经验带来的边际收益小于边际成本。而特殊地,学校应当慎重

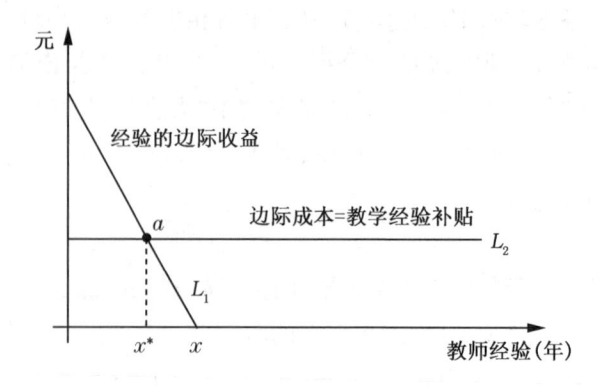

图 13—4　教学经验补贴难题

选择教学经验大于 x 年的教师,因为在教学经验为 x 年时,边际收益已经递减为 0,这说明这些教师需要更高的工资但不会产生任何附加收益。

上面的模型运用边际原理演绎出了学校应当选择的合理教学经验的教师,但还存在一些纰漏。它忽略了一些其他现实因素,例如,教学经验更多的教师往往能够为刚开始任教的教师提供很多指导和借鉴,促进周围教师的生产率提高,这一点就值得他们获得更高的收入。

另一方面,教师的学历背景也会影响教师的工资。深圳于 2021—2023 年间曾出台过相关政策文件对符合提升要求和条件的教师实行分类补助:幼儿园专任教师取得大专学历毕业证后每人补助 3 750 元;小学和初中专任教师取得本科学历毕业证后每人补助 4 200 元;高中阶段学校和技工院校教师取得研究生学历毕业证或硕士学位后每人补助 12 000 元。可以看到,高学历的教师会比普通学历背景的教师获得更高的收入。但是,对于更高学历教师拥有更高生产率的论断尚未确定。有研究证明,未经教师培训的大学毕业生到特定的班级中任教,其指导的学生学习表现与其他学生大致相同,甚至在某些方面更为优异。

这就产生了有关教师工资的另外一个矛盾:如果高学历的背景不能提高教师的生产率水平,那么学历的边际收益为零。但是,此时教师工资却随着学历的提高而增加,所以学历的边际成本为正。为了最大化收益,学校应当慎重考虑对高学历背景教师的雇佣,因为即便它为高学历的教师支付了高昂的工资,也难以确认是否能够提高学生的成绩。

参考文献

[1] Arthur O'Sullivan. Urban Economics (9th edition) [M]. McGraw-Hill Education Press, 2019.

[2] Masahisa Fujita. Urban Economic Theory: Land Use and City Size [M]. Cambridge University Press, 1989.

［3］Masahisa Fujita,Paul R. Krugman,Anthony J. Venables. The Spatial Economy：Cities,Regions,and International Trade［M］. MIT（Massachusetts Institute of Technology）Press,1999.

［4］Masahisa Fujita,Jacques-Francois Thisse. Economics of Agglomeration：Cities,Industrial Location,and Regional Growth（2nd edition）［M］. Cambridge University Press,2012.

［5］Ding,W. ,S. F. Lehrer. Do Peers Affect Student Achievement in China's Secondary Schools［J］. The Review of Economics and Statistics,2007,89(2)：300－312.

［6］Hanushek,Eric A. The Trade-off between Child Quantity and Quality［J］. Journal of Political Economy,1992,100(1)：84－117.

［7］Correa,H. An Economic Analysis of Class Size and Achievement in Education［J］. Education Economics,1993,1(2)：129－135.

［8］李文秀.从效率视角对我国基础教育阶段公办学校分层的审视——基于对昆明市公办高中的教育生产函数研究［J］.北京大学教育评论,2009,7(4):35－49.

［9］袁舟航,闵师,项诚.农村小学同伴效应对学习成绩的影响:近朱者赤乎？［J］.教育与经济,2018,141(1):65－73.

［10］程慧,马星丽.优质课程建设探索与实践［J］.科技资讯,2014,24:175.

［11］刘骥.教育提质增效与高质量发展:基于教育生产力的理论、经验与治理［J］.南京社会科学,2023,6:129－137.

［12］高筱卉.美国"以学生为中心"的大学教学设计模式和教学方法研究［D］.华中科技大学,2019.

［13］安雪慧.教育期望、社会资本与贫困地区教育发展［J］.教育与经济,2005(4):31－35.

［14］郑琦,杨钋.班级规模与学生学业成绩——基于2015年PISA数据的研究［J］.北京大学教育评论,2018,16(4):105－127＋186－187.

［15］郑隽娴.新时期我国本科及以上层次中外合作办学的现状分析与对策研究［J］.哈尔滨学院学报,2023,44(6):140－144.

［16］李文秀.教育水平对犯罪率的影响——基于中国30个省份的面板数据分析［J］.铜陵职业技术学院学报,2022(4):34－40.

第 14 讲

城市的犯罪

不同区域的犯罪率也不同,犯罪控制会影响人们居住选择。第 14 讲将利用理性犯罪模型研究城市的犯罪情况,并探索如何选择最优的承受犯罪规模。

14.1 犯罪事实

犯罪,从经济学角度来说,犯罪的成本和收益是重要因素,罪犯由此来决定是否开展犯罪。因此,基于这个要素可以采取相应的措施提高犯罪成本来降低犯罪率。比如,由于学生在学校就读期间犯罪的法律成本较高,可以采取加大教育资源投入的措施,增加教师和学校数量、助学贷款力度等,让辍学的学生能够重新回到学校继续学习,从而降低犯罪率。同时,可以通过加大对犯罪的打击范围和力度来增加犯罪成本、降低犯罪收益,如增加警察和监狱数量及提高犯罪的罚款额度。此外,还会将经济学中的成本-收益分析引入犯罪研究中。在这一讲探讨如何将犯罪数量控制在合理范围内,这个合理数量又当如何计算。虽然在理想中,都希望社会中不存在犯罪,但是无法付出与之相匹配的高昂成本,只能谋求社会的最优效率水平。

14.1.1 犯罪类型

在司法领域中,根据犯罪案件违反的法律法规和需要承担的法律责任,一般将犯罪类型分为:刑事犯罪、民事犯罪和行政犯罪。

刑事犯罪是指违反国家刑法的行为。这些犯罪涉及对公共秩序和社会安全造成严重威胁的行为,例如谋杀、强奸、抢劫等。刑事犯罪的起诉和审判由公检法机关负责,被判定有罪的犯罪者将面临惩罚,如处以监禁、缓刑、罚款等。在刑事审判中,并非所有违法行为都被视为犯罪,只有达到一定程度的严重性和违法性才能构成犯罪。

民事犯罪是违反私法规定的行为。这些犯罪是个人或组织在与他人发生民事纠纷时,采取违法手段达到自己目的的行为,如侵权、合同违约等。民事犯罪的处理主要以保护个人权益和财产权益为目标,强调民众的私权保护。因此,在民事犯罪中,被害人通常会对犯罪者提起民事诉讼,要求赔偿经济损失或其他法律救济。民事纠纷的解决通常由法院根据法律规定进行调解、仲裁或判决。

行政犯罪是指违反行政法规定的行为。行政犯罪主要包括公职人员在行使公职过程中滥用职权、徇私舞弊、玩忽职守等行为。行政犯罪是对公共行政秩序的破坏和违背,其处理主要以维护社会公平、保证公共行政效率为目标。行政犯罪的主要惩罚方式是行政处罚,例如开除公职、停职查办、罚款等。

14.1.2 犯罪状况

表14—1　2015—2021年全国法院一审收、结刑事案件及判决罪犯情况

	2015年	2016年	2017年	2018年	2019年	2020年	2021年
收案件数	1 126 748	1 101 191	1 294 377	1 834 374	1 293 911	1 107 610	1 277 197
结案件数	1 069 205	1 115 873	1 296 650	1 825 835	1 297 191	1 115 890	1 255 671
判决人数	1 232 695	1 220 645	1 270 141	1 430 091	1 661 235	1 526 811	1 715 922

资料来源:《中国法律年鉴》(2015—2021),最高人民法院《全国法院司法数据统计公报(2021)》。

表14—1显示了2015—2021年全国法院一审收、结刑事案件与判决罪犯的数量。可以看到,2015—2018年间犯罪数量上升,在2018年达到峰值的183.437 4万件;此后则断崖式下降到2019年的129.391 1万件,再下降到2021年的127.719 7万件。而从判决的罪犯人数来看,2015年起均在120万人以上,呈波浪式上升态势,到2021年达到峰值的171.592 2万人。

表14—2　全国公安机关刑事立案分类情况

	2015年	2016年	2017年	2018年	2019年	2020年
杀人	9 200	8 634	7 990	7 526	7 379	7 157
伤害	132 242	123 818	111 124	97 390	85 226	79 662
抢劫	86 747	61 428	39 230	25 413	17 106	11 303
强奸	29 948	27 767	27 664	29 807	33 827	33 579

资料来源:《中国法律年鉴》(2015—2021),最高人民法院《全国法院司法数据统计公报(2021)》。

表14—2显示了2015—2020年全国公安机关刑事立案的分类情况(此处仅列举七类传统暴力犯罪代表中的四个类型)。可以看到,杀人、伤害、抢劫三类暴力犯罪案件数逐步下降,而强奸犯罪是四种传统暴力犯罪中唯一略有上升的暴力犯罪,由2015年的29 948起略增加到2020年33 579起,升幅为12.12%。如果以四类传统暴力犯罪总和来看,2015年四类传统暴力犯罪刑事立案总和为258 137起,2020年为131 701起,四类传统暴力犯罪刑事立案总数减少了126 436起,下降了48.98%。

此外,根据《中国法律年鉴》发布的数据,在2009—2019年被批捕人数由95.8万

人上升到了 108.8 万人,被提起公诉的人数由 116.9 万人上升到了 181.9 万人。中国的犯罪率正在以一个明显的态势上升,这背后涉及政治、经济、宗教等诸多综合因素。

14.1.3 犯罪成本

对罪犯来说,犯罪成本是指其因为犯罪而遭受的各种损失,包括行为成本、物质成本、心理惩处、法律惩处、社会惩处、定罪概率等;而对一个国家或社会来说,犯罪成本的定义被扩大了,具体指代犯罪问题导致的所有社会损失、浪费、开支、花销的总和。犯罪成本包括了实施犯罪行为的开销、伴随犯罪案件发生而直接出现的财产损失或医疗费用、犯罪导致的各种间接、长期的损失和支出,为预防犯罪再次发生所花费的开销以及刑事司法部门抓捕、审讯和关押罪犯所需的费用等。

14.2 理性的犯罪

从经济学角度看,聪明的罪犯惯会运用最小的犯罪成本获得最大的犯罪收益,这也就是说,犯罪是理性的活动,只要犯罪的收益大于成本,犯罪就极有可能发生。罪犯会衡量他们可能支付的犯罪成本与犯罪收益间的大小利弊,当然,这其中包括了很多的不确定性。接下来,将进一步举例解释。

14.2.1 犯罪风险偏好

人们对犯罪风险的偏好存在差异性。

假设现在,你是一位出租车司机,正在运载一位客人前往其公司上班。但是,客人觉得按照当前的车速,无法让他在公司规定的时间内按时抵达,于是向你提出加速 10% 的要求,他将为此支付 140 元的小费报酬。但是,根据交通法规,如果你被发现超速行驶,将被处以 110 元罚金。假设你被抓住超速行驶的概率为 50%,你会同意客人的要求吗?

当获得 140 元报酬和损失 110 元的概率相同时,有一部分风险偏好高的人会愿意为此犯罪,而另一部分人仍不愿承担这个风险。但如果提高犯罪收益,抑或是降低犯罪成本,那些低风险偏好的人也会转而从事犯罪活动。例如,当客人把 140 元的小费报酬提高到 200 元,会有更多的人愿意冒险超速驾驶;当被处罚金从 110 元降低到 50 元,也会增加愿意承担风险进行犯罪的人员数量。

14.2.2 期望效用与犯罪决策

假设一个人每天的合法收入是 100 元,但他会在此基础上每天进行犯罪活动获得非法收入 44 元,以此作为补充收入。合法收入与犯罪活动带来的收入齐头并进,可以满足这个人的期望效用目标,给他带来最高的期望效用。为了进一步解释,将用货币数量来表示效用程度,并绘制成图 14—1。

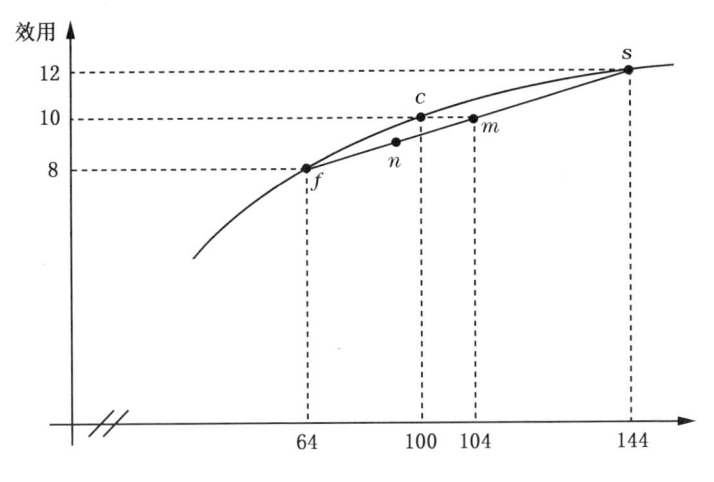

图 14—1 犯罪获得的预期效用

图 14—1 展现了收入与效用之间的关系。其中,横轴代表收入,纵轴代表效用,效用曲线呈凹形,代表收入的边际效用递减。效用函数的公式为:效用=(收入)$^{1/2}$。

此外,在图 14—1 中,假设了三种情况:首先,点 c 代表固定的合法收入,效用值为 10;其次,点 s 代表此人成功的犯罪活动,结果效用值为 12;最后,点 f 代表此人失败的犯罪活动,结果效用值为 8。当进监狱的概率为 50%,点 m 代表此时的平均预期效用为 10,位于点 s(12)与点 f(10)的连线中点。

表 14—3 的第一列给出了基础的数据,此时合法收入为 100 元,犯罪收入为 44 元,进监狱概率为 0.5,刑期为 0.36 个时间单位(比如 10 年中的 3.6 年)。

表 14—3　　　　　　　　　　　　犯罪的预期效用

	基线	较高的进监狱概率	较长的刑期	较低的犯罪所得	较高的收入	较低的进监狱概率
合法收入(美元)	100	100	100	100	400	100
犯罪收入(美元)	44	44	44	21	44	44
进监狱概率	0.5	0.75	0.5	0.5	0.5	0.25
刑期	0.36	0.36	0.51	0.36	0.36	0.36
合法效用=(合法收入)$^{1/2}$	10	10	10	10	20	10
从成功的犯罪活动中获得的效用						
净收入=合法收入+抢劫收入	144	144	144	121	444	144
效用=(净收入)$^{1/2}$	12	12	12	11	21	12
从失败的犯罪活动中获得的效用						
监禁成本=刑期×合法收入	36	36	51	36	144	36

续表

	基线	较高的进监狱概率	较长的刑期	较低的犯罪所得	较高的收入	较低的进监狱概率
净收入＝合法收入 － 监禁成本	64	64	49	64	256	64
效用＝(净收入)$^{1/2}$	8	8	7	8	16	8
从犯罪活动中获得的预期效用（尤特尔 util）	10	9	9.5	9.5	18.5	11

此时根据第一列的数据计算合法效用与犯罪效用。

(1)合法效用的计算：

合法的收入是 100 元，经过前面公式的计算得出合法效用是 10 尤特尔，由图 14－1 中的点 c 表示。

(2)犯罪效用的计算：

当犯罪活动成功时，净收入为合法收入与非法收入之和，即 144 元，此时效用为 12 尤特尔，由点 s 表示；当犯罪活动失败时，罪犯将付出 0.36 个时间单位在监狱中劳改，剩下 0.64 个时间单位继续获取合法收入，此时净收入为合法收入乘以剩余时间单位，即 64 元，效用为 8 尤特尔，由点 f 表示。

犯罪的期望效用等于成功和失败两种情况的平均权重值之和，公式为：

$$EU\{U_1,U_2;p_1,p_2\}=p_1 \cdot U_1+p_2 \cdot U_2$$

p_1 是产生 U_1 单位尤特尔效用的概率。在上述例子中，成功的效用为 12 尤特尔，概率为 0.5，失败的效用为 8 尤特尔，概率为 0.5，故犯罪效用为：

$$EU\{12,8;0.50,0.50\}=0.50×12+0.50×8=10(尤特尔)$$

在图 14－1 中，犯罪的期望效用表示为点 m。

经过上述计算可以得知，此时犯罪的期望效用等于合法效用，选择是否犯罪是不具有差异性的，因为他获得 12 尤特尔或者 8 尤特尔的概率相同。而如果犯罪效用大于合法效用，那么这个人会偏好进行犯罪。但是，如果从收入的角度去计算，可以得知，在从事犯罪活动的情况下，收入预期为 104 元(0.5×144 元＋0.5×64 元)，高于只进行合法活动的情况。为什么犯罪活动提高了收入的预期，但此时的犯罪偏好却不具差异性呢？

应当考虑收入边际效用递减的事实存在。如果进行犯罪活动，将有 0.5 的概率获得额外增加的 44 元收入，有 0.5 的概率损失额外的 36 元收入。由于收入边际效用递减，其成功获得 44 元收入的效用值加量(沿着效用曲线向上移动)等于损失 36 元带来的效用值减量(沿着效用曲线向下移动)；所以是否进行犯罪虽然会带来不同收入，但为人们带去的效用值是相同的。即使在犯罪行为可以给人们带来较高预期收入的情况下，这种无差异性也同样会存在。

14.2.3 预防犯罪

在上述例子中,犯罪效用等于合法效用,故而人们对犯罪和合法工作的偏好是无差异的。接下来将通过改变其中一些变量,使犯罪效用高于或低于合法效用。

在表 14-1 中的第二列,进监狱的概率提高到了 0.75。此时,犯罪的预期效用为:

$EU\{12,8;0.25,0.75\}=0.25\times12+0.75\times8=9$(尤特尔)

而合法效用依然是 10 尤特尔,可知,现在的犯罪效用低于合法效用,人们将更偏好于合法工作。这一结果在图 14-1 中的呈现,就是使点 m 移向了点 n。点 m 原先位于点 s 和点 f 间的 1/2 处,当进监狱的概率也就是失败概率提高时,会向点 f(失败)移动,最后位于点 s 和点 f 之间的 3/4(对应 0.75 的失败概率)处。

在表 14-1 中的第三列,罪犯的刑期提高到了 0.51。值得注意的是,这个变量的改变仅影响失败犯罪的预期效用,经计算为 7 尤特尔。此时,犯罪的预期效用为:

$EU\{12,7;0.50,0.50\}=0.50\times12+0.50\times7=9.5$(尤特尔)

所以,现在的犯罪效用仍然低于合法效用 10 尤特尔,人们将不会选择犯罪。上述两种方式都为预防犯罪提供了一种思路:增强犯罪的惩罚力度有利于减少犯罪行为的发生,包括提高罪犯被抓捕进监狱的概率、提高罪犯的刑期。

而在表 14-1 中的第四列,犯罪获得的收益降低到了 21 元。值得注意的是,这个变量的改变仅影响成功犯罪的预期效用,经计算为 11 尤特尔。此时,犯罪的预期效用为:

$EU\{11,8;0.50,0.50\}=0.50\times11+0.50\times8=9.5$(尤特尔)

犯罪效用低于合法效用,犯罪将不会发生。故而,降低犯罪收入也能够帮助预防犯罪。

在表 14-1 中的第五列,确定的合法收入提高到了 400 元,意味着合法效用将从 10 尤特尔提高到 20 尤特尔。此时,犯罪的预期效用为:

$EU\{21,16;0.50,0.50\}=0.50\times21+0.50\times16=18.5$(尤特尔)

现在,合法效用仍高于犯罪效用,这位高收入者将偏好于合法工作。潜在犯罪者的合法收入也是影响犯罪的一个重要因素,可以成为预防犯罪的一个入手点。

在表 14-1 中的第六列,列出了一个反面例子,将进监狱的概率降低到 0.25。此时,犯罪的预期效用为:

$EU\{12,8;0.75,0.25\}=0.75\times12+0.25\times8=11$(尤特尔)

由此可知,降低进监狱概率会使犯罪效用提高,当高于合法效用时,人们就会偏好于从事犯罪活动。

14.2.4 道德成本

在上述的例子中,了解到了犯罪效用与合法效用如何影响人们的犯罪偏好,但是,在这个过程中，一直有个假设，那就是人们不考虑犯罪的道德成本。道德观念是一个人内心深处对善恶、对与他人间的关系行为的判断和态度。虽然有部分人心中不存在道德成本，偏好从事犯罪活动，但实际上，大部分人会有厌恶反社会行为的情绪，存在犯罪的道德成本。

如果他们的预期犯罪成本是正的，将不会从事犯罪活动。因此，考虑道德成本，将道德因素融入反社会成本中，并用痛苦成本来代表反社会成本。

引用表 14-1 中"较低的进监狱概率"的情况。数据显示，在不考虑痛苦成本条件下，进监狱的概率为 0.25，从犯罪活动中获得的预期效用是 11 尤特尔，高于合法效用 10 尤特尔。假设潜在的罪犯拥有 3 尤特尔的痛苦成本，则犯罪的预期效用就会相应减少 3 尤特尔为 8 尤特尔，低于合法效用 10 尤特尔，此时他会偏好于选择合法生活。当然，如果犯罪的收益足够高，以至于犯罪的预期效用减去了 3 尤特尔的痛苦成本后仍高于合法效用 10 尤特尔，那么他仍然会从事犯罪活动。

将道德因素融入反社会成本中，将有利于解释为何大多数犯罪收益是正的人却没有从事犯罪活动这一现象。从表 13-5"较低的进监狱概率"那列的数字可以看出，当不考虑痛苦成本时，犯罪的预期效用要比合法的效用高 1 尤特尔。而当一个人的痛苦成本是 3 尤特尔时，他将不会从事犯罪活动，但是当他的痛苦成本仅为 0.60 尤特尔时，则仍然会从事犯罪活动。融入道德因素，解释了为什么两个人面对相同的收益和犯罪成本时，会做出不同的选择。

14.3　犯罪的均衡数量

在本小节中，将继续利用理性犯罪模型来研究犯罪的均衡数量。可以采用制定不同的针对犯罪的相关政策来改变罪犯的收益曲线和成本曲线，来降低犯罪收益和提高犯罪成本，从而达到减少犯罪的目的。此外，为了简化研究问题，将把效用的单位从尤特尔转换成元，用货币来度量犯罪的成本和收益。

14.3.1　供给曲线和边际收益曲线

（1）供给曲线

图 14-2 中的曲线 L_1 代表犯罪供给曲线，描述了犯罪的价格（犯罪所获收益）与犯罪的供给数量（从事犯罪的人数）之间的相互关系。犯罪供给曲线显示出犯罪数量是随着犯罪收益的提高而增加的。

在图 14-2 中，a 点表明第一个犯罪活动可以获得 300 元的收益，这也是罪犯产生的最低犯罪成本，包含了罪犯在监狱里的时间机会成本和犯罪的痛苦成本。如果收益水平较低，比如 299 元，此时犯罪收益低于犯罪成本，则不会有犯罪行为发生。而当犯罪收益从 300 元增加到 400 元时，犯罪数量也会增加 20 起，以此类推，这就是犯罪

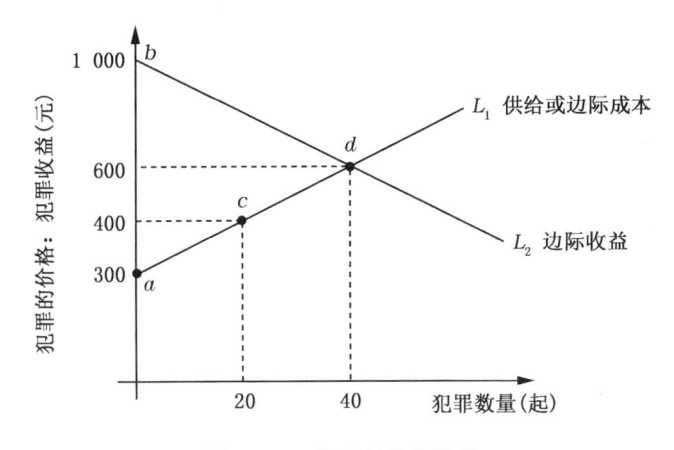

图 14—2 犯罪的均衡数量

价格同犯罪供给数量间的正向关系。

此外,供给曲线斜率为正,代表犯罪的边际成本不断增加,这是因为不同的潜在罪犯具有不同的机会成本和痛苦成本。

从前文理性罪犯模型可知,犯罪成本由四个变量决定:①进监概率。罪犯被抓住关进监狱的概率。②服刑期限。服刑时间的长短。③时间机会成本。在监狱里的时间机会成本,它随着收入的不同而有所不同,合法收入越高,时间机会成本越大。④犯罪的痛苦成本。不同的人有不同的痛苦成本。

假设每个人都面对相同的进监狱概率、服刑期限和时间机会成本(即相同的合法收入),那么第一起犯罪活动将由犯罪痛苦成本最低的人执行。同样地,假设每个人的监狱概率、服刑期限和犯罪痛苦成本相同,那么第一起犯罪活动将由时间机会成本最低的人来执行,即合法收入最低的人。所以通常来说,供给曲线最低处的罪犯具有相对较低的时间机会成本(合法收入)和较低的犯罪痛苦成本。

在图 14—2 中沿着供给曲线向上移动时,可以看出较高的抢劫收益使人们进行犯罪活动具有较高的时间机会成本和痛苦成本。比如,在 c 点处犯罪活动的数量为 20 起,犯罪成本低于 400 元,而在 d 点处犯罪活动的数量为 40 起,其犯罪成本低于 600 元且高于 400 元。由此得出,较高的抢劫收益使人们在进行犯罪活动时,面临着更高的时间机会成本和痛苦成本。

(2)边际收益曲线

图 14—2 中的曲线 L_2 代表犯罪的边际收益曲线,描述了罪犯个人的收益状况。犯罪边际收益取决于犯罪收益的大小。

犯罪边际收益曲线斜率是负的,这是因为从不同受害人那里获取的抢劫收益不完全相同,且对不同受害人实施抢劫的难度也有差异。一般来说,让罪犯获益最大的抢劫目标最先受到伤害。b 点是犯罪边际收益曲线的最高点,代表最容易实施抢劫和抢劫收益最大的犯罪目标,是罪犯的第一个目标,有 1 000 元犯罪边际收益。在图 14—2

中沿着犯罪边际收益曲线向下移动时,罪犯开始转向收益稍微差一点和稍微难实施一点的目标,此时抢劫的收益和实施抢劫的难度都在加大。

(3)犯罪的数量均衡

图 14—2 中,d 点是犯罪均衡点,表示了犯罪市场的初始均衡。此时每起犯罪活动的犯罪收益是 600 元,犯罪活动的数量是 40 起,边际收益等于边际成本。在 d 点前的 40 起犯罪活动,其边际收益高于边际成本;而在 d 点后,边际收益低于边际成本,这也就是说实施第 41 起犯罪活动的边际成本超过了犯罪的收益,降低了罪犯的利益。因此,犯罪活动的均衡数量是 40 起。

14.3.2 曲线的移动

在对犯罪的供给曲线和边际收益曲线有所了解后,将进一步探究如何通过移动曲线来降低社会的犯罪率。

(1)提高惩罚的确定性

首先,可以通过提高惩罚的确定性移动犯罪供给曲线。根据理性犯罪模型,知道罪犯被抓关进监狱的概率是影响犯罪实施的一个重要因素。提高罪犯被抓关进监狱的概率可以增加犯罪成本,使供给曲线向上移动。

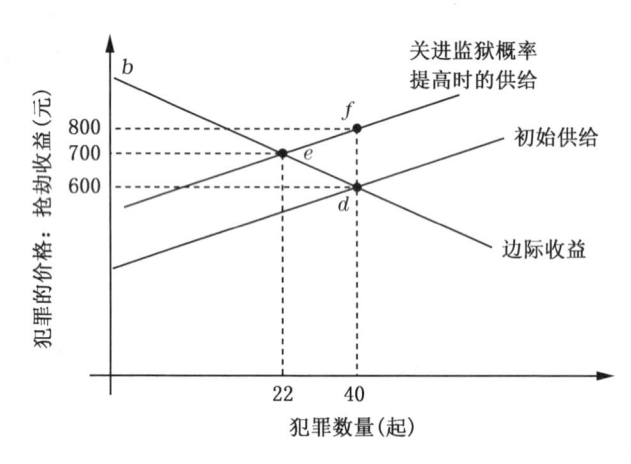

图 14—3 公共政策改变犯罪供给曲线和降低犯罪数量

在图 14—3 中,边际供给曲线向上移动了 200 元。这一变化增加了犯罪成本,例如,第 40 起犯罪活动的成本原先是 600 元,而现在则提高到了 800 元。供给曲线向上移动的同时也减少了同样犯罪收益下的犯罪数量。新的均衡位置可用点 e 表示:犯罪活动的均衡数量从 40 起下降到 22 起。

所以,当罪犯被抓关进监狱的概率增加时,犯罪成本会相应增加,引致潜在罪犯面对较高的犯罪成本会减少犯罪数量。要提高罪犯被抓关进监狱的概率,必须使用更多的资源(警察和法官)去抓捕和审判罪犯。

对于提高的惩罚确定性,罪犯会做出何种反应呢?数据显示,一方面,犯罪数量相对于被关进监狱概率的弹性是-0.30,也就是说被关进监狱的概率每提高10%,犯罪活动的数量将下降3%。另一方面,犯罪数量相对于被逮捕比率(被逮捕的人数除以从事犯罪的人数)的弹性也是-0.30。犯罪率相对于警察数量的弹性为-0.40~-0.50。故而,惩罚确定性的提高可以减少犯罪活动的数量。

(2)提高惩罚力度

其次,服刑期限同样影响犯罪成本,人们会思考通过改变服刑期限来改变犯罪成本,从而移动犯罪供给曲线。在其他条件不变的情况下,服刑期限越长,则犯罪边际成本越高,犯罪供给曲线上移,犯罪数量减少。然而实际中,通过对罪犯行为的研究进行整理发现,较长的服刑期限对犯罪率的下降不一定有效。犯罪率相对于服刑期限的弹性几乎为零。

而且,罪犯经历较长的服刑期限可能会降低对犯罪的厌恶感。进行犯罪活动的罪犯本身就有较低的厌恶感,而长时间的在监狱服刑会进一步降低他们的厌恶感,让他们变得更加冷酷,从而降低了其犯罪痛苦成本。等刑满释放后,这些人就会更容易又从事犯罪活动。在其他条件不变的情况下,降低犯罪痛苦成本会导致犯罪供给曲线向下移动,抵消了部分较长服刑期限的威慑效应。

此外,长时间服刑还可能导致罪犯降低再犯罪被抓的概率。罪犯在监狱长时间服刑,可能会与其他罪犯进行交流,交流犯罪的诀窍、被抓的破绽、所犯的错误,那么这意味着罪犯的犯罪技能将会进一步提高,时间越长提高越多,监狱就会相当于罪犯提升犯罪技能的学校。待罪犯服刑结束释放后,其再犯罪被抓的概率就会降低,从事犯罪的痛苦成本也会随之下降,导致犯罪供给曲线向下移动,抵消了部分较长服刑期限的威慑效应。

14.4 合法的机会与教育

在上一节中,讨论了加大惩罚的确定性或者惩罚力度可以提高从事犯罪活动的成本,移动供给曲线,从而有效减少犯罪活动。除此之外,还有一类可以减少犯罪活动的措施,是以提高合法活动的价值即提高合法收益为主要方法,通过提高犯罪的机会成本来降低犯罪率。犯罪的机会成本,即行为人因实施犯罪活动而失去的在相同时间内通过正常生产活动而获取的收益。接下来将会具体探讨这一类策略。

14.4.1 合法的机会与犯罪

增加合法工作机会与提高合法工资水平,能够提高合法收入,增加犯罪的机会成本,使得供给曲线向上移动,降低犯罪率。

增加合法工作机会有助于促进经济发展。就业率的增加可以带来经济活力的提升,能够提高公众收入水平,减少潜在罪犯的犯罪动机。此外,失业、长期贫困等不利因素会导致个体心理压力增加，易产生犯罪行为。而稳定的就业可以提供个体自我实现的机会，增强幸福感，增加道德成本，从而减少犯罪发生的概率。虽然失业率与犯罪率之间的互动关系较弱，但有研究显示罪犯的首次犯罪的犯罪率与失业率有显著关系，且青年人的犯罪率会随着失业率的下降而下降。

而提高合法的工资水平，直接性提高了人们的收入。合法的工资越高，意味着从事犯罪可能会面临放弃的收入越多，也就是说犯罪的机会成本会越高。这时，潜在的罪犯会好好衡量成本与收益间的关系，发现得不偿失时会选择继续合法生活。Gould等人(2002)通过研究发现，犯罪对低技术工人工资的弹性较大，可以说工资每提高10%，犯罪率就会下降10%～20%。而在中国，作为社会弱势群体的农民工犯罪率较高的一个重要因素就是他们较低水平的经济收入：调查发现犯罪前月平均收入低于1 200元的人数占比高达48.6%，而月平均收入高于4 000元的人数仅占6.5%。

因此，面对当今就业竞争激烈的局面，政府部门应当关注如何完善中国低技术青年人的就业市场，增加合法就业机会，提高他们的合法工资水平，预防犯罪活动。

14.4.2　教育：防止犯罪的政策

教育与犯罪间的联系被称为学历溢价效应。高等学历的人往往比低学历的人群拥有更高的收入水平和更多的合法就业机会，犯罪的机会成本也就更高，更偏好于选择合法生活。所以，发展教育可以提高人们的学历和能力，帮助他们获得更多合法就业机会，降低犯罪率。

增加教育年限是通过教育降低犯罪率的一个有效途径。教育年限和教育水平的提升，通常会伴随犯罪率的下降。在研究中发现，每将教育年限提高1单位，被逮捕率下降4.25%、被提起公诉率下降18.9%。此外，在探究教育对犯罪率影响的文献中也指出，劳动力平均小学受教育年限每增加1年可以降低犯罪率2.4～3.0个百分点，初中教育年限每增加1年可以降低犯罪率4.0～5.0个百分点，高中教育年限每增加1年则可以降低犯罪率5.4～6.5个百分点。

但是，值得注意的是，并不是每个教学段的年限增加都能带来犯罪率的下降。陈刚和李树(2011)又指出，随着学历提高，大学教育不仅没能够减少人们的犯罪活动，甚至还成为高技能犯罪罪犯的温床。其实，这主要是因为当下的劳动力市场竞争激烈以及教育过度的问题，使合法的边际收益小于犯罪的边际收益，促使高学历人员进行犯罪来获得期望的高教育回报率。在此基础上，李文秀(2022)进一步通过数据分析发现，根据对特定大学犯罪类型累犯人数的统计中，因财产型犯罪被抓期满释放后再犯的人数占总累犯人数的66.7%。由此可见，大学以上学历的人员犯罪主要是出于经济因素的影响，即财产收益是诱发他们进行犯罪的主要"按钮"。

14.5 犯罪率高吗

人们往往会希望社会上没有犯罪事件的发生,或者谋求极低的犯罪概率。事实上,将犯罪率控制在 10% 甚至是 1% 是有可能的。但为什么现在仍会容忍如此多的犯罪呢?这是因为,在这种情况下,防止犯罪活动发生的成本远远高于犯罪活动本身造成的损失。社会付出的巨大成本会导致社会效率的降低。为了促进社会的不断进步与发展,社会效率必须维持在正向水平,社会必须选择最优的犯罪规模。

14.5.1 最优的犯罪数量

为预防犯罪做出的努力称为犯罪预防成本。对于国家机关,可以利用国家的人力、资本等资源通过采取有效的措施来减少犯罪数量,如提高惩罚的确定性和加大惩罚力度。而对于潜在的受害者个人,可以通过增加安全设施投资来预防犯罪活动,如用安全级别高的锁、可靠的防护装置、灵敏的警报器、智能的监控探头等来阻止犯罪活动。

犯罪的另一个成本是由受害者承担的,称为犯罪损害成本,包括受害者丧失工作时间的机会成本、货币损失和人身伤害成本。

接下来将利用边际原理,比较这两个成本间的关系,来确定犯罪活动的最优数量。

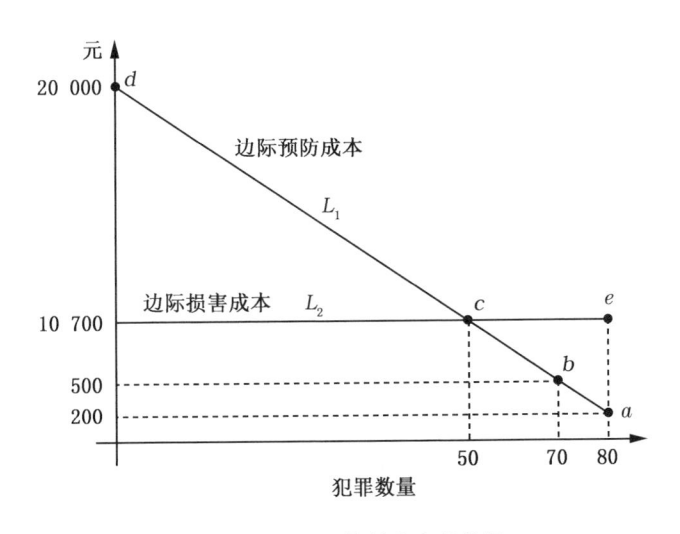

图 14—4 犯罪的社会有效数量

在图 14—4 中,横向坐标轴代表犯罪数量,取值范围是 0~80。曲线 L_1 代表预防犯罪活动产生的边际成本,曲线为负,数值递减。曲线 L_2 代表受害者承担的边际损害成本,数值固定。

在点 a 处,犯罪数量为 80 起。可以通过 L_2 了解到,此时使犯罪活动从 80 起降到 79 起的成本为 200 元,也就是说组织一起犯罪活动的成本是 200 元。为了阻止更多的犯罪活动(即令犯罪数量减少),点位沿着 L_1 曲线向上移动,需要更高的预防犯罪的边际成本。例如,犯罪活动的数量为 70 起时,预防犯罪的边际成本达到 500 元(用点 b 表示)。犯罪活动的数量减少到 50 起时,预防犯罪的边际成本达到 10 700 元(用点 c 表示)。当边际预防成本持续上升达到 20 000 元时,阻止了最后一起犯罪活动(用点 d 表示)发生。也就是说,将犯罪活动从 80 起减少到 70 起,预防成本增加 300 元,相对容易,但随着犯罪率的降低,如果再阻止其他犯罪活动,就要付出更高的成本,成本越高,越困难。

进一步地,假设每次犯罪给社会带来的成本是 10 700 元人民币,即边际损害成本固定为 10 700 元。

为了达到犯罪的社会有效数量,边际预防成本应该等于边际损害成本,即总成本(预防成本+损害成本)实现最小值。c 点是边际预防成本曲线和边际损害成本线相交的位置,此时总成本达到最小值,犯罪数量是 50 起。在 a 点第 80 起入室行窃的犯罪活动的损害成本是 10 700 元,而阻止犯罪活动的成本仅为 200 元。这意味着可以花费 200 元来节约 10 500 元的成本,因此犯罪的总成本将下降 10 400 元。沿着边际预防成本曲线向上移动,在犯罪数量达到 50 起之前,边际损害成本都高于边际预防成本,所以阻止犯罪的行动在犯罪数量为 50 起时才应当停止。当犯罪数量达到 50 起(点 c)时,此时边际损害成本等于边际预防成本,达到犯罪的社会有效数量。如果犯罪数量超过 50 起,那么预防犯罪的成本就会超过犯罪本身的损害成本。所以,在犯罪的社会有效数量点 c 处,社会状况可以变得更好。

在上述例子中,犯罪活动损害成本仅仅是一个为了方便推论的假设。事实上,不同的犯罪活动其损害成本不同,其社会有效水平也随之存在差异。例如,如果上述例子中的犯罪活动定义为入室行窃,此时再假设抢劫的边际预防成本与上述的边际预防成本相同,但是抢劫的损害成本高于入室行窃的损害成本,那么抢劫的边际预防成本曲线和边际损害成本线的交点会处在 c 点前,即抢劫的社会有效数量小于入室行窃的社会有效数量。故而,社会应当将更多的资源分配于治理损害程度大的犯罪活动,包括采取加大惩罚力度、制定更长的服刑期限等手段。

14.5.2 犯罪替代与边际威慑原理

为了治理不同程度的犯罪活动,可以制定一系列的犯罪惩罚措施,这些措施根据不同犯罪类型有着不同的惩罚力度和形式,比如对入室行窃处 3 年及以下有期徒刑、拘役或者管制,对抢劫处 3 年以上 10 年以下有期徒刑。对罪犯来说,这是给了他们选择犯罪类型的参考,相当于提供了一个犯罪惩罚的价格表。罪犯会利用这个价格表来衡量不同犯罪形式的犯罪成本和当前将可能得到的犯罪收益对比,来选择最有利的犯罪活动类型。这一点的现实意义是,鼓励政府对某一类或其他类别的犯罪活动制定

"强硬"政策。例如,如果提高入室行窃犯罪活动的刑期至与抢劫刑期相同,那么此时入室行窃和抢劫的犯罪数量会发生怎样的变化呢？将用以图 14-5 说明。

图 14-5 描述了提高入室行窃犯罪活动的刑期所产生的影响。横坐标是从事犯罪的人数,纵坐标是相应的净收益。净收益等于预期的收益(抢劫或工资)减去预期成本(包括对犯罪的预期惩罚)。由 120 人组成的一个团伙在入室行窃、抢劫和合法工作之间进行选择。入室行窃、抢劫和合法工作的初始均衡分别在 a 点、b 点、c 点处,每项行动有 40 人参加,每项活动的净收益是每天 500 元,即三种选择的边际收益都是相同的,净收益曲线都具有负斜率。这表明在三种活动中,参与的人数越多,净收益就越低。

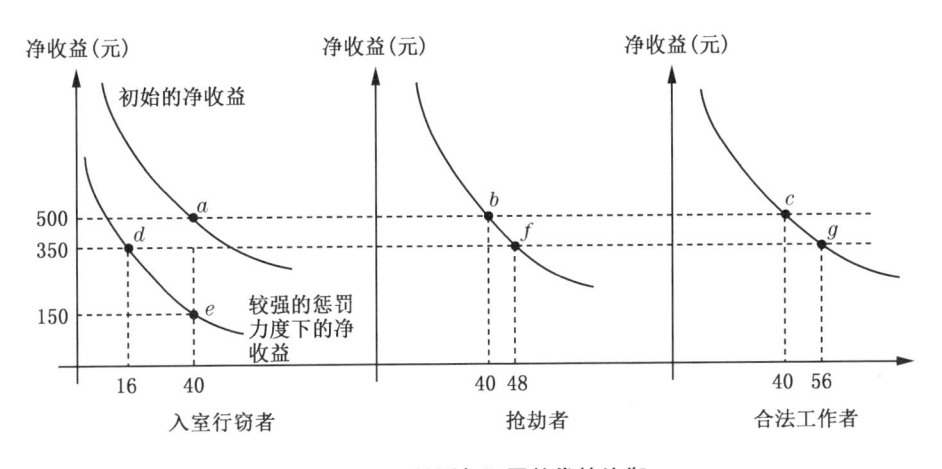

图 14-5 处罚与犯罪替代的均衡

假设对入室行窃犯罪活动的处罚力度加强,那么入室行窃的犯罪预期成本会上升,净收益下降。图 14-5 左侧的入室行窃图形中,入室行窃的净收益曲线向下移动。在点 e 处显示,如果入室行窃者的犯罪数量保持在 40 人,那么净收益将下降到 150 元。此时,人们可能会选择进行抢劫或合法工作,因为它们的收益比入室行窃更高。当出现这种情况时,入室行窃的均衡点将沿着入室行窃的净收益新曲线向上移动,从 e 点移至 d 点;抢劫均衡点沿着抢劫的净收益曲线向下移动,从 b 点移至 f 点;合法工作均衡点沿着合法工作的净收益曲线向下移动,从 c 点移至 g 点。

在新的均衡位置处,入室行窃者的数量会减少,但会产生更多的抢劫者和合法工作者。从事这三种活动的人数共计 120 人,其中,从事入室行窃的人数下降了 24 人,少掉人数中有 8 人转向抢劫,有 16 人选择从事合法工作。同时,入室行窃、抢劫和合法工作的三个新的均衡位置分别处于点 d、点 f 和点 g,此时无论选择从事哪项活动,都有相同的净收益 350 元。

有数据显示,抢劫的损害成本约比入室行窃大 8 倍。当额外增加 2 起抢劫犯罪活动时,为使总的损害成本保持不变,那么按理说入室行窃的数量会下降 18 起。但在上述例子中,总共额外增加了 8 起抢劫犯罪活动,而入室行窃犯罪活动仅减少了 24 起

(大大少于72起),所以总的损害成本是上升的。相反,如果抢劫数量增加得相对较少,入室行窃的数量减少得较多,那么总的损害成本将下降。因此,入室行窃惩罚力度的提高会影响犯罪的损害成本,作用程度取决于混合犯罪比例变化和每种犯罪的损害成本。

通过上述例子,可以了解到边际威慑原理,即在设置刑法严厉程度上每增加一个单位成本,产生的刺激罪犯不再实施较为严重的另一个犯罪活动的效果。这表明,随着犯罪损害成本的上升,犯罪惩罚力度应当相应地增加。

比如,对入室行窃的惩罚力度要低于对抢劫的惩罚力度,这是因为入室行窃的损害成本远低于抢劫的损害成本。如果提高入室行窃的惩罚力度,对这两种犯罪行为实施相同的惩罚力度,虽然可以减少入室行窃犯罪行为的数量,但会引起更多的抢劫犯罪行为发生,导致社会总的损害成本上升。因此,对所有犯罪行为制定一系列合适的惩罚政策是一项较大的挑战,要使所有犯罪活动给社会带来的总犯罪成本降到最低。

14.6 监狱的作用

前文中,已经分析得知,提高罪犯被抓关进监狱的概率可以降低犯罪率。而在本小节中,将进一步探究监狱的三种功能,了解其如何通过这三种途径降低犯罪率。

14.6.1 威慑

威慑是监狱系统的第一个功能。监狱将罪犯关进去服刑、接受惩罚,这类威胁可以劝告一部分人不要从事犯罪活动。

监狱作为一种严厉的刑罚方式,通过将犯罪者剥夺自由并限制其行动范围,产生了强大的威慑效果。犯罪者在监狱中经历的严苛生活和不自由状态,使他们深刻感受到犯罪行为所带来的后果和社会对其的惩罚力度。这种威慑力量使得一部分潜在的犯罪分子望而却步,从而起到减少犯罪行为的效果。

其次,监狱的存在和运行,为整个社会树立了一个警示的榜样。当人们看到那些因犯罪而被送入监狱的人,他们会深刻认识到犯罪行为所带来的严重后果。这种社会示范作用,能够强化人们对犯罪行为的厌恶感和警惕心态,增加人们犯罪的道德成本,从而减少犯罪的发生。

在这一讲的前面也讨论了通过威慑降低犯罪率的情况,当提高犯罪惩罚的确定性时,威慑对犯罪率产生的影响要比加大惩罚力度的影响更显著。

14.6.2 隔离

隔离是监狱系统的第二个功能。监狱可以将罪犯与潜在的受害者相隔离,防止前者继续危害社会,从而促进预防犯罪。犯罪分子被关进监狱后,没有机会接触外界,也无法随意行动,从而减少或杜绝了其再次犯罪的可能性。监狱可以实现对罪犯的有效限制,维护社会的稳定和安全。

但是,在这里还要指出,监狱的隔离功能需要考虑边际成本。这些成本包括监狱看守狱警武警的工资、监狱的水电消耗、建筑维护费用等。而监禁罪犯的收益等于被阻止的犯罪数量乘以每个犯罪的社会成本。当监狱监禁罪犯的边际成本大于边际收益时,监狱所发挥的功能是十分有限的,甚至会拖累社会效率。

在美国,有学者使用量化分析的方法对得克萨斯州监狱系统进行研究,比较了监狱的影响。经研究者计算,在 2000 年监禁一名罪犯的边际收益是 15 000 美元,而边际成本是 36 000 美元,包括了修建、运营监狱的成本与不去劳动损失的机会成本。此时,隔离的边际成本大于边际收益,监狱的囚犯数量超过社会有效数量,发挥的效用十分有限。

14.6.3 改造

改造罪犯是监狱系统的第三个功能。监狱主要通过采取劳动改造、职业培训等措施来促使罪犯改变观念、提高合法工作技能,以便使他们在被刑满释放后能够从事合法的工作,获得不低的合法收益,从而不再从事犯罪活动。

监狱里设有各种教育和职业技能培训课程,帮助罪犯认识自己的错误,提高他们的道德水平和文化素养,为他们将来重返社会做好准备。监狱可以为囚犯提供机会去接触正常社会中的规范和价值观,在与同伴的交流中重建他们的人际关系,通过积极引导使其重新回归社会。

在上述言论中,监狱其实是通过改造功能,直接减少罪犯的再犯罪可能性,从而降低整体犯罪率。但在现实社会中,监狱的改造对降低再犯罪率的效果并不乐观。根据中国司法部官方网站《刑满释放人员重新犯罪数据分析调查报告》显示,在 2018 年广东省惠州监狱作为司法部试点,对 2009—2017 年 15 000 余名刑满释放人员再犯罪进行普查,结果发现重新犯罪者为 1 543 人,重新犯罪率达到 10.25%。此外,美国联邦监狱数据显示,50% 的犯人在 8 年内再次入狱。

对于监狱改造成效一般的原因,分析有以下几点:

(1)价值观念难以改变。价值观会影响方法论,一旦一个人的价值观念形成,就很难做出改变。对罪犯来说,他们的反社会的价值观念是长久的,难以依靠一时间的外力因素进行改变。

(2)难以融入社会。刑满释放人员曾经从事犯罪活动与被国家制裁的经历,容易令周围人对其产生较为牢固刻板的负面印象,表现为远离和淡漠。同时,长期的监狱生活使得罪犯对正常的社会生活方式感到陌生,离开监狱后会感到难以适应和生存。

(3)合法收益难提高。罪犯的文化程度普遍较低,劳动技能欠缺,本身就不具备很强的社会生存能力。此外,社会中大多数的就业岗位都不愿招聘一个犯过罪、服过刑的人,对他们的接受程度和包容度较低。多数刑满释放人员出狱后从事的都是一些较低端的工作,工作收入低下,甚至难以维持生计,促使他们再次犯罪。

(4)群体间相互影响。在监狱中,罪犯与罪犯接触,可能会对彼此的思想行为产生影响。例如,犯罪程度较轻的罪犯可能会受到更为恶劣的狱友影响,使得价值观念进一步偏离正确的轨道,甚至是学习到更反社会的犯罪方法。同时,在狱中相识的罪犯可能会在回到社会后进行联系。当他们的生活无法回归到正常人的模式时,可能会重新聚在一起滋生共同犯罪的想法。

参考文献

[1] Arthur O'Sullivan. Urban Economics (9th edition) [M]. McGraw-Hill Education Press, 2019.

[2] Masahisa Fujita. Urban Economic Theory: Land Use and City Size [M]. Cambridge University Press, 1989.

[3] Masahisa Fujita, Paul R. Krugman, Anthony J. Venables. The Spatial Economy: Cities, Regions, and International Trade [M]. MIT (Massachusetts Institute of Technology) Press, 1999.

[4] Masahisa Fujita, Jacques-Francois Thisse. Economics of Agglomeration: Cities, Industrial Location, and Regional Growth (2nd edition) [M]. Cambridge University Press, 2012.

[5] Gould E, Weinberg B, Mustard D. Crime Rates and Local Labor Market Opportunities in the United States: 1979—1995[J]. Review of Economics and Statistics, 2002, 84(1):45—61.

[6] Glaeser E L, Sacerdote B I, Scheinkman J A. The Social Multiplier[J]. Journal of the European Economic Association, 2003, 23(1): 345—353.

[7] Chen Yuegang, Lin Wei, Wu Yan. Does New-type Urbanization Policy Promote Urban Security Competitiveness? An Empirical Examination of Curbing Crime[J]. Journal of Competitiveness, 2024, 16(2): 2024.

[8]卢云云. 浅谈我国的犯罪成本[J]. 学理论, 2013(24):117—118.

[9]李增. 犯罪成本与犯罪目的关系研究[J]. 法制博览, 2015(33):242.

[10]陈刚, 李树. 教育对犯罪率的影响研究[J]. 中国人口科学, 2011(3):102—110.

[11]王瑞山. 中国社会的犯罪下降现象及其理解[J]. 公安学研究, 2022, 5(2):25—46.

[12]李艳军, 王瑜. 社会福利对犯罪率影响的统计考察[J]. 统计与决策, 2017(7):89—91.

第五篇

人工智能与城市治理

第五篇探讨政府部门治理手段与方式的变革,采用人工智能技术,通过构建数智平台实现数据资源共享,加速中国式城市治理现代化。城市的社会治理事务具有诉求多元、利益矛盾的特点,"条条"(纵向的政府职能部门)与"块块"(横向的地方各级政府)犹如"牙齿"与"舌头",虽然目标一致,但偶尔也会"打架",基层政府往往在"上面千条线、下面一根针"的状态下分身乏术,通过不断建设和优化城市数智底座,促使"条条""块块"数据资源得到整合共享,夯实"一网统管""一网通办",最终实现中国式城市治理的现代化。

随着全球城市化进程的不断加速,城市面临着日益复杂的管理挑战。城市人口的快速增长导致城市资源的不均衡分配和城市环境的恶化,给城市管理带来了巨大压力。传统的城市管理模式已经难以满足日益增长的城市治理需求,城市管理者迫切需要寻找新的思路和方法来提高城市治理效率和水平。

近年来,世界多国都在加快布局数字化转型,竞相抢占数字化时代的发展主动权。数字化技术的迅猛发展为城市治理带来了前所未有的机遇。物联网、大数据、人工智能等新技术的应用,使得城市管理者可以更加全面地了解城市运行的情况,更加精准地制定城市发展的规划和政策。从数字社区到数字城市、从家居生活到社区生活……无论是耄耋老人,还是意气风发的青年,都可以体验政务服务"一网通办"的高效便捷,享受数字生活红利,感受数字化为生活带来的快捷与便利。数字化技术不仅可以提高城市管理的科学性和效率,还可以为城市居民提供更加便捷、高效的公共服务,提升居民的生活质量和幸福感。

时至今日,城市数字化转型已经成为全球城市发展的主要趋势。越来越多的城市开始将数字化技术应用于城市治理,并进一步推动城市从"数字"向"数智"方向转变,而城市数智底座作为城市数字化转型的重要组成部分,正逐渐成为各地推动城市智慧化建设和优化城市治理的重要手段。

在第15讲,将探讨数智底座的概念、构建方法以及在城市管理中的应用实践案例。通过本讲的学习,将能够全面了解数智底座的基本原理和技术特点,掌握数智底座构建和应用的关键技术,展示数智底座在实际城市治理中的应用效果,帮助读者更好地理解数智底座的作用和价值。

第 15 讲

数智底座构建与城市治理

15.1 城市数智底座概述

15.1.1 智慧城市治理的底层逻辑

现代城市及其治理是具有多主体、多层次、多结构、多形态、非线性等特征的复杂系统。智慧城市治理同样是一个复杂系统，其主要组成部分包括社会目标、合作和技术。社会目标提供了整体的方向和指导；合作实现了知识、资源和信息的共享，提升治理效率和效果；技术为社会目标和合作的实现提供了手段。

智慧城市治理的目标在于实现智慧网络、智慧交通、智慧治理、智慧经济、智慧生活和智慧环境等多个方面的统筹与协调。智慧城市建设关注三个方向：政府、民生和产业发展。政府能够把握城市弱点并加以管理，从而更好地促进城市发展；人们依托技术，提高工作效率，减少工作时间，改善生活水平；各产业能够更好地发现市场短板，弥补市场漏洞，加强风险防控。

智慧城市的治理需要政府各个机构、企业和公众的共同参与与合作。由政府负责制定智能城市发展战略、提供政策支持、监管项目实施和与公众沟通。企业可以提供技术支持、设备供应和项目管理服务，帮助政府和公众实现智能城市的目标。公众可以通过参与项目的规划、评估和实施过程，为智能城市项目提供宝贵的意见和建议。

智慧城市治理的底层逻辑在于打破边界，将各个子部门连接成一个有机的整体，实现"一网统管、一网通办"。要求突破组织藩篱，保证治理过程中组织能快速地决策、回应及处置事项。通过统筹规划，能够实现通过跨边界的数据融合与业务协同来整合各主体的信息资源、知识资源与工具资源。

15.1.2 城市数智底座的概念

城市数智底座是指在智慧城市建设中，构建起的支撑和集成各类数字技术和信息资源的基础设施和平台,贯穿城市管理中的感知、分析、服务、指挥、监察各个环节;是城市中各类数字技术和应用的接入和集成平台,为数字生态的各个组成部分提供数据交换、共享和协同的基础条件。

数智底座能够连接各个业务部门,实现从"单打独斗"封闭式向"整体推进"协同创新开放式建设转变,遵循高效、安全、可控、兼容原则,具备面向不同应用需求和应用场景的按需组装与产品自动构建、数据与知识服务、多类型业务系统兼容适配、未来业务系统基础框架定制化快速搭建等能力,最终实现应用跨层级、跨系统、跨部门的系统管理和服务蝶变。

从边界的视角来说,城市数智底座搭载了以政府、社会为代表的边界主体,能够精准进行边界识别,催生边界跨越,实现智慧城市治理,如图15-1所示。

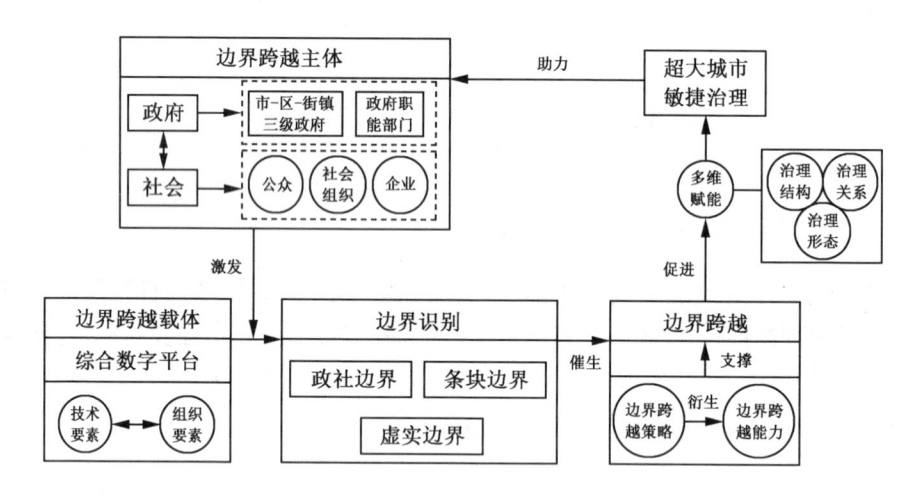

图 15-1 数智底座实现智慧城市治理的底层逻辑

15.1.3 城市数智底座的理论基础

(1)智慧城市建设的"不经济"性

"不经济性"指的是在博弈中,由于信息不对称、合作成本高等因素,导致各方无法达成最优解,从而产生了资源的浪费或效率低下的现象。不经济性通常出现在囚徒困境等博弈中,使得各方无法合作达成最优结果。

在韦伯的科层组织理论中,各个政府机构形成了政府中的独立个体,都拥有自己的权力、利益。从这个角度看,可以把政府机构看作经济人。政府机构在履行公共职能、维护公共利益的同时,也同样在谋求扩大本机构的权力和利益。当某项活动对政府机构的利益有影响时,在各个政府机构间就会产生博弈。我们假设这一博弈矩阵在没有其他外力的干预下如表15-1所示。

表 15-1　　　　　　　　　　两个政府机构间的博弈模型

	A 合作	A 不合作
B 合作	L, L	N, M
B 不合作	M, N	P, P

矩阵中参数的含义如下：

L：甲乙双方均采取合作，双方各自的收益。

M：甲乙中一方选择合作，而另一方拒绝合作时，选择合作一方的收益。

N：甲乙中一方选择合作，而另一方拒绝合作时，选择拒绝合作一方的收益。

P：甲乙双方均拒绝合作，双方各自的收益。

首先，我们假设合作能够在整体的收益方面带来积极影响，即式(1)

$$L+L>M+N>P+P \tag{1}$$

由于选择合作会付出一定的合作成本，因此得到式(2)：

$$N>L \tag{2}$$

在合作方付出了成本却没有享受到合作收益的情况下，得到式(3)：

$$L>M \tag{3}$$

由式(2)和式(3)可得式(4)：

$$N>L>M \tag{4}$$

综上可得式(5)：

$$N>L>P>M \tag{5}$$

因此，上述博弈矩阵被视为一个典型的囚徒困境矩阵，其唯一的纳什均衡解为双方均不选择合作，并得到结果(P,P)，无法达成帕累托最优。

在单次博弈视角下，当 N>L>P>M 时，上述博弈矩阵唯一的纳什均衡解为双方均不选择合作；当 P>0 时，建设城市信息系统的收益为正，此时建设双方倾向于建设孤岛系统，这正是"数据孤岛"产生的根源；当 P<0 时，建设城市信息系统的收益为负，这一城市信息系统建设可能会面临停摆风险，这在某种程度上解释了现阶段智慧城市建设"智慧应用"场景不足的问题。

(2) 城市数智底座运行的核心机理

在单次博弈的过程中，合作的双方基于理性经济人的考量，均会选择不合作。那么在有限次的重复博弈中，这一结果是否会产生变化？

我们，首先考虑构建二阶段的重复博弈模型，并使用逆推归纳法进行分析。首先考虑第二阶段的博弈，由于第二阶段的博弈已经是本轮博弈的最终阶段，因此不受前期博弈结果的影响。此时第二阶段的博弈可以视为一个单次博弈，因此合作的双方均选择拒绝合作。回归到博弈的第一阶段，理性的经纪人完全清楚第二阶段的结果，因此在第一阶段的博弈中仍然遵循单次博弈的纳什均衡解，选择拒绝合作。以此类推，在多次的重复博弈过程中,只要博弈的次数是有限的,博弈的结果均为单次博弈的纳什均衡解。

然而,基于有限次重复博弈的视角下的分析,我们应当观察到城市信息化建设呈现出一种极度的孤岛化,即所有的参与者倾向于在博弈中选择零合作。这显然并不符合我们所观察到的事实。因此,我们在无限次重复博弈的视角下继续分析。

在现实中,不同部门间的业务的关联使得双方的合作可以被视作一种长期的无限次重复博弈。例如,在处理一起刑事案件时,公安部门负责侦查和收集证据,检察院负责审查起诉,法院负责审判。此时,公安部门希望尽快完成侦查工作,并将案件移交给检察院,以减轻工作压力。然而,如果侦查工作不够细致或证据不足,检察院可能会拒绝起诉,导致公安部门的努力白费。另一方面,检察院会希望案件能够顺利起诉,以展示其工作效率和成果,但如果证据确实不足或侦查工作存在瑕疵,法院可能会判决无罪,影响检察院的形象和声誉。在这种情况下,我们就可以将公检法之间的博弈视为一种无限次的重复博弈。

在博弈论中,无名氏定理是一类描述重复博弈纳什均衡的定理,为研究囚徒困境等博弈情境时提供了一种理论框架。起初,无名氏定理仅关注无穷博弈的纳什均衡。在20世纪50年代,这类定理已经广为博弈论学者知晓,但并没有人发表它,所以称为无名氏定理。

无名氏定理的核心观点是,如果参与者对未来有足够的耐心(贴现因子 $\delta \to 1$),对于任意可行、满足个人理性假设的一组收益 $v(v_1,\cdots,v_n)$,都存在着一个子博弈精炼纳什均衡,使得第 i 个参与者的平均收益为 v_i。换言之,任何程度的合作(只要是可行的且满足个人理性)都可以通过一个子博弈精炼纳什均衡来达成。

例如,在只有一期的囚徒困境中,两个参与者都选择合作并非纳什均衡,在有限期囚徒困境中,由于最后一期双方一定都会选择背叛,从而倒数第二期双方也会背叛,以此类推,此时的纳什均衡解为双方一直背叛,不会有合作出现。然而,如果囚徒困境重复无穷多次,并且参与者足够有耐心,就会存在两个参与者都合作的纳什均衡。

因此,城市数智底座运行的核心机理就在于,建设一个平台,联系各方博弈人,将博弈人两两之间的或有限次或无限次博弈转变为博弈人与平台之间的无限次博弈,通过统一合适的博弈战略,放大无限次重复博弈中可能达成的合作倾向,解决智慧城市建设的"不经济性"问题。

15.2 城市数智底座构建

无名氏定理指出,当博弈方采取合适的博弈策略时,如果长期合作产生的收益较之不合作的收益更大,那么就可能达成合作。此时,长期合作产生的收益会折算成现在的收益作为一种贴现。

城市数智底座建设的核心目标就是尽可能地放大这一贴现因子以促成合作。简单来说，就是要为平台的参与者，给各方博弈人带来一种长期的收益。这一收益，在城市数智底座建设的过程中往往被明确为：通过提供标准通用的技术能力，降低技术门槛和采购成本，通过平台效应降低信息系统的建设成本。

因此，城市数智底座的构建主要包括：数据汇聚与治理、服务能力构建和应用平台建设三个部分。

15.2.1 数据汇聚与治理

在构建城市数智底座的过程中，数据汇聚与治理是首要且至关重要的环节。它不仅是确保数据质量和可用性的关键，更是为后续服务能力构建和应用平台建设提供坚实数据基础的重要步骤。

首先，数据汇聚涉及对城市各类数据的广泛收集。这包括但不限于政务数据、公共服务数据、企业数据、社会数据等，涵盖了城市运行的方方面面。数据的来源多种多样，可能来自不同的政府部门、企业、社会组织或个人，因此需要建立一个统一的数据采集标准和流程，确保数据的全面性和准确性。

其次，数据整合是将收集到的各类数据进行整合和关联。由于数据来自不同的来源、格式、结构和质量可能存在差异，因此需要进行数据清洗和标准化处理。数据清洗包括去除重复数据、纠正错误数据、处理缺失数据等，以确保数据的准确性和一致性。而数据标准化则是将数据转换为统一的格式和结构，以便于后续的数据分析和应用。

最后，在数据整合和清洗的基础上，可以形成高质量的数据资源池。这是城市数智底座的核心资产，为后续的服务能力构建和应用平台建设提供坚实的数据基础。例如，在构建人工智能模型时，需要使用大量的标注数据进行训练；在构建政务服务平台时，需要展示政务服务流程、办理进度等信息；在构建智慧城市管理平台时，需要展示城市的交通状况、环境质量、公共安全等信息。通过数据汇聚和治理形成的数据资源池可以较为方便地提供上述场景下所需的数据，并支持数据的实时更新和查询，确保应用平台的实时性和准确性，极大地降低智慧应用建设的复杂度，具有极高的价值。

15.2.2 底座服务能力构建

基于数据汇聚与治理的成果，城市数智底座将构建一系列服务能力，包括数据分析、人工智能、物联网等。这些服务能力将以标准化的接口和 API 形式提供给各方参与者，降低技术门槛和采购成本，同时提高服务效率和质量。

在构建城市数智底座的这一关键阶段，主要工作聚焦于两大方面：首先是针对各个赋能领域进行精准的技术选型，确保所选技术既符合当前业务需求，又具备未来扩展的潜力；其次是规划并建设对外服务能力的输出方式，通过标准化的接口和 API 设计，确保服务的易用性、稳定性和可扩展性，从而最大化地满足各类参与者的需求。

(1)城市数智底座赋能领域的技术选型

在城市服务能力的技术选型范畴中,城市数智底座的构筑往往全面考量了人工智能、物联网、云计算、大数据以及数字孪生等核心技术领域的集成与运用。为实现城市数据的全面覆盖与高效利用,通常会借助统一的物联网平台,对城市边缘分散的数据信息进行广泛收集与汇聚。依托大数据技术,实现对这些业务数据的存储、深度分析与价值挖掘,为城市的智慧化发展提供坚实的数据支撑。通过数字孪生平台,我们将大数据分析结果进行可视化渲染与直观展示,使城市的运行态势一目了然。此外,人工智能平台也发挥着不可或缺的作用,通过其强大的计算能力与算法支持,为城市的智慧决策提供高效辅助。

值得一提的是,在城市数智底座的构建过程中,也应当注重与当地文化特色和社会需求的融合。例如,农副产品业发达的城市可能会更加注重区块链应用,以其去中心化、透明性和不可篡改性等特性,为农产品溯源、供应链管理等方面提供强有力的技术支撑,有助于提升农业生产的透明度和产品的受信任度。而一些特大型城市则可能倾向于使用高清摄像头、智能识别技术等,实现对人员、车辆、物品等的实时监控和智能分析,实时监测安全状况,及时发现并解决潜在的安全隐患,从而提升公共安全水平,为城市管理提供有力支持。

(2)城市数智底座对外能力输出方式

从对外能力输出的视角上看,城市数智底座通常通过提供一系列技术领域的组件原型、服务原型、接口 API、数据集及视图等,以支持城市各单位的信息化建设。

具体而言,组件原型作为城市数智底座的核心输出之一,由技术平台直接提供的共性技术组件构成,包括权限认证、工具包、逻辑切面以及中间件集成等,以源代码、服务包和相关说明文档的形式提供。各单位能够采用传统对接方式,通过下载或文件传输将组件原型嵌入自身应用,实现技术的快速集成。

服务原型在组件原型的基础上进一步封装,同样提供源代码、服务包和说明文档。它囊括了流程引擎、消息服务、用户认证、系统监控、事件队列、任务调度以及全站搜索等元服务,实现了零代码开发的便捷性。服务原型内置了丰富的组件原型和技术能力,使各单位能够在其基础上快速完成应用框架的搭建和相关能力的应用,对统一全市信息化系统建设标准具有重要意义。

接口 API 作为最轻量化的技术能力提供方式,解决了过去因接入标准不统一而带来的开发难题。城市数智底座提供的接口 API 使得各单位能够直接使用相关厂商的组件原型或调用接口直接获取所需能力,极大提高了开发效率。

此外,城市数智底座还支持不同系统间数据集的交互。通过外部服务总线,各单位可以提交数据申请,集中采集并加工数据,并以库表写入或实时推送的方式推送到目标系统,实现数据集的交互与碰撞。

视图能力则专注于满足共性需求,如地图撒点、三维大屏、数字孪生空间等这些技术门槛较高的领域。城市数智底座直接提供对应能力的功能地址,使各应用通过简单配置即可加载自身数据,完成业务操作,降低了技术门槛,提高了应用开发的效率与灵活性。

15.2.3 智慧应用平台建设

智慧应用平台是城市数智底座与用户之间的桥梁。它通过直观、友好的界面设计,将复杂的数字技术和数据资源转化为用户易于理解和操作的功能模块。用户可以通过应用平台快速访问和使用各种服务,如政务服务、交通出行、环境监测、公共安全等,享受便捷、高效的数字化生活。

随着城市数智底座的不断完善和发展,智慧应用平台将承载更多的功能和服务,成为城市数字化转型和智能化升级的重要驱动力。通过应用平台,可以推动城市基础设施的智能化改造,如智能交通、智能电网、智能水务等;可以推动城市产业的数字化转型,如智能制造、智慧物流、智慧旅游等;可以推动城市治理的智能化升级,如智慧城管、智慧安防、智慧应急等。这些转型和升级将进一步提升城市的竞争力和可持续发展能力。

区别于传统的应用平台建设,基于城市数智底座的应用平台可以充分利用底座提供的通用技术能力,实现跨领域的集约建设,解决了多个智慧应用重复打造底层支持平台,进而产生数据孤岛的问题。此外,由于底座屏蔽了底层技术细节,因此智慧应用的建设仅需要关注其具体的业务实现,降低了应用开发的复杂度和应用门槛,实现建设成本的降低,有助于打破城市建设的"不经济性",进一步丰富智慧应用场景的建设。

15.3 城市数智底座在城市治理中的应用

15.3.1 "网进科技"公共智慧底座平台建设

2020年3月,习近平总书记在浙江考察时明确指出,利用大数据、云计算、区块链、人工智能等前沿技术推动城市管理手段、管理模式、管理理念创新,实现从数字化到智能化再到智慧化的全面提升,是推动城市治理体系和治理能力现代化的必由之路,具有广阔的发展前景。

2021年10月,江苏、浙江等地纷纷出台相关政策,加快落实国家关于加快数字化发展、推动经济社会数字化转型工作的要求,并启动公共智慧底座项目建设,通过利用先进的信息技术手段,构建一个高效、智能的公共服务平台,实现各类数据的高效汇聚和共享,促进跨部门、跨行业的数据流通,提升政府和企业的数字化治理能力,为经济社会的高质量发展提供强有力的支撑。

时任江苏网进科技股份有限公司副总经理李参宏在接受采访时表示:"假如将智慧城市建设比喻成烹饪,过去每个部门都需要单独搭建厨房,配备用具,准备食材,这个过程费时费力,还存在试错成本和重复建设等问题。如果有一个公共厨房,统一解决部门的厨房搭建和用具配备等需求,各单位只需要准备菜谱以及食材就可以共享公共厨房的资源,聚焦于如何烹饪上,并基于公共厨房积累的菜谱和经验,创新做出更多菜品。"

如图15-2所示,公共智慧底座就像这个公共厨房一样,它可以帮助各单位省去时间、精力和成本,合力完成数据的汇聚共享、能力的共建赋能以及经验的沉淀和复制。通过提供一系列通用数字化解决方案和技术能力,为各行业领域提供插槽式数字化转型的支持和赋能,让单位聚焦于擅长的业务应用研究,全面开启数字城市建设新模式。

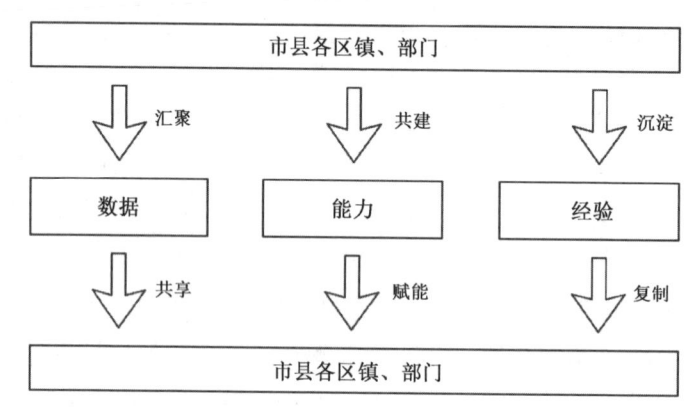

图15-2 数智底座建设模式

公共智慧底座以数据为燃料,提出建设"一个数据中心"促成数据汇聚,建设"六大能力平台"提供标准通用的技术能力,通过"N个智慧应用赋能"实现平台价值的"1+6+N"整体布局,以数字孪生、人工智能、互联网大数据等先进技术为动力,打造了集数据湖、CM、物联感知、视频综合、人工智能、区块链、统一应用于一体的城市级公共服务平台,如图15-3所示。

图15-3 数智底座业务架构

在"一个数据中心"建设阶段,网进科技通过走访调研,对目标城市信息化基础信息展开全面摸排,收集散落在全市各部门的数据资源及数据共享交换需求,建设数据湖公共服务平台对外统一提供通用数据交换媒介和合规性保证,通过 Sqoop、Nifi 等多样化的数据采集服务,采集城市各部门信息进入中心消息队列缓冲,通过 Flink、Spark、MR 等大数据实时和离线计算引擎将相关资源整理汇聚清洗,形成数据资源湖,如图 15-4 所示。

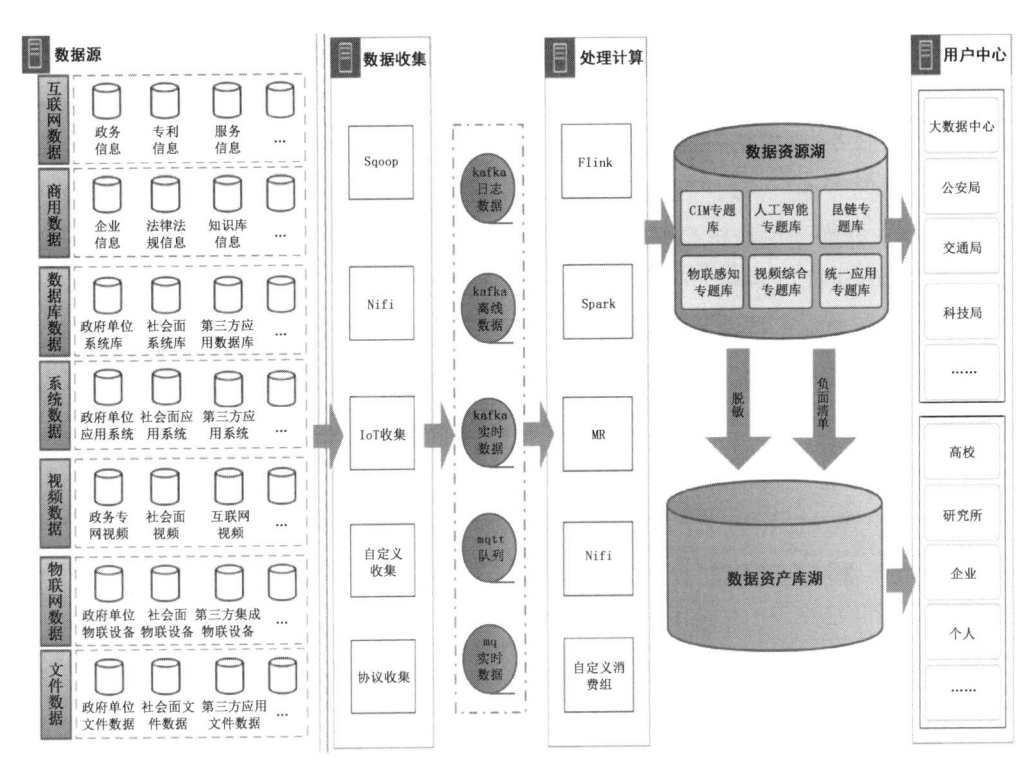

图 15-4 数智底座数据架构

在数据资源湖的基础上,底座进一步对数据进行脱敏和资产化处理形成数据资产湖,编制数据资源清单,发布资源目录供相关职能部门或社会群体按需申请使用。实现对数据"汇聚""治理""共享",解决了分散在基层数据仅靠部门自身平台难以实现系统间数据集成的问题,如表 15-2 所示。

表 15-2　　　　　　　　　　数智底座信息资源目录

一级名称	二级名称
基础库	人口基础信息、法人单位基础信息、自然资源和空间地理基础信息等
主题库	民生服务、安全生产、信用体系、城乡建设、生态环保、文化教育、公共资源交易、宏观经济、交通运输等
专题库	网络舆情、商业数据等

在建设"六大能力平台"方面，底座强调多部门联合开发，共享复用，以杜绝重复试错和资源浪费。通过提供标准通用的技术能力，将不同的服务商组织在一起，解决散落在全市的 IT 信息系统由不同厂家实施，导致标准不统一的问题。

通过"CIM 公共服务平台"构建城市物理实体世界及虚拟数字空间，再造一个时空一体、动静结合的数字孪生城市，实现城市全要素数字化和可视化提供所见即所得的场景能力，形成虚实交融的城市发展新格局。

通过"物联感知公共服务平台"汇聚全市各类传感器、摄像头、AR 设备、机器人等碎片化的海量数据，以实现资源跨区域跨部门共享复用，让孪生城市感知现实。以"视频综合公共服务平台"统一纳管城市视频资源，结合 CM 实现虚实融合场景效果，让孪生城市看见现实，结合"人工智能公共服务平台"打造 AI 算法仓库，给视频传感器应用全面赋能，让孪生城市学会思考，同时建立共建共用共创的人工智能算法生态体系，大幅降低新技术的试错成本。

公共智慧底座充分利用区块链技术特性，实现重要数据流通过程中的"可用不可见"，由"数据湖公共服务平台"统筹全域数据的汇聚、治理碰撞、分析共享和反哺，构建数据运营供需服务体系，加速释放大数据融合创新乘数效应，提高数据跨层级跨部门的高效流转，构建空天地感知智能服务体系。

在"N 个智慧应用赋能"方面，公共智慧底座的诞生补齐了传统智慧城市建设的短板，将散落在城市边缘的数据进行汇聚、治理、加工、封装，形成原子化可装卸的服务能力。通过"统一应用公共服务平台"实现部门业务系统积木式的便捷搭建，规范了信息化应用的建设，促进了部门间数据共享、能力复用和经验复制，充分发挥了数字化创新的效应，提升了城市整体智能化管理水平，促进了城市信息化的均衡发展。

目前，"网进科技"公共智慧底座已在江苏、浙江、四川等地全面开花，以工厂式应用生产的创新模式建设了一批基于公共智慧底座的"数智应急""数智农业""数智公安"等智慧应用场景。其中，江苏昆山走在了最前面，取得了良好的示范效果。某行政执法中心某工作人员称："过去，由于缺乏技术支持和资金投入，投诉、违章、处罚取证较困难，经常要去公安调监控，执法案件需要人工录入，人工收集数据并分析哪些地方哪种违章比较多。随着公共智慧底座的建成使用，这一情况有了实质性的改善。"

如图 15—5 所示，公共智慧底座正担起勇挑大梁的重大责任，通过持续丰富数字化资源供给，协同推进"一网统管、一网通办"，高效推动城市数字化发展进程，提升财政资金使用效率，着力推动城市数字化转型，全力布局新赛道，促进数字政府、数字经济和数字社会协同发展，引领数字城市建设新模式。

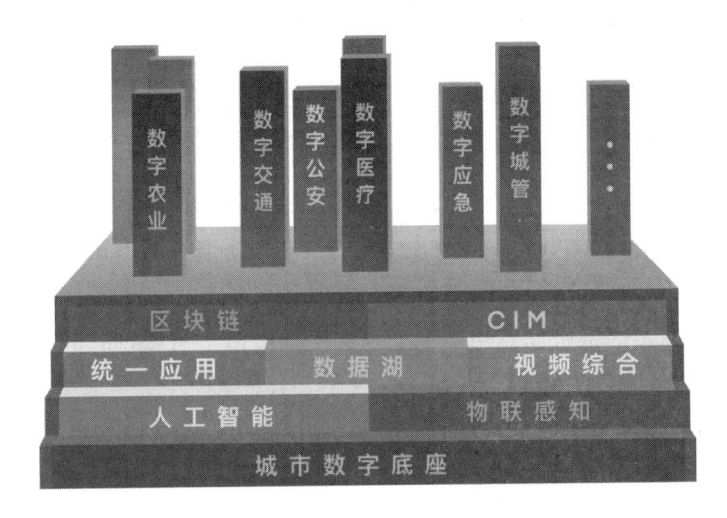

图 15—5　基于城市数智底座的智慧城市建设新模式

15.3.2　江苏升级数智底座为城市治理赋能增效

江苏各地城市规模日益扩大,社会结构日趋多元,群众利益诉求复杂多样,政府治理难度不断增大。以信息基础设施打通基层治理的"神经末梢",加速政务资源和服务向社区网格的精准覆盖,成为推动城市治理体系和治理能力现代化的必由之路。

位于南通市通州区先锋街道的花园村,是一个典型的由农村向城市过渡的行政村。以前,村内有散落的农居,也有集中居住的小区,外来人口超过本村人口,村情复杂,管理难度大。如今的花园村,在 5G 网络"护航"下,已成为一个"安全感"满满的智慧社区。

"基于 5G 网络,我们打造了乡村振兴一体化平台。"花园村党总支书记周继忠介绍,该平台分为八大应用模块,包含人口管理、村级治理、监控预警调度等功能,集合监控大屏、手机、电脑、广播等多种载体,帮助村委会工作人员管理日常村务。"以监控预警调度为例,平台能够实时监控陌生车辆进入、秸秆焚烧、垃圾乱堆等事件,第一时间发出预警。"

政府数字化转型,云、网建设是基础。由点到线再到面,5G 基站几乎覆盖江苏大地,千兆光网连接 13 个设区市的 5.2 万个小区和所有行政村。依托高速、移动、安全、泛在的信息基础设施,江苏持续强化电子政务网络的支撑能力,加快网络向基层、乡村和社区延伸覆盖,促进基层治理精细化发展。近日,《江苏省电子政务外网管理办法》《江苏省政务"一朵云"建设总体方案》正式出台,其中明确,到 2027 年年底,江苏省全面建成集约共享、融合创新、智能敏捷、安全可控、高效服务的全省政务"一朵云"体系。

政府治理涉及诸多要素,同时受环境和外部条件的影响,面临一定的不确定性,这也制约了政府治理效能的发挥。将政府治理活动数据化,并对大量数据进行采集、聚合、分析和应用，从而发现不同要素之间的内在关联性，为政府治理降低不确定性、提升效能提供了新途径。

在盐城，"政务服务驾驶舱"纵向上可有效追溯涉民服务工作的历史数据变化情况、变化原因及变化依据等内容，横向上则可与对应的政策环境、企业情况、人员变动等因素相匹配，从而实现养老、医疗等政务服务整体情况的直观展示，为政府决策提供精准的数据支撑。步入无锡市城市运行管理中心，大厅中央的电子屏幕实时显示着城市相关数据。数十万路监控视频、数百路高空智能鹰眼以及低空全域无人机编队，多屏互联，可以看到无锡城市任意角落里正在发生的事情，一秒带你"前往"，也可以随时连接保障城市运行的各个部门。2024 年，该中心计划接入 40 个以上行业智慧应用，建成 35 个"一网统管"标杆性多跨场景，重点应用场景实现基层全覆盖，城市数据"一屏通览"、社情民意"一号通接"、城市管理"一键指挥"、业务处理"一网协同"将全面实现。在常州，通过"常治慧"城运指挥平台的城市治理板块，常州 154 条道路、11 200 多家商户通过 600 多路高清摄像头被统一纳入智慧识别管理……指挥平台针对识别发现的市容问题以及百姓投诉、基层巡查等途径收集的问题，每日进行数学建模和研判分析，并根据前一天的数据自动生成当天值守和巡查路线，以数据要素支撑城市管理智能化运行。

当前"江苏医保云"为全省各地医保查询、医保报销、异地就医申请备案、医保关系转移、参保缴费等业务"一端通办"提供了强有力支撑；苏州"园易停"已接入全市 33 个停车场、19 条道路的超 8 000 个停车位，帮助市民通过数智化手段"停好车、好停车"；无锡梁溪区"24 小时不打烊社区自助服务便民小屋"可办理生活救助、生活保障补贴申请等政务自助服务 12 项……江苏大地正涌现出"秒批""无感申办""一件事一次办"等智慧政务新模式，既方便了企业和市民办事，又促进了政府职能转变，为中国式现代化江苏新实践提供了重要支撑。

"以前小孩出生要跑好几个部门办手续，现在当天在医院就能办好出生证明和户口登记。"连云港市居民黄女士满意地反馈道。"5G 随 e 签"电子签章能力在江苏省数字政府政务中台全面上线，为江苏政务中台提供电子签章服务保障，助力实现"一件事一次办"，让群众办事省时又省心，推动政务服务提质增效。作为江苏省数字政府技术中台建设的重要一环，"5G 随 e 签"融合了国密 SM2 算法、TSA 可信时间戳等多重技术手段，确保签约过程安全、签约数据不可篡改，为用户提供安全、可信、便捷的线上签字体验。当前，"5G 随 e 签"已广泛应用于南京、无锡等 8 市，接入卫健委、人社局等 9 个政务部门，覆盖"出生一件事"等 27 个场景，助力打通政务服务的"最后一公里"。

此外，江苏不断延伸数字政府"触角"，赋能公共服务高效供给。聚焦营业厅、酒店、机场、高铁等大众日常生活使用高频场景，携手省公安厅将"苏证通"电子身份存入超级手机卡，目前已有 48.6 万超级手机卡用户开通了"苏证通"。

从基层治理的"神经末梢"到城市治理的"大脑"，从繁华都市到广袤乡村，强劲的数字脉搏在江苏清晰可感。日前，2023数字江苏建设优秀实践成果"十佳案例"发布，一个个行之有效的数字平台进入大众视野，更为江苏城市治理走向"智理"提供创新实践经验。近年来，以5G为代表的新一代信息技术加速融入数字政府建设，江苏数字化治理服务水平不断提升。通过打通"数据壁垒"，江苏构建了数字政府"四梁八柱"，利用数据"开放共享"服务企业和群众，促进各地各部门数字化转型，全力打造"数字化、智能化、一体化"现代数字政府，加速推动政府基层治理、管理决策、公共服务提质增效，为江苏数字政府建设"注智赋能"。

15.3.3 成都轨道集团数字化融合平台的建设

为满足成都地铁加速成网及深化改革发展需求，全面提升成都轨道交通智能化、数字化管理水平，成都轨道集团数字化、信息化融合建设项目基于云化数智底座，从集团统一管理层面到各业务板块智慧化建设，通过企业管理一体化平台建设实施，打通各大业务管理板块，实现主要数据共享应用，逐步实现信息化、数字化建设有序推进，同时基于智慧大脑建设目标，提出轨道交通行业工业化、信息化两化融合的进一步思考。

成都轨道集团坚持以新时期发展理念为基础，利用信息化手段构建形成"一底座支撑、七大业务赋能、一大脑统管"的数字化转型战略蓝图，通过夯实"三网一云一中台"为核心架构的数智底座，打造数智企业管理、数智轨道建设、数智轨道运营、数智TOD营城、数智轨道生活、数智产业投资及对外服务移动应用七大业务智慧化场景，助力集团全面提升信息化、智能化管理水平，如图15-6所示。

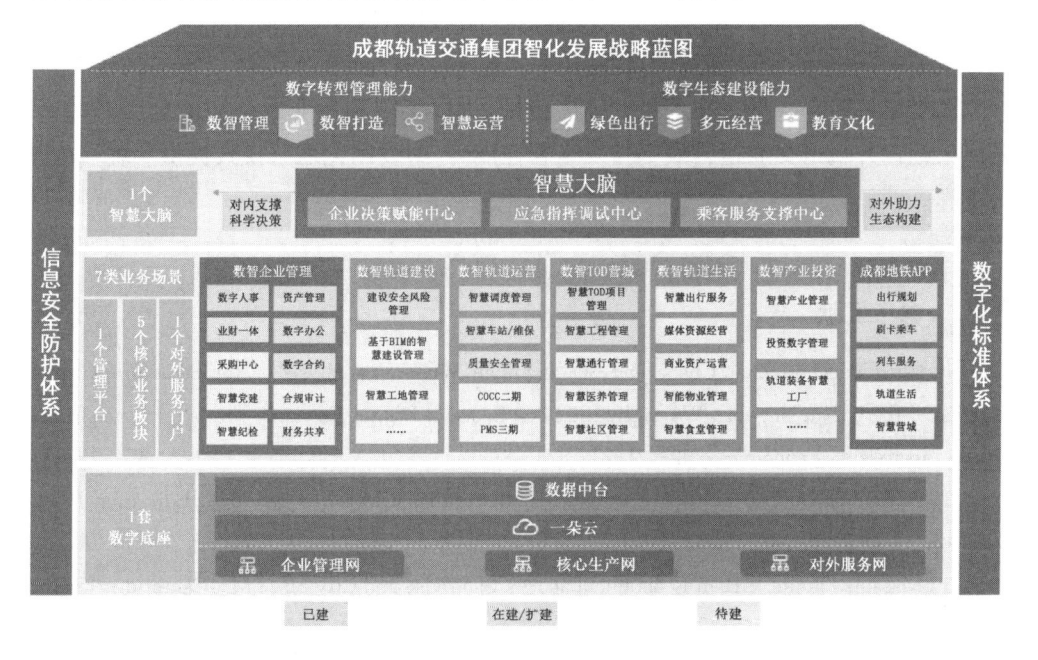

图15-6 成都轨道集团数字化转型战略蓝图

构建集团智慧大脑,实现集团业务数据上下融合、左右贯通,安全运营态势"一屏全观"、安全运行调度"一网统管"、安全风险处置"一键响应"、综合管控"全程可溯"。打造对内对外的数据共享中枢,对内支撑企业战略决策、线网应急联动指挥、客运服务管理。对外统一信息流转枢纽,以集团战略为指导,实现信息管理统一化、决策指挥协同化,动态掌控企业管理与经营的情况,指导、监督企业运行,使智慧大脑成为集团运营的"天眼""帷幄""中枢"和"驾驶舱",实现全域精准治理,形成"平"时稳定、高效、透明运行,"战"时快速、顺畅、有力响应的"平战结合"智慧企业运行管理新模式。

统筹规划、分步实施数据中心建设,一是以满足近 5 到 10 年内信息化建设及线网运营生产管理需求,建设主用数据中心;二是为保障相关系统连续、平稳运行,建设容灾数据中心机房,两个数据中心均参照 A 级机房及等保 2.0 第三级的要求进行建设。通过双中心数据架构设计,实现应用系统和底层数据统一管控,为各项应用服务提供高可靠、高性能、高可用、高扩展和高安全性的硬件架构、软件平台及服务支撑,实现系统的应用级容灾和数据级容灾,有效满足集团业务发展以及对内对外的数据服务的需求,全面提高集团信息化管理水平、工作效率和服务保障能力。

成都轨道集团通过多年信息化建设及近年来信息化、数字化平台融合创新发展,率先从数据运用及管理上解决信息化烟囱式建设问题。基于企业管理一体化理念,在集团统一规划下,允许各业务板块根据实际需求多元化建设,同时由集团总体牵头建成的企管一体化平台,有效地将各业务平台数据打通,实现主数据管理。通过对主要数据应用流程的贯通,实现数据共享、多业务平台的融合应用。

一是极大地提升企业数字化、智慧化发展形象及内驱力。同时打通各业务环节管理流程,最大限度提高轨道交通系统功能及性能,为集团的大数据分析奠定基础,有效提升服务水平,提高乘客满意度,创造出巨大的社会效益。

二是通过融合数据方案成果的推广应用,可以实现各专业系统间信息实时共享,从而大幅提升轨道交通运营效率与安全管控能力,为线网化运营模式提供了统一的平台支撑。

参考文献

[1] Chen Yuegang, Zhao Chaozheng, Wang Xujian, Wu Yan. Analysis on the Structural Characteristics of the Urban Network Woven by the Flow Space of Digital Economy Firms[J]. Transformation in Business & Economics, 2022, 21(2): 873−892.

[2] Arthur O'Sullivan. Urban Economics (9th edition) [M]. McGraw-Hill Education Press, 2019.

[3] Masahisa Fujita. Urban Economic Theory: Land Use and City Size [M]. Cambridge University Press, 1989.

[4] Masahisa Fujita, Paul R. Krugman, Anthony J. Venables. The Spatial Economy: Cities, Re-

gions,and International Trade[M]. MIT(Massachusetts Institute of Technology)Press,1999.

[5] Masahisa Fujita,Jacques-Francois Thisse. Economics of Agglomeration：Cities,Industrial Location,and Regional Growth (2nd edition)[M]. Cambridge University Press,2012.

[6] 宋晔琴,顾丽梅,张扬.数字平台何以赋能超大城市敏捷治理——基于组织边界跨越视角的分析[J].上海行政学院学报,2024,25(1):19-31.

[7] 赵屹.上海城市数字化转型背景下档案事业发展研究[J].档案学研究,2022(1):73-78.

[8] 上海国际贸易"单一窗口"——已成为支持全球最大口岸优化营商环境的"数字底座"[J].中国海关,2024(2)：16-18.

[9] 成都轨道交通集团公司.成都轨道集团信息化、数字化融合平台的建设与实践[J].城市轨道交通,2024(1)：50-53.

[10] 张韩虹,杨维琼.江苏升级数字底座为城市治理赋能增效[N].江苏经济报,2024-01-18.

[11] 陈力.QS城市数字底座的构建与应用研究[D].上海大学硕士论文,2024.